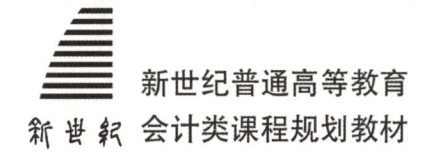

新世纪普通高等教育
会计类课程规划教材

Management
Accounting

管理会计
（第五版）

主　编　谢达理　李宏畅
副主编　陈　薇　彭　帆　熊　力
　　　　陈　岩　程文琦　胡莉莎
主　审　唐睿明

大连理工大学出版社

图书在版编目(CIP)数据

管理会计/谢达理，李宏畅主编. — 5 版. — 大连：
大连理工大学出版社，2022.8
新世纪普通高等教育会计类课程规划教材
ISBN 978-7-5685-3892-3

Ⅰ.①管… Ⅱ.①谢… ②李… Ⅲ.①管理会计－高
等学校－教材 Ⅳ.①F234.3

中国版本图书馆 CIP 数据核字(2022)第 140375 号

GUANLI KUAIJI

大连理工大学出版社出版

地址：大连市软件园路 80 号　邮政编码：116023
发行：0411-84708842　邮购：0411-84708943　传真：0411-84701466
E-mail:dutp@dutp.cn　URL:https://www.dutp.cn

大连东泰彩印技术开发有限公司印刷　　大连理工大学出版社发行

幅面尺寸:185mm×260mm　印张:17.75　字数:409 千字
2010 年 6 月第 1 版　　　　　　　　　　2022 年 8 月第 5 版
2022 年 8 月第 1 次印刷

责任编辑：王晓历　齐　欣　　　　　　责任校对：孙兴乐
封面设计：对岸书影

ISBN 978-7-5685-3892-3　　　　　　　　定　价：56.80 元

本书如有印装质量问题，请与我社发行部联系更换。

前 言

《管理会计》(第五版)是新世纪普通高等教育教材编审委员会组编的会计类课程规划教材之一。

本教材以管理会计的基本理论、方法以及实务为框架,结合企业的实际案例,简明扼要地阐述了管理会计的理论、方法以及应用。本教材遵循高等教育的基本规律以及管理会计课程的理论和方法,对理论知识予以精讲,并注重培养学生的基本技能。

本教材的主要内容包括概述、成本性态分析、变动成本法、本量利分析、预测分析、短期经营决策分析、长期投资决策、全面预算、成本控制、责任会计和战略管理会计。

本教材的主要特色如下:

1. 注重学生应用能力的培养。本教材本着学以致用的目的,在各章节中融理论分析、方法应用和实践操作为一体,注重对学生应用能力的培养。通过本教材的学习,学生能够掌握管理会计的基本理论、基本方法以及管理会计的先进分析方法。通过在教学过程中案例的巧妙设计和使用,本教材可以使教学从单纯的理论教学走向理论教学和实践教学并重的教学模式。

2. 强调学生学习兴趣的培养。本教材以"案例导入"的形式将纷繁复杂的社会经济现象用基本的管理会计理论去诠释,将复杂的管理会计理论融入身边的生活,从而激发学生对管理会计的学习兴趣。同时,本教材通过提供大量管理会计的有关案例和形式多样的思考与练习题培养学生分析和解决企业管理决策问题的能力。

3. 融入思政。为响应教育部全面推进高等学校课程思政建设工作的要求,本教材融入思政元素,逐步培养学生正确的思政意识,树立肩负建设国家的重任,从而实现全员、全过程、全方位育人,指引学生树立爱国主义情感,积极学习,立志成为社会主义事业建设者和接班人。

4. 增加微课资源。本教材推出视频微课,学生可即时扫描二维码进行观看,实现了教材的数字化、信息化、立体化。本教材力求增强学生学习的自主性与自由性,将课堂教学与课下学习紧密结合,力图为广大读者提供更为全面并且多样化的教材配套服务。

为加强理论联系实际,突出对学生技能的培养,提高学生的实际应用能力,本教材每章章首设有"学习目标""案例导入",从而加强对学生自学能力的培养,便于学生复习和巩固所学内容;每章章后还附有"本章小结""自测题"。

本教材的适用对象为高等院校经济管理类的学生,尤其是会计学、财务管理、工商管理等专业的学生。同时,本教材还可以作为企业财务人员、管理人员的自学参考用书。

本教材由海南大学谢达理、辽宁师范大学李宏畅任主编,西安外事学院陈薇、海南职业技术学院彭帆、湖南工业职业技术学院熊力、东北财经大学陈岩、海南大学程文琦、中山市财政局阜沙分局胡莉莎任副主编,四川航天技术研究院钟宇、海口市智诚物业集团有限公司石咏梅、海南职业技术学院刘纯超参与了编写。全书由谢达理负责拟定大纲并总撰定稿。东北财经大学唐睿明教授审阅了全书,并提出了宝贵意见。具体编写分工如下:第一章由谢达理、陈岩、程文琦共同编写,第二章由李宏畅、胡莉莎共同编写,第三章由李宏畅、刘纯超、石咏梅共同编写,第四章由程文琦、彭帆共同编写,第五章和第六章由刘纯超、彭帆、石咏梅共同编写,第七章由熊力、彭帆、程文琦、钟宇共同编写,第八章由陈岩、彭帆、钟宇共同编写,第九章由李宏畅、陈薇、熊力共同编写,第十章由熊力、陈岩、石咏梅共同编写,第十一章由陈薇、程文琦、石咏梅共同编写。

在编写本教材的过程中,编者参考、引用和改编了国内外出版物中的相关资料以及网络资源,在此表示深深的谢意!相关著作权人看到本教材后,请与出版社联系,出版社将按照相关法律的规定支付稿酬。

限于水平,书中仍有疏漏和不安之处,敬请专家和读者批评指正,以使教材日臻完善。

编 者

2022 年 8 月

所有意见和建议请发往:dutpbk@163.com
欢迎访问高教数字化服务平台:https://www.dutp.cn/hep/
联系电话:0411-84707019　84708462

目　录

第一章　概　述	1
第一节　管理会计的形成和发展	2
第二节　管理会计研究的主要内容	5
第三节　管理会计师组织结构与管理会计师职业道德	12
第四节　管理会计信息化	14
第二章　成本性态分析	19
第一节　成本的分类	19
第二节　成本性态分析的内容	30
第三章　变动成本法	45
第一节　变动成本法概述	45
第二节　变动成本法与完全成本法的比较	47
第三节　两种成本计算法的税前营业利润产生差异的原因及互换	53
第四节　变动成本法和完全成本法在企业中的应用	58
第四章　本量利分析	65
第一节　本量利分析概述	65
第二节　单一品种条件下的本量利分析	70
第三节　多品种条件下的本量利分析	75
第四节　目标利润分析	80
第五节　本量利分析的扩展	90
第五章　预测分析	101
第一节　预测分析概述	102
第二节　销售预测分析	106
第三节　成本预测分析	111
第四节　利润预测分析	113
第五节　资金需要量预测分析	120

第六章　短期经营决策分析 128
第一节　决策概述 129
第二节　短期经营决策的主要方法 134
第三节　生产决策分析 139
第四节　定价决策分析 145

第七章　长期投资决策 162
第一节　长期投资决策概述 163
第二节　货币时间价值 165
第三节　投资项目现金流量估计 170
第四节　长期投资决策的评价方法 173
第五节　长期投资决策方法的应用 178

第八章　全面预算 183
第一节　全面预算的基本概念 184
第二节　全面预算的编制方法 188
第三节　全面预算的编制 194

第九章　成本控制 206
第一节　成本控制概述 207
第二节　标准成本及其制定 209
第三节　标准成本的差异分析 217

第十章　责任会计 229
第一节　责任会计概述 230
第二节　责任中心的设置 234
第三节　业绩考核 238
第四节　内部转移价格 242

第十一章　战略管理会计 250
第一节　战略管理会计概述 251
第二节　战略管理会计的内容和程序 254
第三节　战略管理会计的分析方法 258

参考文献 269
附　录 270

第一章 概 论

学习目标

通过本章的学习,学生可以掌握管理会计的概念;了解管理会计的形成与发展;掌握管理会计的职能和方法,以及管理会计信息质量的特征;熟悉管理会计与财务会计的区别和联系;认识管理会计师的组织结构与管理会计师的职业道德。

案例导入

H公司将管理会计中的战略管理思想应用于实践的尝试

H公司始建于2001年7月,系全国第一家一体化多媒体设备专业研发、制造的高新技术企业。该公司聚集了一批以专家、教授、归国博士为主体的高级工程技术人员和高素质的管理人才。经过十多年脚踏实地的发展,产品市场已经涵盖了全国大部分省区。如今,公司在上述发展的基础上,大胆尝试将管理会计中的战略管理思想运用于实践,为公司下一阶段跨越式发展奠定基础。

公司将管理会计中的战略管理思想应用于实践的思路是:

产品成本控制体现了战略成本的管理思想,在选择和运用战略成本管理的过程中,创新起到了关键作用。H公司在成本控制活动中,通过技术创新、制度创新、组织创新等手段,加上会计工作、财务工作的全方位切入,提高管理会计的作用,优化生产布局和生产工艺,改进机器设备,实现规模经济,达到战略成本管理和控制的目标,为提高经济效益做出了很大贡献。

传统的观点认为,管理会计主要是满足企业内部管理的需要,利用财务会计信息及其他相关信息为管理层提供管理所需的信息。这些信息包括预测与决策信息、计划与控制信息、业绩考核与激励信息。现代观点则认为,管理会计信息引起外部信息使用者的高度重视。随着知识经济时代的到来,管理会计与财务会计的信息界限在逐步消失。

早期的管理会计是由成本会计演变而来,并与财务会计共同使用成本会计信息。随着管理控制技术的发展,现代管理会计已经发展成为与财务会计并驾齐驱的独立学科。同时,管理会计在企业价值链系统、管理系统中为帮助管理者做出正确的决策发挥着重要的作用。

企业的管理活动可以分为两大层面:一是主体管理活动;二是辅助管理活动。管理会计师从属于辅助管理活动,其工作范围涉及主体管理活动的各个层面。尽管我们还缺乏一套严格的管理会计理论体系,但是管理会计师应该遵守一定的职业道德。

正确认识了上述管理会计的理念,H公司管理会计师在公司董事会、总经理的领导下,大胆尝试管理会计和财务会计的"亲密接触",通过各部门的通力协作,提高了管理会计在企业发展中的作用和地位。

《史记》有言："自虞、夏时，贡赋备矣。或言禹会诸侯江南，计功而崩，因葬焉，命曰会稽。会稽者，会计也。"会计文化，始于大禹。光阴荏苒，距离中华会计文化发源之时已经有4000余年了。历史的车轮滚过岁月的长河，从中华人民共和国成立到改革开放，会计事业的发展促进了经济的发展，经济环境的不断变化又促使传统会计核算做出改变。2014年10月印发的《财政部关于全面推进管理会计体系建设的指导意见》和2016年6月印发的《管理会计基本指引》指出，管理会计的目标是通过运用管理会计工具方法，参与单位规划、决策、控制、评价活动并为之提供有用的信息。截至目前，34项管理会计应用指引已颁布。我国管理会计起步较晚，建立中国特色的管理会计体系还需要我们新一代会计人的不懈努力，与时俱进，立志于新时代国家管理会计的建设，实现个人价值和社会需求的统一。同时，逐步构建完整的管理会计职业道德体系，也是一个优秀的会计接班人能走得更远更久的思想保证。

第一节　管理会计的形成和发展

　　管理会计是现代企业会计的分支，是同现代企业内部管理相适应的一门新兴的会计学科。通常被认为是管理与会计的有机结合，它将管理科学、经济学、组织行为学等相关学科应用于会计学科，为企业管理人员提供决策信息，是社会经济发展到一定阶段的产物。从管理学的角度分析，管理会计实质是通过一系列专门方法，利用财务会计提供的资料及其他有关资料进行整理、计划、对比和分析，使企业各经营管理人员能据此对日常发生的一切经济活动进行规划与控制，评价与考核，并帮助企业领导做出各种决策的一整套信息处理系统。

　　管理会计随着社会经济的发展、科学技术的进步、企业经营管理的需要而逐渐发展。管理会计最早起源于美国，经历了从无到有、从简单到复杂、从低级到高级的发展过程。管理会计萌芽于19世纪初，其雏形产生于20世纪上半叶，正式形成和发展是在20世纪50年代，20世纪70年代后，在世界范围内得以迅速发展。具体地说，管理会计的发展大致经历了以下三个阶段：

一、管理会计初步形成阶段——19世纪初至20世纪40年代

　　管理会计的起源可以追溯到受产业革命影响而产生的层级式组织，如创立于19世纪初期的美国纺织工厂和钢铁公司。随着19世纪动力纺织机的引进，美国纺织业得以快速发展，并由此出现了一批综合性的大型纺织工厂。从历史资料可以看到，这时的账簿记录已不再只是简单的交易记录，它们已经反映了包含"成本管理要求"的信息。这是因为企业家们已认识到，不能再像以前那样仅仅依靠简单的市场信息进行决策了。19世纪中后期，企业家们逐渐发现，将直接的外部市场交易内部化，从而扩大企业规模是提高效率的有效方式。于是，在纺织、铁路运输和零售行业，逐渐出现了包含多个生产经营环节、有较多长期雇员的大规模企业。这时企业的经营效益不仅取决于外部市场交易价格，而且取决于

内部加工和交易过程的效率。所以从内部管理需要的角度,企业效益衡量逐渐由单纯的外部因素确定转向内部成本的计算和控制,产生了关于直接材料成本、人工成本、制造费用等成本项目的分类,以及具体的核算方法。由此成本会计日趋活跃,业内普遍将其视为管理会计的前身。

19世纪中期,铁路和电报的发明为大批量生产和分销提供了快速、正常和可靠的交通及通信服务,也为更大规模企业组织的存在提供了可能性。但是,如果此时管理会计信息在数量和质量上不能与此适应,企业就不能从扩大的经营范围内获得充分的规模经济利润。事实上,高效率的管理会计系统能够协调高效率的后勤准备和前台生产过程,并协同企业的销售活动,从而为分散经营的管理人员提供业绩评价的计量标准。铁路的发展也许为高效率的管理会计系统提供了一个最好的契机。同时,铁路和电信行业的内在要求又首先引发这些行业的组织创新,使得这两个行业成为最早出现现代化大型企业的领域。

与制造企业一样,铁路部门也设计了一套成本会计系统,用以评价和控制企业内部的生产过程。但是,与制造企业不同的是,铁路部门设计了一种特殊的记账程序。这种程序在记录每天发生的大量业务的同时,能及时汇总并产生企业内部报告。同时,铁路部门还设计了新的会计系统,用于及时有效地控制现金支出,这样就可以为管理部门及时提供企业各种开支的准确报告。除此之外,铁路的发展也扩大了企业内部经营活动的空间范围,铁路部门发明了一套完整的成本会计程序计算吨公里成本,这样不仅能为每一分段或整个铁路以吨公里为基础计算成本,而且还能找出各单位成本之间的差异及其原因,可以更有效地控制成本。

19世纪后期,管理会计技术的进步与弗雷德里克·温斯洛·泰勒(简称泰勒)提出的科学管理学说密切相关。泰勒的科学管理学说的核心是强调提高生产效率和工作效率。许多企业开始推行以确定定额为目的的时间与动作研究技术、差别工资制和以计划职能与执行职能相分离为主要特征的预算管理和差异分析,以及日常成本控制等一系列标准化、制度化的新技术、新方法。为配合科学管理以达到提高生产效率的目的,在会计实务中,出现了以差异分析为主要内容的"标准成本计算制度"和"预算控制"等方法。

20世纪初,美国企业掀起了一场巨大的企业合并浪潮,出现了集权功能式的企业体制("U"形组织结构),这些企业包含了先前独立从事生产经营的若干个企业,如制造、采购、运输和销售,这些原来各自独立的企业,现在演变成一个综合了多种经营活动的企业组织。如何协调一个垂直整合的企业,如何将资本分配于这些不同的部门,以实现最大的利润,是这类综合性企业的管理人员需要解决的新问题。综合性企业的管理人员发明了两种新的管理会计技术,用来协调综合性企业内部的控制和激励问题。首先,他们发明了协调和控制企业内部资源流动的预算体系;其次,他们扩充了一种新的评价指标——投资报酬率,用以评价各个不同经营部门的业绩,并将部门业绩与企业的整体业绩相比较。此外,综合性企业的管理者还利用预算和投资报酬率将资本在不同部门之间进行分配。在评价和控制企业内部的经营活动时,投资报酬率由最初的作为协调各部门经营活动的工具,最终变成一个指导性原则。在今天,这种会计指标对优化资本配置的效率仍然具有实际意义。

20世纪20年代,被奥利弗·威廉姆森(Oliver Williamson)称为"美国资本主义在20世纪最重要的一项创新"的分权式组织结构——事业部制("M"形组织结构)开始出现。事业部制是按照企业所经营的事业,包括按产品、按地区、按顾客(市场)等来划分部门,设立若干事业部。事业部是在企业总部的宏观领导下,拥有完全的经营自主权,实行独立经营、独立核算的部门,既是受公司控制的利润中心,具有生产和经营管理的职能,同时也是产品责任单位或市场责任单位,具有对产品设计、生产制造及销售活动统一领导的职能。于是产生了如何确定内部组织层次之间的权责范围、如何合理计量和评价管理者业绩、如何确定内部转移价格以及如何衡量分部业绩以有助于投资决策等问题。相应地要求会计更多地关注企业内部交易、提供有助于正确评价业绩和加强内部控制的信息,从而推动了管理会计发展。管理会计将行为科学的理论与管理控制的理论结合起来,不仅进一步加强了对企业经营的全面控制(不仅仅是成本控制),而且将责任者的责、权、利结合起来,考核、评价责任者的工作业绩,从而极大地激发了责任者的积极性和主动性。

二、管理会计的成长期——20世纪40年代至80年代

20世纪40年代,特别是第二次世界大战以后,西方国家进入了所谓的战后期。一方面,现代科学技术大规模应用于生产,使社会生产力获得十分迅速的发展,"供大于求"取代"供不应求"成为这一时期西方社会经济供需关系的总体特征;另一方面,企业进一步集中,跨国公司大量涌现,企业的规模越来越大,生产经营日趋复杂,企业外部的市场情况瞬息万变,竞争更加激烈。在这种复杂的经济环境中,一方面要求企业的内部管理更趋合理化、科学化;另一方面,更要求企业重视外部经济环境和客观条件的研究,重视企业与外部环境相互关系的研究,这就促使会计的重心转向服务于企业内部的经营管理。

面对这些新的环境和条件,战前风靡一时的泰勒的"科学管理学说"由于其重局部、轻整体的观念无法适应环境的变更,而被后来的现代管理科学所取代。现代管理科学认为"管理的重心在经营,经营的重心在决策",把正确地进行经营决策放在首位。变动成本法、本量利分析、责任会计在这个时期被广泛运用。变动成本法的广泛应用标志着人们的管理理念已经从关注总量因素转变为关注决定因素。

20世纪50年代,除管理科学、组织理论、行为科学等对管理会计产生一定的影响外,作为现代微观经济学核心的新古典经济学,尤其是边际理论对管理会计产生了重要影响。以现代管理科学理论为基础的管理会计,广泛地吸收了相关学科的理论和方法,极大地丰富了早期管理会计,形成了现代管理会计中决策会计的理论和方法。现代管理科学以系统论、控制论、运筹学、行为科学、高等数学为其理论基础和方法,同时结合计算机技术,根据企业管理整体最优的要求,建立反映经济变量内在关系的模型,对企业较为复杂的生产经营活动进行科学的预测、决策、组织、协调和控制,实现企业生产经营最优化,从而提高企业管理水平。

1952年,世界会计师联合会正式采用"管理会计"这个名词,这标志着传统会计分离为财务会计和管理会计两大组成部分,管理会计正式得到国际会计界的一致认同。

三、管理会计的突破期——20世纪80年代至今

从20世纪80年代中期以来,社会经济环境发生了巨大变化,其总体特征表现为:

1. 生产顾客化

由于社会富裕程度的提高,消费者的需求逐渐从大众化的、能满足基本使用需求的产品,转向更多样化、更个性化的产品。为适应这种新变化,企业必须从传统的、以追求规模效益为目标的大批量生产方式转向以顾客为中心的生产方式,即在对顾客需要进行动态掌握的基础上,在较短的时间内完成从产品设计、制造到投放市场的全过程的生产方式。

2. 竞争国际化

在市场中,竞争无时无刻不存在,伴随着经济的发展、新技术革命的推动,企业之间的竞争更加激烈,而且具有国际化的趋势。同时,信息技术的高速发展对管理会计产生了直接和间接的影响。随着它对企业生产技术与生产组织的影响越来越大,企业对管理会计提出了新的要求。

决策需要海量信息,旧的管理会计系统对于企业生产过程的控制、产品成本计算以及对管理人员业绩的评价,不再能及时地提供有用的信息。随着经济的发展、科学技术的进步和竞争的加剧,企业生产技术和生产组织显示出许多革命性的变革,适时生产系统(JIT)、全面质量管理(TQC)等新观念、新理论和新方法相继形成,这就对作为管理的重要工具——管理会计提出了新的挑战。人们开始对原有管理会计的技术和方法进行反思,逐步认识到原有的管理会计技术方法已难以继续适应新的生产组织和环境及其所产生的管理上的新观念、新理论和新方法,而必须作相应的变革。人们开始研究生产技术和生产组织的重大变革对管理会计的影响,作业成本计算法、作业管理、质量成本计算与管理、人力资源管理会计等新的研究领域开始得到人们的重视。

第二节 管理会计研究的主要内容

管理会计研究的内容主要涉及管理会计的职能和方法、管理会计的信息系统质量特征,以及管理会计与相关信息系统的关系等,具体包括以下几个内容。

一、管理会计的职能和方法

1. 管理会计的职能

管理会计不同于财务会计,它可以综合地履行更加广泛的职能,也就是说它的职能作用从财务会计的单纯核算(记录反映)扩展到把解析过去、控制现在、筹划未来有机地结合起来。

(1)解析过去。一般认为,在会计体系中,解析过去是由财务会计来完成的。财务会计系统地提供了企业生产经营活动的历史记录,形成了基本的财务信息

系统,管理会计并不需要平行地重复财务会计工作。现代管理会计解析过去,主要是对财务会计所提供的资料做进一步的加工、改制和延伸,使之更好地适应控制现在和筹划未来的需要。例如,根据财务会计所提供的成本资料,可将成本按其与业务量的关系,区分为固定成本和变动成本,并以此为基础,进行盈亏临界点和"成本—产量—利润"依存关系的分析,制定标准成本,并进行成本差异分析,这就可以为企业正确地进行经营决策和加强控制提供许多重要的信息。所以,管理会计解析过去并非是对财务会计的简单重复,而是把它延伸到更广、更深的领域,使之在管理上发挥更大的作用。

(2)控制现在。即指控制企业的经济活动,使之严格按照决策预定的轨道卓有成效地进行。企业根据财务会计提供的信息和其他方面的信息,首先进行预测,确定一定时期内可能实现的经营目标,然后通过决策程序确定最可行的方案,再对所选定的最可行的方案进行加工,形成企业在一定期间的生产经营全面预算,即企业在该时期要完成的目标和任务。为促使企业的目标和任务的实现,还需要进一步落实并具体化。为此,就要进行指标分析,形成各个责任中心的责任预算,使其明确各自的目标任务,并以责任预算所规定的指标作为开展日常活动的准绳。各个责任中心在日常经营过程中,对其预算的执行情况进行系统的记录和计量,将实际完成情况和预定目标进行对比,以此评价和考核各个责任中心及其有关人员的工作业绩,并通过信息反馈,及时对企业生产经营的各个方面充分发挥促进和制约作用。

(3)筹划未来。预测和决策是筹划未来的重要形式。预测是根据过去和现在预计未来,根据已知推测未知,它侧重于提供一定条件下生产经营的各个方面在未来一定时期内可能实现的数据;而决策是以预测为基础的,对为实现一定经营目标可供选择的有关方案,进行分析比较、权衡得失,从中选取最优方案。在这些环节中,管理会计的重要作用在于充分利用其所掌握的丰富资料,严谨地进行定性、定量分析,帮助管理者客观地掌握情况,从而提高预测与决策的科学性。

总体而言,管理会计的解析过去、控制现在、筹划未来的职能并不是孤立存在的,而是三项职能有机地结合起来,综合地发挥作用,形成一种综合性的职能。

2. 管理会计的方法

财务会计所选用的方法属于描述性的方法,偏重于如何全面、系统地反映企业的生产经营活动;而管理会计所用的方法属于分析性的方法,用来动态地掌握企业生产经营中形成的现金流量,它不仅涉及常量,而且还涉及变量,主要包括:

(1)成本性态分析法。此方法是将成本表述为产量的函数,分析它们之间的依存关系,然后按成本对产量的依存关系,最终把全部成本区分为固定成本和变动成本两大类。该方法联系成本与产量的增减动态并进行定量分析,构成了管理会计的一项基础性内容。

(2)本量利分析法。该方法是将成本、产量、利润这三个方面的变动所形成的差量相互联系起来进行分析的一种方法。其核心部分是确定盈亏临界点,并围绕它从动态上掌握有关因素变动与企业盈亏的规律性的联系。这对于帮助企业在经营决策中制定相关的措施以实现扭亏为盈具有重要意义。

(3)边际分析法。经济学中的边际指的是因变量随着自变量的变化而变化的程度,即自变量变化一个单位,因变量会因此而改变的量。在经济学中根据不同的经济函数,我们可求出不同的边际,如边际成本、边际收入、边际效用、边际消费、边际储蓄等。边际分析是最优分析,实质上是研究函数在边际点上的极值,即研究因变量在某一点递增、递减变动的规律,这种边际点的函数值就是极大值或极小值,边际点的自变量值是做出判断并加以取舍的最佳点,据此可以做出最优决策。这种方法在管理会计中一般用来作为确定生产经营最优化目标的重要工具。

(4)成本—效益分析法。在经营决策中,不同的决策情况会形成若干不同的成本概念(如差别成本、边际成本、机会成本、沉没成本等)和相应的计量方法,以此为基础对各种可供选择的方案的净收益(总收入与总成本之差)进行对比分析,以判别各有关方案的经济性。这是企业用来进行短期经营决策分析评价的基本方法。

(5)折现现金流量法。将长期投资方案的现金流出(投资额)及建成投产后各年能实现的现金流入按复利法统一折算为同一时点的数值(现值、终值或年值)来表现,然后进行分析对比以判别有关方案的经济性,使对各方案投资效益的分析和评价建立在客观且可比的基础上。这是企业用来进行长期投资决策分析评价的基本方法。

(6)敏感性分析法。敏感性分析法是指对影响目标实现的因素变化进行量化分析,以确定各因素变化对实现目标的影响及其敏感程度的一种方法。敏感性分析可以分为单因素敏感性分析和多因素敏感性分析。敏感性分析工具具有广泛适用性,有助于对短期营运决策、长期投资决策等的有关风险进行识别、控制和防范,也可以用于一般经济分析。

3. 管理会计应用原则

(1)战略导向原则。管理会计的应用应以战略规划为导向,以持续创造价值为核心,促进单位可持续发展。

(2)融合性原则。管理会计应嵌入单位相关领域、层次、环节,以业务流程为基础,利用管理会计工具方法,将财务和业务等有机融合。

(3)适应性原则。管理会计的应用应与单位应用环境和自身特征相适应。单位自身特征包括单位性质、规模、发展阶段、管理模式、治理水平等。

(4)成本效益原则。管理会计的应用应权衡实施成本和预期效益,合理、有效地推进管理会计应用。

4. 管理会计要素

单位应用管理会计应包括应用环境、管理会计活动、工具方法、信息与报告等四个要素。

(1)应用环境

单位应用管理会计,应充分了解和分析其应用环境。管理会计应用环境是单位应用管理会计的基础,包括内部环境与外部环境。内部环境主要包括与管理会计建设和实施相关的价值创造模式、组织架构、管理模式、资源保障、信息系统等因素。外部环境主要包括国内外经济、市场、法律、行业等因素。

(2)管理会计活动

管理会计活动是单位利用管理会计信息,运用管理会计工具方法,在规划、决策、控制、评价等方面服务于单位管理需要的相关活动。

(3)工具方法

管理会计工具方法是实现管理会计目标的具体手段。管理会计工具方法是单位应用管理会计时所采用的战略地图、滚动预算管理、作业成本管理、本量利分析、平衡记分卡等模型、技术、流程的统称。管理会计工具方法具有开放性，随着实践发展不断丰富和完善。管理会计工具方法主要应用于以下领域：战略管理、预算管理、成本管理、营运管理、投融资管理、绩效管理、风险管理等。

(4)信息与报告

①信息

管理会计信息包括管理会计应用过程中所使用和生成的财务信息和非财务信息。单位应充分利用内外部各种渠道，通过采集、转换等多种方式，获得相关、可靠的管理会计基础信息。随着计算机和互联网的普及应用，单位应有效利用现代信息技术，对管理会计基础信息进行加工、整理、分析和传递，以满足管理会计应用需要。并且，生成的管理会计信息应相关、可靠、及时、可理解。

②报告

管理会计报告是管理会计活动成果的重要表现形式，旨在为报告使用者提供满足管理需要的信息。管理会计报告按期间可以分为定期报告和不定期报告，按内容可以分为综合性报告和专项报告等。单位可以根据管理需要和管理会计活动性质设定报告期间。一般应以公历期间作为报告期间，也可以根据特定需要设定报告期间。

二、管理会计的信息系统质量特征

管理会计的基本目标是服务于企业内部管理，目的在于提高经济效益，获取尽可能多的利润。管理会计应紧密围绕管理职能，为企业管理者提供决策信息。这些信息必须达到以下质量特征：

1. 准确性

准确性，也称为可靠性，是指所提供的信息在一定的范围内是准确的。不准确的信息对管理是无用的，甚至会导致决策的失误从而影响企业的经营业绩。要求提供准确的信息，并非要求信息绝对精确。管理会计是面对未来的，许多信息建立在估计和预测的基础上，虽然主观因素难免会影响信息的准确性，但要保证在一定的环境和条件下，尽可能提供准确可靠的信息。

2. 相关性

相关性是指管理会计所提供的信息必须与决策相关，信息的相关性价值会影响决策的成败。提供不相关的信息会贻误决策时机，浪费决策时间，导致决策的失误。

管理会计服务于企业的管理决策、内部规划和控制，其信息不严格受对外报告规范的约束，会大量地使用预测、估计等信息，可能达不到财务会计信息的客观性和可验证性的要求。对于管理会计而言，信息的相关性价值要高于客观性和可验证性。当然在相关性基础上，应尽可能客观可靠。

3. 可理解性

可理解性也称为易懂性，如果提供的信息不为使用者所理解，那么其作用就会降低，甚至不为决策者所采用。因此管理会计所提供的信息应以使用者容易理解为原则,以使用者容易理解和接受的形式及表达方式提供,而提高易懂性的途径就是管理会计师应与信息的使用者加强沟通和协商,对管理会计报告的形式和内容进行讨论。当然,易懂性是对具备一定经营管理知识的经营管理者来说的,而不是针对那些毫无经营管理知识、又不努力了解这些信息的人而言的。

4. 及时性

及时性是指管理会计适时、快速地为信息使用者提供决策所需要的相关信息。在现代社会经济环境中,知识日新月异,管理者需要的信息提供得越快越好,只有及时的信息才能使管理者做出正确合理的决策,进而把握机遇、抓住机会获取成功。

但及时性和准确性有时难以两者兼顾,为了追求准确性有可能不能兼顾及时性,反之,为了追求及时性有可能不能兼顾准确性。因此,应根据具体情况权衡利弊得失,在及时性和准确性之间进行折中,以满足决策者的需要。另外,及时性本身不能增加相关性,但是,不及时的相关信息将使相关性完全消失。

5. 成本和效益的平衡性

管理会计对信息收集和处理程序的设置,业绩评价指标的设计,控制措施的运用,都应考虑其成本和产生的效益。以成本效益原则为约束,权衡方法的详略、程序的繁简及数据的精确和粗略等。可以说管理会计在信息的处理、传递和应用的过程中,应始终贯穿信息的经济分析这条主线。对任何信息或信息系统的形成、建立、存在或变更的成本和效益都要进行计量、分析和评价,使对信息资源的获取和利用建立在获取经济效益的基础上。同财务会计相比,成本效益原则的约束对管理会计更为显著,是最基本的指导原则。

三、管理会计与相关信息系统的关系

管理会计与相关信息系统的关系主要包括管理会计与财务会计系统、成本会计系统、计划与控制系统和企业价值链系统之间的关系。本节主要介绍管理会计与财务会计信息系统之间的区别和联系。

1. 管理会计与财务会计的区别

管理会计与财务会计相比,主要存在以下几个方面的区别:

(1)内容的侧重点不同。管理会计的内容包括评价过去、控制现在和规划未来,即对企业各项经营活动和经营前景进行科学的预测,并对企业未来的各项经营活动进行筹划,进而参与企业的经营管理决策,控制与评价企业的经营活动。其侧重点主要是规划未来,属于事前的"经营型会计"。管理会计的这种特点大大提高了企业经济活动的预见性和计划性。财务会计主要是反映和监督已经发生和已经完成的能够用货币计量的经济事项,侧重于提供和解释历史信息,所以财务会计属于事后的"报告型会计"。

(2)服务的对象不同。管理会计是通过灵活多样的专门方法和技术,不定期地编制各种管理报表,提供有效经营和最优管理决策的有用信息,主要为企业内部各级管理人员服务。所以管理会计也被称作"内部会计"或"对内报告会计"。财务会计是通过定期编制基

本财务报表,提供一定时点的财务状况,以及一定时期的经营成果和资金流动情况的财务信息,它主要为与企业有经济利益联系的团体和个人服务,如政府部门、财政税务部门、银行等,所以财务会计的服务对象具有外向性,人们也称财务会计为"外部会计"或"对外报告会计"。

(3)核算的对象不同。管理会计主要以企业内部的责任中心为核算对象,对其日常生产的业绩和成果进行控制和考核,同时也从企业的全局出发,认真考虑各项决策与计划之间的协调配合和综合平衡。它的工作主体可分为多个层次,它既可以以整个企业(如投资中心、利润中心)作为其工作主体,又可以将企业内部的局部区域或个别部门甚至某一管理环节(如成本中心)作为其工作主体,在多数情况下,管理会计主要以企业内部的责任单位作为其工作主体。

财务会计自始至终以整个企业作为其工作主体,提供集中、综合的财务信息,对企业整体的财务状况和经营成果做出全面考核和评价。

(4)遵循的原则不同。管理会计需要遵循2016年财政部颁发的《管理会计基本指引》(财会〔2016〕10号)以及《管理会计应用指引》的基本原则、应用环境、工具方法以及信息与报告等,企业具体应用时应参考《管理会计基本指引》中管理会计的具体规定。

财务会计则必须严格遵守"公认会计原则"、企业会计准则和会计制度,以保证其提供的财务信息的一致性和可比性。财务会计必须严格按照规定程序运作,会计凭证、账簿、报表都有规定的格式,定期定时编制。

(5)方法体系不同。管理会计可选择灵活多样的方法对不同的问题进行分析处理。即使对相同的问题,也可以根据不同需要和条件而采用不同的方法进行处理。由于受经营管理水平和自身条件的限制,同一行业的企业所采用的管理会计方法也可能大相径庭。管理会计需要运用大量现代数学方法,如微积分、线性代数、概率统计、线性规划、动态规划等,并针对企业经营管理中的典型问题和具体问题,建立有关的数学模型,从而使得其对企业经营活动的优化管理建立在科学的定量分析基础上,在预测企业前景、参与企业决策、规划企业未来、控制和评价企业经济活动方面发挥重要的作用。财务会计则必须依照会计准则、所属行业的财务制度和会计制度的要求和规定,选择核算方法,并且核算方法在前后期要保持一致和相对稳定,不得随意变更。如确有必要变更,应当将变更的情况、变更的原因及其对企业财务状况和经营成果的影响,及时、充分地在财务报告中加以说明和披露。一般来说,财务会计核算时只需运用简单的算术方法。

(6)数据要求不同。由于管理会计主要侧重于对未来的预测、规划和决策,因而往往会遇到一些不确定因素和不确定事项。而作为管理决策系统的管理会计,要及时向企业管理决策者提供有用的信息,以便管理者能迅速做出决策。所以,管理会计提供的信息和数据,更注重的是及时性和相关性,不要求所用的数据绝对精确。财务会计反映的是过去的历史信息,都是确定的数据,所以对数据的精确性要求较高。

(7)对信息载体的要求不同。管理会计所提供的信息往往是为满足内部管理的特定要求而提供的有选择的、部分的、不定期的管理信息,它们既包括定量资料,也包括定性资料;其计量单位既可以使用货币单位,也可以选择实物量单位、时间量单位和相对数单位。由于它们往往不向社会公开发表,因此,其信息载体大多为没有统一格式的各种内部报告,对这些内部报告的种类、内容和编制方法也没有统一的规定。并且管理会计编制的各种内部报告在时间上是不固定的,它所涉及的期间可长可短,可以是过去的某个特定时期,也可以是未来的某个时期。财务会计的信息主要是以价值尺度反映的定量资料,往往要向社会公开发表,以使企业外部的投资者、债权人和政府有关部门及社会公众能够全面地、系统地、连续地、综合地了解企业的财务信息,因此其信息载体必须是具有统一格式的凭证系统、账簿体系和报表系统,并对财务报告的种类、内容、指标体系和填列方法也有统一规定。在报送时间上,财务会计报告要求按月度、季度和年度定期对外报送。

此外,由于管理会计提供的资料信息不是正式报告,不对外公开发表,只供企业内部管理当局使用,因此相关人员不需承担法律责任。若由于信息质量有问题而造成企业的决策错误,一般只承担行政责任。财务会计提供的资料信息是正式报告,并且对外定期公布,企业外部的信息需求者要据此做出自己的决策,因此具有法律效力。如果企业因舞弊行为而使投资者蒙受重大损失,将会由此受到法律诉讼。

2. 管理会计与财务会计的联系

管理会计与财务会计是同属于现代企业会计的统一体,因此,存在着互相渗透的紧密联系,这种联系主要表现在以下三个方面:

(1)两者的服务对象交叉。有人将管理会计称为内部会计,将财务会计称为外部会计,但这只是表明它们服务对象的侧重点有所不同,并不意味着两者在服务对象上是完全割裂的。因为财务会计提供的许多财务指标,如资金、成本、利润等,对企业管理者特别是高层的管理者同样重要,这是他们制定决策、编制计划和实施控制所不可缺少的参考信息。同样,管理会计提供的许多重要经济信息,以及根据这些信息所确定的目标、方针、计划等,企业外部的投资人、债权人也需要有所了解,尤其是管理会计所进行的预测、决策、计划和控制等工作,都是围绕着如何实现企业生产经营的最佳运转而展开的,同投资人、债权人的最终经济利益密切相关。可见,管理会计同财务会计在为谁服务的问题上既有明显区别,也有共同之处,两者之间存在着交叉服务的现象。

(2)两者的原始资料来源相同。财务会计从最原始的凭证开始,全面记录、计量、入账,形成系统的核算资料和财务信息;管理会计为了规划和控制生产经营活动,必须从不同渠道取得各种各样的资料,如财务资料、统计资料、业务核算资料以及其他有关资料等,而其中最基本的是财务资料。因为财务会计有一套固定的核算程序和方法,将一定时间的生产经营活动及其结果通过登记账簿、编制报表等方式形成信息,这些信息既为外部使用,也为内部使用。管理会计可在财务信息的基础上整理加工,使之成为管理会计信息,以利于预测、控制和决策。同时,财务会计有时也把管理会计的内部报表列入对外公开发表的范围,随同财务会计报表一起公开,这就把管理会计的一些资料视同财务会计报告的一部分了。这表明管理会计与财务会计在资料运用上既是同源的,也可以是双向交流和互相使用的。

(3)两者的目标相同。管理会计与财务会计的最终目标是相同的,都是为了更有效、更科学地改进企业经营管理,提高经济效益。财务会计主要通过定期向外界报送财务报告,使利益相关者了解企业的财务状况和经营成果,并通过采取相应的经济、法律、行政等手段,来提高企业的管理水平。同时,企业管理人员通过财务报告可以了解企业的经营情况，不断改进企业的经营管理水平。管理会计主要是直接通过向内部管理者提供有关评价、预测信息，进而使内部管理者做出正确决策，其本身就是为提高企业管理水平而进行的一种管理活动。

第三节　管理会计师组织结构与管理会计师职业道德

企业一般存在两种管理人员，一种是直接管理人员，一种是辅助管理人员。直接管理人员通常是指对实现企业各种目标负直接责任的管理人员。例如，销售部门的经理可能要对本部门的销售量、销售金额负责，这位销售经理就是直接管理人员。而辅助管理人员则是指为直接管理人员提供建议与帮助的管理人员。例如，总经理（直接管理人员）需要对本公司的投资做出正确决策，而企业的管理会计师（辅助管理人员）则要为总经理提供各种备选方案所需的详细资料。

随着竞争的加剧和企业管理水平的提高，企业越来越重视整个管理团队的相互协作，从而使得传统的直接管理与辅助管理职能的界限变得越来越模糊。辅助管理人员已经参与到企业决策的整个过程中，从收集信息到做出决策，都发挥了重要作用，管理会计师也改变了以往的从属角色，频频出现在企业的决策舞台上。

一、管理会计师组织结构和职能

管理会计师组织机构是指企业中主要由财务总监或财务经理行使职能的，以记录、发现问题和寻求机会、解决问题的人员构成的组织。

1. 财务总监

财务总监，即首席财务官（Chief Financial Officer，简称 CFO），是对公司财务活动和会计活动进行管理和监控的高级管理人员。财务总监通常是董事会成员，不仅要对企业的财务和会计活动进行监控，还要参与企业的重大决策活动，参与制定重大经营计划和方案。在不同的公司中，财务总监的职责或许有所不同，但一般都包括以下五项内容：

（1）财务报告。财务报告包括向企业内部管理人员和外部投资者提供的有关企业财务状况、经营成果及现金流量等方面的信息。

（2）资本运营。资本运营包括长短期融资和长短期投资。

（3）风险管理。风险管理包括利率风险管理、外汇交易风险管理及其他衍生金融工具风险管理。

（4）税务。税务包括所得税、增值税的计算、缴纳以及税收减免、抵扣政策的运用。

（5）内部审计。内部审计主要是审核财务报告是否符合公认会计准则的规定以及内部控制是否健全有效。

随着信息技术在企业财务部门的应用，财务总监有时还要负责整个企业的信息系统。

2. 财务经理

财务经理是指负责企业财务会计与管理会计的高层管理人员，其职责范围一般仅限于财务部门，而不能干涉其他部门。随着企业组织结构的日趋复杂，现代的财务经理也注重发挥控制的职能,即财务经理通过提供财务会计信息、管理会计信息,为企业做出正确的决策发挥重要作用,以保证企业管理活动得以有效运转。

3. 财务总监和财务经理在企业组织中的关系

通常情况下,财务总监负责向首席运营官(Chief Operating Officer,简称 COO)报告工作,首席运营官再向首席执行官(Chief Executive Officer,简称 CEO)报告,在不设立首席运营官职位的公司中,财务总监直接向首席执行官报告工作。财务经理则负责向财务总监报告财务方面的工作,而税、内部审计等工作则不由财务经理负责。

4. 管理会计师的职能

管理会计师通常有三个重要职能,即记录、发现问题和寻求机会、解决问题。

(1) 记录。为各级管理者提供相关且可靠的数据,主要回答企业现在的运转状况如何。例如,记录销售成本、原材料购买量、各级管理者的业绩水平等。

(2) 发现问题和寻求机会。帮助各级管理者及时、准确地发现问题、选择机会,主要回答哪些问题和机会是值得企业管理者重视的。例如,发现企业对持续萎缩的产品市场投资过度;或者发现企业产品返修率、退货率高于同行业平均水平。管理会计师在执行该责任时,应该注重去发现与寻找那些能够影响公司价值增加的问题与机会,而不仅仅是单方面地降低企业成本。

(3) 解决问题。运用财务分析手段,包括比较分析法、因素分析法来寻找实现企业各种目标的最佳途径。其主要回答的是在各种可替代的方案中,哪一种方案对企业来说是最优的。例如,企业生产的半成品可以直接对外出售,也可以进一步加工成产成品再出售,通过比较分析这两种方案的利弊,做出正确的抉择,就可以提高企业的价值。

执行记录功能的管理会计师必须对所提供的管理会计信息的可靠性负责,这就需要管理会计师一丝不苟地履行自己的职责。尤其是随着企业组织结构的日益复杂,企业对管理会计师的记录职能要求越来越高,需要其处理更加复杂的信息。所以管理会计师必须很好地理解整个企业的运作机制,并尽可能地深入到企业一线。只有如此,才能真正地记录下企业真实的运转情况。

目前,越来越多的企业把管理会计师的职责重点放在了发现问题与解决问题上。管理会计师并不仅仅是简单地负责记录企业运转状况,而是通过挖掘所拥有的管理会计信息,运用科学的分析方法,积极参与企业的各种管理决策。许多大型跨国公司已认识到管理会计师的重要性,一般都专门设置了"规划和分析""预测""生产分析和支持"等管理会计师岗位。

二、管理会计师职业道德

管理会计师在为其服务机构、专业团体、公众及其本身履行职责时,也有必须遵循最高的职业道德标准的义务。为使这一义务得到公认,有关专业机构通常会颁布相关的职业道德准则,如 2005 年,美国管理会计师协会下属的管理会计师实务委员会修订了 1983 年发表的公告《管理会计师职业道德准则》,主要包括能力、保密、正直、客观性和道德行为冲突的解决五个方面。

1. 能力

管理会计师有以下义务:(1) 不断提高自身的知识和技能,保持适当的专业技术水平;

(2)按照各有关法律、法规和技术标准,履行其职责;(3)提供准确、清晰、简明和及时的决策支持信息和建议;(4)识别并沟通有可能影响职业判断或职能履行的职业局限或限制。

2. 保密

管理会计师有以下义务:(1)除法律规定外,未经授权,不得泄露工作过程中所获得的机密信息;(2)告诉下属要适当注意工作中所得信息的机密性并监督其行为,以确保其严守机密;(3)禁止将工作中所获得的机密信息,经由本人或第三者用于获取不道德或非法的利益。

3. 正直

管理会计师有以下义务:(1)避免介入实际的或明显的利害冲突,并向任何可能的利害冲突各方提出忠告;(2)不得从事道德上不利于其履行职责的活动;(3)拒绝接受影响其业务活动的任何馈赠、赠品或宴请;(4)禁止主动或被动地破坏组织合法和道德目标的实现;(5)找出妨碍对业务活动做出可靠判断或顺利完成工作的限制或约束条件,进行沟通;(6)发表赞成或不赞成的职业鉴定意见;(7)禁止从事或支持任何有害于职业团体的活动。

4. 客观性

管理会计师有以下义务:(1)公正而客观地传送信息;(2)披露所有可合理预见的、会影响报表使用者理解报告、评论和推荐书的相关信息;(3)披露在与企业政策或适用法律的一致性方面出现的关于内部控制、及时性、信息处理延误或不足的信息。

5. 道德行为冲突的解决

在应用道德行为标准时,管理会计师可能会遇到识别非道德行为与解决道德行为之间的冲突等问题。对于重大的道德行为问题争端,管理会计师应遵循组织制定的有关政策来解决。如果这些政策仍不能解决问题,管理会计师应考虑采取以下行动:(1)与直接上级讨论这些问题。但当直接上级与出现的冲突相关时,应在矛盾发生时,直接报告给更高一级主管。如果还不能令人满意地解决,管理会计师可将这些争论问题反映(提交)给更高一层的主管。一般来说,解决道德行为冲突的权威机构为审计委员会、董事会、理事会等。(2)与一位客观公正的顾问进行秘密讨论,澄清有关概念,并获得一个能够接受的解决方案。(3)如果经过各种尝试后,道德行为冲突依旧未能解决,且道德行为冲突发生在很关键的事项上,管理会计师只能提出辞职,并为一个合适的企业内部代表提供一份备忘录。除非法律另有规定,否则把这些问题告知无关的上级机关或非服务组织的个人是不适合的。

第四节 管理会计信息化

一、管理会计信息化的概念

管理会计信息化是指以财务和业务数据为基础,借助计算机、网络通信等现代信息技术手段,对信息进行获取、加工、整理、分析和报告等操作处理,为企业有效开展管理会计活动提供全面、及时、准确的信息支持。

二、管理会计信息化应用的原则

1. 系统集成原则

管理会计系统功能模块应与财务及业务系统功能模块紧密集成,通过事先定义的规则,完成财务和业务数据到管理会计数据的自动生成过程,同时实现对财务和业务数据的预警或控制。

2. 数据共享原则

企业在实施管理会计信息化时,一方面应制定统一的标准和规范,实现数据的集中统一管理;另一方面应借助系统的无缝对接,实现数据的一次采集,全程共享。

3. 规则可配置原则

管理会计系统功能模块应提供规则配置功能,实现其他功能模块与管理会计模块相关内容的映射和自定义配置。

4. 灵活扩展性原则

管理会计系统功能模块应具备灵活扩展性,及时满足企业内部管理的需要,同时对环境、业务、产品、组织和流程的变化做出响应。

三、企业实施管理会计信息化的条件

企业实施管理会计信息化,一般应同时具备以下条件:

（1）对企业营运主体、营运范围、业务流程、责任中心等有清晰定义。

（2）设有具备管理会计职能的相关部门或岗位,具有一定的管理会计工具方法的应用基础以及相对清晰的管理会计应用流程。

（3）具备一定的财务和业务信息系统应用基础。为更好地促进管理会计信息模块的应用,企业还需具备一定的系统应用基础,包括已经相对成熟的财务会计模块的应用,并一定程度上实现了经营计划管理、采购管理、销售管理、库存管理等基础业务管理职能的系统化。

四、管理会计信息模块的内容

管理会计信息模块是指集成在企业信息系统中,以企业信息系统中财务和业务数据为基础,借助系统的技术手段实现管理会计应用的过程,为企业有效开展管理会计活动提供支持的信息系统模块。

管理会计信息模块以责任中心为主要对象,包括但不限于成本管理、预算管理、绩效管理、投资管理、管理会计报告等功能模块。

（一）成本管理模块

成本管理模块应实现成本管理的各项主要功能,一般包括对成本要素、成本中心、成本对象等参数的设置以及成本核算方法的配置,从财务会计核算模块、业务处理模块、人力资源等模块抽取所需数据,进行精细化成本核算,生成分产品、分批次（订单）、分环节、分区域等多维度的成本信息,基于成本信息进行成本分析,实现成本的有效控制,为企业成本管理的事前计划、事中控制、事后分析提供有效的支持。

(二)预算管理模块

预算管理模块应实现的主要功能一般包括对企业预算参数设置、预算管理模型搭建、预算目标和计划制订、预算编制、预算执行控制、预算调整、预算分析和评价等全过程的系统化管理。

(三)绩效管理模块

绩效管理模块主要实现业绩评价和激励管理过程中各要素的管理功能,一般包括业绩计划和激励计划的制订、业绩计划和激励计划的执行控制、业绩评价与激励实施管理等,为企业的绩效管理提供支持。

(四)投资管理模块

投资管理模块主要实现对企业投资项目进行计划和控制的系统支持,一般包括投资计划的制订和对每个投资项目进行的及时管控等。

(五)管理会计报告模块

管理会计报告模块实现基于信息系统中财务数据、业务数据自动生成相对固化的管理会计报告,支持企业有效实现各项管理会计活动。

五、管理会计信息模块的建设和应用程序

管理会计信息模块的建设和应用程序既包括系统的规划和建设过程;也包括系统的应用过程,即输入、处理和输出过程。

(一)系统规划和建设过程

系统规划和建设过程一般包括系统规划、系统实施和系统维护等环节。

1. 系统规划

在管理会计信息化的系统规划环节,企业应将管理会计信息化的系统规划纳入企业信息系统建设的整体规划,遵循整体规划、分步实施的原则,确认企业的战略目标和管理会计应用目标,形成清晰的管理会计应用需求,因地制宜、逐步推进。

2. 系统实施

在管理会计信息化的系统实施环节,企业应制订详尽的实施计划,清晰划分实施的主要阶段、有关活动和详细任务的时间进度。实施阶段一般包括项目准备、系统设计、系统实现、测试和上线等过程。

(1)在项目准备阶段,企业主要应完成系统建设前的基础工作,一般包括确定实施目标、实施组织范围和业务范围、制订项目计划、资源安排和项目管理标准,开展项目动员及初始培训等。

(2)在系统设计阶段,企业主要应对组织现有的信息系统应用情况、管理会计工作现状和信息化需求进行调查,梳理并优化管理会计应用模型和应用流程,据此设计管理会计信息化的实施方案。

(3)在系统实现阶段,企业主要应完成管理会计系统功能模块的系统配置、功能和接口开发、单元测试以及数据整理等工作。

(4)在测试和上线阶段,企业主要应完成管理会计系统功能模块的整体测试、权限设置、系统部署、数据导入、最终用户培训和上线切换过程。必要时,企业还应根据实际情况进行预上线演练。

3. 系统维护

企业应做好管理会计信息化运维和支持,实现日常运维支持及上线后持续培训和系统优化。

(二)应用过程

1. 输入环节

输入环节是指完成从管理会计信息模块或其他应用系统中获取数据的过程。管理会计模块需提供已定义清楚数据规则的数据接口,以自动采集财务和业务数据。同时,系统还应支持本模块其他数据的手工录入,以利于相关业务调整和补充信息的需要。

2. 处理环节

处理环节是指借助管理会计工具模型进行数据加工处理的过程。管理会计模块可以充分利用数据挖掘、在线分析处理等商业智能技术,借助相关工具对数据进行综合查询、分析统计,挖掘出有助于企业管理活动的信息。

3. 输出环节

输出环节是指提供丰富的人机交互工具,集成通用的办公软件等成熟工具,自动生成或导出数据报告的过程。数据报告的展示形式应注重易读性和可视化。

最终的系统输出结果不仅可以采用独立报表或报告的形式展示给用户,也可以输出或嵌入到其他管理系统(如客户关系管理系统)中,为各级管理部门及时提供管理所需的相关信息。

本章小结

本章讲述了管理会计的形成和发展,管理会计的职能和方法,管理会计的信息质量特征,管理会计与财务会计的区别和联系,管理会计师组织结构与管理会计师职业道德。

管理会计是企业会计的一个重要分支,它是以现代科学管理理论为依托,以企业特定的经济活动及其产生的会计信息为研究对象,以现金流量的动态分析为基础,以强化企业内部经营管理、提高经济效益为目的,对企业的生产经营活动进行预测、决策、计划、控制,并对其业绩进行考核和评价的一种会计信息系统。管理会计与财务会计同属于企业会计,两者之间既有区别又有联系,互相配合,互为补充,为企业管理提供服务。管理会计师的职业道德主要由能力、保密、正直、客观性和道德行为冲突的解决五个部分组成。

自测题

一、思考题

1. 管理会计是如何形成和发展的?你对管理会计如何认识?
2. 管理会计与财务会计有何区别和联系?
3. 管理会计的职能和方法有哪些?

4. 如何理解管理会计师职业道德准则？
5. 管理会计必须具备哪些信息质量特征？

二、单选题

1. 对公司财务活动和会计活动进行管理和监控的高级管理人员称为（　　），也称首席财务官。

   A. 财务总监　　　B. 总会计师　　　C. 财务科长　　　D. 财务经理

2. （　　）是负责企业财务会计与管理会计的高层管理人员，其职责范围一般仅限于财务部门，而不能干涉其他部门。

   A. 财务经理　　　B. 财务总监　　　C. 主办会计　　　D. 管理会计

3. 在应用道德行为标准时，管理会计师可能会遇到识别非道德行为与解决某个道德行为之间的（　　）等问题。

   A. 矛盾　　　　　B. 争执　　　　　C. 相互利用　　　D. 冲突

4. 为使遵循最高职业道德标准的这一义务得到公认，有关专业机构通常会颁布相关的（　　）。

   A. 管理会计准则　B. 财务会计准则　C. 职业道德准则　D. 职业道德行为守则

5. 可理解性也称为（　　），如果提供的信息不为使用者所理解，那么其作用就会降低，甚至不为决策者所采用。

   A. 平衡性　　　　B. 易懂性　　　　C. 及时性　　　　D. 相关性

三、多选题

1. 管理会计师通常有的重要职能包括（　　）。

   A. 财务核算　　　　　　　　　B. 记录
   C. 发现问题和寻求机会　　　　D. 解决问题

2. 就客观性而言，管理会计师的义务有（　　）。

   A. 公正而客观地传送信息
   B. 披露所有可合理预见的、会影响报表使用者理解报告、评论和推荐书的相关信息
   C. 披露在与企业政策或适用法律的一致性方面出现的关于内部控制、及时性、信息处理延误或不足的信息
   D. 禁止从事或支持任何有害于职业团体的活动

四、判断题

1. 对于重大的道德行为问题争端，管理会计师应遵循组织制定的有关政策来解决。（　　）

2. 企业一般存在两种管理人员，一种是直接管理人员，一种是辅助管理人员。（　　）

3. 管理会计与财务会计的最终目标是相同的，都是为了更有效、更科学地改进企业经营管理，提高经济效益。（　　）

4. 管理会计与财务会计不属于现代企业会计的统一体，因此，不存在互相渗透的紧密联系。（　　）

第二章 成本性态分析

学习目标

通过本章的教学，学生可以了解成本的概念和分类，熟悉固定成本、变动成本以及混合成本的概念和特征；理解成本性态分析的含义，熟悉成本性态分析的程序，熟练掌握高低点法、回归直线法等成本性态分析的方法。

案例导入

2009年的微波炉之战是M公司发动的最为成功的一场市场战，经过此市场战，M公司赢得了微波炉市场的"半壁江山"。M公司发动的"价格战"主要是依靠其对成本的成功管理。M公司成功进行成本管理的秘诀可以归结为十四个字，那就是"固定成本最小化，变动成本固定化"。

变压器是微波炉的必要零部件之一。日本生产的变压器的出口单价是11美元/件，欧洲生产的变压器的出口单价是25美元/件。为实现"固定成本最小化"的目标，M公司努力说服欧洲的生产厂商将生产线搬到M公司的中国生产基地。M公司只花很少的配套费用就得到了国际一流技术水平的设备，不仅解决了本公司微波炉所需变压器的问题，而且还以每件8美元的低价向欧洲厂商供货。为实现"变动成本固定化"的目标，M公司充分提高"人的效率"。我们注意到：一般公司的规律是公司的规模越大，销售量越多，雇员会越多。M公司则恰恰相反，它充分发挥了每个人的作用，用很少的人干比别人多很多的事情。2014年M公司实现销售额80多亿元，员工总数为13 000多人，但管理人员仅160多人，销售人员也只有160人。

"一切从实际出发""具体问题具体分析""实事求是"是马克思主义哲学的三大方法论，就企业而言，企业要经常进行成本性态分析，不能将某次成本性态分析的结果作为一成不变的标准。管理会计人员在进行成本性态分析时，要从实际出发，具体问题具体分析，用发展、全面、联系的眼光看待问题，不弄虚作假，保证会计信息的真实性和及时性。

第一节 成本的分类

成本是衡量企业经营管理水平高低和经济效益好坏的一个重要指标。企业为了实现有效经营，提高生产经营效果，在决策、预算和日常控制等各个环节，都必须对成本问题进行认真的分析研究。

在我国传统的财务会计学中，成本（Cost）是指企业为生产一定种类、一定数量产品所支出的各种生产费用的货币表现。站在西方财务会计学的视角下，成本是企业为实现特定的经济目的,在生产经营过程中所发生的各种经济资源的价值牺牲或者付出的代价。

管理会计的成本概念不同于我国传统财务会计学和西方财务会计学中关于成本的定义。某些西方会计学家直接将管理会计称为"用于企业决策的会计"或者"决策会计"。不同的决策决定了不同的信息需求,任何与会计相关的决策都离不开相应的成本信息。换言之,企业管理当局决策的多样化直接导致了成本信息的多样化,即所谓的"不同目标,不同成本",所以管理会计的成本概念会随着管理上的需要而不断发展,从而促使管理会计成本概念的多样化。

在实际工作中,为适应经营管理上的不同需求,成本可以按照不同的划分标准进行分类。

一、成本按经济职能分类

成本按照其经济职能可以分成制造成本和非制造成本两类。

1. 制造成本

制造成本,也可称为生产成本或者产品成本,是指在产品制造(生产)过程中发生的各种生产费用的支出。包括直接材料、直接人工和制造费用。

直接材料是指直接用于产品生产、构成产品实体的所有材料的成本。具体包括原材料、外购半成品、修理用备件、包装物、有助于产品形成的辅助材料以及其他直接材料。

直接人工是指在生产过程中对材料进行直接加工使其变成产成品(或半成品)所耗用的人工成本,即生产工人的工资。

制造费用是指在生产过程中那些虽不能归入直接材料和直接人工,但为企业组织和管理生产而发生的各项间接费用,例如生产部门的辅料、生产车间管理人员的工资及福利费、生产车间的固定资产折旧费、生产车间办公费、生产车间水电费、生产车间医疗保险费等。

2. 非制造成本

非制造成本,也可称为期间成本或期间费用,一般可分为销售成本、管理成本和财务成本。

销售成本也称销售费用,是指企业在产品销售过程中发生的各项费用。具体包括广告费用、展销费用、运输费用、保险费用、为销售本企业产品而专设的销售机构的固定资产折旧费以及销售人员的工资、福利费、差旅费等日常开支。

管理成本也称管理费用,是指企业行政管理部门为组织和管理生产经营活动而发生的各项费用支出。具体包括行政管理人员的工资、福利费、办公费、专供行政管理部门使用的固定资产的折旧费及相应的保险费和财产税等。

财务成本也称财务费用,是指企业理财过程中发生的各种成本,如借款的利息支出。

二、成本按成本性态分类

成本性态,又称成本习性,是指在一定条件下成本总额与特定业务量之间在数量方面的依存关系。按照这种关系,成本可以分为固定成本、变动成本和混合成本三大类。有些混合成本按照一定的方法可以进一步划分为固定成本部分和变动成本部分。

1. 固定成本

固定成本是指在一定期间和一定业务量范围内,不受业务量变化的影响而保持固定不变的成本。例如,企业按直线法计提的厂房和机器设备的折旧费、行政管理人员的工资、财产保险费、广告费、职工教育培训费、租金等均属于固定成本。

(1)固定成本的基本特征

由于固定成本总额不受业务量变动的影响而保持不变,单位固定成本与业务量的增减成反比例变动,由此可以得出固定成本的两个特征:

①固定成本总额(用 a 表示)的不变性

固定成本总额(a)在一定范围内是固定的,不会随着业务量的增减变动而产生变动。若设函数 y 为固定成本总额,则固定成本总额 y 与业务量 x 之间的关系是 $y=a$,在平面直角坐标图上,固定成本可以描绘成一条平行于 x 轴的直线。

②单位固定成本的反比例变动性

在相关范围内,单位固定成本随着业务量的增减变动成反比例变动。若设函数 y 为单位固定成本,则单位固定成本 y 与业务量 x 之间的关系是 $y=a/x$,在平面直角坐标图上,单位固定成本可以描绘成一条反比例曲线。

【例 2-1】 企业由于拓展业务需要,从某租赁公司租入一条计算机生产线,每年租金为 600 000 元,其最大生产能力为每年 5 000 台,则产量在 5 000 台内变动时对成本的影响见表 2-1。

表 2-1   产量在 5 000 台内变动时对成本的影响

产量(台)	固定成本总额(元)	单位产品负担的固定成本(元/台)
1 000	600 000	600
2 000	600 000	300
3 000	600 000	200
4 000	600 000	150
5 000	600 000	120

将【例 2-1】的有关数据在坐标图中描绘,得到固定成本的性态模型如图 2-1 和图 2-2 所示。

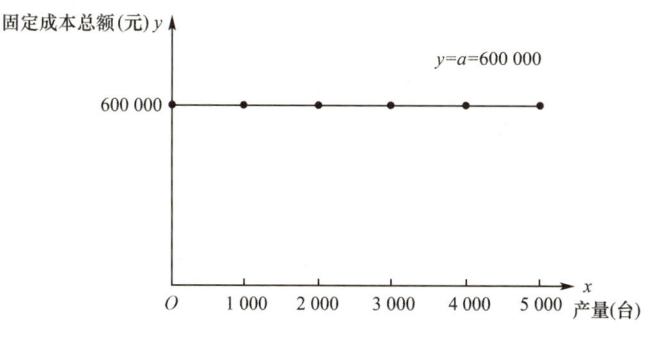

图 2-1　固定成本总额性态模型

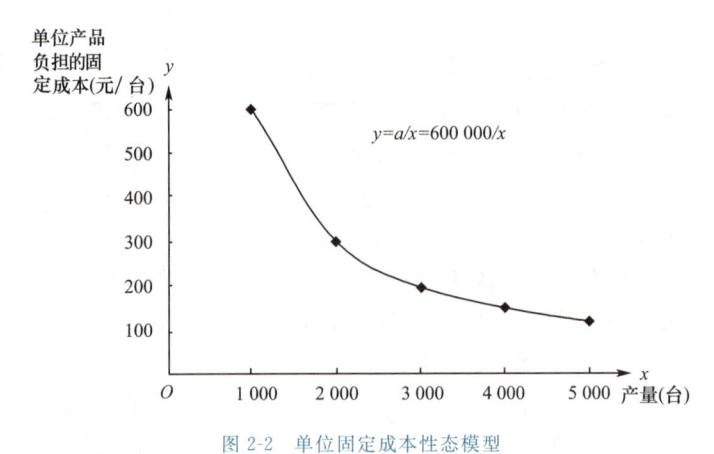

图 2-2 单位固定成本性态模型

从【例 2-1】中,我们可以得到两点结论:

①产量在 5 000 台以内时,随着产品产量的增加,租金总成本 600 000 元保持不变。

②当产品产量不断增加,租金总成本 600 000 元保持不变时,单位产品的租金成本从 600 元/台下降为 120 元/台。

(2)固定成本的分类

为了有效地控制固定成本,需要对不同性质的固定成本进行分类。通常,固定成本按其是否受管理当局短期计划和决策行为的影响,可以进一步分为约束性固定成本和酌量性固定成本两类。

①约束性固定成本

约束性固定成本也称经营能力成本,是指管理当局无法通过短期决策行为改变其支出数额的固定成本。它与企业经营能力的形成及其日常维护直接相关,如按直线法计提的固定资产折旧费、保险费、财产税、行政管理人员的工资等都属于约束性固定成本。约束性固定成本是企业保持正常生产经营能力所必须负担的最低成本,其支出数额的大小只取决于企业生产经营的规模和质量,具有很强的约束性,管理当局的当前决策不能改变其数额。因此降低约束性固定成本,只能从合理利用生产能力、尽量提高产品产量入手,从而减少单位固定成本。

②酌量性固定成本

酌量性固定成本,也称抉择性固定成本或经营方针成本,是指管理当局可以通过短期决策改变其不同时期支出数额的固定成本。它是由企业管理部门按照经营方针的要求,通过确定未来某一会计期间的有关预算形成的,如企业的开发研究费、广告费、职工教育培训费等。酌量性固定成本不同于约束性固定成本,其支出数额的多少可以改变,服从于企业每一会计期间生产经营的实际需要和财务负担能力,因而可以伴随经营方针和财务状况的改变而相应改变,一经确定,只能在某一特定的会计期间存在和发挥作用。因此,降低酌量性固定成本,可以从预算时精打细算、厉行节约入手,在不影响生产经营能力的前提下,尽可能减少其开支总额。

2. 变动成本

变动成本是指在一定期间和业务量范围内,成本总额随着业务量的变动而成正比例变动的成本。企业生产成本中的直接材料、按件计薪的工人工资,制造费用中的产品包装费用,销售成本中按销售量摊销的销售佣金等,均属于变动成本。

(1)变动成本的基本特征

由于变动成本总额随业务量的变化成正比例变化,从单位业务量方面观察,就会发现单位直接材料、单位直接人工等费用是固定不变的,即单位变动成本不受业务量的影响而保持不变,由此可以得出变动成本的两个特征:

①变动成本总额的正比例变动性

在相关范围内,变动成本总额随着业务量的增减变动而成正比例变动。若设 y 为变动成本总额,则变动成本总额 y 与业务量 x 之间的关系是 $y=bx$,反映在平面直角坐标图上,变动成本是一条以单位变动成本为斜率的直线。

②单位变动成本(用 b 表示)的不变性

在一定范围内,单位变动成本(b)是固定不变的,不受业务量增减变动的影响。若设 y 为单位变动成本,则单位变动成本 y 与业务量 x 之间的关系是 $y=b$,反映在平面直角坐标图上,单位变动成本是一条平行于 x 轴的直线。

【例 2-2】 承【例 2-1】,若该企业每生产 1 台计算机,需要外购一个 CPU,目前符合该企业要求的 CPU 市场价格为 300 元/件,则产量在一定范围内变动时对成本的影响见表 2-2。

表 2-2　产量在一定范围内变动时对成本的影响

产量(台)	单位变动成本(元/台)	变动成本总额(元)
1 000	300	300 000
2 000	300	600 000
3 000	300	900 000
4 000	300	1 200 000
5 000	300	1 500 000

将【例 2-2】的有关数据通过坐标图描绘出变动成本的性态模型,如图 2-3 和图 2-4 所示。

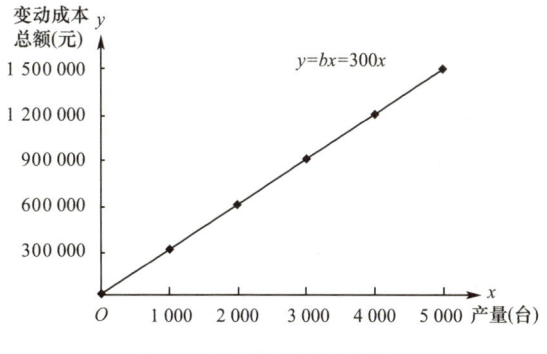

图 2-3　变动成本总额性态模型

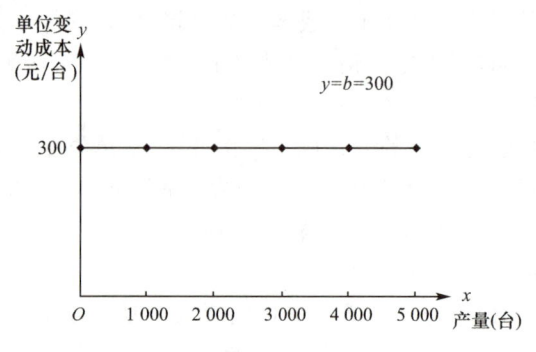

图 2-4　单位变动成本性态模型

从【例 2-2】中,我们可以得出两点结论:
①伴随着产品产量的增加,外购 CPU 的购货总成本成正比例增加。
②当产品产量与变动成本总额成正比例变化时,每个 CPU 的单价 300 元/件是固定不变的。

(2)变动成本的分类

为了寻求降低变动成本的途径,将变动成本按其发生的原因分为约束性变动成本和酌量性变动成本。

①约束性变动成本,是指单位变动成本发生额由工艺、设计技术等方面的原因决定,不受管理当局经营决策影响的成本。例如,某计算机生产企业在生产过程中,使用的是国外进口的处理器,该处理器的成本主要取决于国外厂商的生产技术以及市场价格,本企业很难改变,除非使用国产处理器从而改变整个企业的生产工艺。

②酌量性变动成本,是指单位变动成本发生额由管理当局经营决策行为决定的成本。例如,按照销售收入的一定比例计算的销售佣金,其金额的大小取决于管理当局确定的提取比例。

3. 混合成本

混合成本是指介于固定成本和变动成本之间,成本总额随业务量增减变动而又不成正比例变动的成本。如机器设备的维修费、化验员和检验员的工资等。

混合成本根据其中固定成本部分与变动成本部分不同的情况,可以分为标准式混合成本、阶梯式混合成本、低坡式混合成本、曲线式混合成本等。

(1)标准式混合成本

标准式混合成本又称为半变动成本,该变动成本通常有一个初始量,一般不变,这类似于固定成本。在这个基础上,随着业务量的增加,成本也会成正比例增加,这部分成本又相当于变动成本。例如,电话费每月都有一个基本的费用,然后每打一次电话,再收取一次费用。再如,有些工人的工资分两部分,基本工资一般保持不变,视同固定成本;另一部分是在基本工资基础上的增加额,按每月的完成数量增加,工资随着产量提高而增加的部分属于变动成本。

设 y 为标准式混合成本总额,则标准式混合成本 y 与业务量 x 的关系可表示为 $y=a+bx$。

【例 2-3】 某电信部门规定的固定电话费用中,月租费为 20 元,在此基础上,通话业务每分钟再付费 0.1 元,对于客户来说,话费支出就属于成本。假设当月某客户共产生话费支出 100 元,要求列出话费支出与通话业务量之间的数量依存关系。

解 客户的话费支出属于标准式混合成本,设其为 y,设通话业务量为 x,则二者的线性关系为 $y=20+0.1x$。

将本例通过坐标图来演示标准式混合成本的特征,如图 2-5 所示。

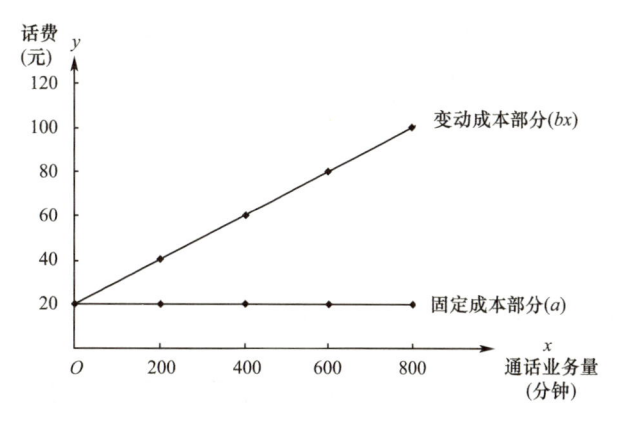

图 2-5 标准式混合成本性态模型

(2)阶梯式混合成本

阶梯式混合成本又称为半固定成本,是指在一定业务量范围内,其发生额是固定的,但当业务量增长到一定限度时,其发生额就会跳跃到一个新的水平,并在新的一定业务量范围内保持不变。这种变化反映在坐标图上,其成本总额随业务量总数的增长呈现为阶梯状。如化验员、检验员的工资,当业务量超过一定限度时,这类人员的工资就会突然增加。

【例 2-4】 甲公司某产品月产量在 10 000 件之内需要 1 名质检员,产量每超过 10 000 件的倍数时,就需要增加 1 名质检员。质检员的月工资为 3 000 元。质检员的工资成本在不同的生产水平下将呈阶梯式上升,其成本在不同的业务量范围内表现为:当业务量为 0~10 000 件时,固定成本为 3 000 元;当业务量为 10 000~20 000 件时,固定成本为 6 000 元;当业务量为 20 000~30 000 件时,固定成本为 9 000 元。如图 2-6 所示。

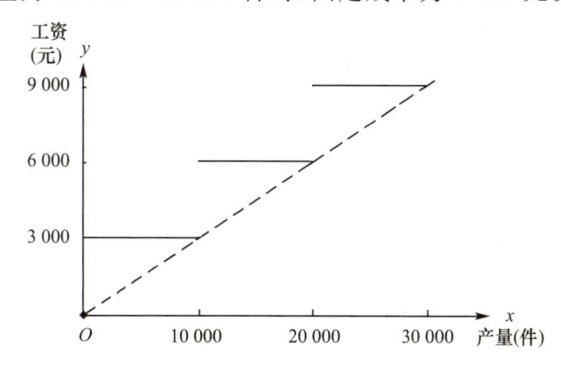

图 2-6 阶梯式混合成本性态模型

(3) 低坡式混合成本

低坡式混合成本又称为延期变动成本,这种类型的混合成本在一定业务量范围内,其总额保持固定不变,但若突破该业务量的限度,其超额部分则随业务量的增长按正比例增长。

例如:在超定额计奖的工资制度下,职工在完成正常工作定额(300 小时)之前,只能取得基本工资(3 000 元);若超过定额,除了基本工资之外,还可取得按超产数额计算的超额工资。此外,计时工资制的加班奖金、浮动工资等也属于低坡式混合成本。低坡式混合成本的性态模型如图 2-7 所示。

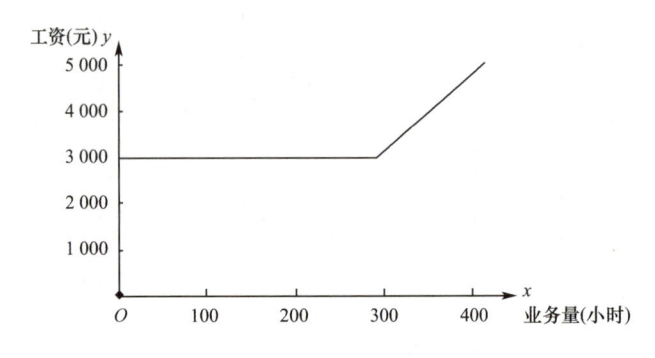

图 2-7 低坡式混合成本性态模型

(4) 曲线式混合成本

曲线式混合成本通常有一个初始量,一般固定不变,相当于固定成本;在此基础上,成本总额会随着业务量的变动不成正比例地变化,而是呈抛物线状的曲线变动。曲线式混合成本可分为两种类型:

① 递减型混合成本

递减型混合成本的增长幅度小于业务量的增长幅度,其斜率随业务量增加而递减,在平面直角坐标图上可绘制成一条向下弯曲的曲线。例如,热处理使用的电炉设备,每一班次均需预热,因预热而耗用的成本属于固定成本,而预热后进行热处理的单位耗电成本随着业务量的增加而逐步下降,总的耗电成本逐步上升,但其上升速度越来越慢,表现为一条抛物线。递减型混合成本的性态模型如图 2-8 所示。

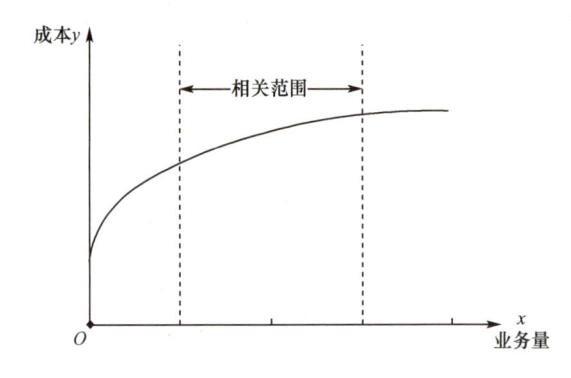

图 2-8 递减型混合成本性态模型

②递增型混合成本

递增型混合成本的增长幅度随业务量的增长而呈更大幅度变化,其斜率呈递增趋势,在平面直角坐标图上可绘制成一条向上弯曲的曲线。例如,累进计件工资、各种违约罚金等,该种类型的成本随着业务量增加而增加,且比业务量增加得还要快。递增型混合成本的性态模型如图 2-9 所示。

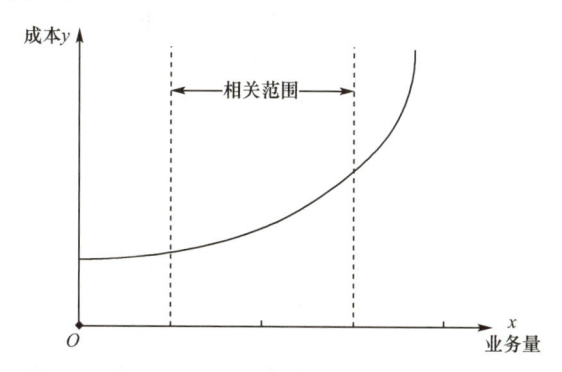

图 2-9 递增型混合成本性态模型

综上所述,混合成本一般有以下几个特点:

第一,同时包括固定成本与变动成本两个因素;

第二,通常有一个基数,这个基数是固定不变的,相当于固定成本,在这个基数之上发生的成本部分,则是随业务量的变动而变动,相当于变动成本;

第三,其总成本虽然随业务量的变动而有所变动,但并不保持严格的比例关系。

为了能更有效地对混合成本加以控制,应进一步地分解混合成本,使企业的所有成本划分为固定成本和变动成本两大类。这样,就可以更好地掌握业务量增减对成本的影响,便于规划和控制生产经营活动。同时,变动成本与固定成本的划分也是变动成本法、本量利分析、编制弹性预算、短期决策等内容的基础与前提。

三、成本的其他分类

1. 按核算目标分类

成本按其核算的目标分为业务成本、责任成本和质量成本。业务成本是为反映业务活动本身的耗费而核算的成本。责任成本是为明确有关单位的经营业绩而核算的成本。质量成本是为确保产品质量而核算的成本。

2. 按实际发生时态分类

成本按其实际发生时态分为历史成本和未来成本。历史成本是指以前时期已经发生或本期刚刚发生的成本。未来成本是指预先测算的成本。

3. 按可控性分类

成本按其可控性分为可控成本和不可控成本。

可控成本是指责任单位对其成本的发生可以在事前预计并落实责任、在事中施加影响以及在事后进行考核的成本。

不可控成本是与可控成本相对立的概念。该类成本的发生,不在责任单位的权责范围内。不可控成本是不能被责任单位加以控制的成本。

4. 按相关性分类

成本按其相关性分为相关成本和无关成本。

相关成本是指成本的发生与特定决策方案相关,在进行经营决策分析时必须认真考量的成本。例如付现成本、重置成本、差量成本、机会成本、专属成本、边际成本、可递延成本等。

无关成本是指成本的发生与特定决策方案无关,在进行经营决策分析时无须加以考虑的各种成本。例如历史成本、沉没成本、共同成本、不可递延成本等。

5. 按可辨认性分类

成本按其可辨认性分为直接成本和间接成本。

直接成本是指那些与特定的归集对象有直接联系,能够明确判断其归属的成本,如直接材料、直接人工、变动性制造费用以及按照销售量支付的佣金等。

间接成本是指那些与特定的归集对象并无直接联系或无法追踪其归属的成本。这类成本通常与特定产品的生产和销售无直接联系,往往由几种产品共同负担并按照一定标准分摊后计入产品成本。例如间接人工、间接材料、间接销售费用以及管理费用等。

四、成本性态与相关范围

1. 成本性态的含义

成本性态(Cost Behavior)是指一定条件下成本总额与特定业务量之间在数量方面的依存关系,又称为成本习性。

成本总额与特定业务量之间的依存关系是建立在"一定条件下"的,这里的"一定条件"是指"一定期间和一定业务量范围",我们可以给予"一定期间和一定业务量范围"一个特定的称呼——"相关范围"。

2. 相关范围的定义

在管理会计中,相关范围是指不会改变或破坏特定成本项目固有特征的时间和业务量的变动范围,即一定期间和一定业务量范围。广义的相关范围包括不会改变特定成本项目的有关期间和业务量在内的特定变动范围,狭义的相关范围特指不会改变特定成本项目的业务量的特定变动范围。

我们先前给"固定成本"和"变动成本"下定义时,都冠以"在一定期间和一定业务量范围内"这样一个定语,这意味着,固定成本的"固定性"以及变动成本的"变动性"不是在任何条件下都保持不变的,而是在"相关范围"内保持不变的。如果超出了"相关范围",固定成本和变动成本的特性就会发生改变。

(1)固定成本的相关范围

【例 2-5】 承【例 2-1】,我们已确定该企业每年发生租用生产线的租金 600 000 元是固定成本。0~5 000 台的产量变动范围和一年的租借期为相关范围。假设该企业年生产能力达到 5 000~10 000 台时,需要再租借一条生产线,这时,年租金由 600 000 元增加到 1 200 000 元,租金(固定成本)的变化可通过图 2-10 来表示。

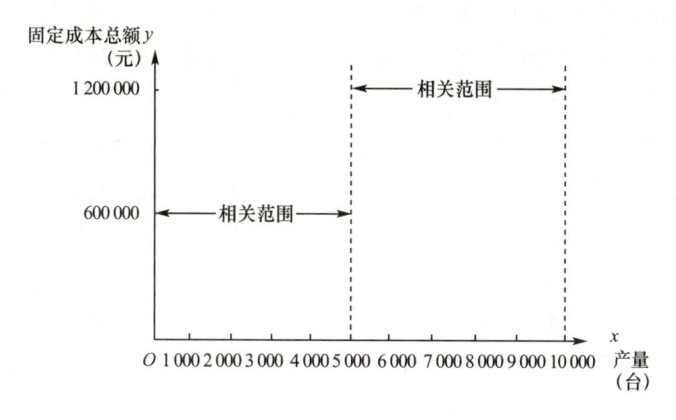

图 2-10 固定成本的相关范围

由图 2-10 可见,固定成本原来的相关范围(0~5 000 台)被打破后,新的相关范围(5 000~10 000 台)又出现了。

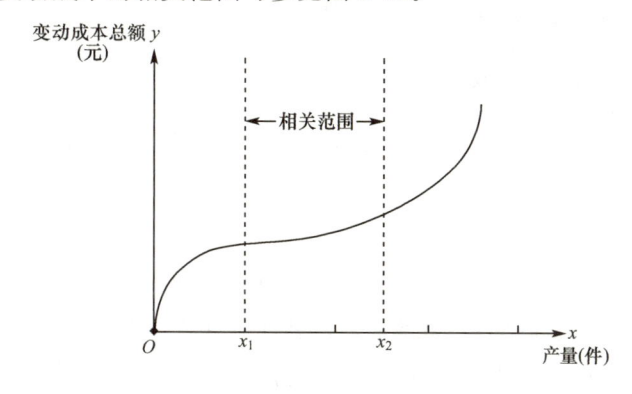

(2)变动成本的相关范围

变动成本的相关范围是指在一定范围内,成本与业务量之间表现为线性关系,超过这一相关范围就可能表现为非线性关系。例如,当小批量生产某一产品时,由于处于产量增长的初级阶段,所花费的变动成本总额不一定与产量成正比,前者增长的幅度小于后者增长的幅度。当产量增长到一定范围时,变动成本总额与产量之间呈现出按正比例增长的趋势,此时形成完全的线性关系。如果产量继续增长超出这一范围,则可能出现一些新的不确定因素,例如加班加点、废品率上升、轮班生产等,使变动成本总额的增长幅度大于产量的增长幅度。变动成本的相关范围可参见图 2-11。

图 2-11 变动成本的相关范围

如图 2-11 所示,当产量开始上升时,变动成本总额与产量的变动不一定总成正比例变化,而通常是前者的增长幅度小于后者的增长幅度,表现在图中就是 0~x_1 区间对应的变动成本总额线呈现向下弯曲的趋势(即其斜率随着产量的上升而变小);当产量上升到一定的程度时,变动成本总额的增长幅度又会大于产量的增长幅度,表现在图中就是产量 x_2 点以后对应的变动成本总额线呈现一种向上弯曲的趋势(即其斜率随着产量的上升而变大);而在产量上升的中间阶段,即产量 x_1~x_2 区间对应的变动成本总额线弯曲程度平缓,基本呈直线状态(即线性关系)。变动成本的相关范围指的就是这个中间阶段。

在实际工作中,有些行业的变动成本总额与业务量总数之间有一定的依存关系。例如，在化工行业，当产品采用小批量生产时，单位产品所消耗的直接材料和直接人工可能较多，但当产量增长到一定范围后，就可能使单位产品所消耗的直接材料和直接人工成本逐渐下降。因而在产品产量增长的最初阶段，变动成本总额的增长不一定与产量的增长成正比例，而是前者增长的幅度小于后者增长的幅度，从而使变动成本总额线(bx)呈向下弯曲的趋势，形成非线性关系。但当产量增长到相关范围时，各项材料和直接人工的消耗就比较平稳，从而使变动成本总额与产量之间呈现出严格的、完全的线性关系。如果产品产量超出相关范围再继续增长，则可能出现一些新的不利因素，促使单位产品的变动成本增高，从而使变动成本总额线(bx)呈向上弯曲的趋势，又形成非线性关系。这就是变动成本总额受一定条件所制约的"相关范围"，即在相关范围之内变动成本总额与业务量总数之间保持着严格的线性关系，但在相关范围之外，它们之间就往往会形成非线性关系。

第二节 成本性态分析的内容

一、成本性态分析的含义

成本性态分析（Analysis of Cost Behavior）是指在明确各种成本性态的基础上，按照一定的程序和方法，最终将全部成本(y)分解为固定成本(a)和变动成本(bx)两大类，并建立相应的成本函数模型($y=a+bx$)的过程。

二、成本性态分析的程序

成本性态分析的程序是指完成成本性态分析任务所经过的步骤。具体包括分步分析程序和同步分析程序两种。

1. 分步分析程序

分步分析程序又可称为多步骤分析程序，它是按先定性分析后定量分析的顺序进行成本性态分析的程序，该程序先对全部成本按其性态进行分类，即将全部成本区分为固定成本(a_1)、变动成本(b_1x)以及混合成本三大类，然后再对混合成本进行成本分解，将混合成本分解为固定成本部分(a_2)和变动成本部分(b_2x)，接着求出固定成本总额（$a=a_1+a_2$）以及变动成本总额（$b=b_1x+b_2x$），最后建立成本函数模型（$y=a+bx$）。分步分析程序如图 2-12 所示。

2. 同步分析程序

同步分析程序是定性分析与定量分析同步进行的成本性态分析程序，该程序不需要分别进行成本性态分类和混合成本分解，而是按照一定方法将全部成本直接一次性地区分为固定成本总额(a)和变动成本总额(bx)两部分，并建立成本函数模型($y=a+bx$)，因此，该程序又被称为单步骤分析程序。同步分析程序如图 2-13 示。

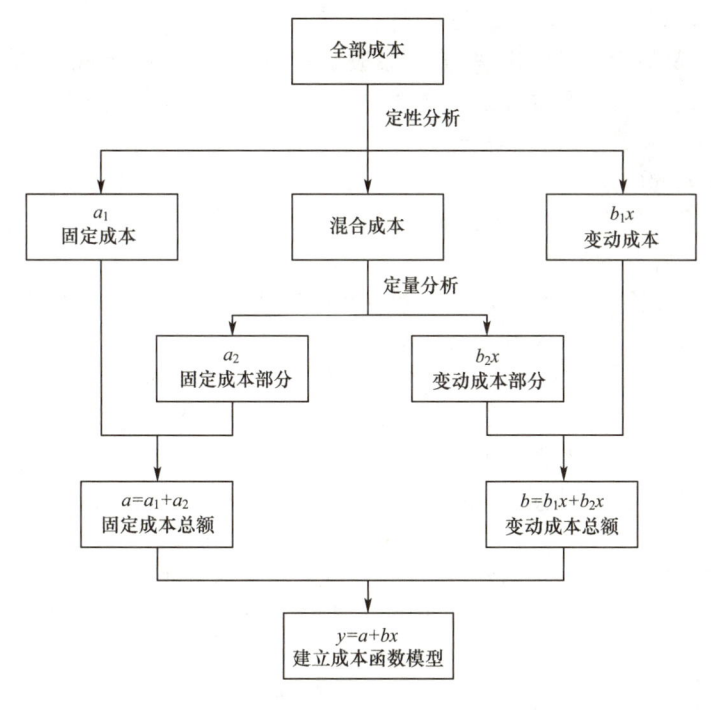

```
                    ┌──────────┐
                    │  全部成本  │
                    └────┬─────┘
                      定性分析
         ┌───────────────┼───────────────┐
         ▼               ▼               ▼
    ┌─────────┐     ┌─────────┐     ┌─────────┐
    │   a₁    │     │  混合成本 │     │   b₁x   │
    │  固定成本 │     │         │     │  变动成本 │
    └────┬────┘     └────┬────┘     └────┬────┘
                      定量分析
                   ┌─────┴─────┐
                   ▼           ▼
              ┌─────────┐ ┌─────────┐
              │   a₂    │ │   b₂x   │
              │固定成本部分│ │变动成本部分│
              └────┬────┘ └────┬────┘
         ┌─────────┘           └─────────┐
         ▼                               ▼
    ┌─────────────┐               ┌──────────────┐
    │  a=a₁+a₂    │               │  b=b₁x+b₂x   │
    │  固定成本总额 │               │  变动成本总额  │
    └──────┬──────┘               └──────┬───────┘
           └──────────────┬──────────────┘
                          ▼
                   ┌─────────────┐
                   │   y=a+bx    │
                   │建立成本函数模型│
                   └─────────────┘
```

图 2-12　分步分析程序示意图

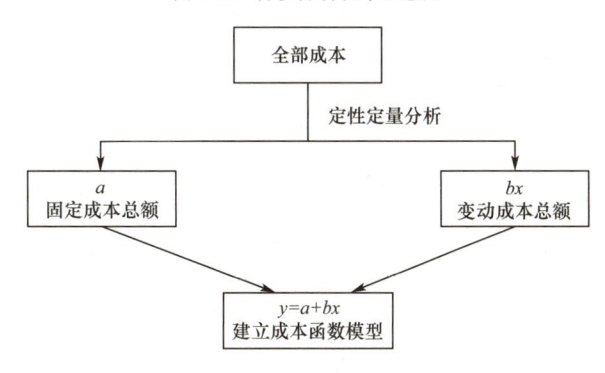

```
                    ┌──────────┐
                    │  全部成本  │
                    └────┬─────┘
                    定性定量分析
         ┌───────────────┴───────────────┐
         ▼                               ▼
    ┌─────────┐                     ┌─────────┐
    │    a    │                     │   bx    │
    │固定成本总额│                     │变动成本总额│
    └────┬────┘                     └────┬────┘
         └───────────────┬───────────────┘
                         ▼
                  ┌─────────────┐
                  │   y=a+bx    │
                  │建立成本函数模型│
                  └─────────────┘
```

图 2-13　同步分析程序示意图

同步分析程序未单独考虑混合成本的依据有两个：其一，当混合成本数额不大，并且前后期变动幅度较小，对企业影响有限时，可以采用同步分析程序，简化分析过程，直接将混合成本归入固定成本；其二，无论总成本还是混合成本都是同一业务量 x 的函数，因此，可以推断采用同步分析程序和分步分析程序进行成本分析得出的结果应当是一致的。

三、成本性态分析方法

成本性态分析方法是将全部成本分解成固定成本和变动成本所采用的技术手段。成本性态分析方法主要包括工程分析法、账户分析法以及历史成本法三种。在管理会计实践中，成本性态分析方法既可以应用于同步分析程序对总成本直接进行定量处理，也可以应用于分步分析程序中的混合成本分解。每种方法都有各自的特点和适用范围，下面对成本性态分析过程中采用的各种具体方法进行详述。

1. 工程分析法

工程分析法又称为技术测定法,该方法根据各种材料、人工、费用的消耗与业务量之间的直接联系来合理区分哪些耗费是变动成本,哪些耗费是固定成本。

工程分析法分解成本的具体步骤如下:

(1)确定研究的成本项目;

(2)对成本形成的生产过程进行观察和分析;

(3)确定生产过程的最佳操作方法;

(4)以最佳操作方法作为标准方法,测定标准方法下成本项目的各构成内容,并按照成本性态分别确定为固定成本和变动成本。

【例2-6】 某粉末冶金车间对精密金属零件采用一次模压成型、电磁炉烧结的方式进行加工。如果以电费作为成本研究对象,经观察,电费成本开支与电磁炉的预热和烧结两个过程的操作有关。按照最佳的操作方法,电磁炉从开始预热至达到可烧结的温度需耗电1 500千瓦时,烧结每千克零件耗电500千瓦时。每一工作日加工一班,每班电磁炉预热一次,全月共22个工作日。电费价格为0.7元/千瓦时。

要求:采用工程分析法将电费分解成固定成本和变动成本,并建立成本函数模型。

解 设每月电费总成本为y,每月固定电费成本为a,单位变动电费成本为b,x为烧结零件重量,则有

每月固定电费成本 $a = 1\ 500 \times 0.7 \times 22 = 23\ 100$(元)

单位变动电费成本 $b = 500 \times 0.7 = 350$(元/千克)

建立成本函数模型:

$$y = 23\ 100 + 350x$$

工程分析法的优点是对每一项耗费都进行分析,因而划分比较准确。如果成本分析者富有经验并了解企业的业务活动,那么其成本预测会非常可靠并对决策大有帮助。这种方法的缺点是工作量较大,且不够及时,一般在新建企业或新产品的生产等无历史资料参考的情况下采用。也就是说,工程分析法是根据技术测定和计算来划分成本中的固定部分与变动部分的。

2. 账户分析法

账户分析法也称为会计资料分析法,是混合成本分解方法中最为简便的一种,同时也是相关决策分析中应用比较广泛的一种方法。采用这种方法主要依赖于会计人员对固定成本和变动成本的专业判断。判断时,会计人员应取得某一期间实际发生的生产成本资料,然后对每一账户进行分析,结合其与产量的依存关系,判断其比较接近哪一类成本,就视其为哪一类成本。

【例2-7】 某公司生产丙产品,在产量为6 000件的情况下,生产成本资料见表2-3:

表2-3　　　　　丙产品生产成本资料　　　　单位:元

账　户	总成本
生产成本——直接材料	150 000
——直接人工	56 000
——制造费用	204 000

（续表）

账　户	总成本
其中:变动性制造费用——间接人工	14 000
——水电费	20 000
固定性制造费用——间接人工	30 000
——水电费	25 000
——折旧费	50 000
——其他费用	65 000
合　计	410 000

要求：采用账户分析法将生产成本分解为固定成本和变动成本，并建立成本函数模型。

解　采用账户分析法进行成本分解，分解过程见表 2-4。

表 2-4　　　　　　　　　　　　　　　　　　　　　　　　　　单位：元

账　户	总成本	固定成本	变动成本
生产成本——直接材料	150 000		150 000
——直接人工	56 000		56 000
——制造费用	204 000	—	—
其中:变动性制造费用——间接人工	14 000		14 000
——水电费	20 000		20 000
固定性制造费用——间接人工	30 000	30 000	
——水电费	25 000	25 000	
——折旧费	50 000	50 000	
——其他费用	65 000	65 000	
合　计	410 000	170 000	240 000

该公司的生产成本总额 410 000 元经过账户分析法分解为固定成本 170 000 元，变动成本 240 000 元。采用账户分析法将成本分解的理由："生产成本"账户由"直接材料""直接人工"以及"制造费用"组成，其中"直接材料"和"直接人工"通常为变动成本；"制造费用"可分为两大类：一类是与产量变动没有明显关系的"固定性制造费用"（如折旧费等），将其归入"固定成本"，另一类是会随着产量变动而发生变动的"变动性制造费用"，将其归入"变动成本"中。

账户分析法的优点是计算简便，且能较为清楚地反映出变动成本和固定成本包含的费用项目，便于比较分析，因而实用价值较高。但其结果主要依赖于会计人员的专业判断，不同的分析人员利用相同的资料进行分析，可能会得出不同的结果。

3. 历史成本法

历史成本法是指通过对历史成本数据的分析，依据以前各期实际成本与产量之间的依存关系，来推算一定期间固定成本与变动成本的平均值，并以此来确定所估算的未来成本的方法。

历史成本法具体包括高低点法、散布图法以及回归直线法三种方法。

(1)高低点法

高低点法又称两点法,是以某一期间内最高业务量与最低业务量及其对应的成本来估算混合成本中的固定部分和变动部分的一种成本性态分析方法。

具体计算步骤如下:

①确定高、低点。

高点是指一组历史资料中最高业务量及其对应的成本,低点是指一组历史资料中最低业务量及其对应的成本。需注意的是,选择高低点时,应以业务量为选择高低点的依据,而不要以混合成本的高低作为选择的依据。

②计算单位变动成本(b)。

$$单位变动成本(b)=\frac{最高点的混合成本-最低点的混合成本}{最高点业务量-最低点业务量}=\frac{y_1-y_2}{x_1-x_2}$$

式中 y_1,y_2——最高点、最低点业务量对应的混合成本总额;

x_1,x_2——最高点、最低点的业务量;

b——混合成本中的单位变动成本。

③计算固定成本(a)。

固定成本(a)=最高点的混合成本-单位变动成本×最高点业务量=$y_1-b\times x_1$

或

固定成本(a)=最低点的混合成本-单位变动成本×最低点业务量=$y_2-b\times x_2$

式中,a代表混合成本中的固定成本总额。

④建立成本性态模型。

将a,b的值代入$y=a+bx$。

【例2-8】 假设某企业1~6月的销售额与销售成本的资料见表2-5。

表2-5　　　　　　　　　　　　　　　　　　　　　　　　　　　单位:元

项　目	1月	2月	3月	4月	5月	6月
销售额	50 000	60 000	52 000	55 000	48 000	51 000
销售成本	5 900	6 200	6 000	6 100	5 600	5 900

要求:采用高低点法将销售成本进行分解,并建立成本函数模型。

解 ①首先,根据历史数据找出最高点与最低点的业务量,见表2-6。

表2-6　　　　　　　　　　　　　　　　　　　　　　　　　　　单位:元

项　目	最高点(2月)	最低点(5月)
业务量(销售额)	60 000	48 000
混合成本(销售成本)	6 200	5 600

②计算单位变动成本。

$$单位变动成本\ b=\frac{6\ 200-5\ 600}{60\ 000-48\ 000}=0.05$$

③计算固定成本。

$$a=6\ 200-(0.05\times 60\ 000)=3\ 200(元)$$

或

$$a = 5\,600 - (0.05 \times 48\,000) = 3\,200(元)$$

④得出混合成本函数模型。

$$y = 3\,200 + 0.05x$$

高低点法的优点在于简便易行、便于理解和掌握,缺点是只使用两个极端的观测值即高低两点来建立成本函数模型,因而带有一定的偶然性,分解的结果会产生较大的误差。这种方法通常适用于经营活动比较正常、成本变化较小的企业。

(2)散布图法

散布图法是根据若干期的业务量和成本数据,在坐标图中标出各期的成本点,再用目测的方法画一条能够反映成本变动平均趋势的直线,并在图中确定直线的截距即固定成本,然后据以计算单位变动成本的一种成本性态分析方法。

散布图法的基本步骤如下:

①建立以横轴代表业务量、纵轴代表混合成本的直角坐标系。

②根据业务量和混合成本的有关数据,在直角坐标系上确定相应的坐标点。

③考察散布图中各点的分布规律,从各点中目测确定一条直线,并保证散布图中各点均在此直线上或离该直线的距离最近。

④确定固定成本的值,所画直线与纵轴的交点即为固定成本。

⑤计算单位变动成本。所画直线的斜率即为单位变动成本,在所画直线上的任一点通过业务量即可查出对应的成本值,这时单位变动成本就可通过 $b = \dfrac{y-a}{x}$ 这一公式求得。

⑥建立成本性态模型。将 a 和 b 的值代入 $y = a + bx$。

【例 2-9】 某公司机器小时及维修成本资料见表 2-7。

表 2-7　　　　　　　　　机器小时及维修成本资料

年　份	机器小时(小时)	维修成本(元)
2009	120	100
2010	110	95
2011	100	90
2012	120	100
2013	130	105
2014	140	110

要求:采用散布图法对该公司维修成本进行分解并写出成本函数模型。

解　①建立平面直角坐标系并在平面直角坐标系中标出维修成本的散布点。具体做法:横轴代表机器小时,纵轴代表维修成本,标出该公司 6 年间不同机器小时下的维修成本点,如图 2-14 所示。

②通过目测,在坐标图中画出一条能反映维修成本平均变动趋势的直线。

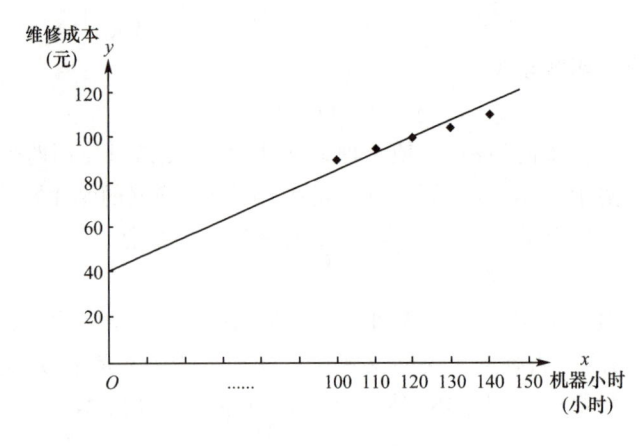

图 2-14 散布图

③根据所画直线与纵轴的交点为(0,40),从而确定出固定成本 $a=40$(元)。

④根据所画直线,选择相关范围内任意一点,可得出相应的维修成本。现任意选取一点(机器小时为 120 小时,维修成本 100 元),就可以计算出单位变动成本 b。

$$单位变动成本\ b=\frac{y-a}{x}=\frac{100-40}{120}=0.5(元/小时)$$

⑤根据散布图得到 a 和 b 值后,建立维修成本函数模型为:

$$y=40+0.5x$$

散布图法与高低点法原理相同,但两者除在基本做法上有差异外还存在其他的两点差别:其一,高低点法先求得 b 值,然后再求得 a 值,而散布图法恰好相反;其二,散布图法通过目测法求得的结果在一定程度上存在主观臆断性,但由于该方法是将全部成本数据作为成本性态分析的依据,所以比高低点法准确率还要高些。散布图法适用于对混合成本的分解精确度要求不高的情况。

(3)回归直线法

回归直线法又称最小二乘法或最小平方法,其基本原理是以 $y=a+bx$ 这一线性方程模型为基础,确定一条能正确反映 x 和 y 之间关系,且具有最小误差的直线,并据以求出固定成本总额和单位变动成本的一种成本性态分析方法。

回归直线法具体计算步骤如下:

①找到足够的历史数据资料,数量 n 不要小于 5。

②用列表法对历史资料进行加工、延伸,计算出公式中的求和值($\sum x$、$\sum y$、$\sum xy$、$\sum x^2$、$\sum y^2$)。

③计算相关系数 r,判断 y 与 x 之间是否存在必然的内在联系。

相关系数是用于揭示自变量 x 与因变量 y 之间线性关联程度的数学指标。其计算公式为:

$$r=\frac{n\sum xy-\sum x\sum y}{\sqrt{[n\sum x^2-(\sum x)^2][n\sum y^2-(\sum y)^2]}}$$

r 的取值范围在 0 与 ±1 之间。当 $r=-1$ 时,说明 x 与 y 之间完全负相关;当 $r=0$

时,说明 x 与 y 之间不存在任何线性联系,称之为零相关,即 $y \neq a+bx$;当 $r=+1$ 时,说明 x 与 y 之间完全正相关,即 $y=a+bx$;当 $r \rightarrow +1$ 时,说明 x 与 y 之间基本正相关,可写成 $y \approx a+bx$。

回归直线法要求业务量 x 与成本 y 之间保持基本正相关,否则无研究价值。

④将求和值代入公式,求出 a 和 b 的值:

$$b=\frac{n\sum xy-\sum x\sum y}{n\sum x^2-(\sum x)^2}$$

$$a=\frac{\sum y-b\sum x}{n}$$

⑤建立成本性态模型,将 a 和 b 的值代入 $y=a+bx$。

【例 2-10】 某公司 2021 年 1—6 月设备维修费与机器小时的资料见表 2-8。

表 2-8 某公司 2021 年 1—6 月设备维修费与机器小时资料

月 份	机器小时(千小时)	维修费(千元)
1	5	25
2	7	33
3	6	27
4	8	31
5	9	36
6	6	24

要求:采用回归分析法进行成本性态分析并建立成本函数模型。

解

①根据表 2-8 的资料加工整理,求得有关数据见表 2-9。

表 2-9

月份(n)	机器小时(x)	维修费(y)	(xy)	(x^2)	(y^2)
1	5	25	125	25	625
2	7	33	231	49	1 089
3	6	27	162	36	729
4	8	31	248	64	961
5	9	36	324	81	1 296
6	6	24	144	36	576
合 计	41	176	1 234	291	5 276

②计算相关系数 r。

$$r=\frac{n\sum xy-\sum x\sum y}{\sqrt{[n\sum x^2-(\sum x)^2][n\sum y^2-(\sum y)^2]}}$$

$$=\frac{6\times 1\,234-41\times 176}{\sqrt{(6\times 291-41^2)\times(6\times 5\,276-176^2)}}\approx 0.89\rightarrow +1$$

故 x 与 y 基本正相关。

③将求和值代入公式,求出 a 和 b 的值:

$$b=\frac{n\sum xy-\sum x\sum y}{n\sum x^2-(\sum x)^2}=\frac{6\times 1\,234-41\times 176}{6\times 291-41^2}=2.89(元/小时)$$

$$a = \frac{\sum y - b \sum x}{n} = \frac{176 - 2.89 \times 41}{6} = 9.59(千元)$$

④据此建立成本函数模型为：

$$y \approx 9.59 + 2.89x$$

回归直线法的优点在于充分利用了离差平方和最小的原理，使分析结果比较精确，避免了主观上的误差。其缺点是计算工作量大，对资料要求较高。这种方法一般适用于成本增减变动较大的企业。

四、成本性态分析原理的应用

管理会计的初始工作是从成本性态分析开始的。成本性态分析从定性和定量两方面掌握成本的各个组成部分同业务量之间的依存关系和变动规律，可以广泛应用于企业内部管理的不同领域，能帮助企业管理者在预测分析、经营决策、内部控制等生产经营管理活动中进行科学高效的规划和控制。

1. 成本性态分析原理可应用于经营预测方面

经营预测是指根据企业现有的经济条件和掌握的历史资料以及客观事物的内在联系，对企业生产经营活动的未来发展趋势及其状况所进行的预计和推算。

根据企业有关历史资料，将企业一段时期内的成本总额正确划分为固定成本和变动成本后，可在该企业现有生产经营能力范围内，预计未来一定期间或某一特定产量下的成本总额。所以，成本性态分析原理可以进一步用于对企业未来一定期间的利润预测值进行推算。

2. 成本性态分析原理可应用于经营决策方面

经营决策是指管理当局为实现经营目标，借助科学理论和方法，进行必要的计算、分析和判断，从可供选择的方案中选取最优方案的过程。

成本性态分析能科学地区分固定成本和变动成本，因此，在正确评价、鉴别有关备选方案的经济效益时，提供了两个重要的判断依据：固定成本和变动成本。尤其是变动成本，在一定业务量范围内，它实际上既是边际成本，又是差量成本，它们分别同各自对应的边际收入和差量收入相配合，组成了决策分析中两个极为重要的经营决策分析方法：边际分析法和差量分析法。无论是长期投资决策还是短期经营决策中都需要运用到这两种决策分析方法，以帮助企业从各种备选方案中选择最适合企业的优选方案。

3. 成本性态分析原理可应用于内部控制方面

内部控制能有效保证企业各项经营管理目标和计划的顺利实现，主要包括购进、销售、成本等方面的控制。

成本性态分析能科学描绘成本与业务量之间的依存关系，通过成本性态分析能将企业成本总额划分为固定成本和变动成本两大部分。成本性态分析原理的运用能为企业管理人员进行成本预测、建立成本中心、分解成本指标并落实成本责任，为最终完成成本控制任务夯实基础。

本章小结

为了适应管理上的不同需要，应按不同标准对成本进行分类。本章介绍了成本按经济职能分类、成本按成本性态分类以及成本的其他分类。成本按成本性态分类是管理会计最重要的分类，按此标准可将成本分为固定成本、变动成本以及混合成本三大类。

成本性态又称为成本习性，是指一定条件下成本总额与特定业务量之间在数量方面的依存关系。依存关系是建立在"一定条件"的基础上的，这里"一定条件"即所谓的"相关范围"。

固定成本和变动成本都是在相关范围内保持各自的成本特性。一旦超出了相关范围，固定成本和变动成本的特性会发生改变。

成本性态分析是指在明确各种成本性态的基础上，按照一定的程序和方法，最终将全部成本（y）分解为固定成本（a）和变动成本（bx）两大类，并建立相应的成本函数模型（$y=a+bx$）的过程。

依据完成成本性态分析任务采用的步骤的繁简，成本性态分析程序可分为分步分析程序和同步分析程序两类。

成本性态分析方法是将全部成本分解成固定成本和变动成本所采用的技术手段。常用的成本性态分析方法主要有工程分析法、账户分析法、高低点法、散布图法以及回归直线法。

自测题

一、单选题

1. 将成本分为固定成本、变动成本和混合成本所采用的分类标准是（　　）。
   A. 成本的目标　　　　　　　　B. 成本的经济职能
   C. 成本的性态　　　　　　　　D. 成本的可辨认性

2. 在历史资料分析法的具体应用方法中，计算结果最为精确的方法是（　　）。
   A. 散布图法　　B. 回归直线法　　C. 账户分析法　　D. 高低点法

3. 下列费用中属于酌量性固定成本的是（　　）。
   A. 技术开发费　　　　　　　　B. 房屋租金
   C. 不动产税　　　　　　　　　D. 行政管理人员的工资

4. 用历史资料分析法进行成本性态分析时，必须首先确定 a 值，然后才能计算出 b 值的方法是（　　）。
   A. 高低点法　　B. 散布图法　　C. 直接分析法　　D. 回归直线法

5. 下列各种混合成本可以用模型 $y=a+bx$ 表示的是（　　）。
   A. 标准式混合成本　　　　　　B. 阶梯式混合成本
   C. 曲线式混合成本　　　　　　D. 低坡式混合成本

6. ( )在决策中属于无关成本。

A. 边际成本　　　B. 机会成本　　　C. 专属成本　　　D. 沉没成本

7. 采用散布图法分解混合成本时,通过目测在各成本点之间画出一条反映成本变动趋势的直线,这条直线与纵轴的交点就是固定成本,斜率则是单位变动成本。理论上这条直线距离各成本点之间的( )最小最好。

A. 距离之和　　　B. 离差之和　　　C. 离差平方和　　　D. 标准差

8. 当相关系数 $r=+1$ 时,表示成本与业务量之间的关系是( )。

A. 基本正相关　　B. 完全正相关　　C. 完全无关　　　D. 基本无关

9. ( )属于约束性固定成本。

A. 照明费用　　　　　　　　　　　B. 广告费

C. 职工教育培训费用　　　　　　　D. 业务招待费

10. 假设每名质检员最多检验 1 000 件产品,也就是说产量每增加 1 000 件就必须增加 1 名质检员,且在产量一旦突破 1 000 件的倍数时就必须增加。那么,该质检员的工资成本属于( )。

A. 标准式混合成本　　　　　　　　B. 阶梯式混合成本

C. 曲线式混合成本　　　　　　　　D. 低坡式混合成本

二、多选题

1. 下列各成本概念中属于相关成本的是( )。

A. 专属成本　　　B. 机会成本　　　C. 差量成本　　　D. 共同成本

E. 付现成本

2. 固定成本的特点有( )。

A. 总额的不变性　　　　　　　　　B. 总额的正比例变动性

C. 单位额的不变性　　　　　　　　D. 单位额的反比例变动性

E. 单位额的变动性

3. 采用高低点法时,应当选择( )作为高点和低点。

A. (100,50)　　B. (120,60)　　C. (120,50)　　D. (130,70)

E. (130,60)

4. 在相关范围内固定不变的是( )。

A. 固定成本　　　　　　　　　　　B. 单位固定成本

C. 变动成本　　　　　　　　　　　D. 单位变动成本

E. 历史成本

5. 混合成本的分解方法很多,通常有( )。

A. 高低点法　　　　　　　　　　　B. 散布图法

C. 回归直线法　　　　　　　　　　D. 账户分析法

E. 工程分析法

三、判断题

1. 若从单位业务量所负担固定成本多少的角度来考察,固定成本则是一个变量。
（　　）

2. 间接人工是指为生产提供劳务而不直接进行产品制造的人工成本,如行政管理人员的工资。（　　）

3. 成本性态是指成本总额与特定业务量在质量方面的依存关系。（　　）

4. 固定成本是指其总额在一定时期内不受业务量的影响而保持固定不变的成本。
（　　）

5. 回归直线可以使各观测点的数据与直线相应各点的误差的平方和实现最小化。
（　　）

6. 约束性固定成本作为经营能力成本这一属性决定了该项成本的预算期通常比较长,约束性固定成本预算应着眼于经济合理地利用企业的生产经营能力。（　　）

7. 高低点法中,选择高低点坐标时,应以成本总额为标准。（　　）

8. 在对混合成本进行分解时,账户分析法通常用于特定期间总成本的分解,而且对成本性态的确认,通常只限于成本性态相对而言比较典型的成本项目。（　　）

9. 相关系数 r 的大小对能否采用回归直线法有重大影响。（　　）

10. 无论哪种混合成本,最终都可以区分为固定成本和变动成本。（　　）

四、计算题

1. 甲公司为只生产单一产品的企业,2020年各月缴纳的电费与产量的有关数据见表2-10。

表2-10　　2020年各月缴纳的电费与产量资料

月　份	产量(件)	电费(元)
1	1 200	5 000
2	900	4 250
3	1 350	5 625
4	1 500	5 625
5	1 200	5 375
6	1 650	6 875
7	1 500	6 150
8	1 500	6 300
9	1 350	5 800
10	1 050	4 875
11	1 800	7 200
12	1 800	7 250

要求：

(1)分别采用高低点法和回归直线法对电费这一混合成本进行分解。

(2)假设 2021 年 1 月计划产量为 1 900 件，请根据回归直线法的分解结果预测 2021 年 1 月的电费支出。

2.某公司 2020 年下半年各月的机器设备维修费资料见表 2-11。

表 2-11　　　　2020 年下半年的维修费资料

月　份	业务量（千机器小时）	维修费（千元）
7	40	580
8	32	500
9	52	700
10	48	660
11	56	740
12	44	625

要求：

(1)采用散布图法将维修费分解为固定成本和变动成本，并建立成本函数模型，假设 2021 年 1 月，该公司计划使用机器时数为 55 千机器小时的设备，则预计的机器设备维修费应为多少？

(2)采用回归直线法将维修费分解为固定成本和变动成本，并建立成本函数模型，假设 2021 年 1 月，该公司计划使用机器时数为 55 千机器小时的设备，则预计的机器设备维修费应为多少？

3.某企业只生产一种产品，2021 年下半年的产销量和相关总成本的历史资料见表 2-12。

表 2-12　　　　2021 年下半年产销量与总成本资料

月　份	产销量（件）	总成本（元）
7	125	75 000
8	100	82 500
9	140	88 000
10	155	90 500
11	198	95 500
12	200	95 000

8 月，该企业对全部成本按照成本性态进行分类，结果是：当月固定成本为 60 000 元，变动成本为 10 000 元，其余的为混合成本。假定产销量在相关范围内变动。

要求：

(1)采用高低点法按分步分析程序进行成本性态分析。

(2)采用高低点法按同步分析程序进行成本性态分析。

4.选取某企业的某一生产车间 2021 年 9 月的生产成本数据作为分析对象,见表 2-13,假设该车间当月产量为 2 000 件,要求运用账户分析法对其进行成本性态分析,并建立成本函数模型。

表 2-13　　　　　2021 年 9 月生产成本资料

账　户	总成本(元)
生产成本——直接材料	240 000
——直接人工	30 000
制造费用——燃料、动力	12 000
——修理费用	4 000
——间接人工	8 000
——折旧费	20 000
——办公费	6 000
合　计	320 000

五、案例分析题

某化工厂是一家大型企业。该企业为了进行本量利分析,拟对成本进行性态分析。他们首先以第五车间为试点,该车间主要生产环氧丙烷和丙乙醇产品。按成本与产量变动的依存关系,他们把工资费用、附加费、折旧费和大修理费等列作固定费用(约占总成本的 10%),把原材料、辅助材料、燃料等其他生产费用要素作为变动费用(约占总成本的 65%),同时把水电费、蒸汽费、制造费用、管理费用(除折旧以外)列作混合成本(约占总成本的 25%)。

按照某年 1—5 月的资料,总成本、变动成本、固定成本、混合成本和产量见表 2-14。

表 2-14　　　　　1—5 月相关成本资料表　　　　　单位:万元

月　份	总成本	变动成本	固定成本	混合成本	产量(吨)
1	58.633	36.363	5.94	16.33	430.48
2	57.764	36.454	5.97	15.34	428.49
3	55.744	36.454	5.86	13.43	411.20
4	63.319	40.189	6.21	16.92	474.33
5	61.746	40.016	6.54	15.19	462.17
合　计	297.206	189.476	30.52	77.21	2 206.67

1—5 月混合成本组成见表 2-15。

表 2-15　　　　　　　　　　1—5 月混合成本资料　　　　　　　　单位:元

月份	修理费	扣除下脚料	动力费	水费	管理费用	制造费用	合计
1	33 179.51	−15 926.75	85 560.82	19 837.16	35 680	4 995.28	163 326.02
2	26 286.10	−15 502.55	86 292.62	25 879.73	24 937	5 471.95	153 364.85
3	8 169.31	−2 682.75	80 600.71	16 221.10	26 599	5 394.63	134 302.00
4	12 540.31	−5 803.45	81 802.80	26 936.17	47 815	5 943.39	169 234.22
5	33 782.25	−26 372.50	83 869.45	24 962.00	30 234	5 423.88	151 899.08

会计人员采用高低点法对混合成本进行分解,结果是
$$b=0.055\,3,\quad a=-896$$
用回归直线法分解,结果为
$$b=0.032\,1,\quad a=1.28(可以视为预计数)$$
根据 $y=a+bx$ 模型,经验算,1—5 月各月固定成本与预计数 1.28 万元相差很远。

1 月:$a=16.33-0.032\,1\times430.48=2.512$(万元)

2 月:$a=15.34-0.032\,1\times428.49=1.585$(万元)

3 月:$a=13.43-0.032\,1\times411.20=0.230$(万元)

4 月:$a=16.92-0.032\,1\times474.33=1.694$(万元)

5 月:$a=15.19-0.032\,1\times462.17=0.354$(万元)

会计人员感到困惑不解,不知问题出在哪里,你怎样想?应该采用什么方法来划分变动成本和固定成本?以上分析有不妥之处吗?

第三章 变动成本法

学习目标

通过本章的教学,学生可以了解完全成本法和变动成本法的理论依据、特点;熟悉完全成本法和变动成本法的含义、前提;掌握变动成本法损益计算方法和程序;掌握两种成本法的区别以及两种成本法在企业中的结合运用,从而为以后各章的实务案例分析奠定基础。

案例导入

吉列公司虚幻的利润增长

戴维亚成功地担任了吉列公司首席执行官(CEO)6年,他带领公司获得了每年12%~18%的利润增长。可是,后任CEO发现,部分利润增长是公司存货大量积压的一个假象。在戴维亚任职期间,尽管公司的销售额增长很少,但其产成品库存却增长了45%以上。

为什么在销售不增长的情况下通过积压存货也可以增加利润?通过本章的学习,也许你会找到答案。

在对变动成本法和固定成本法进行对比时,不要把其二者放在对立的位置,也要看到它们之间的联系,用联系的眼光看待问题,从事物固有的联系中把握事物,切忌主观随意性。专业其他课程和"管理会计"课程既有区别又有联系,在学习时,要融会贯通,形成完整的知识体系。

第一节 变动成本法概述

一、变动成本法的基本内容

变动成本法起源于20世纪30年代的美国。第二次世界大战后,变动成本法已广泛应用于美国、日本和西欧各国的内部管理中,成为企业进行经营决策和成本控制的有效方法,也是管理会计的一项重要内容。

所谓变动成本法，是指以成本性态分析为依据，在计算产品成本和存货成本时，只包括产品在生产过程中所消耗的直接材料、直接人工和变动性制造费用，而不包括固定性制造费用，将固定性制造费用列入"期间成本"项目内，从本期收益中扣除。由于变动成本法的成本计算不包括"固定性制造费用"在内，故亦称为"直接成本法"或"边际成本法"。

变动成本法产生以后，为示区别，人们将财务会计中传统的成本计算方法称为"完全成本法"。

变动成本法改变了完全成本法中将固定性制造费用在本期销货与存货之间进行分配的传统方法，而将固定性制造费用全部由当期负担。其理论依据是，固定性制造费用主要是为企业提供一定的生产经营条件而发生的，这些生产经营条件一旦形成，不管其利用程度如何，有关费用照常发生，不会因产量的增减变化而改变。它们实质上与特定的会计期间相联系，和企业生产经营活动持续的时间长短成正比，并随时间的推移而消失。所以，固定性制造费用的效益不应递延到下一个会计期间，而应在发生的当期，全部列入利润表中，作为当期收益的一个扣减项目。

二、变动成本法计算的基本原理

1. 变动生产成本构成了产品价值的直接基础

按照管理会计理论的解释，产品成本在生产过程中随着产品实体的流动而流动，随着产品产量的变动而变动，从而使影响当期利润的总产品成本随着销售数量的变动而成正比例变动；而那些不随产品实体流动而流动的期间成本，只与时间有关，其效益随着时间的推移而消失，因而计入当期损益，所以构成产品成本的内容是变动生产成本。在产品生产中使用的直接材料、直接人工和变动性制造费用等开支有两个特点：一是构成产品的实体，它们在创造产品和创造价值中是不可或缺的；二是在产品完成之后不会再度发生，是真正用于产品生产的成本。固定成本则不具备这两个特点，虽然它也是与生产产品有关的开支，但这种开支并非绝对不可缺少。

2. 固定性制造费用作为期间费用从总收入中扣除

固定性制造费用主要是为企业提供一定的生产经营条件而发生的，由于它只是定期地创造了维持企业经营的必要条件，具有时效性，而且这些生产经营条件一经形成，无论其利用程度如何，利用效率如何，这种成本的发生额都不会受到丝毫的影响，其效益随着时间的推移而逐渐消失，不能递延到下期。固定性制造费用同产品的实际生产没有直接联系，不会因产量的增减而变动，因而不应将它计入产品成本，而应当在发生当期，将其全额列作期间费用，从本期的销售收入中直接扣除。

3. 固定性制造费用不计入成本，会影响当期利润总额

一般来说，若固定性制造费用不计入产品成本而全部作为当期收入的扣减项目，势必增加当期的费用，减少当期的利润。但如果从长远来看，因为固定性制造费用不计入产品成本，虽然当期的费用要加大，但库存产品的成本会相应地下降，当这些库存产品出售时，

销售成本也会相应地降低，利润就会相应地增加。如果对各个期间的利润进行统计，两种不同的成本计算方法确定的利润总额应当是大致相等的。

在分解了混合成本，将各种成本都划分为变动成本和固定成本的基础上，即可根据变动成本法的原理计算各种产品的变动成本。

三、变动成本法的适用范围与应用环境

变动成本法通常用于为准确分析各种产品的盈利能力，正确制定经营决策，科学进行成本计划、成本控制和成本评价与考核等工作提供决策有用的资料。

1. 变动成本法的适用范围

变动成本法主要适用于同时具备下列特征的企业：

(1)企业市场竞争环境激烈，需要频繁进行短期经营决策。

(2)企业固定成本比重较大，当产品更新换代的速度较快时，分摊计入产品成本中的固定成本比重大，采用变动成本法可以正确反映产品盈利状况。

(3)企业规模大，产品或服务的种类多，固定成本分摊存在较大困难。

2. 变动成本法的应用环境

(1)外部条件

①在外部环境相对稳定，产品差异化程度不大的外部环境下，企业进行价格等短期决策。

②在行业产能过剩的环境下，企业开展新产品是否投产、新产品产量规模等短期决策。

(2)内部条件

①成本基础信息记录完整，财务会计核算基础工作完善。

②建立了较好的成本性态分析基础，具有划分固定成本与变动成本的科学标准以及划分标准的使用流程与规范

③要求企业能及时、全面、准确地收集与提供有关产量、成本、利润以及成本性态等方面的信息

④成本管理人员胜任成本性态分析工作。

第二节　变动成本法与完全成本法的比较

变动成本法是相对于传统的完全成本法而言的，通过与完全成本法的比较，可以进一步了解变动成本法的特点，从而使决策者在企业经营决策中可以更好地掌握和运用此方法。变动成本法和完全成本法的区别主要有以下几个方面：

一、成本分类标准不同

(一)完全成本法的概念

完全成本法亦称"全部成本法""归纳成本法"或"吸收成本法"。完全成本法就是在计算产品成本和存货成本时,把一定期间内在生产过程中所消耗的直接材料、直接人工、变动制造费用和固定制造费用的全部成本都归纳到产品成本和存货成本中去。所以这种方法也称为"归纳(或吸收)成本法"。在完全成本法下,单位产品成本受产量的直接影响,产量越大,单位产品成本越低,越能刺激企业提高产品生产的积极性。但该法不利于成本管理和企业的短期决策。

(二)完全成本法的特点

虽然固定性制造费用只是同企业生产能力的形成有关,不与产品生产直接相联系,但它仍是产品最终形成所必不可少的,所以应当成为产品成本的组成部分。在完全成本法下,单位产品成本直接受产量的影响,产量越大,单位产品成本越低,这样就能刺激企业提高产品生产的积极性。但是采用完全成本法计算出来的单位产品成本不仅不能反映生产部门的真实业绩,反而会掩盖或夸大它们的生产实绩;在产销量不平衡的情况下,采用完全成本法计算确定的当期税前利润,往往不能真实反映企业当期实际发生的费用,从而会促使企业片面追求高产量,进行盲目生产;另外,采用这种方法不便于管理者进行预测分析、参与决策以及编制弹性预算等。

(三)变动成本法与完全成本法的区别

1. 理论依据不同

变动成本法的理论依据:固定制造费用与特定会计期间相联系,和企业生产经营活动持续经营期的长短成比例,并随时间的推移而消逝。其效益不应递延至下一个会计期间,而应在其发生的当期,全额列入损益表,作为该期销售收入的一个扣减项目。

变动成本法的理论前提和依据

传统的完全成本法则强调成本补偿的一致性,其理论依据是:固定性制造费用发生在生产领域,与产品生产直接相关,与直接材料、直接人工和变动制造费用的支出并无区别,应当将其作为产品成本的一部分,从产品销售收入中得到补偿。

2. 应用前提与成本构成的内容不同

变动成本法是在成本性态分析的基础上,对产品成本按其与产量变动间的线性关系划分为变动成本与固定成本,并进行粗略估计。其中,变动成本包括直接材料、直接人工、变动性制造费用和变动性销售及管理费用;固定成本包括固定性制造费用和固定性销售及管理费用。

变动成本法与完全成本法的区别(1)

完全成本法将成本按其用途分成生产成本与非生产成本两大类。其中,生产成本包括直接材料、直接人工和制造费用,非生产成本包括销售和管理费用等期间费用。

3. 产品成本构成内容不同

由于上述两个方面的差异,两种成本计算方法在产品成本构成内容方面也有所不同:完全成本法下,产品成本构成中包含直接材料、直接人工和为生产产品而耗费的全部制造费用(包括变动性制造费用和固定性制造费用),成本随着产品的流转而结转;而变动成本法则将制造费用中的固定部分视作当期的期间费用,随同销售和管理费用一起全额扣除,与期末是否结余存货无关,产品成本中只包含直接人工、直接材料和变动制造费用。

4. 存货估价及成本核算流程不同

无论是在产品、库存产成品还是已销产品,其成本都只包含变动成本,故期末结余存货只按变动成本法计价而不按完全成本法计价。

(1) 符合公认的会计原则

完全成本法是从价值补偿角度计算成本的,不论是变动成本还是固定成本都计入产品成本中,反映生产过程中的全部耗费,因而符合传统的成本概念,便于编制财务报表,是财务会计核算中确定盈亏的重要依据。

(2) 强调成本补偿上的一致性

完全成本法把固定制造费用分配到了每一单位产品。因为只要是与产品生产有关的耗费,均应从产品销售收入中得到补偿,固定制造费用也不例外。从成本补偿的角度讲,用于直接材料的成本与用于固定制造费用的支出并无区别。所以,固定制造费用应与直接材料、直接人工和变动性制造费用一起共同构成产品的成本,而不能人为地将它们割裂开来。因此,完全成本法可以促进企业积极扩大生产,降低单位产品的成本,提高经济效益。

(3) 强调生产环节对企业利润的贡献。

由于完全成本法下固定性制造费用也被归集于产品而随产品流动,因此本期已销售产品和期末未销售产品在成本负担上是完全一致的。在一定销售量的条件下,产量大则利润高,所以,客观上完全成本法有刺激生产的作用。这也就是说,从一定意义上讲,完全成本法强调了固定制造费用对企业利润的影响。

(四) 完全成本法的缺点

(1) 不利于成本管理

完全成本法将固定制造费用计入产品成本,给成本管理带来了问题:一是固定制造费用的分配增加了成本的计算工作量,影响成本计算的及时性和准确性;二是产品成本中变动成本和固定成本的划分,使成本控制工作变得复杂。

(2) 不利于企业的短期决策

在产品单价、单位变动成本和固定成本总额不变时,其利润的变化理应同销售量的变化同向。但是按完全成本法计算,利润的多少和销售量的增减不能保持相应的比例,因而不易被人们理解,不利于短期决策、控制和分析工作,甚至会片面追求产量。

在变动成本法下,成本按成本性态划分为变动成本和固定成本。变动成本又可分为变动生产成本和变动非生产成本,其中变动生产成本包括直接材料、直接人工和变动性制造费用,变动非生产成本包括变动性销售费用、变动性管理费用和变动性财务费用;固定成本分为固定性制造费用、固定性销售费用、固定性管理费用和固定性财务费用。

在完全成本法下,按成本的经济用途将全部成本分为生产成本和非生产成本两大类。生产成本包括直接材料、直接人工和全部的制造费用;非生产成本包括销售费用、管理费用和财务费用。

二、产品成本及期间成本的构成内容不同

在变动成本法下,产品成本只包括变动生产成本,而将固定性制造费用、销售费用、管理费用和财务费用全部列入期间成本处理。在完全成本法下,产品成本包括全部生产成本,只将非生产成本作为期间成本处理。变动成本法与完全成本法产品成本及期间成本的构成内容见表3-1。

表 3-1　　　　两种成本法的成本构成比较

成本法	产品成本	期间成本
变动成本法	直接材料	变动性销售费用
	直接人工	变动性管理费用
	变动性制造费用	
		固定性销售费用
		固定性管理费用
		固定性财务费用
		固定性制造费用
完全成本法	直接材料	销售费用
	直接人工	管理费用
	制造费用	财务费用

【例 3-1】 百慧公司生产和销售一种甲产品,2020年12月有关的业务量、售价与成本资料如下:

期初存货量 0
直接材料:50 000 元　　　　本年生产量 5 000 台
直接人工:30 000 元　　　　本年销售量 4 000 台
变动性制造费用:40 000 元　　期末存货量 1 000 台
固定性制造费用:25 000 元　　售价 40 元/台
变动性销售费用:1 000 元　　　固定性销售费用:2 600 元
变动性管理费用:500 元　　　　固定性管理费用:4 500 元

要求:假定本期投产产品全部完工,分别采用两种成本法计算百慧公司甲产品的产品成本和期间成本。

解 根据上述资料按完全成本法和变动成本法计算的甲产品的产品成本和期间成本见表3-2。

表 3-2　　　　　　甲产品的产品成本和期间成本计算表　　　　　　单位:元

项目		完全成本法		变动成本法	
		总成本	单位成本	总成本	单位成本
产品成本	直接材料	50 000	10	50 000	10
	直接人工	30 000	6	30 000	6
	变动性制造费用			40 000	8
	制造费用	65 000	13		
	合　计	145 000	29	120 000	24
期间成本	固定性制造费用			25 000	
	变动性销售费用	1 000		1 000	
	固定性销售费用	2 600		2 600	
	变动性管理费用	500		500	
	固定性管理费用	4 500		4 500	
	合　计	8 600		33 600	

从表3-2计算结果可以看出,甲产品按完全成本法确定的产品总成本为145 000元和单位成本29元高于按变动成本法确定的产品总成本120 000元和单位成本24元;百慧公司按完全成本法确定的期间成本8 600元却低于按变动成本法确定的期间成本33 600元,它们共同的期间成本是销售费用3 600元和管理费用5 000元。这种差异的形成主要是由于两种方法对固定性制造费用的处理不同。

在变动成本法下,产品成本中不包括固定性制造费用,在产销量波动的情况下,产品的单位成本一般保持不变;而在完全成本法下,由于产品成本中包括固定性制造费用,在产销量波动的情况下,产品的单位成本一般也随之上下波动。

三、销售成本和存货成本的水平不同

由于完全成本法和变动成本法对固定性制造费用的处理方法不同,导致两种成本计算法的销售成本及存货成本水平不同。

在完全成本法下,产品成本包括固定性制造费用,无论是已销产品,还是库存产成品、在产品,成本中均包含了一部分固定性制造费用。固定性制造费用要在销售与存货之间分配,一部分固定性制造费用转化为销售成本计入当期利润表,另一部分固定性制造费用转化为存货成本递延到下期。

变动成本法下,不论是已销产品、库存产成品还是在产品,其成本都只包含变动生产成本,不包括固定性制造费用,固定性制造费用被列入期间成本,直接计入当期利润表。

两种成本计算法下产品成本都包含了直接材料、直接人工和变动性制造费用。

【例 3-2】 仍以【例 3-1】的资料为依据,分别按照完全成本法和变动成本法计算本期销售成本和期末存货成本。

解 如前所述,本期投产产品全部完工,计算结果见表 3-3。

表 3-3　　　　　甲产品的销售成本和期末存货成本计算表　　　　　单位:元

项　目	完全成本法	变动成本法	差异
期初存货成本	0	0	
本期产品成本	145 000	120 000	25 000
产品单位成本	29	24	5
本期销售成本(销售数量 4 000 台)	116 000	96 000	20 000
期末存货成本(存货数量 1 000 台)	29 000	24 000	5 000

从表 3-3 计算结果可以看出,甲产品按完全成本法计算出来的销售成本 116 000 元与按变动成本法计算的销售成本 96 000 元之间产生 20 000 元的销售成本差异;按完全成本法计算出来的期末存货成本 29 000 元与按变动成本法计算的期末存货成本 24 000 元之间产生 5 000 元的期末存货成本差异。

思考:什么原因导致这两种差异的产生?

四、计算盈亏的公式不同

变动成本法下,按贡献式损益确定程序计算营业利润,即首先用销售收入补偿本期实现销售产品的变动成本,从而确定边际贡献,然后再用边际贡献补偿固定成本,以确定当期盈亏。其计算公式为:

边际贡献＝销售收入－变动成本总额

其中

变动成本总额＝变动生产成本＋变动性销售费用＋变动性管理费用

营业利润＝边际贡献－固定成本总额

其中

固定成本总额＝固定性制造费用＋固定性销售费用＋固定性管理费用＋固定性财务费用

在完全成本法下,按传统式损益确定程序计算营业利润,即首先用销售收入补偿本期销售成本,从而确定销售毛利,然后再用销售毛利补偿期间成本,以确定当期盈亏。其计算公式为:

销售毛利＝销售收入－销售成本

其中

销售成本＝期初存货成本＋本期生产成本－期末存货成本

营业利润＝销售毛利－期间成本

其中

期间成本＝销售费用＋管理费用＋财务费用

【例 3-3】 仍以【例 3-1】的资料为依据,分别按照完全成本法和变动成本法计算本期甲产品的营业利润。

完全成本法：销售毛利＝40×4 000－29×4 000＝44 000(元)

营业利润＝44 000－3 600－5 000＝35 400(元)

变动成本法：边际贡献＝40×4 000－(24×4 000＋1 000＋500)＝62 500(元)

营业利润＝62 500－(25 000＋2 600＋4 500)＝30 400(元)

上述计算结果表明，按完全成本法计算的甲产品的营业利润 35 400 元比按变动成本法计算的甲产品的营业利润多 5 000 元。产生 5 000 元营业利润差额的原因是，完全成本法当期计入损益的固定性制造费用比变动成本法下计入损益的固定性制造费用少 5 000 元。

五、利润表的编制不同

完全成本法和变动成本法损益的计算方法不同，使得它们使用的利润表的格式也存在一定的区别。完全成本法使用传统式营业利润表，变动成本法使用贡献式营业利润表。

【例 3-4】 沿【例 3-1】至【例 3-3】的相关资料，用两种成本计算方法计算编制利润表。完全成本法和变动成本法下利润表的格式见表 3-4。

表 3-4　　　　　　百慧公司 2020 年 12 月利润表　　　　　　单位：元

完全成本法（传统式）		变动成本法（贡献式）	
项　目	金　额	项　目	金　额
销售收入	160 000	销售收入	160 000
减：销售成本		减：变动成本	
期初存货成本	0	变动生产成本	96 000
加：本期生产成本	145 000	变动性销售费用	1 000
可供销售的生产成本	145 000	变动性管理费用	500
减：期末存货成本	29 000	变动成本总额	97 500
销售成本合计	116 000	边际贡献总额	62 500
销售毛利	44 000	减：固定成本	
减：期间成本		固定性制造费用	25 000
销售费用	3 600	固定性销售费用	2 600
管理费用	5 000	固定性管理费用	4 500
期间成本合计	8 600	固定成本总额	32 100
营业利润	35 400	营业利润	30 400

第三节　两种成本计算法的税前营业利润产生差异的原因及互换

由于完全成本法和变动成本法对固定性制造费用的处理不同，导致两种方法计算的税前利润不同。根据【例 3-3】计算的结果，完全成本法计算的营业利润为 35 400 元，用变动成本法计算的营业利润为 30 400 元，这是因为完全成本法和变动成本法对固定性制造费用的处理方式不同，这样就直接影响到存货计价和营业利润的计算。现举例说明在以下几种情况下，用完全成本法和变动成本法确定营业利润的具体方法，并从中探明这两种成本计算法下营业利润的变化情况。

一、生产量不变、销售量变动

【例 3-5】 假设锦荣公司 2018 年、2019 年、2020 年三个会计年度的有关资料见表 3-5。该公司存货计价采用先进先出法。2018 年期初标明是 0。

表 3-5　　　　　锦荣公司三个会计年度的有关资料　　　　　单位：元

项目	2018 年	2019 年	2020 年
销售量（件）	200 000	240 000	280 000
单价（元/件）	20	20	20
销售收入	4 000 000	4 800 000	5 600 000
产品成本			
其中：直接材料	1 200 000	1 200 000	1 200 000
直接人工	480 000	480 000	480 000
变动性制造费用	480 000	480 000	480 000
固定性制造费用	720 000	720 000	720 000
生产量（件）	240 000	240 000	240 000
变动性销售及管理费用	400 000	480 000	560 000
固定性销售及管理费用	600 000	600 000	600 000
期末库存（件）	40 000	40 000	0

根据以上资料分别采用完全成本法和变动成本法计算锦荣公司的产品成本见表 3-6，编制的利润表见表 3-7、表 3-8。

表 3-6　　　　按完全成本法和变动成本法计算的产品成本　　　　单位：元

项目	完全成本法		变动成本法	
	总成本	单位成本	总成本	单位成本
直接材料	1 200 000	5	1 200 000	5
直接人工	480 000	2	480 000	2
变动性制造费用	480 000	2	480 000	2
固定性制造费用	720 000	3		
合计	2 880 000	12	2 160 000	9

表 3-7　　　　完全成本法下锦荣公司 2018—2020 年的利润表　　　　单位：元

项目	2018 年	2019 年	2020 年
销售收入	4 000 000	4 800 000	5 600 000
减：销售成本			
期初存货成本	0	480 000	480 000
加：本期生产成本	2 880 000	2 880 000	2 880 000
减：期末存货成本	480 000	480 000	0
销售成本合计	2 400 000	2 880 000	3 360 000
销售毛利	1 600 000	1 920 000	2 240 000
减：销售及管理费用	1 000 000	1 080 000	1 160 000
营业利润	600 000	840 000	1 080 000

表 3-8　　　　变动成本法下锦荣公司 2018—2020 年的利润表　　　　单位：元

项　目	2018 年	2019 年	2020 年
销售收入	4 000 000	4 800 000	5 600 000
减：变动成本			
期初存货成本	0	360 000	360 000
加：当期生产成本	2 160 000	2 160 000	2 160 000
减：期末存货成本	360 000	360 000	0
销售成本合计	1 800 000	2 160 000	2 520 000
加：变动性销售及管理费用	400 000	480 000	560 000
变动成本总额	2 200 000	2 640 000	3 080 000
边际贡献总额	1 800 000	2 160 000	2 520 000
减：固定成本			
固定性制造费用	720 000	720 000	720 000
固定性销售及管理费用	600 000	600 000	600 000
固定成本总额	1 320 000	1 320 000	1 320 000
营业利润	480 000	840 000	1 200 000

由表 3-7 和表 3-8 的计算结果可以看出：

第一，如果期末存货大于期初存货，即产大于销（生产量大于销售量）时，按变动成本法计算的营业利润小于按完全成本法计算的营业利润。如本题中 2018 年的情况，生产量 240 000 件大于销售量 200 000 件，此时，变动成本法确定的营业利润 480 000 元小于完全成本法确定的营业利润 600 000 元。

原因是：按变动成本法计算时，本期所发生的固定性制造费用 720 000 元是全额从本期销售收入中扣除的。而在完全成本法下，在生产量大于销售量时，说明本期生产的产品没有全部销售出去，产成品的期末存货增加，而期末存货又会负担一部分本期发生的固定性制造费用。即本期发生的固定性制造费用 720 000 元中有一部分由销售成本吸收，从本期的销售收入中扣除，其余部分 120 000 元（720 000÷240 000×40 000）则以期末存货形式结转到下期。可见，固定性制造费用不是全额从本期销售收入中扣减的。所以，在销售收入相同的情况下，采用变动成本法扣除了全部的固定性制造费用 720 000 元，而采用完全成本法仅扣除了已销售的产品所承担的固定性制造费用 600 000 元（720 000÷240 000×200 000），从而导致从本期收入中扣减固定性制造费用时，变动成本法比完全成本法多扣除了 120 000 元（720 000－600 000），进而导致变动成本法确定的营业利润必然比完全成本法确定的营业利润少 120 000 元。

第二，如果期末存货等于期初存货，即产销平衡（生产量等于销售量）时，则两种成本计算方法计算的营业利润相等。如本题中 2019 年的情况，生产量 240 000 件等于销售量 240 000 件，此时，变动成本法确定的营业利润 840 000 元与完全成本法确定的营业利润相等。

原因是：当生产量等于销售量时，对于固定性制造费用 72 000 元，无论采用哪一种计算方法，均在当期收入中全部扣除，故采用完全成本法和变动成本法计算的营业利润相等。

第三，如果期末存货小于期初存货，即产小于销（生产量小于销售量）时，按变动成本法计算的营业利润大于按完全成本法计算的营业利润。如本题中 2020 年的情况,生产量 240 000 件小于销售量 280 000 件,此时,变动成本法确定的营业利润 1 200 000 元大于完全成本法确定的营业利润 1 080 000 元。

原因是:按变动成本法计算,本期所发生的固定性制造费用是全额从本期销售收入中扣除的。而按完全成本法计算时,在生产量小于销售量的情况下,本期的销售成本中不仅包括了本期所发生的全部固定性制造费用 720 000 元,同时包括了期初存货中所包含的固定性制造费用 120 000 元(72 000÷240 000×40 000)。所以,变动成本法扣除的固定性制造费用 720 000 元小于完全成本法扣除的固定性制造费用 840 000 元,在收入一样的情况下,导致完全成本法确定的营业利润必然小于变动成本法确定的营业利润。

二、销售量相同、生产量变动

【例 3-6】 假设锦荣公司 2018 年、2019 年、2020 年三个会计年度的有关资料见表 3-9。该公司存货计价采用先进先出法。

表 3-9　　　　　锦荣公司三个会计年度的有关资料　　　　　单位:元

项　目	2018 年	2019 年	2020 年
销售量(件)	240 000	240 000	240 000
单价(元/件)	20	20	20
销售收入	4 800 000	4 800 000	4 800 000
产品成本			
其中:直接材料	1 400 000	1 200 000	1 000 000
直接人工	560 000	480 000	400 000
变动性制造费用	560 000	480 000	400 000
固定性制造费用	720 000	720 000	720 000
合计	3 240 000	2 880 000	2 520 000
生产量(件)	280 000	240 000	200 000
变动性销售及管理费用	480 000	480 000	480 000
固定性销售及管理费用	600 000	600 000	600 000
期末库存(件)	40 000	40 000	0

根据表 3-9 分别采用完全成本法和变动成本法计算锦荣公司的产品成本见表 3-10、表 3-11,编制的利润表见表 3-12、表 3-13。

表 3-10　　　　　按完全成本法计算的产品成本　　　　　单位:元

项　目	2018 年		2019 年		2020 年	
	总成本	单位成本	总成本	单位成本	总成本	单位成本
直接材料	1 400 000	5	1 200 000	5	1 000 000	5
直接人工	560 000	2	480 000	2	400 000	2
变动性制造费用	560 000	2	480 000	2	400 000	2
固定性制造费用	720 000	2.571 43	720 000	3	720 000	3.6
合　计	3 240 000	11.571 43	2 880 000	12	2 520 000	12.6

表 3-11　　　　　　　　　按变动成本法计算的产品成本　　　　　　　　单位:元

项目	2018 年		2019 年		2020 年	
	总成本	单位成本	总成本	单位成本	总成本	单位成本
直接材料	1 400 000	5	1 200 000	5	1 000 000	5
直接人工	560 000	2	480 000	2	400 000	2
变动性制造费用	560 000	2	480 000	2	400 000	2
合　计	2 520 000	9	2 160 000	9	1 800 000	9

表 3-12　　　　　完全成本法下锦荣公司 2018—2020 年的利润表　　　　　单位:元

项目	2018 年	2019 年	2020 年
销售收入	4 800 000	4 800 000	4 800 000
减:销售成本			
期初存货成本	0	462 857	480 000
加:本期生产成本	3 240 000	2 880 000	2 520 000
减:期末存货成本	462 857	480 000	0
销售成本合计	2 777 143	2 862 857	3 000 000
销售毛利	2 022 857	1 937 143	1 800 000
减:销售及管理费用	1 080 000	1 080 000	1 080 000
营业利润	942 857	857 143	720 000

表 3-13　　　　　变动成本法下锦荣公司 2018—2020 年的利润表　　　　　单位:元

项目	2018 年	2019 年	2020 年
销售收入	4 800 000	4 800 000	4 800 000
减:变动成本			
期初存货成本	0	360 000	360 000
加:当期生产成本	2 520 000	2 160 000	1 800 000
减:期末存货成本	360 000	360 000	0
销售成本合计	2 160 000	2 160 000	2 160 000
加:变动性销售及管理费用	480 000	480 000	480 000
变动成本总额	2 640 000	2 640 000	2 640 000
边际贡献总额	2 160 000	2 160 000	2 160 000
减:固定成本			
固定性制造费用	720 000	720 000	720 000
固定性销售及管理费用	600 000	600 000	600 000
固定成本总额	1 320 000	1 320 000	1 320 000
营业利润	840 000	840 000	840 000

通过以上计算结果可以看出:

第一,当销售量不变而生产量变化时,采用变动成本法计算的各期营业利润是相等的,本例均为 840 000 元。这是因为每年的销售量、销售收入相同,而且每年的成本费用水平都一致,所以营业利润都相同。

第二,前述在生产量不变而销售量变动的情况下,变动成本法和完全成本法对营业利润影响的三条规律都适用,但不完全一致。

原因是:在完全成本法下,各年的生产量发生变动后,单位产品分摊的固定性制造费用就不相同,这样即使期初、期末存货数量相同,但存货的成本水平不完全相同,如本例中的 2019 年,虽然期初、期末数量都是 40 000 件,但期初存货成本为 462 857 元(3 240 000÷280 000×40 000),而期末存货成本为 480 000 元(2 880 000÷240 000×40 000),所以两种成本计算方法确定的营业利润不一致。两者营业利润差额=期末存货成本-期初存货成本=480 000-462 857=17 143(元)。

思考:为什么两者营业利润差额等于期末存货成本减去期初存货成本?

第四节　变动成本法和完全成本法在企业中的应用

一、变动成本法和完全成本法的评价

长期以来,人们对变动成本法和完全成本法的争论焦点在于存货计价的完整性和对外会计报告的准则要求。对此问题应从两方面考虑,从企业内部经营决策管理角度分析,变动成本法提供的信息更加有用;从企业外部分析,传统的外部报告必须符合会计准则的要求,完全成本法更合适。所以两种成本计算法各有千秋,其优缺点分析只是相对而言的。究竟哪种方法更为有用,应特别注意分析其所处的特定环境。下面就根据不同环境对这两种方法的优缺点做简单说明。

1. 在提高利润方面

在变动成本法下,产品的销售量在一定程度上影响着企业的营业利润,而当期的生产量对企业的营业利润没有什么影响,这就促使企业重视产品的销售,尤其是在当今竞争激烈的市场环境下,更需要管理层制定合理的销售政策,从而提高企业的经济效益。在完全成本法下,受前期固定性制造费用影响,企业容易出现当期销售量增加的情况下利润反而减少的不正常现象。

2. 在成本控制与业绩评价方面

采用变动成本法,把成本划分为变动成本和固定成本,因而可以针对这两种不同形态的成本分别采用不同的成本控制方法。对于随产量变动而变动的成本,可以根据产品的消耗定额进行控制;对于相对固定的成本,则应根据有关的费用计划进行控制。采用完全成本法,不区分变动成本和固定成本,在成本控制方面有一定局限性。

一般来说,变动成本反映生产部门和其他业务部门的工作业绩,应由生产部门和其他业务部门负责;固定成本反映管理部门的工作业绩,应由管理部门负责。因此,采用变动成本法有利于各部门业绩的评价,而完全成本法在这一方面有一定的局限性。

3. 在产品定价、计税和对外报告方面

按照变动成本法算出的产品成本不完全,因而不符合进行产品定价的要求;据此计算出的存货价值和会计损益,也不符合对外报送会计报告的要求和所得税法对计算应纳税所得额的要求。而完全成本法则符合这些要求,因此变动成本法不能取代完全成本法。

由此可见,需要采用变动成本法计算产品成本的企业,一般可以利用财务会计信息,在财务会计账外进行计算,不宜在账内计算,不能在账内根据变动成本法计算营业利润、编制对外会计报表;如果产品变动成本在账内计算,那么在月末计算营业利润、编制对外会计报表以前,必须将账面成本调整为完全成本。

4. 在决策分析方面

企业决策通常分为短期决策与长期决策两类。就短期决策而言,企业现有生产能力已经形成,在短期内难以变动。因此,与现有生产能力相联系的固定成本是不可避免成本,是一种与决策无关的成本。但变动成本却会受短期决策的影响,因此短期生产经营决策通常借助于创利额进行。因为各种产品的创利额标志着它们的盈利能力,而只有采用变动成本法,才便于提供创利额信息,提供销售量、成本和利润之间的依存关系,进行本量利分析,有利于企业短期的生产经营预测和决策。

就长期决策而言,因为企业生产能力会发生增减变动,固定成本也会相应地发生变动,所以,长期决策应建立在补偿所有成本的基础之上。完全成本法所提供的会计信息,有助于满足长期决策的要求。

二、变动成本法与完全成本法的结合应用

由于变动成本法核算的资料能为企业提供一些有用的会计信息,尤其有助于企业进行短期经营决策分析和短期的预测分析,所以企业一般可以在日常核算中采用变动成本法,以发挥变动成本法的优势,更好地为企业内部管理服务。而期末需要编制对外提供的会计报表时,按现行会计制度的要求,在变动成本法的基础上,根据固定性制造费用账户调整成完全成本法下的会计报表。

第一步,把所有的费用按变动性和固定性分别设置账户,如"变动性管理费用""固定性管理费用""变动性制造费用""固定性制造费用""变动性销售费用""固定性销售费用"等。对具有混合成本性质的成本项目以适合本企业的方法如高低点法、账户分类法、回归分析法等进行分解,如果企业的生产水平没有大的变动,这种分解工作只需进行一次。

第二步,对企业发生的经济业务按第一步设置的会计科目进行账务处理,并算出变动成本法下的利润。

第三步,期末编制对外提供的会计报表时,将本期发生的固定性制造费用在本期在产品、已销产品和期末库存产品中按一定方法进行分配,并把期初库存产品和本期已销售产品中的固定性制造费用计入已销产品成本。

【例 3-7】 海南敏芸工业企业生产和销售甲产品,且该企业 2021 年 1 月末无在产品,有关资料见表 3-14:

表 3-14　　海南敏芸工业企业 2021 年 1 月有关资料

项　　目	金额或数量
期初存货(件)	0
当期生产量(件)	6 000
当期销售量(件)	5 000
期末存货(件)	1 000
单位变动生产成本:	
单位直接材料(元)	12
单位直接人工(元)	8
单位变动性制造费用(元)	6
固定性制造费用(元)	45 000
变动性销售费用(元)	12 000
固定性销售费用(元)	30 000
变动性管理费用(元)	3 000
固定性管理费用(元)	24 000
单位产品销售价格(元)	50

1. 按照变动成本法的原理,发生的原材料、直接人工和变动性制造费用计入产品成本,其会计分录为:

借:生产成本　　　　　　　　　　　　　　　　　156 000
　贷:原材料　　　　　　　　　　　　　　　　　　72 000
　　　应付职工薪酬　　　　　　　　　　　　　　　48 000
　　　变动性制造费用　　　　　　　　　　　　　　36 000

产品完工入库,会计分录如下:

借:库存商品　　　　　　　　　　　　　　　　　156 000
　贷:生产成本　　　　　　　　　　　　　　　　　156 000

2. 假设该企业 2021 年 1 月的收入 250 000 元以及销项税额全部存入银行,同时结转产品销售成本,会计分录为:

借:银行存款　　　　　　　　　　　　　　　　　292 500
　贷:主营业务收入　　　　　　　　　　　　　　　250 000
　　　应交税费——应交增值税(销项税额)　　　　42 500
借:主营业务成本　　　　　　　　　　　　　　　130 000
　贷:库存商品　　　　　　　　　　　　　　　　　130 000

3. 计算海南敏芸工业企业 2021 年 1 月的营业利润和期末存货:

营业利润=250 000−(130 000+12 000+3 000)−(45 000+30 000+24 000)
　　　　=6 000(元)

期末存货=1 000×(12+8+6)=26 000(元)

两种成本计算法下当期营业利润差额=完全成本法下期末存货吸收的固定性制造费用−完全成本法下期初存货包含的固定性制造费用=1 000×45 000÷6 000−0=7 500(元)

完全成本法下营业利润＝6 000＋7 500＝13 500(元)

完全成本法下期末存货成本＝26 000＋7 500＝33 500(元)

经过调整后的会计报表已成为传统核算方法下的会计报表,从而满足了对外报告的需要,所以变动成本法的运用有效地兼顾了对内和对外的需要,简化了成本核算,对我国管理会计的理论以及实务都有着十分重要的意义。

总而言之,采用变动成本法不仅可以为企业利用本量利分析方法创造有利条件,为企业短期经营决策提供重要依据,而且又有利于企业进行成本核算和成本控制。在企业日益重视内部管理、极力完善内部控制机制的环境下,变动成本法将会受到企业管理层的高度重视,其应用领域也必将不断得到扩展。

本章小结

变动成本法是为了满足企业面向未来决策、强化内部管理的要求而产生的。由于它能够科学地提供反映成本与业务量之间、利润与销售量之间有关变化规律的信息,从而有助于加强成本管理,强化预测、规划、决策、控制和评价职能,促进以产定销,减少或避免因盲目生产而带来的损失。变动成本法是与传统的完全成本法相对应的一种方法,它与完全成本法的本质区别在于对固定性制造费用这一特殊成本的处理上。变动成本法将固定性制造费用作为期间成本处理,当期发生的全部固定性制造费用均计入利润表中;完全成本法则将固定性制造费用作为产品成本处理,故而当期发生的固定性制造费用会受到当期期初、期末存货水平的影响。

自测题

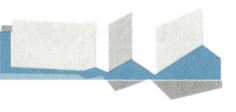

一、复习思考题

1. 成本费用为什么要按其成本性态进行分类?
2. 简述变动成本和固定成本的主要特征,并举例说明。
3. 简述混合成本的概念与特征,如何分解混合成本?
4. 简述变动成本法与完全成本法的主要区别。
5. 为什么在产销平衡的情况下,即当本期生产量等于销售量时,采用变动成本法与完全成本法两种成本计算法所确定的当期营业利润是相同的?
6. 为什么当本期生产量大于销售量时,按完全成本法所确定的营业利润会大于按变动成本法所确定的营业利润?
7. 举例并说明变动成本法与完全成本法各自的优点和缺点。
8. 怎样才能使变动成本法兼顾对外编制会计报表的需要? 谈谈你的看法。

二、单选题

1. 下列选项中,属于完全成本法和变动成本法在产品成本组成项目上的差别的是(　　)。

A. 固定性制造费用　　　　B. 变动生产成本
C. 混合成本　　　　　　　D. 机会成本

2.下列各项中,按变动成本法计算,不计入产品成本的是(　　)。

A.直接材料　　　　　　　　　B.制造费用

C.固定性制造费用　　　　　　D.变动性制造费用

3.若本期完全成本法下的利润小于变动成本法下的利润,则(　　)。

A.本期生产量大于本期销售量　　B.本期生产量等于本期销售量

C.期末存货量大于期初存货量　　D.期末存货量小于期初存货量

4.采用变动成本法,其固定成本全额从(　　)中扣除。

A.当期的销售收入　　　　　　B.当期的制造费用

C.当期的销售费用　　　　　　D.当期的销售成本

5.下列项目中,随产量变动而变动的项目是(　　)。

A.销售成本　　　　　　　　　B.期间成本

C.变动生产成本　　　　　　　D.固定成本

三、多选题

1.下列各项中,采用变动成本法计算,产品成本包括(　　)。

A.直接材料　　　　　　　　　B.固定性制造费用

C.直接人工　　　　　　　　　D.变动性制造费用

E.固定性销售与管理费用

2.变动成本法下,期末存货成本包括(　　)。

A.直接材料　　　　　　　　　B.直接人工

C.变动性制造费用　　　　　　D.固定性制造费用

E.销售费用

3.变动成本法的缺点主要体现在(　　)。

A.所提供的成本资料较符合企业生产经营的实际情况

B.能提供每种产品盈利能力的资料

C.便于分清各部门的经济责任,有利于进行成本控制与业绩评价

D.符合传统的成本概念的要求

E.所提供的成本数据满足长期决策的需要

4.完全成本法下,产品成本包括(　　)。

A.直接材料　　　　　　　　　B.直接人工

C.变动性制造费用　　　　　　D.固定性制造费用

5.完全成本法下,期末存货成本包括(　　)。

A.直接材料　　　　　　　　　B.直接人工

C.变动性制造费用　　　　　　D.固定性制造费用

四、判断题

1.变动成本法下,本期已销售产品中的固定性制造费用作为本期销售成本。(　　)

2.在产销平衡且无期初存货时,两种成本法所确定的损益是相等的。(　　)

3.当期生产量大于销售量时,按完全成本法所确定的净利润会大于按变动成本法所确定的净利润。(　　)

4. 当期生产量小于销售量时,按完全成本法所确定的净利润会大于按变动成本法所确定的净利润。 ( )

5. 采用变动成本法时,期末产成品和在产品存货中不仅包含了变动的生产成本,而且也包含了一部分固定成本。 ( )

6. 完全成本法下当期营业利润差额等于完全成本法下期末存货吸收的固定生产成本减去完全成本法下期初存货包含的固定生产成本。 ( )

五、计算分析题

1. 设某厂只生产一种产品,第一年、第二年的生产量分别为 180 000 件和 150 000 件,销售量均为 140 000 件,存货的计价采用先进先出法。每单位产品的售价为 6.5 元,生产成本:每件变动成本为 4 元(其中包括直接材料 1.5 元,直接人工 1.6 元,变动性制造费用 0.9 元);固定性制造费用每年的发生额为 160 000 元。销售与行政管理费:变动性费用为销售收入的 10%,固定性费用每年发生额为 50 000 元。

要求:

(1)根据上述资料,分别采用变动成本法和完全成本法计算确定第一年和第二年的净收益。

(2)具体说明第一年和第二年分别采用两种成本计算方法所确定的净收益产生差额的原因。

2. 明阳公司生产一种产品,销售单价为 6 元/件,2019 年和 2020 年的有关资料见表 3-15。

表 3-15　　　　　　　　明阳公司的有关资料

	2019 年	2020 年
销售量(件)	200	200
年初存货(件)	0	100
年末存货(件)	100	100
生产量(件)	300	200
固定生产成本(元)	600	600
单位变动生产成本(元)	1.5	1.5
销售及管理费(元)(全部为固定性费用)	100	100

要求:

(1)按完全成本法分别计算 2019 年和 2020 年的单位产品成本。

(2)假设存货计价采用先进先出法,采用完全成本法编制 2019 年和 2020 年两年的利润表,并说明为什么两年的销售量相当,单位变动成本及固定成本总额均无变化,而计算的税前利润不同。

(3)按变动成本法编制这两年的利润表。

(4)试说明两种方法计算的税前利润为何不同,指出哪种成本法较重视生产,哪种成本法较重视销售,你认为哪种成本法计算的税前利润合理?

六、案例分析题

下面是创源公司的有关资料,见表 3-16 和表 3-17。

表 3-16　　　　创源公司 2018—2020 年产销量　　　　单位:件

项　目	2018 年	2019 年	2020 年
生产量	85 000	80 000	60 000
销售量	70 000	75 000	80 000

表 3-17　　　　创源公司 2018—2020 年的简化利润表　　　　单位:元

项　目	2018	2019	2020
营业收入	1 750 000	1 875 000	2 000 000
减:营业成本			
期初存货成本	80 000	320 000	400 000
本期生产成本			
变动生产成本(单位成本 9 元/件)	765 000	720 000	540 000
固定性制造费用	560 000	560 000	560 000
本期生产成本合计	1 325 000	1 280 000	1 100 000
减:期末存货成本	320 000	400 000	80 000
本期营业成本	1 085 000	1 200 000	1 420 000
减:销售费用和管理费用(其中:单位产品的变动性销售和管理费用为 6 元,其余的是固定性销售和管理费用)	620 000	650 000	680 000
营业利润	45 000	25 000	−100 000

创源公司的总经理薛某对这三年的利润感到非常困惑,他找来了财务主管刘某,希望他能解释其中的原因。薛某说:"2018 年的利润是 45 000 元,而当时的总经理并不重视销售,只重视生产;我接任后,努力改进产品质量,加强广告、促销与技术服务的力度,提高产品竞争能力,扩大销售,公司的销售量一直稳步增长,为什么利润反而越来越少?今年我们完成了 200 万元的销售额,反而亏损了 10 万元,难道我们的利润不是和销售额成正比例增长的吗?"刘某告诉薛某,财务报表是按照完全成本法编制的,并介绍了完全成本法和变动成本法的含义,同时说当生产与销售不平衡时,变动成本法可以更好地向管理者报告利润。

根据此案例,请你使用变动成本法重新编制这三年的利润表,并向总经理解释为什么使用完全成本法编制的利润表反映的利润与销售量不成正相关关系。

第四章 本量利分析

学习目标

通过本章的教学,学生可以熟悉本量利分析的基本含义,掌握本量利分析的基本模型,学会保本点、保利点和经营安全程度分析方法,熟练掌握边际贡献及相关指标的计算及多品种条件下的本量利分析方法,了解各因素变动对盈亏平衡点的影响。

案例导入

20 世纪末,福特汽车的利润超过了历史上任何汽车制造商的利润。《商业周刊》2000 年 4 月 10 日的文章《智能定价的力量》一文中,彼特·科伊描绘了福特怎样通过一种新的能改善其销售结构的定价策略实现了这一目标。令人惊奇的是,就在福特达到创纪录的最高利润的同时,它在美国市场所占的份额却下降了。通常情况下,市场份额的下降对公司来说是一个警示。但是在福特,实际情况是利润较低的产品销售额下降了,例如 Escorts 和 Aspires,同时利润较高的产品销售额上升了,例如 Crown Vicorias 和 Explorers。福特将自己最有利可图的产品的价格确定为足够刺激销售量的增长,同时又保持较高的利润水平。福特对产量变化如何影响不同生产线的固定和变动成本有清晰的认识。换句话说,福特很清楚其成本、产量和利润之间的关系。通过使用本量利分析,像福特这样的公司能够提高其整体利润率。

本量利分析是"成本—业务量—利润分析"的简称。本量利分析中最为人们熟悉的形式是盈亏临界分析,也称保本分析。盈亏临界分析并非只着眼于找出一个不盈不亏的临界点或保本点,它所期望的是获得尽可能好的经营成果。会计人员要找到自己的盈亏临界点,利不过度,抵制住物欲的诱惑,严格划分公私界线限,正确处理会计职业权利和职业义务的关系,廉洁自律,抵御行业的不正之风。

第一节 本量利分析概述

微课 19
本量利概述及基本假设

一、本量利分析的含义

本量利分析,是对成本、业务量、利润和单价等因素之间的依存关系进行分析的简称,是在成本性态分类和变动成本法的基础上,应用数学方法来揭示固定成本、变动成本、业务量、单价、销售额和利润之间的内在依存关系,从而为生产经营活动进行预测、规划、决策和控制提供必要的财务信息的一种定量分析方法。本量利分析是管理会计的基本分析方法之一,它主要用于企业生产决策、成本决策和定价决策,也可以广泛地用于投融资决策等。

早在1904年美国就已经出现了有关最原始的本量利关系图的记载。1922年美国哥伦比亚大学的一位会计学教授提出了完整的保本分析理论。20世纪50年代以后,本量利分析技术在西方会计实践中得到广泛应用,其理论日臻完善,成为现代管理会计学的重要组成部分。它是管理会计中一种很重要的定量分析方法,其原理和方法在规划企业目标利润、编制利润预算、预测保本点、预测利润、为生产决策做出最优决策、责任会计和成本控制等领域中具有广泛的应用。

二、本量利分析的基本假设

在本量利分析中,成本、业务量和利润之间的数量关系是建立在一定的假设条件之上的,如果忽略了这些假设条件,就会削弱本量利分析的规律性和指导性,造成预测和决策的失误。在管理会计中,盈亏临界分析和本量利分析的基本假设是一致的,包括以下几个方面:

1. 成本性态分类假设

这一假设是指成本性态是完全可以预测的,全部成本可以按成本性态划分为固定成本和变动成本,即成本函数 $y=a+bx$ 的线性关系存在。由于固定成本和变动成本均存在各自的相关范围,导致总成本函数公式也须在一定的条件下才能成立。

2. 线性相关假设

这一假设是指在一定期间和一定业务量范围之内,本量利关系中存在若干线性关系,包括以下方面:

(1)产品的销售收入和销售量之间存在完全的线性关系

在本量利分析中通常都假设产品的单价固定不变,且产品销售收入同销售量之间成正比例的变动关系。但是,在市场经济条件下,产品的价格受多种因素制约,在产品生命周期的不同阶段,价格往往不相等;而只有当产品处于成熟期或通货膨胀率非常低时,价格才会相对稳定,线性关系才会存在。如果没有这一假设,预计销售收入和实际销售收入之间会产生很大的差异,本量利分析的预测行为将会失去意义。

(2)变动成本与业务量之间存在完全的线性关系

在本量利分析中,变动成本总额和业务量成正比例的变动关系,即单位产品变动成本保持不变。但这一假设也只是在相关范围内才成立,超过了相关范围,单位变动成本就会发生变化,成本与业务量的线性关系须重新构建。

(3)固定成本保持不变假设

在本量利分析中,固定成本在相关范围内保持不变。在一定生产能力、一定时期,这一假设成立;若超出相关范围,企业新增设备或增大规模,就会使固定成本增加。

(4)产销平衡假设

产销平衡是指每期生产出来的产品总是在当期全部销售出去,即生产数量和销售数量相等。因为产量的变动会影响到本期成本的变动,销量的变动又影响到当期收入的变动,只有假设产销平衡,才不需考虑期末存货成本对本期利润的制约,可以简化决策分析过程。

(5)品种结构稳定假设

在生产和销售多种产品的企业中,各种产品的边际贡献率相同时,本量利分析将不受产品品种结构变化的影响。但是,在实际经济生活中,不同产品单位变动成本或者单价的差异造成了其边际贡献率的不相等,这就给本量利分析带来很大的难度。

若假设各种产品的品种结构保持不变,即各种产品在销售中所占的比重保持不变,则可以使多品种的本量利分析在单一品种结构下进行,更有利于在相关范围内揭示出各变量之间的内在规律。

(6)利润假设

除特别说明外,本量利分析中的利润一般假定为不考虑投资收益和营业外收支的"营业利润",即通常假定投资收益和营业外收支为零时的利润总额。因为营业利润与成本、业务量的关系相对比较密切。

有了上述假设,就可以较为方便地使用简单的数学模型来揭示成本、业务量和利润等诸多因素之间联系的规律。

三、本量利分析的基本模式

本量利分析的基本模式是用公式来表示成本、业务量和利润之间的依存关系,其中涉及的因素包括:单价、单位变动成本、销售量、固定成本总额和营业利润。它们之间的关系可以用公式表示为:

营业利润=销售收入−(变动成本总额+固定成本总额)
　　　　=单价×销售量−单位变动成本×销售量−固定成本总额
　　　　=(单价−单位变动成本)×销售量−固定成本总额

如果用符号替代上述公式中的各个因素,公式又可以表示为:

$$P=(p-b)x-a$$

其中,P 代表营业利润,p 代表单价,b 代表单位变动成本,x 代表销售量(业务量),a 代表固定成本总额。

本量利分析的基本模式清楚地揭示了销售量、单价、单位变动成本、固定成本总额与营业利润之间的数量关系。

四、本量利分析中的基本概念

1.边际贡献

边际贡献是反映各种产品盈利能力的重要指标之一,它是管理人员进行决策分析时经常使用的一项重要信息。边际贡献是指产品的销售收入超过其变动成本的金额,也称贡献毛益。边际贡献虽然不是企业的营业利润,但是它与企业的营业利润关系密切。边际贡献首先应该用于补偿固定成本,补偿固定成本之后的余额,即为企业的利润,假设不够补偿其固定成本即为亏损。边际贡献有两种表现形式:

一是用总体数额表示,即边际贡献总额,反映增加的销售总额所提供的边际贡献总额,即销售收入总额减去变动成本总额。

二是用单位数额表示,即单位边际贡献,反映每增加一个单位销售量所增加的边际贡

献。其计算公式为:

$$边际贡献总额 = 销售收入总额 - 变动成本总额$$
$$= 单价 \times 销售量 - 单位变动成本 \times 销售量$$
$$= (单价 - 单位变动成本) \times 销售量$$
$$= 单位边际贡献 \times 销售量$$
$$单位边际贡献 = 单价 - 单位变动成本$$

如果企业产销多种产品,那么该企业的边际贡献总额为各种产品边际贡献总额之和,其计算公式为:

$$边际贡献总额 = \sum (某种产品单位边际贡献 \times 销售量)$$

【例 4-1】 海南华南有限公司生产和销售一种产品,单价为 25 元/件,单位变动成本为 10 元/件,固定成本总额为 15 000 元,目前企业销售量为 2 500 件。

要求:计算单位边际贡献和边际贡献总额。

解 单位边际贡献 = 25 - 10 = 15(元/件)

边际贡献总额 = 15 × 2 500 = 37 500(元)

该企业销售这种产品 2 500 件,当企业销售 1 000 件时,企业可以将全部的固定成本和 1 000 件产品自身的变动成本收回,另外,多销售的 1 500 件产品,扣除这 1 500 件自身的变动成本后,余额是这 1 500 件产品的边际贡献 22 500(15 × 1 500)元,由于保本点销售量所创造的边际贡献正好将企业全部的固定成本收回了,所以保本点以上销售的这 1 500 件产品的边际贡献,将不再扣减固定成本,从而这部分边际贡献全部形成企业当期的利润。

2. 边际贡献率和变动成本率

边际贡献率是指单位边际贡献与销售单价之间的比率,或边际贡献总额与销售收入总额之间的比率,它表示每 1 元销售收入中边际贡献所占的比重,其计算公式如下:

$$边际贡献率 = \frac{单位边际贡献}{单价} = \frac{边际贡献总额}{销售收入总额}$$

边际贡献率是用一个相对数的指标来评价企业的创利能力,边际贡献率越高,说明企业的盈利能力也越高,反之边际贡献率越低,说明企业的盈利能力也越低。

变动成本率是指单位变动成本与销售单价之间的比率,或变动成本总额与销售收入总额之间的比率,其计算公式如下:

$$变动成本率 = \frac{单位变动成本}{单价} = \frac{变动成本总额}{销售收入总额}$$

变动成本率是一个反指标,变动成本率越高,说明企业的盈利能力越低,反之变动成本率越低,说明企业的盈利能力越高。

【例 4-2】 承接【例 4-1】的资料,计算边际贡献率、变动成本率。

解 边际贡献率 = $\frac{15}{25} \times 100\% = 60\%$

变动成本率 = $\frac{10}{25} \times 100\% = 40\%$

3. 边际贡献率和变动成本率的关系

从上述边际贡献率和变动成本率的计算过程可以看出,边际贡献率与变动成本率之间存在着互补的关系,即边际贡献率与变动成本率具有互补性,如果已知变动成本率,则可以推知边际贡献率。即:

$$边际贡献率 + 变动成本率 = 1$$

这是因为:

$$销售收入 = 边际贡献 + 变动成本$$

两边同除以销售收入得出:

$$1 = 边际贡献率 + 变动成本率$$

所以

$$边际贡献率 = 1 - 变动成本率$$

或者

$$变动成本率 = 1 - 边际贡献率$$

【例 4-3】 仍承接【例 4-1】的资料,验证边际贡献率和变动成本率的关系。

解 边际贡献率 + 变动成本率 = 60% + 40% = 100% = 1

4. 边际贡献、固定成本及利润之间的关系

根据上述公式的推导,可将边际贡献、固定成本和营业利润之间的关系表示为下列几种方式:

$$营业利润 = 边际贡献 - 固定成本$$

$$边际贡献 = 营业利润 + 固定成本$$

$$固定成本 = 边际贡献 - 营业利润$$

由此可知,企业各种产品所提供的边际贡献首先用于补偿企业的固定成本,提供的边际贡献越大,超出固定成本的差额越大,为企业提供的利润也越多;反之,如果边际贡献小于固定成本,则企业会发生亏损。

【例 4-4】 已知甲企业只生产一种产品,单价为 16 元/件,单位变动成本为 12 元/件,固定成本 18 000 元,2020 年预计的销售数量为 8 000 件。

要求:

(1) 计算边际贡献总额、单位边际贡献和边际贡献率;

(2) 计算预计的营业利润;

(3) 计算变动成本率;

(4) 验证边际贡献率和变动成本率之间的关系。

解 (1) 边际贡献总额 = (16 - 12) × 8 000 = 32 000(元)

单位边际贡献 = 16 - 12 = 4(元/件)

边际贡献率 = $\frac{4}{16}$ × 100% = 25%

(2) 营业利润 = 边际贡献 - 固定成本 = 32 000 - 18 000 = 14 000(元)

(3) 变动成本率 = $\frac{12}{16}$ × 100% = 75%

(4) 边际贡献率 + 变动成本率 = 25% + 75% = 1

第二节 单一品种条件下的本量利分析

一、保本分析

所谓保本,就是指企业在一定期间内的收支相等、盈亏平衡、利润为零。保本分析就是研究当企业恰好处于保本状态时本量利关系的一种定量分析方法,它是本量利分析的核心内容,又称为盈亏临界分析。本量利分析研究的主要内容有保本点的确定、企业经营安全程度的分析、保利分析,以及有关因素变动对保本点的影响等问题。通过研究分析这些内容,为企业提供在何种业务量下会出现亏损,在何种业务量下能够实现盈利等信息。保本分析的关键是盈亏平衡点的确定。

盈亏平衡点,又称为保本点,是企业一定时期的总收入等于总成本、利润为零时的销售量或销售额。在坐标图中,这个点正好是总收入线与总成本线的交点。

盈亏平衡点有两种表现形式:一种是用实物量表示的保本点销售量,即销售多少数量的产品才能保本;一种是用价值量表示的保本点销售额,即销售多少金额的产品才能保本。盈亏平衡点的确定方法主要有以下四种:

1. 基本公式法

此种方法是在本量利分析的基本公式的基础上,根据保本点的定义,用数学方法推算出保本点销售量和保本点销售额的一种方法。即:

$$营业利润 = 销售量 \times 单价 - 销售量 \times 单位变动成本 - 固定成本$$

令

$$营业利润 = 0$$

则

$$保本点销售量 = \frac{固定成本}{单价 - 单位变动成本}$$

$$保本点销售额 = 保本点销售量 \times 单价$$

【例 4-5】 海南某公司生产和销售一种产品,单价为 25 元/件,单位变动成本为 15 元/件,总固定成本为 15 000 元,目前企业销售该产品 2 500 件。计算保本点销售量和保本点销售额。

解 保本点销售量 $= \frac{15\ 000}{25 - 15} = 1\ 500$(件)

保本点销售额 = 保本点销售量 × 单价 = 1 500 × 25 = 37 500(元)

以上计算表明,该公司销售量为 1 500 件或销售额为 37 500 元时刚好处于不盈不亏的状态。企业要想实现盈利,销售量必须超过 1 500 件或销售额必须超过 37 500 元。

2. 边际贡献率法

单一品种保本分析的边际贡献法是在基本公式的基础上推算出来的。其基本公式中,如果用单位边际贡献代替单价减去单位变动成本,那么就得到以下保本点的基本公式:

$$保本点销售量 = \frac{固定成本}{单位边际贡献}$$

$$\text{保本点销售额} = \text{保本点销售量} \times \text{单价} = \frac{\text{固定成本}}{\text{单位边际贡献}} \times \text{单价}$$

上述公式右边的分子与分母同除以单价,分母单位边际贡献除以单价等于边际贡献率,因此

$$\text{保本点销售额} = \frac{\text{固定成本}}{\text{边际贡献率}}$$

【例 4-6】 承接【例 4-5】的资料,用边际贡献率法计算该企业的保本点销售量和保本点销售额,则:

单位边际贡献 $= 25 - 15 = 10$(元/件)

边际贡献率 $= \frac{10}{25} \times 100\% = 40\%$

保本点销售量 $= \frac{15\,000}{10} = 1\,500$(件)

保本点销售额 $= \frac{15\,000}{40\%} = 37\,500$(元)

从上述计算可以看出,该企业保本点销售量为 1 500 件,在销售 1 500 件时,企业既不亏损,也不盈利,而该企业的销售量为 2 500 件,超过了其保本点销售量 1 500 件,所以该企业是盈利的,而且销售量超过保本点以后,所有固定成本都已经由保本点销售量所提供的边际贡献所抵偿,超过的那部分销售量所提供的边际贡献已无须抵偿任何费用,就是利润。

3. 图解法

成本、业务量和利润的关系反映在平面直角坐标系中所构成的图示,称为本量利图,又叫保本分析图、盈亏分析图等。本量利图的原理是当总收入等于总成本时,企业恰好处于保本点,因此在平面直角坐标系内画出销售收入线和总成本线,两条线的交点就是保本点。

用图来分析企业的保本点能直观地反映固定成本、变动成本、销售量、销售收入、利润、亏损区和利润区,同时有关因素的相互关系一目了然。所以,实践中常用公式求出保本点,再反映在保本分析图中,以此增加管理会计信息的可理解性。

我们以一个例题来讲解其具体的操作过程。

【例 4-7】 承接【例 4-5】的资料,用图解法在平面直角坐标系上标出保本点销售量和销售额,如图 4-1 所示。

基本图示绘制步骤如下:

(1)选定直角坐标系,以横坐标表示销售量,一般用 x 表示;纵坐标表示成本、销售收入和利润等的金额,一般用 y 表示。

(2)以纵坐标 y 轴上的截距等于固定成本 15 000 元为起点,绘制一条平行于横轴的固定成本线($y = 15\,000$)。

(3)在固定成本线的基础上,以单位变动成本 15 元/件为斜率,绘制总成本线 $y = 15\,000 + 15x$。

(4)以原点为起点,以单价 25 元/件为斜率,绘制销售收入线 $y = 25x$。

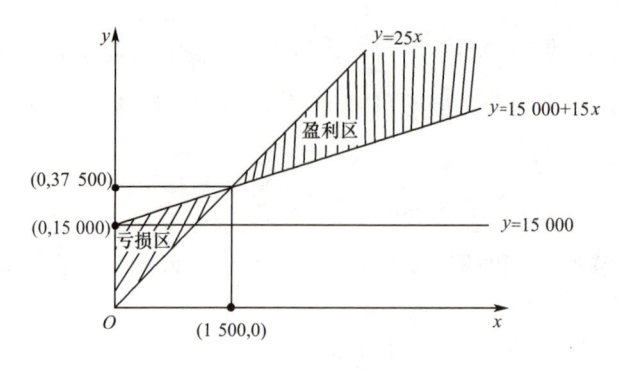

图 4-1 本量利分析的基本图示

(5)销售收入线 $y=25x$ 和总成本线 $y=15\,000+15x$ 的相交点,即保本点 $(1\,500,37\,500)$。保本点所对应的横坐标的销售量 1 500 件就是保本点销售量,此点所对应的纵坐标的销售额 37 500 元就是保本点销售额。

从图 4-1 可以看出:

第一,在保本点不变的情况下,扩大销售量,总收入线与总成本线之间的垂直距离也随之扩大,从而利润也随之增加;反之减少销售量,总收入线与总成本线之间的垂直距离也随之缩短,从而利润也随之减少。

第二,若企业的销售量不变,降低保本点,在保本点以上,总收入线与总成本线之间的距离也随之扩大,从而利润之增加;而在保本点以下,总收入线与总成本线之间的距离缩短,从而亏损随之减少。提高保本点,在保本点以上,总收入线与总成本线之间的距离也随之缩短,从而利润也随之减少;而在保本点以下,总收入线与总成本线之间的距离扩大,因此亏损随之增多。

第三,若企业销售收入一定,那么保本点的高低将取决于固定成本和单位变动成本的多少,固定成本或单位变动成本越高,则保本点越高;反之,则保本点越低。

第四,总成本线不变时,保本点的高低受销售收入线即单价的影响,销售单价越高,销售收入线的斜率越大,保本点越低;反之销售单价越低,销售收入线的斜率越小,保本点越高。

保本分析图的一个更重要的用途即在于反映本量利之间的规律性联系和保本点的意义。

4. 贡献毛益式保本图

贡献毛益式保本图的原理是先确定销售收入线和变动成本线,然后在纵轴上确定固定成本值并以此为起点画一条与变动成本线平行的直线,也就是总成本线。这条线与销售收入线的交点即为保本点(用 BEP 表示),如图 4-2 所示。

图 4-2 反映了边际利润的形成过程,销售收入线和变动成本线之间的区域是边际贡献,在保本点的左下方,即实际销售量(额)低于保本点销售量(额)时,边际贡献小于固定成本,所以企业经营亏损;随着销售量逐渐增加,边际贡献的区域也逐渐增大,直到等于固定成本,即达到保本点;进而超过保本点时,边际贡献的区域才能大于固定成本,这时获得盈利。从贡献毛益式保本图中的分析可以看出,利润的形成一目了然。由于用图表示更为直观、形象,易于理解,应该说贡献毛益式保本图更符合变动成本法的思路,也更符合保本分析的思路。

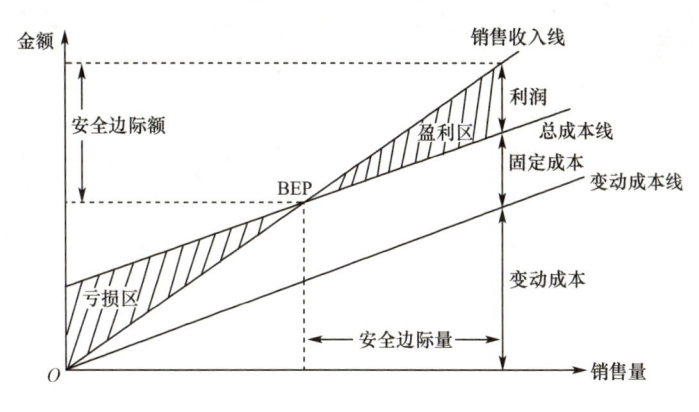

图 4-2　贡献毛益式保本图

二、经营安全程度分析

面对激烈的市场竞争,任何企业都十分重视自己生存的安全性,保本是企业安全生存的最低限度,评价企业经营安全程度的指标主要有安全边际、安全边际率和保本作业率等。

1. 安全边际

安全边际是指以绝对数的形式评价企业经营安全程度的一项指标,是实际或预计的销售业务量(包括销售量和销售额两种形式)与保本业务量(包括保本量和保本额两种形式)之差,这个差距反映了企业生产经营活动距离亏损的程度,表明企业从现有的销售量再降低多少,才会发生亏损。这一差距越大,则说明企业销售量可以变动的空间越大,反映出企业发生亏损的可能性就越小,因此企业经营的安全性就越高。

安全边际的表现形式有两种:

一种是用实物量来表示即安全边际量,其计算公式为:

$$安全边际量=实际或预计销售量-保本量$$

另外一种是用价值量来表示即安全边际额,其计算公式为:

$$安全边际额=实际或预计销售额-保本额=安全边际量\times 单价$$

2. 安全边际率

它是以相对数的形式评价企业经营安全程度的一项指标,是安全边际量(额)与实际或预计的销售业务量(额)之比。安全边际率越大,说明企业生产经营发生亏损的可能性就越小,企业经营就越安全;反之,安全边际率越小,说明企业生产经营发生亏损的可能性就越大,企业经营就越不安全。其计算公式如下:

$$安全边际率=\frac{安全边际量(额)}{实际或预计销售量(额)}\times 100\%$$

评价企业经营安全程度的一般标准见表 4-1。

表 4-1　　　　　　　　企业经营安全性评价标准

安全边际率	10%以下	10%~20%	20%~30%	30%~40%	40%以上
安全程度	危险	值得注意	较安全	安全	很安全

显然,安全边际和安全边际率是分别用绝对数和相对数来反映企业经营风险程度的两个指标。这两个指标越大,表明企业经营越安全,风险越小;反之这两个指标越小,表明企业经营越不安全,风险越大。从安全边际和安全边际率的概念和计算过程我们不难发现,利润是由安全边际提供的,当安全边际扣除本身的变动成本后就成了企业的利润。

【例 4-8】　上海某企业生产和销售一种产品,单价为 45 元/件,单位变动成本为 25 元/件,固定成本总额为 25 000 元,目前企业销售该产品 2 000 件。

要求:
(1)计算该企业的安全边际量。
(2)计算该企业的安全边际额。
(3)计算该企业的安全边际率。

解　(1)安全边际量 $= 2\,000 - \dfrac{25\,000}{45-25} = 750$(件)

(2)安全边际额 $= 750 \times 45 = 33\,750$(元)

(3)安全边际率 $= \dfrac{750}{2\,000} \times 100\% = 37.50\%$

从计算结果来看,该企业的安全边际率为 37.50%,说明该企业的经营安全程度处于安全状态。

3. 保本作业率

保本作业率是指保本点销售量(额)占实际或预计的销售量(额)的百分比。

其计算公式如下:

$$\text{保本作业率} = \dfrac{\text{保本点销售量(额)}}{\text{实际或预计销售量(额)}} \times 100\%$$

对于企业来说,保本作业率可以说明企业产品盈利能力的强弱。如果保本作业率较大,即说明产品的盈利能力较低,企业必须利用大部分的生产能力来弥补固定成本,这样,在保本点以上的可利用生产能力不多,企业的利润也会比较小;而如果保本作业率比较小,即说明企业目前产品的盈利能力比较高,只需要利用比较少的一部分生产能力即能弥补固定成本,而在此之上的生产能力的利用即可为企业带来较大的利润。所以保本作业率能够表明保本状态下生产经营能力的利用程度以及反映企业的生产经营能力利用到什么程度才能保本。

提醒:分析保本作业率的前提是假设产销一致,生产量即代表了销售量。否则,即使实际生产开工率很高,远远高出保本作业率,也不能说明企业经营风险的大小。

安全边际率和保本作业率的关系是:

$$\text{保本作业率} + \text{安全边际率} = 1$$

【例 4-9】　承接【例 4-8】的资料,完成下面的要求:
(1)计算该企业的保本作业率。
(2)验证安全边际率和保本作业率的关系。

解 （1）保本销售量 $=\dfrac{25\,000}{45-25}=1\,250$（件）

保本作业率 $=\dfrac{1\,250}{2\,000}\times 100\%=62.50\%$

（2）保本作业率＋安全边际率＝62.50%＋37.50%＝100%＝1

4. 利润与其他因素的关系

只有保本点以上的销售额（安全边际部分）才能为企业提供利润，安全边际与企业利润的完全正相关取决于边际贡献的存在。也就是说，只有存在有效的边际贡献条件下，安全边际才会与利润保持完全正相关性。所以，利润与安全边际的正相关性需要通过与边际贡献指标的结合进行表达，即：

$$利润＝安全边际销售量\times 单位产品边际贡献＝安全边际销售额\times 边际贡献率$$

$$销售利润率＝安全边际率\times 边际贡献率$$

这表明，企业销售利润率的水平受到边际贡献率和安全边际率两个因素的共同影响。企业要提高销售利润率，就必须提高安全边际率，即降低保本作业率；或者提高边际贡献率，即降低变动成本率。

三、保利分析

在市场经济条件下，追求盈利是企业生存和发展的前提。因此在确定了保本点以后，就需要进行保利分析。

保利点是指在单价和成本水平既定的情况下，为确保目标利润能够实现而应当达到的销售量和销售额的总称。企业对一定时期内目标利润已知条件下的本量利分析就是保利分析。通过保利分析，可以首先确定为实现目标利润而应达到的目标销售量和目标销售额，从而以销定产，确定目标生产量、生产成本以及资金需要量等。

保利点一般也有两种表现形式，一是用实物量来表示，称为保利销售量；另一种是用价值量来表示，称为保利销售额。其计算公式分别为：

$$保利销售量=\dfrac{固定成本＋目标利润}{单价－单位变动成本}$$

$$保利销售额=\dfrac{固定成本＋目标利润}{边际贡献率}=\dfrac{固定成本＋目标利润}{1－变动成本率}$$

【例 4-10】 某企业生产和销售单一产品，产品单价为 50 元，单位变动成本为 25 元，固定成本为 50 000 元，如需要实现的目标利润为 40 000 元，求保利销售量和保利销售额。

解 保利销售量 $=\dfrac{40\,000+50\,000}{50-25}=3\,600$（件）

保利销售额 $=\dfrac{40\,000+50\,000}{50\%}=180\,000$（元）

第三节 多品种条件下的本量利分析

现实生活中，大多数企业都以多品种形式生产，由于多品种产品的销售单价、单位变动成本、产品的实物计量等方面各不相同,实物量指标之间不具有可比性,因此多品种盈亏临界点将不再以实物量指标表示,只采用价值量指标表示。

一、综合边际贡献率法

综合边际贡献率法,是指在各种产品边际贡献的基础上,以各种产品的预计销售收入比重作为权数,先确定企业加权平均的综合边际贡献率,然后分析多品种条件下本量利关系的一种定量分析的方法。它适用于多种产品都使用同一固定资产,固定成本无法划分的情况。使用这种方法的关键就是如何确定综合边际贡献率。

具体步骤为:

(1) 计算各种产品的边际贡献率。

(2) 计算全部产品的销售总额。

$$销售总额 = \sum (各种产品的单价 \times 该产品的预计销售量)$$

(3) 计算各种产品的销售比重。

$$各种产品的销售比重 = 该产品的销售额 \div 全部产品的销售总额 \times 100\%$$

(4) 计算综合边际贡献率。

$$综合边际贡献率 = \sum (各种产品的边际贡献率 \times 该产品的销售比重)$$

(5) 计算综合保本销售额。

$$综合保本销售额 = 固定成本总额 \div 综合边际贡献率$$

(6) 计算各种产品的保本销售额及销售量。

$$各种产品的保本销售额 = 综合保本销售额 \times 该产品的销售比重$$

$$各种产品的保本销售量 = 该产品的保本销售额 \div 该产品的单价$$

【例 4-11】 民源公司生产销售甲、乙、丙三种产品,固定成本为 11 500 元,产品资料见表 4-2。

表 4-2　　　　　　　　民源公司产品资料项目

项　目	甲	乙	丙
销售量(个)	500	1 000	1 500
销售单价(元/个)	20	30	40
单位变动成本(元/个)	16	27	28

要求:计算该公司甲、乙、丙三种产品的保本销售量各是多少。

解 (1) 计算各种产品的边际贡献率。

甲产品边际贡献率 $=(20-16)\div 20=20\%$

乙产品边际贡献率 $=(30-27)\div 30=10\%$

丙产品边际贡献率 $=(40-28)\div 40=30\%$

(2) 计算全部产品的销售总额。

销售总额 $=20\times 500+30\times 1\ 000+40\times 1\ 500=100\ 000$(元)

(3) 计算各种产品的销售比重。

甲产品的销售比重 $=20\times 500\div 100\ 000\times 100\%=10\%$

乙产品的销售比重 $=30\times 1\ 000\div 100\ 000\times 100\%=30\%$

丙产品的销售比重 $=40\times 1\ 500\div 100\ 000\times 100\%=60\%$

(4)计算该公司综合边际贡献率。

综合边际贡献率=20%×10%+10%×30%+30%×60%=23%

(5)计算整个公司综合保本销售额。

综合保本销售额=11 500÷23%=50 000(元)

(6)分别计算各种产品的保本销售额。

甲产品的保本销售额=50 000×10%=5 000(元)

乙产品的保本销售额=50 000×30%=15 000(元)

丙产品的保本销售额=50 000×60%=30 000(元)

(7)分别计算各种产品的保本销售量。

甲产品的保本销售量=5 000÷20=250(个)

乙产品的保本销售量=15 000÷30=500(个)

丙产品的保本销售量=30 000÷40=750(个)

二、主要产品的边际贡献率

如果在企业生产和销售的各种产品中,有一种产品的收入是整个企业销售收入的主要来源,而其他产品的销售收入占整个企业的销售收入的比重非常小,就可以将该产品的边际贡献率作为整个企业的综合边际贡献率,以此来计算综合保本销售额,该产品就视为该企业的主要产品。而判断主要产品的标准一般是产品的边际贡献总额,因为只有边际贡献总额才能补偿固定成本,进而为企业创造利润。

其具体的操作步骤如下:

第一步,计算每一种产品的边际贡献总额,确定主要产品。

第二步,计算企业综合保本销售额。

$$综合保本销售额 = \frac{固定成本}{主要产品边际贡献率}$$

该指标是在原有的品种结构下,企业经营保本所需要的销售收入总额。

第三步,计算各种产品的销售比重,从而计算各种产品所应分担的保本销售额。

$$各种产品的销售比重 = \frac{该产品的销售额}{全部产品的销售额} \times 100\%$$

各种产品的保本销售额=综合保本销售额×该产品的销售比重

第四步,计算各种产品要实现保本销售额应实现的销售量。

$$各种产品的保本销售量 = \frac{该产品保本销售额}{该产品的销售单价}$$

【例4-12】 某企业2021年固定成本总额为80 000元,该企业同时生产和销售A、B、C三种产品(产销平衡),这三种产品的产量、售价和有关成本资料见表4-3。

表4-3　　　　　　　A、B、C三种产品相关资料

产品	A	B	C	合　计
单价(元/件)	40	25	10	—
产量(件)	20 000	1 000	1 500	—
销售收入(元)	800 000	25 000	15 000	840 000
单位变动成本(元/件)	20	18	6	—

要求:用主要产品的边际贡献率法确定企业的综合保本销售额以及各种产品的保本销售额和各种产品保本销售量。

解 (1)计算各种产品的边际贡献总额。

A产品的边际贡献总额=(40-20)×20 000=400 000(元)

B产品的边际贡献总额=(25-18)×1 000=7 000(元)

C产品的边际贡献总额=(10-6)×1 500=6 000(元)

从A、B、C三种产品的边际贡献总额计算结果来看,A产品边际贡献总额最大,因此以A产品作为本企业的主要产品,进而将A产品的边际贡献率50%[(40-20)/40×100%]作为整个企业的综合边际贡献率。

(2)计算企业综合保本销售额。

综合保本销售额=$\frac{80\ 000}{50\%}$=160 000(元)

(3)计算各种产品的销售比重,以及各种产品的保本销售额。

A产品的销售比重=$\frac{800\ 000}{840\ 000}$×100%=95.24%

B产品的销售比重=$\frac{25\ 000}{840\ 000}$×100%=2.98%

C产品的销售比重=1-95.24%-2.98%=1.78%

A产品的保本销售额=160 000×95.24%=152 384(元)

B产品的保本销售额=160 000×2.98%=4 768(元)

C产品的保本销售额=160 000×1.78%=2 848(元)

(4)各种产品实现保本销售额应实现的销售量。

A产品的保本销售量=$\frac{152\ 384}{40}$=3 810(件)

B产品的保本销售量=$\frac{4768}{25}$=191(件)

C产品的保本销售量=$\frac{2\ 848}{10}$=285(件)

从上述计算过程可以看出,主要产品边际贡献率法计算过程简单明了,但是由于以主要产品的边际贡献率为整个企业的综合边际贡献率,所以存在着一些误差,因此该方法一般适用于主次明确的企业。

三、分算法

分算法是指在一定条件下,首先将整个企业的固定成本总额分配给各种产品,每种产品分别按单一产品的预测方法计算保本销售额;然后将各产品的保本销售额汇总,可得出企业综合保本销售额。在分配固定成本时,选择适当标准(如销售额、产品的重量、体积或所需工时比重等)分配给各种产品。

这里以销售额比重为分配标准来介绍其具体操作步骤:

第一步,计算固定成本分配率。

$$固定成本分配率=\frac{固定成本总额}{全部产品的销售额}$$

第二步,计算各种产品应分担的固定成本。

$$各种产品应分担的固定成本=该产品的销售额\times 固定成本分配率$$

第三步,计算各种产品保本销售量。

$$各种产品保本销售量=\frac{该产品应分担的固定成本}{该产品的单位边际贡献}$$

第四步,计算各种产品保本销售额。

$$各种产品保本销售额=该产品保本销售量\times 该产品销售单价$$

【例 4-12】 承接【例 4-11】的资料,假设该企业的固定成本按各产品的销售额比重分配,用分算法确定各种产品的保本销售量和各种产品的保本销售额。

(1)计算固定成本分配率。

$$固定成本分配率=\frac{80\ 000}{840\ 000}\times 100\%=9.52\%$$

(2)计算各种产品应分担的固定成本。

A 产品应分担的固定成本=800 000×9.52%=76 160(元)

B 产品应分担的固定成本=25 000×9.52%=2 380(元)

C 产品应分担的固定成本=80 000-76 160-2 380=1 460(元)

(3)计算各种产品的保本销售量。

$$A\ 产品的保本销售量=\frac{76\ 160}{20}=3\ 808(件)$$

$$B\ 产品的保本销售量=\frac{2\ 380}{7}=340(件)$$

$$C\ 产品的保本销售量=\frac{1\ 460}{4}=365(件)$$

(4)计算各种产品的保本销售额。

A 产品保本销售额=3 808×40=152 320(元)

B 产品保本销售额=340×25=8 500(元)

C 产品保本销售额=365×10=3 650(元)

四、联合单位法

在企业产品品种结构保持不变的情况下,可以采用联合单位法确定企业多品种产品的盈亏临界点。所谓联合单位,是指按固定实物量比例构成所计算的、统一反映一组产品业务量的计量单位。例如,服装企业经过多年的销售经验发现,西装、领带之间的销售量长期保持着稳定的比例关系,一套西装对应两条领带,则这种 1∶2 的比例关系可以作为这一组产品的计量单位。

联合单位法的具体计算步骤为:

(1)计算各种产品的实物量比例。

(2)计算"联合单价""联合销售量"和"联合单位变动成本""联合单位边际贡献"。

$$联合单价=\sum(各种产品的单价\times 该产品的实物量比例)$$

$$联合销售量=各种产品销售量的最小公倍数$$

$$联合单位变动成本=\sum(各种产品的单位变动成本\times 该产品的实物量比例)$$

$$联合单位边际贡献=联合单价-联合单位变动成本$$

(3)确定多品种产品的盈亏临界点。

$$\text{以联合单位表示的盈亏临界点销售量} = \frac{\text{固定成本}}{\text{联合单位边际贡献}}$$

以联合单位表示的盈亏临界点销售额＝以联合单位表示的盈亏临界点销售量×联合单价

【例 4-13】 某公司使用同种原料加工成性质相近、产出结构比较稳定、十分畅销的三种联产品甲、乙、丙,有关资料见表 4-4。

表 4-4　　　　　　　联产品甲、乙、丙资料表

项目	销售量(件)	单价(元/件)	单位变动成本(元/件)	固定成本(元)
甲产品	200	50	40	
乙产品	600	40	20	45 000
丙产品	400	30	20	

要求:用联合单位法计算各产品的盈亏临界点销售量和销售额。

解 产销实物量比例为

甲∶乙∶丙＝200∶600∶400＝1∶3∶2

联合单价＝50×1＋40×3＋30×2＝230(元/件)

联合单位变动成本＝40×1＋20×3＋20×2＝140(元/件)

以联合单位表示的盈亏临界点销售量＝45 000/(230－140)＝500(件)

以联合单位表示的盈亏临界点销售额＝500×230＝115 000(元)

其中:

甲产品的盈亏临界点销售量＝500×1＝500(件)

乙产品的盈亏临界点销售量＝500×3＝1 500(件)

丙产品的盈亏临界点销售量＝500×2＝1 000(件)

甲产品的盈亏临界点销售额＝500×50＝25 000(元)

乙产品的盈亏临界点销售额＝1 500×40＝60 000(元)

丙产品的盈亏临界点销售额＝1 000×30＝30 000(元)

联合单位法实际上是将"多品种"产品的盈亏临界点计算问题转换成了"单一品种"产品盈亏临界点的计算问题,因此较适用于具有严格产出规律的联产品生产企业。

第四节　目标利润分析

一、目标利润的概念

所谓目标利润,就是企业在计划期事前分析制定的、必须可以达到的利润水平,是企业整个生产经营目标的主要组成部分。企业应结合市场情况、宏观经济背景、行业发展规划以及企业的战略发展规划等确定目标利润。确定目标利润,有助于企业提高经济效益。企业可根据目标利润,合理组织销售,控制成本支出,从各个方面改善经营管理。它的确定必须以预测利润为基础。目标销售收入规划分为两种情况:单品种的目标销售规划和多品种的目标销售规划。这里只介绍单品种的目标销售规划。

单品种的目标销售规划是指根据已确定的某一主要产品的目标利润及相关资料,规划为完成目标利润而需实现的目标销售。

二、目标利润的确定

1. 应用本量利分析的基本扩展公式确定

应用本量利分析的基本扩展公式确定目标利润,是根据成本性态分析原理,在已知成本、业务量(销售量)和利润之间的线性关系的基础上,通过已知变量而对未知变量进行的推断。其基本公式如下:

$$目标利润 = 销售单价 \times 销售量 - 单位变动成本 \times 销售量 - 固定成本总额$$

2. 应用边际贡献的基本概念确定

应用边际贡献的基本概念确定目标利润的基本公式如下:

$$目标利润 = 边际贡献总额 - 固定成本总额$$

3. 应用安全边际的基本概念确定

应用安全边际的基本概念确定目标利润的基本公式如下:

$$目标利润 = 安全边际量 \times 单位边际贡献$$

三、税前目标销售量(或销售额)的确定

税前目标销售量(或销售额)是指为确保税前目标利润的实现而需要完成的销售量(或销售额),因此税前目标销售量(或销售额)又称为保利量(或保利额)。企业可以根据市场情况的变化,对销售价格进行调整,降价通常会促进销售量的增加,通过提价通常可能使销售量下降;在市场需求极为旺盛的情况下,可以通过增加固定成本支出(如广告费、租赁设备等)、扩大生产能力来扩大销售量。

其计算公式如下:

根据

$$税前目标利润 = 销售单价 \times 税前目标销售量 - 单位变动成本 \times 税前目标销售量 - 固定成本总额$$

所以

$$税前目标销售量 = \frac{固定成本总额 + 税前目标利润}{单位边际贡献}$$

$$\begin{aligned}税前目标销售额 &= 税前目标销售量 \times 单价 \\ &= \frac{固定成本总额 + 税前目标利润}{单位边际贡献} \times 单价 \\ &= \frac{固定成本总额 + 税前目标利润}{边际贡献率}\end{aligned}$$

【例 4-14】 上海华星公司生产和销售一种产品,单价为 50 元/件,单位变动成本为 25 元/件,当月总固定成本为 25 000 元,预计 2014 年的税前目标利润为 80 000 元。

要求:计算上海华星公司的税前目标销售量和税前目标销售额。

$$税前目标销售量 = \frac{25\,000 + 80\,000}{50 - 25} = 4\,200(件)$$

$$税前目标销售额 = 4\,200 \times 50 = 210\,000(元)$$

四、税后目标销售量(或销售额)的确定

由于

$$税后目标净利润=税前目标利润\times(1-所得税税率)$$

所以

$$税前目标销售量=\frac{固定成本总额+\dfrac{税后目标净利润}{1-所得税税率}}{单位边际贡献}$$

$$税前目标销售额=税前目标销售量\times 单价=\frac{固定成本总额+\dfrac{税后目标净利润}{1-所得税税率}}{边际贡献率}$$

【例 4-15】 承接【例 4-14】资料,假设预计 2015 年的目标利润 80 000 元为税后净利润,所得税税率为 25%,则税前目标销售量和税前目标销售额是多少?

$$税前目标销售量=\frac{25\,000+\dfrac{80\,000}{1-25\%}}{50-25}=5\,267(件)$$

$$税前目标销售额=5\,267\times 50=263\,350(元)$$

五、各因素单独变动对保本点和安全边际的影响

从保本分析和安全边际的概念和计算过程可以看出,产品的销售价格、单位变动成本、固定成本等因素的变动对保本点和安全边际产生一定程度的影响,下面讨论有关因素的变动对保本点和安全边际的影响,以便掌握其中的规律,便于指导实践。

1. 销售价格单独变动,其他因素不变

$$保本销售量=\frac{固定成本}{单价-单位变动成本}=\frac{固定成本}{单位边际贡献}$$

$$安全边际量=实际(预计)的销售量-保本销售量$$

从上面的公式可以看出,在其他条件一定的情况下,当单价上升时,单位边际贡献上升,相应地会降低保本销售量,进而当企业实际(预计)的销售量不变时会提高安全边际量。因此企业在正常的生产经营中只要用较少产品的边际贡献就可以弥补固定成本,而用于盈利的销售量就会增加,从而提高企业的盈利能力。反之,当单价下降时,单位边际贡献下降,相应地会提高保本销售量,当企业实际(预计)的销售量不变时会降低安全边际量。因此企业在正常的生产经营中需要用较多产品的边际贡献去弥补固定成本,而用于盈利的销售量就会减少,从而降低了企业的盈利能力。

【例 4-16】 海南海华公司生产和销售一种产品,单价为 60 元/件,单位变动成本为 30 元/件,固定成本总额为 60 000 元,2020 年正常的销售量为 3 600 件。

要求:假设其他因素不变,价格提高 10%。求价格变动前后的保本销售量和安全边际量。

单价变动前的单位边际贡献=60-30=30(元/件)

$$单价变动前的保本销售量=\frac{60\,000}{30}=2\,000(件)$$

安全边际量=3 600-2 000=1 600(件)

单价变动后的单位边际贡献=60×(1+10%)-30=36(元/件)

$$单价变动后的保本销售量=\frac{60\,000}{36}=1\,667(件)$$

单价变动后的安全边际量＝3 600－1 667＝1 933(件)

从上面计算过程可以看出,当单价提高10%时,保本销售量从原来的2 000件降低到1 667件,从而使用于盈利的安全边际量从原来的1 600件提高到1 933件。

2. 单位变动成本单独变动,其他因素不变

$$保本销售量 = \frac{固定成本}{单价 - 单位变动成本} = \frac{固定成本}{单位边际贡献}$$

$$安全边际量 = 实际(预计)的销售量 - 保本销售量$$

从上面的公式可以看出,在其他条件一定的情况下,当提高单位变动成本时,单位边际贡献减少,相应地会提高保本销售量,进而当企业实际(预计)的销售量不变时会降低安全边际量。因此企业在正常的生产经营中需要用较多产品的边际贡献去弥补固定成本,而使用于盈利的销售量降低,从而降低了企业的盈利能力。反之,当单位变动成本下降时,单位边际贡献上升,相应地会降低保本销售量,当企业实际(预计)的销售量不变时会提高安全边际量。因此企业在正常的生产经营中只要用较少产品的边际贡献就可以弥补固定成本,而用于盈利的销售量就会增加,从而提高了企业的盈利能力。

【例 4-17】 承接【例 4-16】的资料,假设其他因素不变,单位变动成本提高10%。求单位变动成本变动后的保本销售量和安全边际量。

单位变动成本变动后的单位边际贡献＝60－30×(1+10%)＝27(元/件)

$$单位变动成本变动后的保本销售量 = \frac{60\ 000}{27} = 2\ 222(件)$$

单位变动成本变动后的安全边际量＝3 600－2 222＝1 378(件)

从上面计算过程可以看出,当单位变动成本提高10%时,保本销售量从原来的2 000件提高到2 222件,从而使用于盈利的安全边际量从原来的1 600件降低到1 378件。

3. 固定成本单独变动,其他因素不变

$$保本销售量 = \frac{固定成本}{单价 - 单位变动成本} = \frac{固定成本}{单位边际贡献}$$

$$安全边际量 = 实际(预计)的销售量 - 保本销售量$$

从上面的公式可以看出,在其他条件一定的情况下,当提高固定成本时,相应地会提高保本销售量,进而当企业实际(预计)的销售量不变时会降低安全边际量。企业在正常的生产经营中需要弥补的固定成本增加,需要用更多产品的边际贡献去弥补,从而用于盈利的安全边际量就会减少,进而降低企业的盈利能力。反之,当固定成本下降时,相应地会降低保本销售量,当企业实际(预计)的销售量不变时会提高安全边际量。因此企业在正常的生产经营中需要弥补的固定成本降低,只要用较少产品的边际贡献就可以弥补固定成本,从而用来盈利的安全边际量就会增加,进而提高了企业的盈利能力。

【例 4-18】 承接【例 4-16】的资料,假设其他因素不变,单位固定成本提高10%。求固定成本变动后的保本销售量和安全边际量。

$$固定成本变动后的保本销售量 = \frac{60\ 000 \times (1+10\%)}{30} = 2\ 200(件)$$

安全边际量＝3 600－2 200＝1 400(件)

从上面计算过程可以看出,当固定成本提高10%时,保本销售量从原来的2 000件提高到2 200件,从而使用于盈利的安全边际量从原来的1 600件降低到1 400件。

4. 销售量单独变动,其他因素不变

$$\text{保本销售量} = \frac{\text{固定成本}}{\text{单价}-\text{单位变动成本}} = \frac{\text{固定成本}}{\text{单位边际贡献}}$$

$$\text{安全边际量} = \text{实际(预计)的销售量} - \text{保本销售量}$$

从保本销售量和安全边际量的计算公式来看,不管销售量是提高还是降低,都不会影响保本销售量,只会影响安全边际量,当企业提高销售量时,会提高安全边际量;反之,当降低销售量时,会降低安全边际量。

六、各因素单独变动对目标利润的影响

从利润的计算过程可以看出,产品的单价、单位变动成本、固定成本、销售量等因素的变动都会引起利润的变动,下面讨论有关因素的变动对利润的影响。

1. 单价单独变动,其他因素不变

$$\text{保利销售量} = \frac{\text{固定成本}+\text{目标利润}}{\text{单价}-\text{单位变动成本}} = \frac{\text{固定成本}+\text{目标利润}}{\text{单位边际贡献}}$$

从上面的公式可以看出当单价上升时,单位边际贡献上升,企业保证目标利润实现的销售量就减少,当企业实际的销售量不变时,就会增加利润;反之,当单价下降时,单位边际贡献下降,企业保证目标利润实现的销售量就增加,当企业实际的销售量不变时就会减少利润。

【例 4-19】 承接【例 4-16】的资料,完成以下任务:

(1)假设 2020 年利润不变,其他因素不变,价格提高 10%。求价格变动后的保利点。

(2)假设 2020 年销售量、单位变动成本和固定成本不变,价格提高 10%。求价格变动后的利润。

解 (1)单价变动前的利润$=(60-30)\times 3\,600 - 60\,000 = 48\,000$(元)

单价变动后的单位边际贡献$= 60\times(1+10\%) - 30 = 36$(元/件)

单价变动后的保利销售量$= \dfrac{60\,000 + 48\,000}{36} = 3\,000$(件)

(2)单价变动后的利润$= 36\times 3\,600 - 60\,000 = 69\,600$(元)

从上面计算过程可以看出,当单价提高 10% 时,保利销售量从原来的 3 600 件降低到 3 000 件,当 2020 年企业实际销售量等因素不变,单价提高 10% 时,则利润由原来的 48 000 元提高到 69 600 元。

2. 单位变动成本单独变动,其他因素不变

$$\text{保利销售量} = \frac{\text{固定成本}+\text{目标利润}}{\text{单价}-\text{单位变动成本}} = \frac{\text{固定成本}+\text{目标利润}}{\text{单位边际贡献}}$$

从上面的公式可以看出当单位变动成本上升时,单位边际贡献下降,企业保证目标利润实现的销售量就会增加,当企业实际的销售量不变时,就会减少利润;反之,当单位变动成本下降时,单位边际贡献上升,企业保证目标利润实现的销售量就会减少,当企业实际的销售量不变时就会增加利润。

【例 4-20】 承接【例 4-16】的资料,完成以下任务:

(1)假设 2020 年利润不变,其他因素不变,单位变动成本提高 10%。求单位变动成

本变动后的保利点。

(2)假设 2020 年销售量、单价和固定成本不变,单位变动成本提高 10%。求单位变动成本变动后的利润。

解 (1)单位变动成本变动后的单位边际贡献=60-30×(1+10%)=27(元/件)

单位变动成本变动后的保利销售量=$\dfrac{60\ 000+48\ 000}{27}$=4 000(件)

(2)单位变动成本变动后的利润=27×3 600-60 000=37 200(元)

从上面计算过程可以看出,当单位变动成本提高 10%时,保利销售量从原来的 3 600 件提高到 4 000 件,当 2020 年企业实际销售量等因素不变,单位变动成本提高 10%时,则利润由原来的 48 000 元降低到 37 200 元。

3.固定成本单独变动,其他因素不变

$$保利销售量=\dfrac{固定成本+目标利润}{单价-单位变动成本}=\dfrac{固定成本+目标利润}{单位边际贡献}$$

从上面的公式可以看出,当固定成本上升时,企业保证目标利润实现的销售量就会增加,而当企业实际的销售量不变时,就会减少利润;反之,当固定成本下降时,企业保证目标利润实现的销售量就会减少,而当企业实际的销售量等因素不变时,就会增加利润。

【例 4-21】 承接【例 4-16】的资料,完成下列任务:

(1)假设 2020 年利润不变,其他因素不变,固定成本提高 10%。求固定成本变动后的保利点。

(2)假设 2020 年销售量、单价和单位变动成本不变,固定成本提高 10%。求固定成本变动后的利润。

解 (1)固定成本变动后的固定成本=60 000×(1+10%)=66 000(元)

固定成本变动后的保利销售量=$\dfrac{66\ 000+48\ 000}{30}$=3 800(件)

(2)固定成本变动后的利润=30×3 600-66 000=42 000(元)

从上面计算过程可以看出,当固定成本提高 10%时,保利销售量从原来的 3 600 件提高到 3 800 件,当 2020 年企业实际销售量等因素不变,固定成本提高 10%时,则利润由原来的 48 000 元降低到 42 000 元。

4.销售量单独变化,其他因素不变

$$保利销售量=\dfrac{固定成本+目标利润}{单价-单位变动成本}=\dfrac{固定成本+目标利润}{单位边际贡献}$$

从保利点的计算公式来看,不管销售量是提高还是降低,都不影响保利点的销售量,只会影响利润,当企业提高销售量时,利润随之增加;反之,当降低销售量时,利润随之减少。

【例 4-22】 承接【例 4-16】的资料,假设 2020 年固定成本、单价和单位变动成本不变,销售量提高 10%。求销售量变动后的利润。

销售量变动后的利润=(60-30)×3 600×(1+10%)-60 000=58 800(元)

从上面计算过程可以看出,当销售量提高 10%时,则利润由原来的 48 000 元提高到 58 800 元。

七、利润的敏感性分析

1. 敏感系数概述

通过前面有关因素对利润影响的分析,单价、单位变动成本、销售量和固定成本的变动会引起利润同方向或反方向变动,但并没有进一步研究引起变动的程度有多大,这里我们要介绍的敏感性分析就是来解决这个问题的。

敏感性分析是指对影响目标实现的因素变化进行量化分析,以确定各因素变化对实现目标的影响及其敏感程度。敏感性分析可以分为单因素敏感性分析和多因素敏感性分析。在本量利关系中,敏感性分析的主要目的,是研究单价、单位变动成本、销售量和固定成本的变动引起利润的变动的敏感程度;当个别因素变化时,如何保证原定目标利润的实现。这种对确定性模型的敏感性分析,可以揭示致使企业亏损或项目失败的原因及关键变量,使企业管理当局对敏感变量进行控制,做出相应的决策。判断具体的敏感程度我们一般用敏感系数来表示。

其计算公式为:

$$敏感系数 = \frac{利润变动率}{因素变动率}$$

其中,因素是指单价、单位变动成本、销售量和固定成本等。

其中:

$$利润变动率 = \frac{变动后利润 - 变动前利润}{变动前利润}$$

$$单价变动率 = \frac{变动后单价 - 变动前单价}{变动前单价}$$

$$单位变动成本变动率 = \frac{变动后单位变动成本 - 变动前单位变动成本}{变动前单位变动成本}$$

$$销售量变动率 = \frac{变动后销售量 - 变动前销售量}{变动前销售量}$$

$$固定成本变动率 = \frac{变动后固定成本 - 变动前固定成本}{变动前固定成本}$$

虽然单价、单位变动成本、销售量和固定成本的变动都会引起利润的变动,但它们对利润的影响程度却不同。有的因素只要有较小的变动就会导致利润较大程度的变动,这类因素称为强敏感性因素;有的因素虽有较大的变动,但对利润的影响程度却不大,这类因素称为弱敏感性因素。计算敏感系数可帮助管理人员了解各因素变动对利润的影响程度,以便找出问题的关键,提高管理效率,及时调整措施,保证目标利润的完成。

(1)找出影响项目经济效益变动的敏感性因素,分析敏感性因素变动的原因,并为进一步进行不确定性分析(如概率分析)提供依据;

(2)研究不确定性因素变动如引起项目经济效益值变动的范围或极限值,分析判断项目承担风险的能力;

(3)比较多种方案的敏感性大小,以便在经济效益值相似的情况下,从中选出不敏感的投资方案。根据不确定性因素每次变动数目的多少,可将利润敏感性分析法分为单因素利润敏感性分析法和多因素利润敏感性分析法。利润敏感性分析法是指从定量分析的角度研究有关因素发生某种变化对某一个或一组关键指标影响程度的一种不确定分析技术。其实质是通过逐一改变相关变量数值的方法来解释关键指标受这些因素变动影响大小的规律。有些因素虽然变化幅度较大,却只对利润产生微小的影响。所以对一个企业的管理者来说,不仅需要了解哪些因素对利润增减有影响,而且需要了解影响利润的若干因素中,哪些因素影响大,哪些因素影响小。那些对利润影响大的因素我们称之为敏感因素,反之,则称为非敏感因素。

影响企业利润的因素主要有四个:产品的价格、产品的单位变动成本、产品的销售量和产品的固定成本。其中任何一个因素的变动都会引起企业利润的变动,甚至会使一个企业由盈变亏,也会使一个企业扭亏为盈。那么,如何知道影响企业利润的关键因素?企业决策者如何在激烈变动的外部环境下做出正确决策,借助敏感性分析,企业管理者可以对此类问题有一个明确的认识。

反映敏感程度的指标是敏感系数:某因素的敏感系数=利润变化(%)/该因素变化(%) 其判别标准是:

1. 敏感系数的绝对值>1,即当某影响因素发生变化时,利润发生更大程度的变化,该影响因素为敏感因素;

2. 敏感系数的绝对值<1,即利润变化的幅度小于影响因素变化的幅度,该因素为非敏感因素;

3. 敏感系数的绝对值=1,即影响因素变化导致利润相同程度的变化,该因素亦为非敏感因素。

一般而言,在对利润产生影响的各因素中,灵敏度最高的为单价,灵敏度最低的是固定成本,销量和单位变动成本介于两者之间。作为企业的管理者,在掌握了各有关因素对利润的敏感程度之后,下面的任务就是如何利用敏感性分析帮助决策,以实现企业的既定目标。在这里,抓住关键因素,综合利用各有关因素之间的相互联系,采取综合措施,加强对敏感性因素的控制,确保利润规划的完成。

2. 影响利润的各因素的敏感系数计算

(1)单价的敏感系数

根据敏感系数的公式,单价的敏感系数为

$$单价的敏感系数 = \frac{利润变动百分数}{单价变动百分数}$$

【例4-23】 某企业只生产一种产品,单价为10元/件,单位变动成本为6元/件,固定成本为10 000元,2021年销售量5 000件,假设2021年单价提高10%,计算单价的敏感系数。

单价变化前利润 = 5 000×(10−6)−10 000 = 10 000(元)

单价变化后利润 = 5 000×[10×(1+10%)−6]−10 000 = 15 000(元)

$$利润变化百分比 = \frac{15\,000 - 10\,000}{10\,000} \times 100\% = 50\%$$

$$单价的敏感系数 = \frac{50\%}{10\%} = 5$$

从上述公式计算结果发现,该企业单价的敏感系数为正,说明利润的变动方向和单价变动的方向是一致的,并且其变动幅度相当于单价变动的 5 倍。当单价上升时,利润也随之以单价变动的 5 倍的速度上升;反之,当单价下降时,利润也随之以单价变动的 5 倍的速度下降。因而,涨价是提高盈利最有效的手段,但是价格一旦下跌也将是企业最大的威胁。

(2)单位变动成本的敏感系数

根据敏感系数的公式,单位变动成本的敏感系数为

$$单位变动成本的敏感系数 = \frac{利润变动百分数}{单位变动成本变动百分数}$$

【例 4-24】 承接【例 4-23】的资料,假设其他不变,2021 年单位变动成本上升 10%,计算单位变动成本的敏感系数。

单位变动成本变动后的利润 = 5 000×[10−6×(1+10%)]−10 000 = 7 000(元)

$$利润变化百分比 = \frac{7\,000 - 10\,000}{10\,000} \times 100\% = -30\%$$

$$单位变动成本的敏感系数 = \frac{-30\%}{10\%} = -3$$

从上述计算结果来看,单位变动成本的敏感系数为−3,负数说明利润的变动方向与单位变动成本的变动方向是相反的,并且是相反方向 3 倍于单位变动成本变动的速度变动,即当单位变动成本上升时,利润随之以单位变动成本变动的 3 倍的速度下降;反之,当单位变动成本下降时,利润随之以单位变动成本变动的 3 倍的速度上升。

(3)固定成本的敏感系数

根据敏感系数的公式,固定成本的敏感系数为

$$固定成本的敏感系数 = \frac{利润变动百分数}{固定成本变动百分数}$$

【例 4-25】 承接【例 4-23】的资料,假设其他不变,2021 年固定成本上升 10%,计算固定成本的敏感系数。

固定成本变动后的利润 = 5 000×(10−6)−10 000×(1+10%) = 9 000(元)

$$利润变化百分比 = \frac{9\,000 - 10\,000}{10\,000} \times 100\% = -10\%$$

$$固定成本的敏感系数 = \frac{-10\%}{10\%} = -1$$

从上述计算结果来看,固定成本的敏感系数为−1,负数说明利润的变动方向与固定成本的变动方向是相反的,并且是相反方向以相同的速度变动,即当固定成本上升时,利润随之以固定成本变动的速度下降;反之,当固定成本下降时,利润随之以固定成本变动的速度上升。

(4)销售量的敏感系数

根据敏感系数的公式,销售量的敏感系数为

$$销售量的敏感系数 = \frac{利润变动百分数}{销售量变动百分数}$$

【例 4-26】 承接【例 4-23】的资料,假设其他不变,2021 年销售量上升 10%,计算销售量的敏感系数。

销售量变动后的利润 = 5 000×(1+10%)×(10-6)-10 000 = 12 000(元)

利润变化百分比 = $\dfrac{12\,000-10\,000}{10\,000} \times 100\% = 20\%$

销售量的敏感系数 = $\dfrac{20\%}{10\%} = 2$

从上述计算结果来看,销售量的敏感系数为 2,正数说明利润的变动方向与销售量的变动方向是一致的,并且是以同方向 2 倍于销售量的速度变动,即当销售量上升时,利润随之以销售量变动的 2 倍的速度上升;反之,当销售量下降时,利润随之以销售量变动的 2 倍的速度下降。

从上述计算销售单价、单位变动成本、固定成本和销售量对利润的敏感系数过程及其计算结果来看,影响企业利润的这些因素中,最敏感的是销售单价(敏感系数为 5),其次是单位变动成本(敏感系数为-3),再次是销售量(敏感系数为 2),最后是固定成本(敏感系数为-1)。其中,敏感系数为正值,表明它与利润同向增减,敏感系数为负值,表明它与利润反向增减。由以上敏感性分析可知,销售单价和单位变动成本是敏感程度最高的两个因素,决策者应特别注意这两个因素变动对利润的影响。

八、多因素变动对盈亏临界点的影响

以上所述的是为了保证实现目标利润,分项逐一计算各有关因素的变动对利润的影响。但在实际工作中,各有关因素往往不是孤立存在的,而是相互制约、互相影响的。因此,要如实反映客观实际情况,往往需要综合考虑各有关因素同时变动的影响。如果各影响因素共同变动,则总成本线、收入线都将同时发生移动,必将引起盈亏平衡点发生变化。至于盈亏临界点移动的方向和距离以及利润变动的数额,则由这些因素共同作用的结果而定。计算公式如下:

多因素变动后的保本销售量 = $\dfrac{\text{原固定成本} \pm \text{固定成本变动额}}{(\text{原单价} \pm \text{单价变动额}) - (\text{原单位变动成本} \pm \text{单位变动成本变动额})}$

多因素变动后的保本销售额 = $\dfrac{\text{原固定成本} \pm \text{固定成本变动额}}{1 - \dfrac{\text{原单位变动成本} \pm \text{单位变动成本变动额}}{\text{原单价} \pm \text{单价变动额}}}$

九、产品品种结构变动对盈亏临界点及实现目标利润的影响

各种产品的销售额占销售总额的比重就是产品结构。当企业同时生产多种产品时,由于各种产品的边际贡献不同,所以产品品种构成变动必然要对整个企业的盈亏临界点产生影响。在多品种盈亏临界点的计算过程中,产品结构是影响综合边际贡献率的关键指标,具体表现为,在产品品种结构中提高边际贡献率高的产品的比重,或减少边际贡献率低的产品的比重,会增大综合边际贡献率,相应会降低盈亏平衡点,使企业的利润水平提高,经营状况向好的方向发展;反之,则情况正好相反。

因此,正确确定经济合理的产品品种结构,是提高企业盈利能力的一项重要措施。综上所述,要增加利润,在产销单一产品的情况下,应从提高销售量和销售单价、降低单位变

动成本和固定成本总额等方面入手;而在产销多种产品的情况下,还可以通过调整产品结构、增加边际贡献率高的产品的销售比重来实现。

第五节　本量利分析的扩展

前面我们所进行的本量利分析是建立在一定的基本假设基础之上的,即第一节所提到的成本性态分类假设、线性相关假设、产销平衡假设和产品品种结构不变假设。而在实际生产经营活动中,不可能永远满足这些假设条件,不变是相对而言的,即相关范围发生变化时,线性关系必须重新构建,单位变动成本、固定成本、品种结构等都会变化,产销也会出现不平衡等。本量利分析的扩展就是要讨论当基本假设发生变化时,会对本量利分析产生什么影响,是否可以根据具体情况总结出新的规律以指导企业的管理活动。

一、不完全线性条件下的盈亏临界点分析

前面本量利分析基本假设中的线性相关假设,假定了本量利分析中存在若干完全的线性关系,即在相关范围内,收入、成本与业务量的关系都可以在直角坐标系中以直线的形式表示出来,并且单价、单位变动成本、固定成本都保持不变,所确定的盈亏临界点也是唯一的。但在实际经济活动中,这种完全的线性关系是很少见的,沿用以前的分析方法,我们可以将成本、收入与业务量的线性关系表示为分段函数,以折线形式在直角坐标体系中列示,即在每个相关范围内,成本、收入都是业务量的线性函数,可以称之为"不完全线性关系"。此时,总收入函数线和总成本函数线可能有多个交点,即多个盈亏临界点。

假设某企业生产单一产品,产销平衡,单价不变,其总成本随着生产能力利用程度的变动呈现非正比例的变动,此时的盈亏临界点如图4-3所示。

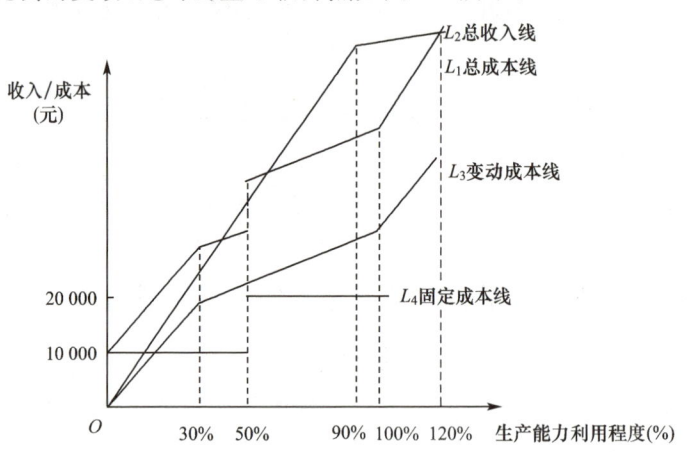

图4-3　盈亏临界点分析图

从图4-3中可以看出:

L_1总成本线,是由L_4固定成本线和L_3变动成本线共同组成的,所以也是一条折线。与L_4固定成本线相对应,总成本线也在生产能力利用程度达到50%时,发生一次跳跃性的中断。

L_2 总收入线,是一条经过原点到生产能力利用程度达到 90% 时斜率变化而形成的折线。因为产销量达到这一界限以后,为了扩大销路,需要对客户给予较多的数量折扣,使单位平均价格有所下降,销售收入直线的斜率也会减小。

L_3 变动成本线,是一条有两个转折点的折线,第一个转折点发生在生产能力利用程度为 30% 时,因为在此之前,由于产量较低,材料、人工等的发生不能达到最有效的状态,故单位变动成本较高,变动成本线的斜率较大。在第一个转折点之后,即产量逐渐增加以后,产量的增加使材料、人工等的消耗达到一种有效的状态,规模效应产生,单位变动成本有所下降,变动成本线的斜率也会减小。当生产能力利用程度达到 100% 时,又发生了一次转折,这是因为产量超出现有生产能力之后,现有设施的超负荷运转,会出现很多不经济因素,致使单位变动成本又有所增加,变动成本线的斜率也增大。

L_4 固定成本线,可以分为两个区域,即生产能力利用程度在 50% 以下时,固定成本为 10 000 元,当生产能力利用程度在 50% 以上时,由于追加了固定支出,固定成本跳跃上升为 20 000 元。固定成本线在直角坐标系上表现为有一定跳跃的平行于横轴的直线。

总成本线 L_1 和总收入线 L_2 的三个交点就是盈亏临界点。第一个盈亏临界点发生在 30% 至 50% 之间,第二个盈亏临界点发生在 50% 至 90% 之间,第三个盈亏临界点发生在 100% 至 120% 之间。

第一个盈亏临界点的出现,说明总收入已可抵偿总成本,开始有利可图,进入了盈利区;这种状态一直持续到生产能力利用程度为 50% 时所对应的点,此时固定成本突然上升,使生产经营由盈转亏,进入亏损区;到达第二个盈亏临界点时,企业经营再一次由亏转盈,这种状态一直持续到第三个盈亏临界点为止;在第三个盈亏临界点之后,由于单价降低和单位变动成本提高,生产经营又出现了亏损。很显然,具体了解在不同的生产水平下企业的盈亏状态如何交替,对于正确地进行经营决策和有效地改善生产管理,都有重要的指导意义。

二、非线性条件下的盈亏临界点分析

线性方程只是描述成本、收入与业务量之间依存关系的一种简化方式,在现实的经济生活中,用非线性方程来描述本量利之间的关系,更符合客观实际情况。

1. 非线性函数的确定

以非线性函数来表达总成本、总收入与业务量之间的依存关系需借助于曲线方程 $y = a + bx + cx^2$。

以 x 表示业务量,则总成本曲线可以表示为
$$TC = a + bx + cx^2$$

总收入曲线可表示为
$$TR = ex - gx^2$$

其中,a,b,c,e,g 均为大于零的常数。

设 P 表示利润,其计算公式为:
$$P = TR - TC = ex - gx^2 - (a + bx + cx^2) = -a + (e-b)x - (g+c)x^2$$

函数关系如图 4-4 所示。

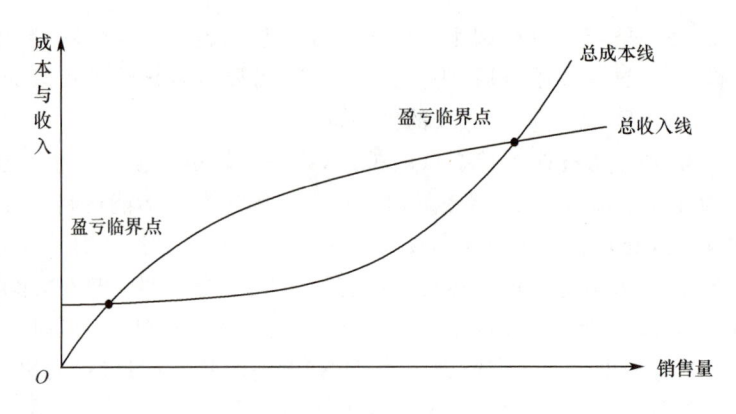

图 4-4 非线性盈亏临界图

2. 非线性条件下的本量利分析

利用上述函数进行本量利分析时,根据盈亏临界点的含义,需找到利润为零的点,即保本点。

【例 4-27】 某企业总收入函数为 $TR=5x-0.02x^2$,总成本函数为 $TC=8+0.2x+0.01x^2$。计算单位为万元或万件。

要求:

(1)计算盈亏临界点。

(2)计算利润最大时的销售量。

(3)计算利润的最大值。

解 (1)计算盈亏临界点

$$P=TR-TC=(5x-0.02x^2)-(8+0.2x+0.01x^2)=-8+4.8x-0.03x^2$$

令利润 $P=0$,则

$$-8+4.8x-0.03x^2=0$$

解方程得

$$x_1=1.68(万件) \quad x_2=158.32(万件)$$

由此可以得到两个盈亏临界点销售量,分别为 1.68 万件和 158 万件。

(2)计算利润最大时的销售量

为使利润 P 达到最大,须使其导数为 0,对利润函数求导得到

$$\frac{dP}{dx}=4.8-0.06x$$

又有

$$\frac{d^2P}{dx^2}=-0.06<0$$

则令导数为 0,得 $x=80$(万件)。

所以当产销量达到 80 万件时,可使企业的利润达到最大值。

(3)计算利润的最大值。

将可以使利润达到最大的 80 万件销售量代入方程

$$P=-8+4.8x-0.03x^2$$

得

$$P = 184(万元)$$

所以,企业在现有条件下,可以实现的最大利润是184万元。

三、不确定条件下的盈亏临界点分析

以前所讨论的本量利分析中,影响利润的有关因素如销售收入、变动成本、固定成本等都是确定的数值或函数关系,具有一定的确定性。但在实际经济活动中,由于这些因素会同时受到多种对利润有影响的因素制约,所以对于它们的变动趋势,具有很大的不确定性,事先难以准确地掌握,所以只能做概略的估计,估计成本、价格等可能出现的几种状况及其可能出现的概率。在这种情况下,利润将相应地增加或降低多少,就有多种可能,而不能通过一次简单的计算得到一个唯一定值。因此,应采用"概率分析法"来进行不确定情况下的本量利分析。

【例 4-28】 假设某企业对影响利润的各有关因素如单价、单位变动成本和固定成本都进行了具体的分析,并确定了各因素的预期值及其相应的概率,见表4-5。

要求:进行不确定条件下的盈亏临界点分析。

表 4-5　　　　影响利润各因素的预期值及其相应概率、联合概率

单价 (元/件)	单位变动成本 (元/件)	固定成本 (元)	组合	盈亏临界点 销售量(件)	联合概率	各种情况下的盈亏 临界点销售量(件)
(1)	(2)	(3)	(4)	(5)	(6)	(7)=(5)×(6)
9/0.8	7/0.6	30 000/0.8	1	15 000	0.384	5 760
		40 000/0.2	2	20 000	0.096	1 920
	6/0.3	30 000/0.8	3	10 000	0.192	1 920
		40 000/0.2	4	13 333	0.048	640
	5/0.1	30 000/0.8	5	7 500	0.064	480
		40 000/0.2	6	10 000	0.016	160
8/0.2	7/0.6	30 000/0.8	7	30 000	0.096	2 880
		40 000/0.2	8	40 000	0.024	960
	6/0.3	30 000/0.8	9	15 000	0.048	720
		40 000/0.2	10	20 000	0.012	240
	5/0.1	30 000/0.8	11	10 000	0.016	160
		40 000/0.2	12	13 333	0.004	53
预期盈亏临界点销售量(件)						15 893

从表4-5可知,第1种组合下,当单价为9元/件、单位变动成本为7元/件、固定成本为30 000元时,

盈亏临界点销售量 = 30 000 ÷ (9-7) = 15 000(件)

联合概率 = 0.8 × 0.6 × 0.8 = 0.384

预期盈亏临界点销售量 = 15 000 × 0.384 = 5 760(件)

依此类推,可以得出其他各个组合对应的盈亏临界点销售量、联合概率及各种情况下

的预期盈亏临界点销售量,将上述结果综合汇总,即可得到预期盈亏临界点销售量为 15 893 件。由于整个计算过程综合考虑了各种不同的预计情况,虽然工作量较大,但在不确定的条件下,仍可以得到相对准确的结果。

本章小结

本量利分析研究价格、销售量和成本的各种变化对利润的影响,为企业的经营管理提供了非常有用的信息,是企业经营预测、决策的主要方法之一。

本量利分析的主要内容是确定盈亏平衡点。盈亏平衡点确定以后,通过保利分析,可以预测产品的获利空间有多大;通过经营安全程度分析,可以预测企业的经营风险有多大,为管理者的经营决策提供信息。

以单一品种的盈亏平衡点计算原理为依据,可确定多品种产品的盈亏平衡点,具体方法有:综合边际贡献率法、联合单位法、分品种计算法和主要品种计算法。在实际运用时,应根据具体情况,选择适合本企业特点的方法进行多品种本量利分析。

本量利分析是在一定的假设条件下进行的,它只能在这些约束条件下揭示成本、业务量和利润之间依存关系的内在规律,现实中的企业不一定完全符合这些假设,需结合具体的实际情况进行分析。

自测题

一、复习思考题

1. 什么是本量利分析,其基本公式是什么?
2. 边际贡献的含义及意义是什么?
3. 安全边际的含义是什么?
4. 如何计算盈亏临界点?
5. 影响盈亏临界点的因素有哪些?
6. 本量利分析的基本假设有哪些?
7. 如何进行多品种的本量利分析?
8. 试运用敏感性分析原理确定某些因素的变动对盈亏平衡点的影响。

二、单选题

1. 生产多品种产品企业测算综合保本销售额等于固定成本总额除以( )。
   A. 单位边际贡献　　　　　　　B. 边际贡献率
   C. 变动成本　　　　　　　　　D. 综合边际贡献率

2. 某产品边际贡献率为 40%,单位变动成本为 36 元/件,则该产品单价为( )元/件。
   A. 50.40　　　B. 90　　　C. 60　　　D. 72

3. 当单价单独变动时,则( )。
   A. 会使保本点同方向变动　　　B. 会使安全边际同方向变动
   C. 会使利润反方向变动　　　　D. 会使保利点反方向变动

4. 下列各式中，计算结果不会等于固定成本的有（　　）。
   A. 边际贡献－利润   B. 销售额×边际贡献率－利润
   C. 单位变动成本×销售量－利润   D. 销售额－变动成本－利润

5. 营业利润＝单位边际贡献×（　　）。
   A. 综合边际贡献率   B. 实际销售量－保本销售量
   C. 单价   D. 变动成本

6. 某产品销售收入10 000元，保本额5 000元，变动成本率为50%，则营业利润为（　　）元。
   A. 2 400   B. 2 600   C. 2 550   D. 2 500

7. 某产品边际贡献率为20%，则变动成本率等于（　　）。
   A. 38%   B. 500%   C. 80%   D. 40%

8. 某产品销售收入为20 000元，实际销售量500件，固定成本为1 000元，单位变动成本9元，则该产品的利润为（　　）元。
   A. 14 500   B. 15 500   C. 10 600   D. 16 000

9. 当单位变动成本单独变动时，则（　　）。
   A. 会使保本点反方向变动   B. 会使安全边际反方向变动
   C. 会使利润同方向变动   D. 会使保利点反方向变动

10. 某企业只生产一种产品，单价10元，单位变动成本4元，单位销售成本1元，销售量200件，则其产品边际贡献为（　　）元。
    A. 1 050   B. 1 200   C. 1 000   D. 900

三、多选题

1. 下列对于当单价单独变动的说法错误的是（　　）。
   A. 会使保本点同方向变动   B. 会使安全边际同方向变动
   C. 会使利润反方向变动   D. 会使保利点同方向变动

2. 下列各式中，计算结果等于固定成本的有（　　）。
   A. 边际贡献－变动成本
   B. 销售额×边际贡献率－利润
   C. 单位变动成本×销售量－利润
   D. 销售额×(1－变动成本率)－利润

3. 当单位变动成本单独变动时，下列说法错误的是（　　）。
   A. 会使保本点同方向变动   B. 会使安全边际反方向变动
   C. 会使利润同方向变动   D. 会使保利点反方向变动

4. 单价单独变动时，下列说法错误的是（　　）。
   A. 安全边际不一定变动   B. 利润不一定变动
   C. 利润同方向变动   D. 利润反方向变动

5. 下列选项中，销售量可称为保本销售量的有（　　）。
   A. 边际贡献大于固定成本   B. 边际贡献等于固定成本
   C. 边际贡献等于完全成本   D. 利润等于零

四、判断题

1. 本量利分析假设中,要求成本线与收入线必须是曲线。（ ）
2. 企业各种产品所提供的单位边际贡献就是企业的营业利润。（ ）
3. 安全边际率与保本作业率都是评价企业经营安全程度的指标,安全边际率越大,则企业经营安全程度越好。（ ）
4. 企业利润等于零时,单位边际贡献一定等于固定成本。（ ）
5. 我国管理会计中本量利分析的目标利润通常是指净利润。（ ）
6. 固定成本变动时,只会影响保利点,却不改变保本点。（ ）
7. 安全边际率在40%以上表示企业经营很安全。（ ）
8. 边际贡献率是变动成本率的倒数。（ ）
9. 本量利分析是在变动成本计算法的基础上发展起来的,所研究的内容是产品的成本、销售量（产量）和利润之间的相互关系,其原理和方法在预测、决策、计划、核算、控制和分析等领域具有广泛的应用。（ ）
10. 单一品种条件下的盈亏分界点的确定方法只有一种公式法。（ ）

五、计算分析题

1. A、B、C、D 四家企业在过去一年中的生产和销售情况见表4-6,假设每家企业产销平衡,同时都只产销一种产品。

表4-6　　　　　　A、B、C、D四家企业的生产和销售情况

产品	销售量(件)	销售收入总额(元)	变动成本总额(元)	单位边际贡献(元/件)	固定成本总额(元)	利润(元)
A	?	25 000	?	2	5 000	5 000
B	4 000	?	20 000	1.5	?	4 500
C	1 500	22 500	?	?	9 000	−1 500
D	4 500	40 500	22 500	?	10 000	?

要求:通过具体计算,将有关数据填入打问号的栏内,并列示计算过程。

2. 某企业只生产销售一种产品,单位产品售价5元/件,单位产品变动成本3元/件,全月固定成本32 000元,全月预计销售量20 000件。

要求:

(1)计算盈亏临界点销售量、安全边际和预计利润。

(2)该企业通过市场调查,认为单位产品的售价如果提高到5.5元/件,全月预计可销售18 000件。

请重新计算以下各项:

①计算新情况下的盈亏临界点销售量、安全边际和预计利润;

②计算要销售多少件,才能使利润比提价后预计的利润再增加10%。

(3)该企业通过调查研究,认为由于出现了一些新情况,单位产品的售价将降低到

4.6 元/件,同时每月还需增加广告费 4 000 元。请重新计算新情况下的下列指标:

①计算盈亏临界点销售量;

②计算要销售多少件,才能使利润比售价变动前的利润增加 10%。

3.某厂生产销售 A、B 两种产品,产品的单价分别为:A 产品 5 元/件,B 产品 2.5 元/件。边际贡献率分别为:A 产品 40%,B 产品 30%。全月固定成本为 72 000 元。

要求:

(1)设本月各产品的预计销售量分别为:A 产品 30 000 件,B 产品 40 000 件。请计算以下各项指标:

①该厂的盈亏临界点销售收入;

②A、B 两种产品的盈亏临界点销售量;

③用金额表示的安全边际及安全边际率并做出评价;

④本月预计利润。

(2)设每月增加广告费 9 700 元,可使 A 产品的月销售量增加到 40 000 件,而 B 产品的月销售量将减少到 32 000 件,请具体说明这一措施是否合算。

(3)根据上述要求(2)的有关数据,重新计算用金额表示的盈亏临界点。

4.某企业采用加权平均法进行本量利分析。本月计划生产甲、乙、丙三种产品,全厂固定成本为 3 360 元,目标利润为 7 140 元,其他计划资料见表 4-7。

表 4-7　　　　　　　　　某企业的其他计划资料

	单价(元/件)	单位变动成本(元/件)	边际贡献率	销售比重
甲	10	5	(A)	50%
乙	(B)	12	25%	(C)
丙	15	(D)	40%	30%

要求:

(1)计算表中(A)、(B)、(C)、(D)项目的数据。

(2)计算下列指标:

①综合边际贡献率;

②综合保本额;

③综合保利额;

④甲产品保本额;

⑤乙产品保利额;

⑥丙产品保本量。

5.某公司生产口袋型电子游戏。2020 年,该公司以每张 25 元的价格卖了 25 000 张,总计成本为 525 000 元,其中 150 000 元被认为是固定成本。在改进产品的尝试中,公司考虑 2021 年用一个新的更好的单位成本为 4.5 元/件的构件来替代先前的单位成本为 2.5 元/件的构件。同时,还需要一台新机器以提高生产能力,新机器成本为 18 000 元,使用年限为 6 年,没有残值。公司对于所有生产性资产采用直线法计提折旧(忽略所得税)。

要求:

(1)计算该公司 2020 年的盈亏临界点销售量。

(2)2020年为获得140 000元的利润,该公司必须售出多少单位的产品?

(3)如果该公司维持销售价格不变,并且采纳了所考虑的变化,公司2021年必须售出多少单位的产品才能获得与2020年一样的净利润?

(4)如果该公司希望维持同样的边际贡献率,明年每单位产品的销售价格定为多少才能抵减直接材料成本的增加?

六、案例分析题

1.某石灰石公司生产用于装饰建筑物门面的石灰石纸,表4-8是该公司2020年的利润表。在这一年中,该公司销售了1 800吨石灰石。该公司设备的生产能力为每年3 000吨(忽略所得税)。

表4-8　　　　　利润表　　　　　单位:元

销售收入	900 000
变动成本	
制造成本	315 000
销售成本	180 000
总计变动成本	495 000
边际贡献	405 000
固定成本	
制造成本	100 000
销售成本	107 500
管理成本	40 000
总计固定成本	247 500
净利润	157 500

要求:

(1)计算该公司2020年的盈亏临界点销售量。

(2)如果2021年的销售量预计为2 100吨,且价格和成本维持在同样的水平和数量上,那么,管理当局预计2021年的净利润是多少?

(3)该公司数年来一直致力于在欧洲市场获得立足之地。公司有一个潜在的德国客户,愿意以每吨450元的价格购买1 500吨石灰石。假定,公司的所有成本维持在与2020年同样的水平和比率上,公司如果接受了这批订单,并为了不超出生产能力而放弃了正常客户的一些业务,公司将获得多少净利润?

(4)公司计划在一个新区域开拓其产品市场。管理层估计,在接下来的两年或三年时间内,每年需要在广告和促销计划上花费61 500元。另外,以目前的佣金水平,每销售1吨石灰石需支付给新区域中的销售人员25元的佣金。为维持公司目前的净利润水平,必须在新区域中售出多少吨石灰石?

(5)管理当局正考虑用自动化的生产系统代替其目前的劳动密集型生产过程。这将造成年固定制造成本增加58 500元,而每吨石灰石的变动制造成本将降低25%。试计算盈亏临界点的销售量和销售额。

(6)忽略要求(5)中的情况。假定,管理当局估计2021年每吨石灰石的销售价格将下降10%,变动成本每吨将增加40%,而固定成本没有变化。2021年若要取得94 500元的净利润,销售额需达到多少?

2. ABC制造公司为农机设备生产功率输出元件,公司总部设在甲市。该公司有两个工厂,一个工厂位于甲市,最近刚刚整修;另一个工厂位于乙市,自动化程度较低。两个工厂都为拖拉机生产相同的功率输出元件,绝大多数都出售给国内外的拖拉机制造商。公司预计2021年生产和销售192 000个功率输出元件。公司生产经理收集了与两个工厂有关的单位成本、单价和生产能力数据,见表4-9。

表4-9　　ABC制造公司的有关数据

	甲市工厂	乙市工厂
单价(元)	150.00	150.00
变动生产成本(元)	72.00	88.00
固定生产成本(元)	30.00	15.00
佣金(5%)(元)	7.50	7.50
管理费用(元)	25.50	21.00
总单位成本(元)	135.00	131.50
单位利润(元)	15.00	18.50
每天生产量(个)	400	320

全部固定成本以每年正常工作日240天为基础进行分配,当工作日超过240天时,甲市工厂的单位变动生产成本增加3元,乙市工厂的单位变动生产成本增加8元。每个工厂的最大生产能力都是300个工作日。

ABC制造公司要求各工厂支付单位产品管理费用以弥补对各工厂提供的管理服务,如发放工资、会计核算、采购等。因为该公司认为这些服务成本是各个工厂的工作量的一个函数,所以各个工厂支付的每单位6.5元的费用为管理费用中的变动部分。

公司的生产经理为了使设在乙市的工厂获得最大的单位利润,决定每个工厂都生产96 000个功率输出元件,该生产计划使设在乙市的工厂达到其最大的生产能力,而设在甲市的工厂则处于正常生产能力范围内。公司的总会计师不满意该生产计划,他想知道使甲市的自动化工厂生产相对较多的元件是否更为可取。

要求:

(1)确定各个工厂盈亏临界点的销售量。

(2)计算公司生产经理让每个工厂生产96 000个元件的营业利润。

(3)如果公司要生产192 000个元件,其中的120 000个在甲市工厂生产,其余在乙市工厂生产,计算营业利润。

(4)试对公司生产经理的生产计划做出评价。

3. 华农公司专门生产毛衣编织机,原设计生产能力为每年1 000台,但由于市场竞争激烈,过去两年,每年只生产和销售500台。市场销售价格每台为2 500元,而该公司的单位产品成本为2 600元,其详细资料如下:

单位变动生产成本	1 000元
固定性制造费用	800 000元
固定性销售及管理费用	250 000元

该公司总经理特为此召集各部门经理开会商讨对策。首先,总经理说明该公司已经

连续两年亏损,上一年亏损 300 000 元,若今年不能扭亏为盈,银行将不再贷款,公司势必要停产,形势非常严峻,请各位献计献策。

销售部门经理说:问题的关键在于每台产品的制造成本太高,为 2 600 元,但由于竞争的关系,我们不能提高售价,只能按 2 500 元价格每年销售 500 台。另外,公司没有资金做广告来促销,出路只有请生产部门的工程技术人员想方设法改进工艺,减少消耗,降低制造成本。

生产部门经理说:问题的关键在于设计生产能力只利用了一半,如能充分利用生产能力,就可把单位固定成本降低,单位产品成本自然会下降。对策是要请推销人员千方百计地去搞促销活动,如能每年售出 1 000 台,就一定能扭亏为盈。

总会计师说:生产部门经理的意见对我很有启发,根据目前统一会计制度的规定,我们编制利润表是采用完全成本法,这就为我们提供了一个扭亏为盈的"捷径"。那就是,充分利用我们的生产能力,一年生产 1 000 台,尽管市场上只能销售一半,但可将固定成本的半数转入存货成本。这样,我们即使不增加销售数量,也能使利润表上扭亏为盈,因而向银行申请贷款就没有问题了。

总经理最后说:总会计师的建议很好,我们就这样干。

要求:

(1)根据上述资料,按变动成本法编制该公司上一年的利润表,说明该公司上一年为什么亏损 300 000 元?

(2)根据总会计师的建议,按完全成本法计算该公司的税前净利润,并对该建议做出评价。

(3)生产部门经理和销售部门经理的意见是否正确?请做出评价。

4.佳信公司刚完成第四季度的营业,公司的最大年生产能力现在是 60 000 个单位。在这一水平上,其材料和人工的直接成本总共是 240 000 元,固定间接费用中用于生产的是 60 000 元,用于一般行政管理的是 50 000 元,用于推销的是 40 000 元(假设全部为固定费用)。成品的销售单价是 10 元。遗憾的是在刚刚过去的这个年度里,该公司只生产和销售其总生产能力的 50% 的产品。市场情况现在正在好转,在下一个年度里,公司希望将产量和销售量提高到总生产能力的 75%。

请完成下列分析:

(1)佳信公司的保本量。

(2)佳信公司在完成 50% 的生产能力时的安全边际。

(3)如果佳信公司从只完成 50% 的生产能力提高到 75% 时,利润的增加额是多少?

(4)佳信公司如果完成 75% 的生产能力,则新的安全边际如何?

第五章 预测分析

学习目标

通过本章的教学,学生应了解预测分析的概念、种类和程序;熟悉预测分析的内容;掌握销售预测、成本预测、利润预测和资金预测分析的方法。

案例导入

在流行滑雪服经营中,需求高度依赖于种种难以预测的因素,如气候、趋势、经济发展等,而且零售高峰期只有两个月。但是,美国的奥伯梅尔公司却通过改进预测和计划的方法,几乎完全消除了滑雪服生产与顾客需求不平衡所造成的损失。

奥伯梅尔公司曾是美国滑雪服市场上的主要供应商。它在儿童滑雪服市场上占有支配性的45%的份额,在成人滑雪服市场上占有11%的份额。公司生产约有一半是根据需求预测安排的。奥伯梅尔公司依靠一个由其各个职能部门经理组成的专家小组,对公司每一种产品的需求进行一致性预测。但是,这项活动并不是特别有效。例如,在1991—1992年度的销售期,有几款女式风雪大衣比原先的预测多销了200%,同时,其他款式的销售量比预计销售量低了15%。那么,能够改进预测方法吗?能够进一步缩短交货时间吗?能够更好地利用"早期订货程序"所获得的信息吗?能够劝说更多的零售商提早订货吗?

奥伯梅尔公司组成专人来考察这些问题,由此提出了"正确响应"(Accurate Response)的方法。他们认识到,问题在于公司不能预测人们将买什么。生产风雪大衣的决策,实质上是就"风雪大衣会有销路"这一判断在"打赌"。为了规避这种风险,必须寻求一种方法,来确定在"早期订货程序"之前生产哪些产品是最安全的,哪些产品应该延期到从"早期订货程序"收集到可利用的信息后再生产。同时,他们发现,专家小组的初步预测尽管有些是不符合实际的,但约有一半是相当准确的,与实际销售量的误差不到10%。为了在获得实际订货之前确定哪些预测可能是准确的,他们考察了专家小组的工作方式。专家小组传统上是对每一种款式和颜色都通过广泛的讨论达成一致性预测。于是,公司决定请专家小组的每一位成员对每一种款式和颜色做出独立预测。这种改革非常有价值。首先,一致性预测往往并非真正意义上的一致。小组中的主要成员,如资深经理,常常过度地影响集体预测的结果,如果每个人都必须提出自己的预测,就可消除这种过度的影响。其次,更重要的是,新方法有利于对预测结果进行统计处理,以得出更精确的预测结果。通过独立预测过程确实获得了重要发现:利用个人预测之间的差异,可以有效地估计预测精度。对于如何处理需求不可预测的品种,公司也获得了重要发现,即尽管零售商需求是不可预测的,因而精确预测是不可能的,但是,奥伯梅尔公司零售商的总体购买模式却惊人地相似。随着订货的增加,预测精度会不断改善。接着,他们开始着手设计一种能够识别和利用上述信息的生产计划方法。设计这种方法的关键是要认识到,在销售初期,当公司还未接到订货时,所预订的加工能力是"非反应性"的,即生产决策完全是根据预测而不是根据实际市场需求做出的。以"早期订货程序"为起点,随着订货信息的渗入,所确定的加工能力变得具有"反应性"了。这时,公司可以根据市场信息提高预测精度,从而做出生产决策。公司采用了"风险型生产顺序"的策略,充分利用非反应性生产能力来生产最有可能精确预测需求的产品,这样,就可以把反应性生产能力用于生产尽可能多的不可预测产品。这使公司能够尽可能对最有利可图的市场领域做出响应。公司开发了一种在计算机上实现的数学模型,来生成最优生产计划。该模型能够确定应该在非反应期生产的产品及其最优产量。然后,在根据早期需求信息修正了初步预测值之后,它能合理地确定反应性生产计划。公司实施了模型的建议方案,并将其与以往的实际加以比较,发现执行模型建议方案的成本降低额约为销售额的2%。由于该行业平均销售利润率为3%,所以这种改进使利润增加了三分之二。

该公司利用实际的早期需求信息,提高了反应性生产能力的可利用量,并把1992—1993年度销售期的数据代入模型,估计了缺货损失和降价损失的降低额。以风雪大衣为例,如果所有生产决策都在没有任何订货信息之前就做出,则缺货和降价损失将占销售额的10.2%。相反,如果所有生产决策都在有了某些订货信息之后再做出,则上述损失将下降到1.8%。把所有的产品都推迟到获得早期需求信息之后再生产是不可能的。由此得到的重要推论是:即使少量的反应性生产能力,也会对成本产生显著的影响。在奥伯梅尔公司的案例中,利用反应性能力生产的产量仅占销售期总销售量的30%,但所减少的成本几乎占了有可能降低的成本总额的一半。在模型的指导下,该公司还不断地对它的供应链和产品设计做了大量的精心改进,这些改进聚合在一起产生了显著的影响。

人无远虑,必有近忧。人如果没有长远的规划与考虑,眼前必然会有忧愁与盲目,以及茫然。换句话说,人一旦有了清晰的计划与规划,就不会被眼前的问题与困难所扰,会内心坚定,知道自己该干什么、不该干什么。有远虑,继而有目标,继而有计划,继而内心安定。现在越来越多的大学生感到迷茫,从填志愿选择专业到临近毕业找工作或者继续求学深造,不清楚自己的目标是什么,毫无规划,随波逐流。《人民日报》对全国各地700余名大学生制定职业规划情况的调查显示:仅有22.92%的大学生有明确的职业蓝图,其余学生的规划都比较模糊,甚至有5.59%的学生完全没有规划。超过87%的被调查者认同一份清晰的职业规划有利于大学生制定目标,有助于求职者为找工作提前做好准备。那么从现在起,静下心来确认自己的目标,花点时间做好未来的规划,然后放手去努力,你的大学生活就会充实起来。

第一节 预测分析概述

一、预测分析的概念

预测分析是20世纪40年代形成并发展起来的,之后在经济、科学技术、社会、军事领域得到广泛应用。预测分析是指运用科学的方法预计、推断事物发展的必然性或可能性的行为,即根据过去和现在预计未来,由已知推断未知的过程。就其内容而言,分为经济预测、科技预测、社会预测和军事预测;就其应用方法而言,分为定性预测和定量预测;就其预测期限而言,分为长期预测、中期预测和短期预测。西方工业发达国家普遍将科学预测视为决定企业命运的必要条件,并成立专门的预测机构,为政府决策提供依据。随着我国对外开放方针的贯彻执行,科学预测的重要性不断为社会所认识,科学预测正逐步成为现代企业掌握客观生产规律、制定和完善生产计划的重要手段。

预测分析是指运用专门的方法,根据企业现有的经济条件和已掌握的历史资料以及客观事物的内在联系,对生产经营活动的未来发展趋势和状况进行的预计和测算。其作用主要体现在以下两个方面:

(1)预测分析是经营决策的基础和前提。企业经营成败的关键是决策,决策是通过比较若干备选方案的优劣进而择优的过程,而备选方案优劣的评估分析主要依赖于预测分析所提供的信息。也就是说,决策的基础是科学预测,预测分析直接为决策服务,是决策的前提。

(2)预测分析是编制全面预算的基础。预测分析也要为计划服务,它所提供的目标利润、目标成本及目标销售量等诸多数据最终被直接纳入预算,成为编制全面预算的基础。事实上,全面预算能否在企业生产经营活动中发挥其在规划、控制和考核评价方面的重要作用,取决于预测分析结果的准确性和可靠程度。

总之,预测分析是企业管理的重要职能,它关系到企业未来发展的兴衰存亡,正如古语所说的那样:"凡事预则立,不预则废。"缺乏科学预测的管理是盲目的和不健全的。当然,面对瞬息万变的企业外部经济环境,预测分析并非轻而易举,其困难性和复杂性是可想而知的。这就要求我们在进行预测时,要力求预测方法的科学性和预测结论的准确性,尽可能避免经济工作的盲目性和被动性。

二、预测分析的要求

预测分析应遵循的基本原则:在企业经营活动过程中,假设过去和现在的某种发展规律将会延续下去,并假设决定过去和现在发展的条件,同样适用于未来。预测分析根据这个规律,就可以把未来视作历史的延伸进行推测。预测分析是建立在事物之间存在一种客观的规律性且能够被人们认识和利用的基础上的。

预测分析一般应遵循以下几项原则:

(1)预测分析的项目数量要大。项目数量越大,越有代表性,就越准确,误差也就越小。

(2)预测分析的时间要短。当今预测分析的时间越长,发生的变化就越大,有些因素就无法预测,其结果误差就会越大,所以预测分析的时间越短越准确。

(3)预测分析要考虑误差。预测毕竟是一种预计,所以进行预测分析时必须充分估计可能出现的误差,这样才能使预测的结果同实际事实相接近。

(4)预测分析的方法应先行测试。采用任何一种预测方法,必须先行加以验证测试,应选择简便易行、成本较低、预测结果较准确的方法。

三、预测分析的内容和步骤

1.确定预测目标

确定预测目标,就是明确预测的目的性,必须首先搞清对什么进行预测,即预测对象是什么,将达到什么预测目的。有了预测目标,才能围绕这个目标进行预测的准备工作。

2. 收集和整理资料

预测目标确定后,应着手收集相关的信息资料。就是对与预测范围有关的资料进行收集、整理、鉴别,去粗取精、去伪存真。尽量从中找出与预测目标有关的各因素之间的相互依存关系,并从中发现事物发展的规律,作为预测的依据。收集的资料越丰富、细致,预测结果就越接近实际。

3. 选择预测方法

由于预测对象和内容不同,采用的预测方法也不尽相同。所以应根据不同预测对象的特点及其占有资料的情况,选择相应的预测方法。预测的方法需经过认真的测试,方法不当,就会影响预测结果的准确性。

4. 进行预测分析

利用选定的预测方法对预测对象进行具体的分析判断,并根据预测分析的结果,做出比较客观的预测结论。

5. 检查验证

对预测的结果,还要在实际执行中进行检查验证。检查过去的预测结论是否符合当前实际,并对产生的差异分析其原因,以便在今后的预测中加以克服,从而使预测结果同实际结果的误差达到最小。这也有利于在以后的预测过程中及时修正预测模型,或选择更好的预测方法,以不断提高预测的准确性。

6. 修正预测误差

一些根据数学模型计算出来的预测结果可能没有将非计量因素考虑进去,这就需要对其进行修正和补充,以使其更接近实际。

7. 报告预测结论

最后要以一定形式通过一定程序将修正后的预测结果向企业的有关领导报告。

四、预测分析的基本方法

预测分析的方法种类繁多,各有所异,其基本方法可分为定量分析法和定性分析法。

1. 定量分析法

定量分析法亦称数量分析法,就是运用现代数学方法对历史数据进行科学的加工处理,并建立经济数学模型,充分揭示各有关变量间的规律性联系作为预测分析的依据。定量分析法按照其具体做法的不同又可分为因果预测分析法和趋势预测分析法两种。

(1) 因果预测分析法

因果预测分析法就是指从某项指标与其他有关指标之间的规律性联系中进行分析研究,从而估计未来的方法。本量利分析法和回归分析法即属于这一类型。

(2) 趋势预测分析法

趋势预测分析法亦称趋势外报分析法,就是指根据某项指标过去的观测值,按照时间顺序排列数据,运用一定的数学方法进行加工计算,借以预测未来发展趋势的方法。算术平均法、移动加权平均法和平滑系数法即属于这一类型。

2. 定性分析法

定性分析法亦称非数量分析法或判断分析法或集合意见法,是在企业缺乏完备准确的历史资料的情况下,首先由熟悉企业经济业务和市场行情的专家,根据过去所积累的经验进行分析判断,提出预测的初步意见。然后,再通过召开座谈会或发出征求意见函等各种形式,对其预测的初步意见进行修正、补充,并作为预测分析的最终依据。

(1)全面调查法

全面调查法是对涉及同一产品的所有对象逐一进行调查,借以估计和推断未来一定时期内的变动趋势。采用这种方法可以取得比较完整可靠的资料,但工作量较大,耗费资金较多,所需时间较长。它主要适用于调查对象不多的专用商品的销售预测。

(2)典型调查法

典型调查法是有意识地选择具有代表性的单位进行周密系统的调查,借以估计和推断未来一定时期内的变动趋势。其特点是以点代面,从个别中推出一般。因此,预测结论的准确与否,关键取决于所选择的典型销售单位是否具有充分的代表性。

(3)抽样调查法

抽样调查法是按照随机原则,从需要预测的总体中抽出一部分样本进行调查,依据样本特征来估计和推断未来一定时期内的变动趋势。它是市场调查的基本方法。这种方法具有省时、省力、省钱的优点,但精确度较差。为了保证调查结果的精确度,必须做到:抽选的样本要能够代表调查总体;样本的数目要恰当;组织工作要严密;等等。

(4)判断分析法

判断分析法是通过一些具有丰富经验的经营管理人员或知识渊博的外界经济学家对企业一定期间的生产经营做出判断和预计的一种方法。这种方法依据判断者的不同可分为主观分析法和专家判断法等。

①主观分析法。该方法是由企业的所有推销员(包括代理商、经销商和分支机构的推销人员)对其负责的销售地区或产品进行预测判断,然后再由销售部门经理加以综合分析和汇总以完成销售预测任务的一种方法。其优点是:基层销售人员最熟悉当地市场,能直接倾听顾客的意见,因而能够提供直接反映顾客要求的信息,预测速度快、费用低、实用性强。其缺点是:因推销员的素质参差不齐,他们对形势的估计可能过于乐观或悲观,从而干扰预测结论。为避免这种缺点,企业往往通过组织多人对同一产品或市场进行预测判断,再将这些数据进行平均处理的方式,来消除人为的偏差。

②专家判断法。此方法是由见多识广、知识丰富的经济专家根据他们多年的实践经验和判断能力对特定产品的未来销售水平做出个人判断和预测的一种方法。这里所讲的专家,包括经济学家、经济理论工作者、经济战线各行各业的专业人员、技术专家、市场学家、市场预测的专业人员等,但不包括推销员和顾客。通过专家进行预测,一般有以下三种形式:

第一种是专家个人意见集合法。这种方法首先向每位专家分别征求意见,要求他们对本企业产品销售的未来趋势和当前状况做出独立的个人判断,然后再对此加以综合,确定预测值。采用这种方法可以集中各方面专家从不同角度反映的意见,因此比推销员判断法更准确;不过,由于每个专家占有的资料有限,个人知识、经验、偏爱、成见等主观意向不同,因此也不可避免地带有片面性。

第二种是专家集体讨论法。该方法就是召开由各方面专家参加的专门会议进行预测,这是我国最常用的一种方法。在会议上,与会的专家能面对面地交换意见,互相启发,集思广益,取长补短,所以这种方法能够在预测过程中发挥集体智慧,较快、较全面地集中各方面的意见,及时得出预测结论。其缺点是,由于受专业权威或政治权威的影响,个别权威人士的意见常常会左右预测结论。

第三种是特尔斐法。该方法是20世纪40年代末由美国兰德公司首创和使用的，20世纪50年代以后在西方盛行起来。这种方法的做法是：企业通过函询方式向若干专家分别征求意见，各专家在互不交流的情况下，根据自己的观点和方法进行预测，然后采用不记名的方式，将各专家的判断汇集在一起，并反馈给各位专家，请他们参考别人意见修正本人原来的判断，如此反复数次，最终确定预测结果。该方法的优点是能够消除专家集体讨论法因面对面预测而出现的屈从权威的心理，以及专家碍于面子而不愿更改个人意见的缺陷。匿名答复，背靠背进行，所有专家都可在无精神压力、无心理障碍的环境中，充分发挥预测能力。其缺点是预测所需要的时间较长，成本较高。

定量分析法与定性分析法是相辅相成的，在实际工作中，应该根据具体情况，将二者结合起来运用。因为即使在具有完备的历史资料的企业中，尽管可以运用定量分析法进行预测，但因该方法没有考虑非数量因素，诸如国家方针政策、市场行情、原料供应等，这就必然会影响预测的准确性。反之，如果只有定性分析法，又难免掺杂主观随意性，则预测结果的准确性也会受到影响。

第二节　销售预测分析

企业利润的最终形成，依赖于产品销售。销售状况直接和间接影响企业其他部门的正常运营。企业产品销售的预测准确率低下会导致产品库存积压或者是销售断货，公司利润受损，客户可能流失。基于实现企业利润增加、维护稳定客户关系、营造良好企业发展氛围等目的，在企业预测系统中，销售预测处于先导地位，它对于指导利润预测、成本预测和资金预测，提高决策的科学性，合理安排经营计划，有效组织生产等都起着重要的作用。

一、销售预测概述

一般销售预测考虑六种因素：基本需求、季节因素、需求趋势、周期性因素、市场活动和不规律需求。基本需求是指不考虑另外五种因素所得的需求预测。季节因素是指有些商品的需求具有季节波动性。比如空调，往往在夏季比较畅销。因而进行预测时在基本需求的基础上进行一定幅度的增减。需求趋势往往要考虑产品的生命周期。比如产品处于成长期，那么其需求将增长快速；处于成熟期，其需求的增长比较缓慢且稳定。周期性因素是指产品需求有时会呈周期性增长。有时会一季度一周期，有时会一年一周期或者更长，在预测需求时可根据需求呈现的周期性特点，进行相应的调整。市场活动如促销、广告等对销售量的影响很大。因而在做销售预测时要考虑预测期间的市场活动情况，对预测的销售量按促销力度等加以调整。不规律需求是指需求的随机波动性，一般是由特殊情况和异常点造成的，这种因素很难预测，因而有时可以多保留一些库存以抵消预测的不精确。这样做比改进预测所付出的努力更为经济。

当然，并不是所有的预测都必须全面考虑这六种因素，而是按预测产品需求的特征加以考虑。另外，除了以上提到的六种因素外，还可以考虑其他的因素，如经济情况、产品线的变化、价格的变化等。

二、销售预测方法

目前常用的销售预测方法有许多种,一般有趋势预测分析法和回归预测分析法。企业的销售预测人员在选用预测方法时,应该根据企业的现状以及行业的特点,选出适合本企业的销售预测方法。一般来说,适合本企业的预测方法,就是最好的预测方法。

1. 趋势预测分析法

趋势预测分析法也称时间序列预测分析法。它是运用事物发展的连续性原理和数理统计的方法来预测事物发展趋势的一种方法。这种方法之所以能够用来进行预测分析,是基于这种假设:即事物的发展具有一定的连贯性,一定的事物过去随时间而发展变化的趋势,也是今后该事物随时间而发展变化的趋势。根据所采用的具体数学方法的不同,趋势预测分析法又可分为算术平均法、移动平均法、加权移动平均法和平滑系数法。

(1) 算术平均法

算术平均法又称为简单平均法,它是直接将过去若干时期的实际销售量(额)的算术平均值作为预测销售量(额)的一种方法。此方法适合于对销售量(额)基本稳定的产品进行分析,其计算公式为:

$$销售量(额)预测数 = 各期销售量(额)总和 / 期数$$

【例 5-1】 某企业经营一种产品,2020 年 1—6 月的销售量见表 5-1,要求:运用算术平均法预测 2020 年 7 月的销售量。

表 5-1 1—6 月产品销售量

月份	1	2	3	4	5	6
销售量(件)	1 400	1 450	1 500	1 550	1 650	1 600

解 根据表 5-1 资料预测,2020 年 7 月的销售量计算如下:

预测销售量 = (1 400+1 450+1 500+1 550+1 650+1 600)/6 = 1 525(件)

这种方法的优点是计算过程简便,但由于它是一视同仁地看待 n 期内的各期销售量(额)对未来预测销售量(额)的影响,没有考虑远、近期销售量(额)的变动对预测期销售量(额)的不同影响程度,从而使不同时期资料的差异简单平均化。故该方法只适用于各期销售量(额)比较稳定、没有季节性变动的食品、文具、日常用品等的预测。

(2) 移动平均法

移动平均法是指在掌握 n 期实际销售量(额)的基础上,按照事先确定的期数(记作 m,$m \leqslant n/2$) 逐期分段计算 m 期算术平均数,并以最后一个 m 期平均数作为未来第 $n+1$ 期的预测销售量(额)的一种方法。"移动"是指预测值随着时间的不断推移,计算的平均值也不断向后顺延。此方法假定预测值主要受最近 m 期销售量(额)的影响,其计算公式为:

$$销售量(额)预测数 = 最后 m 期算术平均销售量(额)$$
$$= 最后 m 期销售量(额)之和 / m$$

【例 5-2】 仍沿用【例 5-1】的资料。用移动平均法预测 2020 年 4—7 月的销售量(假定 $m=3$)。

解 4 月预测销售量＝(1 400＋1 450＋1 500)/3＝1 450(件)

5 月预测销售量＝(1 450＋1 500＋1 550)/3＝1 500(件)

6 月预测销售量＝(1 500＋1 550＋1 650)/3＝1 567(件)

7 月预测销售量＝(1 550＋1 650＋1 600)/3＝1 600(件)

移动平均法虽然能够克服算术平均法忽视远、近期销售量(额)对预测销售量(额)影响程度不同的缺点,有助于消除远期偶然因素的不规则影响,但仍存在只考虑 n 期数据中的最后 m 期资料,缺乏代表性的弱点。此方法适用于销售量略有波动的产品预测。

(3)加权移动平均法

加权移动平均法是指根据过去若干时期的销售量(额),按近大远小的原则确定各期权数,以其加权平均数作为预测期销售量(额)的方法。

其特点是按过去实际销售量(额)距预测期的远近,分别给予不同的权数进行加权平均。离预测期越近,对预测值的影响越大,其权数也应越大;反之,离预测期越远,对预测值的影响越小,其权数也就越小。计算公式为:

销售量(额)预测数＝$\sum$［某期预测销售量(额)×该期权数］/$\sum$各期权数

【例 5-3】 仍沿用【例 5-1】的资料。用加权移动平均法预测 2020 年 4—7 月的销售量。

解 4 月预测销售量＝(1 400×1＋1 450×2＋1 500×3)/(1＋2＋3)＝1 467(件)

5 月预测销售量＝(1 450×1＋1 500×2＋1 550×3)/(1＋2＋3)＝1 517(件)

6 月预测销售量＝(1 500×1＋1 550×2＋1 650×3)/(1＋2＋3)＝1 592(件)

7 月预测销售量＝(1 550×1＋1 650×2＋1 600×3)/(1＋2＋3)＝1 608(件)

(4)平滑系数法

平滑系数法是指在综合考虑有关前期预测销售量(额)和实际销售量(额)的基础上,利用事先确定的平滑系数预测未来销售量(额)的一种方法。其计算公式为:

销售量(额)预测数＝平滑系数×上期实际销售量(额)＋(1－平滑系数)×上期预测销售量(额)

即

$$F_t = aA_{t-1} + (1-a)F_{t-1}$$

式中 F_t——本期预测数;

A_{t-1}——上期实际数;

F_{t-1}——上期预测数;

a——平滑系数。

a 代表平滑系数,只是一个经验数据,它的取值范围为 $0<a<1$,一般取中间值,即在 0.3 至 0.7 之间。这样可以使得出的预测值较平稳,能反映企业有关数据稳定的变化趋势。平滑系数具有修正实际值所包含的偶然因素对预测值的影响的作用,平滑系数越大,则近期实际值对预测结果的影响就越大;平滑系数越小,则近期实际值对预测结果的影响就

越小。

因此,进行近期预测或销售水平波动较大的预测时,为了使计算结果能反映预测对象近期的变动趋势,应采用较大的平滑系数;进行长期预测或销售水平波动较小的预测时,为了使计算结果能反映预测对象变动的长期趋势,应采用较小的平滑系数。

【例 5-4】 假定某盐场 2020 年 7—12 月销售海盐资料见表 5-2:

表 5-2　　　　　　　　7—12 月产品销售量

月份	7	8	9	10	11	12
海盐(吨)	276	272	284	268	292	288

若盐场 2020 年 12 月海盐实际销售 288 吨,原来预测 12 月的销售量为 296 吨,平滑系数为 0.7,预测 2021 年 1 月的销售量。

2018 年 1 月的预测销售量＝0.7×288＋(1－0.7)×296＝290(吨)

从平滑系数法的预测公式和实例可以看出,该方法实质上也是一种加权平均法。它以平滑系数和(1－平滑系数)为权数,分别对前期实际销售量(额)和前期预测销售量(额)进行加权平均,以计算出的加权平均销售量(额)作为预测销售量(额)。该方法比较灵活,适用范围较广;但由于平滑系数依据经验判断确定,存在一定的主观随意性,不同的平滑系数会使预测值产生较大的差异。

2. 回归预测分析法

在销售预测分析中,除了运用趋势预测分析法外,还可以采用回归预测分析法进行预测。回归预测分析法是通过一段时期内销售量和时间的函数关系,来建立回归模型并据此进行预测的方法。其计算公式如下:

$$y=a+bx$$

式中:

$$a=(\sum x^2 \sum y - \sum x \sum xy)/[n\sum x^2 - (\sum x)^2]$$
$$b=(n\sum xy - \sum x \sum y)/[n\sum x^2 - (\sum x)^2]$$

式中:x 表示时间;y 表示预测值;n 表示年份。

因果分析法

一般的回归直线法原理在第二章已经介绍,这里就不再重复。但由于时间变量 x 具有单调递增和间隔均匀的特点,据此可将数值进行修正,使得 $\sum x=0$,简化回归系数的计算公式。

当实际观测值次数 n 为奇数时,将 0 置于所有观测值的中央,其余上下各期的 x 值均以 1 的级差增减,则各观测期的时间变量 x 值应分别为…,－3,－2,－1,0,1,2,3,…。

当实际观测值次数 n 为偶数时,将－1 和＋1 置于所有观测值当中的上下两期,其余上下各期 x 值均以 2 的级差增减,则各观测期的时间变量 x 值应分别为…,－5,－3,－1,1,3,5,…。

当 $\sum x=0$ 时,回归系数的计算公式可简化为:

$$a=\sum y/n$$
$$b=\sum xy/\sum x^2$$

【例 5-5】 假定某玻璃厂专门生产汽车玻璃,而决定汽车玻璃销售量的主要因素是汽车销售量。假如中国汽车工业联合会最近五年的汽车实际销售量(万辆)的统计资料及玻璃市场五年实际销售量(万块)资料见表 5-3。

表 5-3　　　　　　　　　　汽车及玻璃销售资料

年　度	2016	2017	2018	2019	2020
汽车销售量(万辆)	10	12	15	18	20
玻璃销售量(万块)	128	156	160	212	240

要求:假定 2021 年汽车销售量预测为 25 万辆,该玻璃厂的市场占有率为 35%,采用回归预测分析法预测该玻璃厂 2021 年的玻璃销售量。

解　(1)令 x 为汽车销售量,y 为玻璃销售量,建立回归方程

$$y = a + bx$$

(2)利用回归预测分析法确定参数,相关计算见表 5-4。

表 5-4　　　　　　回归预测分析法销售预测计算表

年度	汽车销售量 x	玻璃销售量 y	xy	x^2
2016	10	128	1 280	100
2017	12	156	1 872	144
2018	15	160	2 400	225
2019	18	212	3 816	324
2020	20	240	4 800	400
合计	$\sum x = 75$	$\sum y = 896$	$\sum xy = 14\ 168$	$\sum x^2 = 1\ 193$

$$a = \frac{\sum x^2 \sum y - \sum x \sum xy}{n \sum x^2 - (\sum x)^2} = \frac{1\ 193 \times 896 - 75 \times 14\ 168}{5 \times 1\ 193 - 75^2} = 18.61$$

$$b = \frac{n \sum xy - \sum x \sum y}{n \sum x^2 - (\sum x)^2} = \frac{5 \times 14\ 168 - 75 \times 896}{5 \times 1\ 193 - 75^2} = 10.71$$

则回归方程

$$y = 18.61 + 10.71x$$

(3)预测 2021 年玻璃市场销售量 = 18.61 + 10.71 × 25 = 286.36(万块)

(4)预测 2021 年该玻璃厂销售量 = 286.36 × 35% = 100.23(万块)

三、销售预测应注意的问题

(1)预测是根据历史资料和现在所能取得的信息来推测未来。这就要求我们必须从过去和现在的情况中找出规律,同时还要考虑未来市场上的供求情况,这样预测的未来数据就比较准确。因此,在销售预测分析中要仔细研究产品销售的历史资料和未来市场上的供需状况。

(2)坚持成本效益均衡原则,比较预测未来所花费的代价和通过预测所获得的经济效益。

(3)上述的这些方法各有利弊,选择一种方法进行预测的风险很大,企业的销售预测人员可以尝试选择几种方法分别进行销售预测,然后再比较几种方法的结论异同,选出比

较合理的预测结果。结合几种方法进行预测，比单独选择一种方法进行预测的准确性会更高。

（4）对预测人员的计算机技术、统计技术有较高的要求，企业的销售预测人员只有不断创新，寻找适合本企业的销售预测技术，才能做好销售预测。

第三节　成本预测分析

一、成本预测的概述

成本预测是指以现有条件为前提，在历史成本资料的基础上，根据未来可能发生的变化，利用科学的方法，对未来的成本水平及其发展趋势进行描述和判断的成本管理活动。企业产品成本的水平是衡量企业工作质量的一个重要标志，产品成本的不断降低，也就意味着生产耗费的物化劳动和活劳动的节约与经营效益的提高。因此，企业要不断降低成本就需加强成本管理，从而保证降低成本。为了提高企业的竞争能力和应变能力，企业必须努力降低成本，积极控制成本，因而需要在生产经营活动开始前和进行中，科学地预测成本水平，为企业制定正确的经营决策和加强成本控制提供可靠的依据。可见，成本预测是成本管理的重要一环。

1. 成本预测的含义及意义

成本预测主要实现不同成本对象的成本估算预测。成本预测的输入信息一般包括业务计划数据、成本评价结果、成本预测假设条件以及历史数据及行业对标数据等。企业应运用成本预测模型对下一个工作周期的成本需求进行预测，根据经验或行业可比数据对模型预测结果进行调整，并输出成本预测报告。

企业搞好成本预测，对于正确制订成本计划，改善企业经营管理水平，挖掘降低成本的潜力以及正确进行生产经营决策都有十分重要的意义。

（1）成本预测是正确制定成本计划的前提条件。为了正确制定成本计划，明确降低成本的方向和途径，论证和评价各种方案、措施可能产生的经济效果，必须进行成本分析，以提供编制成本计划的科学依据。

（2）成本预测是改善企业经营的重要工具。可以帮助企业面向未来，以便及早地把影响成本降低的不利因素消灭在萌芽状态，从而加强预防性管理。

（3）成本预测是正确进行经营决策的科学依据。企业成本会计由过去单纯的"算账型"向"决策型"转变是经济体制改革深化和企业转轨变型的要求，而正确的决策，又以科学的预测为依据。

（4）成本预测是调动广大职工积极性的重要手段。通过成本预测，可以明确奋斗目标，可以计算出因为前期计划的偏差给职工利益带来的影响，增强职工主人翁责任感，充分调动他们的积极性。

2. 成本预测的步骤

（1）提出目标成本的初步方案

目标成本是指企业对自身的一些具体情况进行分析，通过建立相关的数学模型所计算和确定的成本目标。企业的目标成本往往受到很多复杂因素的影响，企业在预测时，一般要经过反复的测算才能够确定。

(2)进行成本预测

根据企业的实际情况和历史资料,通过计算分析建立相关的数学模型,对企业当前情况下产品成本能够达到目标成本的可能性和现实性进行分析,并计算出企业能够达到的成本同目标成本之间的差距。

(3)拟订完成目标成本的各种可行性方案

对预测目标和目标成本之间的差距进行分析研究,通过各种可行的方法不断降低产品的成本,并在此基础上拟订出降低产品成本的多种备选方案,力求使预测成本与目标成本之间的差距缩短到最小。

(4)制定出切实可行的目标成本

对降低产品成本的多种备选方案进行研究和分析,从中选出最佳的方案,按此方案确定的成本作为正式的目标成本。

二、成本变动趋势预测

1.历史资料分析法

历史资料分析法是根据企业成本的历史资料,并采用一定的方法对这些数据进行相应处理,建立相关的数学模型 $y=a+bx$,利用销售量的预测值 x,预测出未来总成本和单位成本水平的预测方法。模型中的 a 表示固定成本总额,b 表示单位变动成本。

2.因素变动预测法

因素变动预测法是通过对影响成本的各项因素的具体分析,预测计划期成本水平的方法。

【例5-6】 假定某企业从会计资料中查得,甲产品2020年1—9月实际产量为1 000件,实际总成本为8 400元,预计10—12月产量为500件,总成本为2 800元,则甲产品2020年度预计平均单位产品成本为:(8 400+2 800)/(1 000+500)=7.467(元);甲产品2020年度预计平均单位产品成本和总成本的分项资料见表5-5。

表5-5 甲产品2020年度预计平均单位产品成本和总成本 单位:元

项 目	材 料	燃料及动力	工资及福利费	制造费用	合 计
单位产品成本	4.450	0.737	0.960	1.320	7.467
总成本	6 675	1 105	1 440	1 980	11 200

假定材料、燃料及动力、工资及福利费为变动费用,制造费用为固定费用,并假定2021年影响产品的主要因素及影响程度为:产量增加20%;材料成本降低2%,材料消耗量降低1%;燃料及动力消耗量降低3%;制造费用增加5%。

要求:用因素分析法预测2021年甲产品的总成本和单位成本。

解 预测期材料费用=6 675×(1+20%)=8 010(元)

由于材料成本降低2%,材料费用节约额=8 010×2%=160.20(元)

由于材料消耗量降低1%,材料费用节约额=8 010×1%=80.10(元)

预测期甲产品材料费用=8 010−160.20−80.10=7 769.70(元)

预测期燃料及动力费用=1 105×(1+20%)×(1−3%)=1 286.22(元)

预测期工资及福利费用=1 440×(1+20%)=1 728(元)

预测期制造费用=1 980×(1+5%)=2 079(元)

所以,预测期(2021年)甲产品的总成本＝7 769.70＋1 286.22＋1 728＋2 079
$$=12\ 862.92(元)$$
预测期(2021年)甲产品的单位成本＝12 862.92/[1 500×(1+20％)]＝7.146(元)

三、目标成本预测

目标成本是指在确保实现目标利润的前提下,企业在成本方面应达到的目标。进行目标成本预测是为了控制企业生产经营过程中的物质消耗和活劳动消耗,降低产品成本,保证目标利润的实现。

目标成本预测一般可采用以下两种方法:

(1)以某一先进的成本水平作为目标成本,它可以是本企业历史最高水平或国内外同类产品中的先进成本水平,也可以是标准成本或定额成本。

(2)根据事先制定的目标利润和销售预测的结果,充分考虑价格因素,按照预计的销售收入扣除目标利润就得到目标成本,即

目标成本＝预计单价×预计销售量－目标利润＝预计销售收入－目标利润

目标成本可以作为衡量产品成本、费用支出的标准,以便在生产过程中及时监督和分析脱离目标成本的偏差。所以目标成本的确定既要考虑到先进性,又要注意到可行性。这样才有利于调动各方面的积极性,从而保证目标利润的实现。

第四节　利润预测分析

一、利润预测分析概述

利润预测是指在销售预测的基础上,根据企业未来发展目标和其他相关资料,预计、推测或估算未来应当达到和可能实现的利润水平及其变动趋势的过程。企业进行利润预测的目的在于:将预测的利润与目标利润相比较,研究目标利润制定得是否合理科学、先进可行,以及应在哪些方面采取措施确保目标利润的实现。

二、目标利润及预测分析

1. 目标利润的确定

(1)目标利润的含义

目标利润是指企业在一定时期内,经过努力应达到的最优化利润控制目标。它是企业未来经营必须考虑的重要战略目标之一。应本着既先进又合理的原则制定目标利润。

(2)确定目标利润的意义

目标规划一般是运用数理统计的方法争取在规定的时间内达到预期的经营效果的一种经营规划。确定目标利润就是这种规划的一种主要形式。企业确定目标利润一般是在已经确定了保本销售量的基础上进行的。在预测出相关范围内的固定成本总额以及单位产品的变动成本之后,企业应对过去、现在和未来的自身经营情况和国内外市场的经济动

态等有关信息,做出各方面的定量预测分析,再结合企业管理人员多年的实践经验,充分预测未来可能发生的各种变化,做出有一定根据的定性分析,最后确定企业计划期内的目标利润数额。可见,目标利润不仅可以标志企业预计的经营效果,而且也是规定时期内企业制定有关预算的重要根据。

目标利润是一种事前计算利润的方法,与事后计算利润相比具有以下几个方面的优点:

①管理会计是以事先确定的目标利润为理财核心的。通过事前确定的目标利润来确定收入和成本水平,可以为实现目标利润提供保证条件。

②通过预测目标利润,提高了会计对经济效益的主动规划与控制作用。公司可以采用本量利分析法等计算分析方法对成本进行计算,事先确定利润,从而实现把对利润从单纯的事后反映转移为事前确定和事中管理的目的,这样做,有利于实现公司在经营管理上的改革,有助于发挥管理会计的职能。

③目标利润是个综合性很强的指标,把它列为主要目标,可以协调公司的各项工作,促进各项经营管理工作向着目标利润的方向不断完善。目标利润是目标管理的重要手段,是企业制定利润计划的主要依据,因此,目标利润分析是企业经济活动分析中不可缺少的内容。

2. 目标利润的预测分析过程

目标利润是企业总体经营目标在利润上的具体化,是企业未来一定期间从事生产经营在财务成果方面的奋斗目标。这个目标既要先进合理,又要切实可行,因此,要确定合理的目标利润,必须有相应的目标利润的分析过程。

(1)选择适当的利润率标准

选择利润率时,必须注意以下问题:

①从可供选择的利润率指标的计算口径上看,通常包括销售利润率、产值利润率和资金利润率等;

②从可供选择的利润率指标的时间特征上看,主要包括近期平均利润率、历史最高水平利润率和上级指令性利润率;

③从可供选择的利润率指标的空间特征上看,主要包括国际、全国、同行业、本地区和本企业的利润率。

(2)计算目标利润基数

企业要想在市场经济中立于不败之地,必须事先制定好企业的目标利润。常用的目标利润预测方法有如下几种:

①本量利分析法。该方法是利用销售量(额)、固定成本及变动成本与利润的变动规律对目标利润进行预测的方法。根据本量利之间的关系,用公式表述如下:

$$目标利润 = 销售收入 - (变动成本总额 + 固定成本总额)$$
$$= 销售单价 \times 销售量 - (单位变动成本 \times 销售量 + 固定成本总额)$$
$$= 销售量 \times (销售单价 - 单位变动成本) - 固定成本总额$$
$$= 销售量 \times 单位边际贡献 - 固定成本总额$$
$$= 边际贡献总额 - 固定成本总额$$

上述公式中有五个变量:销售单价、销售量、单位变动成本、固定成本总额、目标利润,只要已知其中的四个变量,就可以求出另一个未知量。

【例 5-7】 某公司计划年销售甲产品 5 000 台,每台售价 900 元,单位变动成本 600 元,全年固定成本总额 500 000 元,要求:预测该公司计划期的目标利润。

解 根据计算公式,得

目标利润 = 5 000 × (900 − 600) − 500 000 = 1 000 000(元)

②利润增长率法。利润增长率法是根据上年度已经达到的利润水平及近期若干年(通常为近三年)利润增长率的变动趋势、幅度与影响利润的有关情况在下年度可能发生的变动等因素,首先确定一个相应的预计利润增长率,然后确定下年度利润总额的一种方法。其计算公式为:

目标利润 = 上年度实际利润总额 × (1 + 预计利润增长率)

【例 5-8】 某企业 2020 年度实现利润 1 000 000 元,根据过去连续三年盈利情况的分析和预算,确定 2021 年度的预计利润增长率为 12%。要求:确定该企业 2021 年度的目标利润。

解 根据计算公式,得

目标利润 = 1 000 000 × (1 + 12%) = 1 120 000(元)

③资金利润率法。资金利润率法是指企业在一定期间内实现的利润总额对其全部资金的比率。资金利润率法就是根据企业上年度的实际资金占用状况,结合下年度的预定投资和资金利润率,确定下年度目标利润总额的一种方法。其主要公式为:

目标利润 = 预计资金平均占用额 × 预计资金利润率

【例 5-9】 某企业 2020 年度固定资金和流动资金占用总额为 500 万元,预计 2021 年度资金占用总额将比 2020 年度增加 6%,资金利润率为 15%。试求该企业 2021 年度的目标利润。

解 根据计算公式,得

目标利润 = (500 + 500 × 6%) × 15% = 79.50(万元)

④销售额比例增长法。销售额比例增长法是以上年度实际销售收入总额和利润总额,以及下年度预计销售收入总额为依据,按照利润与销售额同步增长的比例来确定下年度目标利润总额的一种方法。其计算公式为:

目标利润 = 下年度预计销售收入总额/上年度实际销售收入总额 × 上年度实际利润总额

【例 5-10】 某企业 2020 年度实际销售收入为 500 000 元,实现利润 150 000 元。预计 2021 年度销售收入总额为 700 000 元。要求:预测该企业 2021 年度的目标利润。

解 根据计算公式,得

目标利润 = 700 000/500 000 × 150 000 = 210 000(元)

(3)确定目标利润修正值

目标利润修正值是对目标利润基数的调整额,可按下列程序进行确定:

①根据事先预计的销售量、成本、价格水平测算可望实现的利润额,将它与目标利润基数进行比较。

②按本量利分析的原理分项测算为实现目标利润基数而应采取的各项措施,即分别计算各因素的期望值,并分析其可能性。

③如果期望值与预计值相差较大,则适当修改目标利润,确定目标利润修正值。

(4)修正目标利润

最终确定的目标利润可按下列公式计算:

$$最终确定的目标利润＝目标利润基数＋目标利润修正值$$

目标利润一经确定就应立即纳入预算执行体系,并层层分解,以此作为采取相应措施的依据。

三、利润预测中的敏感性分析

1. 利润敏感性分析的意义

利润敏感性分析是指从众多不确定因素中找出对利润有重要影响的敏感性因素,并分析测算其对利润的影响程度和敏感性程度,进而判断利润能否实现的一种分析方法。敏感性分析的最主要目的是:①研究能引起目标利润发生质变(如由盈利转为亏损)时各因素变化的界限;②各个因素变化对利润变化影响的敏感度;③当个别因素变化时,如何保证原定目标利润的实现;④为经营决策提供依据,同时也可以发现生产经营中存在的问题,有利于改善经营管理,提高经济效益,实现可持续发展。

利润是企业的综合性经济指标,它反映企业一定时期内的经营成果。在利润的形成过程中,会存在许多不确定因素对利润产生影响,其中有些不确定因素稍有变动就会使利润指标发生较大变化,而另一些因素尽管本身发生较大变化,但对利润指标值影响不大,我们把这种利润指标值相对于影响它的各因素变动的反应程度称为敏感性程度,把那些对利润指标值影响大的因素称为敏感性因素,把那些对利润指标值影响不大的因素称为不敏感因素。测定各因素敏感程度的指标称为敏感系数,其计算公式为:

$$某因素敏感系数＝目标值变动百分比／因素值变动百分比$$

通过计算敏感系数,企业可以了解在影响利润的诸因素中,哪个因素敏感程度强,哪个因素敏感程度弱,以便及时采取调整措施,确保目标利润的完成。

2. 利润敏感性分析的假设

(1)四个因素的假设

为便于分析,假设利润指标只受到以下四个因素的影响:即单价(p),单位变动成本(b),销售量(x),固定成本(a)。

(2)因素单独变动的假设

为了分别反映上述因素对利润指标的影响,假设相关因素中任一因素的变动均不会引起其他三项因素的变动。

(3)相同变动幅度的假设

在实际生活中,影响利润指标的各因素的变动幅度是不一样的。由于指标的变动受不同因素本身变动大小的影响,缺乏可比性基础,无法判断因素的变动对利润指标的影响程度。因此,假设各相关因素均以事先确定的同一变动率进行变动。

(4)利润增长的假设

为了使分析的结论具有可比性,假设每一项因素的变动最终都能导致利润的增长,这就要求属于正向指标的单价和销售量的变动率为增长率,属于反向指标的两项成本的变动率为降低率。

3. 利润敏感性分析的计算

设 P 表示利润、p 表示单价、x 表示销售量、b 表示单位变动成本、a 表示固定成本、R 表示变动率、P_0 表示变动前的利润、P_1 表示单价变动后的利润、P_2 表示单位变动成本变动后的利润、P_3 表示固定成本变动后的利润、P_4 表示销售量变动后的利润,根据利润＝销售收入－变动成本－固定成本,则有 $P_0 = px - bx - a$。

(1)当单价变动 R 时,则
$$P_1 = (1+R)px - bx - a$$
因为 $P_1 - P_0 = R \times px$,所以
$$单价的敏感系数 = \frac{\frac{P_1 - P_0}{P_0}}{R} = \frac{\frac{R \times px}{P_0}}{R} = \frac{px}{P_0}$$

(2)当单位变动成本变动 R 时,则
$$P_2 = px - (1+R)bx - a$$
因为 $P_2 - P_0 = -R \times bx$,所以
$$单位变动成本的敏感系数 = -bx/P_0$$

(3)当固定成本变动 R 时,则
$$P_3 = px - bx - (1+R)a$$
因为 $P_3 - P_0 = -R \times a$,所以
$$固定成本的敏感系数 = -a/P_0$$

(4)当销售量变动 R 时,则
$$P_4 = (p-b)(1+R)x - a$$
因为 $P_4 - P_0 = R(p-b)x$,所以
$$销售量的敏感系数 = 1 + a/P_0$$

其中,敏感系数为正值的,表明它与利润为同向增减;敏感系数为负值的,表明它与利润为反向增减。

从上面的推导结果可知,各敏感系数间有下列关系:

(1)单价的敏感系数＋单位变动成本的敏感系数＝销售量的敏感系数;

(2)销售量敏感系数＋固定成本敏感系数＝1。

在正常生产经营状态下,因为 $px > bx > (p-b)x > a$,所以在影响利润变动的各有关因素中,以销售单价的敏感性最大,单位变动成本的敏感性次之,再次为销售量的敏感性,固定成本总额的敏感性最小。

【例 5-11】 假设某企业 2020 年只生产一种产品,单价 2 元,单位变动成本 1.2 元,预计 2021 年固定成本 40 000 元、产销量计划达到 100 000 件。假定在原定的单价、单位变动成本、销售量和固定成本的基础上各增加 20%。

要求:计算各因素的敏感程度。

解 首先,预计 2021 年利润为:$P = 100\,000 \times (2 - 1.2) - 40\,000 = 40\,000$(元)

(1) 单价的敏感程度

$p=2×(1+20\%)=2.4$(元)

$P_1=100\ 000×(2.4-1.2)-40\ 000=80\ 000$(元)

目标值变动百分比$=(80\ 000-40\ 000)/40\ 000×100\%=100\%$

单价的敏感系数$=100\%/20\%=5$

由此可知,单价对利润影响很大,利润以5倍的速度随单价变化,涨价是经营者提高盈利的最佳手段。反之,价格下跌也将给企业带来最大的威胁。

(2) 单位变动成本的敏感程度

$b=1.2×(1+20\%)=1.44$(元)

$P_2=100\ 000×(2-1.44)-40\ 000=16\ 000$(元)

目标值变动百分比$=(16\ 000-40\ 000)/40\ 000×100\%=-60\%$

单位变动成本的敏感系数$=-60\%/20\%=-3$

由此可知,单位变动成本对利润的影响要比单价的影响小些。

(3) 固定成本的敏感程度

$a=40\ 000×(1+20\%)=48\ 000$(元)

$P_3=100\ 000×(2-1.2)-48\ 000=32\ 000$(元)

目标值变动百分比$=(32\ 000-40\ 000)/40\ 000×100\%=-20\%$

固定成本的敏感系数$=-20\%/20\%=-1$

(4) 销售量的敏感程度

$x=100\ 000×(1+20\%)=120\ 000$(件)

$P_4=120\ 000×(2-1.2)-40\ 000=56\ 000$(元)

目标值变动百分比$=(56\ 000-40\ 000)/40\ 000=40\%$

销售量的敏感系数$=40\%/20\%=2$

4. 利润敏感性分析应注意的问题

(1) 变量间的敏感系数高低排序不是一成不变的。单价(p)、单位变动成本(b)、销售量(x)、固定成本(a)四个变量敏感系数的排序,除了单价的敏感系数大于单位变动成本的敏感系数和销售量的敏感系数比较确定以外,其他因素两两之间的敏感系数高低关系都不是绝对的,主要取决于企业的有机结构水平,以及是正常经营还是亏损经营。因此,各个变量的敏感系数排序是存在多种可能的,各个因素对目标利润实现的影响力会随着企业、行业、市场状况的不同而有所不同,所以在运用这些敏感系数作为杠杆来实现目标利润的时候,必须根据企业、行业、市场及环境进行考虑,才能达到事半功倍的效果。

(2) 敏感系数说明了该因素对目标利润的影响程度,但这个敏感系数并不是固定不变的。

【例 5-12】 某企业只生产一种产品,期初销售量为5 000件,产品的单价为50元,单位变动成本为20元,固定成本总额为60 000元,当销售量增长20%的时候,销售量的敏感系数为1.67。

要求:计算分析销售量的增加对敏感系数的影响。

解 销售量增长20%后的利润$=5\ 000×(1+20\%)×(50-20)-60\ 000=120\ 000$(元)

销售量在此基础上再增加20%时

利润变化的百分比＝[6 000×(1＋20%)×(50－20)－60 000－120 000]/120 000
＝30%

从而销售量的敏感系数＝30%/20%＝1.5

所以,一个自变量对目标利润实现的效果会随着这种措施的多次使用而衰减。

(3)敏感系数最高不完全意味着在这方面着手改进会得到最好的效果。假如一个企业单价的敏感系数最大,而该企业处于完全竞争市场,那么提价将不是一个很好的选择。因为此时企业只是市场价格的接受者,想要提高价格利用其高敏感系数来获取更多的利润难度很大。相比之下,通过市场营销,努力增加销售量或者通过流程再造,引进新技术降低成本可能是获取更多利润的明智选择。也就是说,不能单单看敏感系数的高低,还需要看措施发挥作用的难易程度。

(4)目标利润模型中的各个变量之间存在着相互的影响。以价格为例,即使单价的敏感系数最大,在完全或比较完全的竞争市场当中,产品需求价格弹性很大,提高价格所增加的销售收入不能补偿由于提高价格而减少的销售量所带来的损失,尽管降价可能会比较有效,但常会造成整个行业的动荡;再比如变动成本中的推销佣金,降低佣金虽然能减少费用支出,但通常造成推销人员的不满导致销售量减少,从而得不偿失。所以,不能仅仅站在一个角度来看待问题,必须关注各变量彼此间的联系带来的连锁反应。

四、经营杠杆系数在利润预测中的应用

1. 经营杠杆的含义

企业在生产经营过程中会面临各种各样的经营风险。经营风险部分取决于其利用固定成本的程度。在其他条件确定的情况下,产销量的增加虽然不会改变固定成本总额,但会降低单位固定成本,从而提高单位利润,使息税前利润的增长率大于产销量的增长率。反之,产销量的减少会提高单位固定成本,降低单位利润,使息税前利润下降率也大于产销量的下降率。这种由于固定成本的存在而导致息税前利润变动率大于产销量变动率的杠杆效应,称为经营杠杆效应。

2. 经营杠杆系数及其计算

只要企业存在固定成本,就存在经营杠杆效应。对经营杠杆的计量最常用的指标是经营杠杆系数(DOL)。经营杠杆系数是指息税前利润变动率相当于产销业务量变动率的倍数。其理论公式为:

$$经营杠杆系数＝息税前利润变动率÷销售量(额)变动率$$

由利润的敏感分析结果可得:

(1)利润增加额

$$利润增加额＝(单价－单位变动成本)×销售量增加数$$

(2)经营杠杆系数

$$经营杠杆系数＝(利润增加额÷基期利润)÷(销售量增加数÷基期销售量)$$
$$＝基期边际贡献总额÷基期利润$$

(3) 目标利润

目标利润＝基期利润×(1＋销售量变动率×经营杠杆系数)

【例 5-13】 某企业 2020 年的有关资料如下:销售量 4 万件,单位边际贡献 20 元,边际贡献总额 80 万元,固定成本总额 30 万元,利润 50 万元。预计 2021 年销售量增加 10%。

要求:根据资料预测企业 2021 年利润。

解　2021 年经营杠杆系数＝80÷50＝1.60
　　2021 年利润增加率＝10%×1.60＝16%
　　2021 年预计利润＝50×(1＋16%)＝58(万元)

第五节　资金需要量预测分析

一、资金需要量预测概述

资金需要量预测是指对企业未来融资需求的估计和推测。企业需要预先知道自身的财务需求,确定资金的需要量,提前安排融资计划,以免影响资金周转。企业根据可能筹措到的资金来安排销售工作以及有关的投资项目,使投资决策建立在可行的基础上。资金是企业持续从事生产经营活动的基本条件,但并不是越多越好,筹集的资金过多会增加筹资成本,影响资金的利用效果,当然,资金过少不能满足企业生产经营活动对资金的需要。因此,企业必须对资金需要量进行预测。资金需要量预测的目的就是既要保证企业各项活动所需的资金供应,又要使生产经营活动以最少的资金占用取得最佳的经济效益。

企业生产经营活动所需的资金通常分为两类:一类是用于固定资产方面的,称为"固定资金";另一类是用于流动资产方面的,称为"流动资金"。通过资金预测可以使企业保证资金供应,合理组织资金运用,不断提高资金利用的经济效果。在一般情况下,影响资金需要量程度最大的因素就是计划期间的预计销售金额。因此,良好的销售预测是资金需要量预测的主要依据。

二、资金需要量预测的方法

资金需要量的预测方法一般有两类:定性预测法和定量预测法。

定性预测法主要利用直观的资料,依靠个人的经验和主观分析、判断能力,对未来资金的需要数量做出预测,但不能揭示资金需要量和有关因素之间的数量关系。一般适用于企业缺乏完备、准确的历史资料的情况下采用。

在这里主要介绍定量预测法。定量预测法主要是依据企业有关历史资料,采用一定的数学模型预测企业资金需要量的方法。定量预测法预测结果较精确,但计算较繁杂,并且必须具备完备的历史资料,常用的定量预测法有销售百分比法、因素分析法和资金习性预测法。因素分析法在前面已经做了介绍,这里就不再重复;资金习性预测法是指根据资金的变动同产销量之间的依存关系预测未来资金需要量的一种方法。利用这种方法,首先要把企业的总资金划分为随产销量成正比例变动的变动资金和不受产销量变动的影响而保持固定不变的固定资金两部分,然后再进行资金需要量预测。资金习性预测法具体包括高低点法和回归分析法。而高低点法和回归分析法前面也已经做了介绍,因此这里主要介绍销售百分比法。

1. 销售百分比法的定义

销售百分比法是根据资产、负债各个项目与销售收入总额之间的依存关系,并假定这些关系在未来时期保持不变的情况下,根据计划期销售额的增长幅度来预测需要相应追加多少资金的一种方法。销售百分比法是20世纪80年代初被引入我国的一个重要的外部追加资金需要量的预测模型。它具有成本低、易于操作、便于了解主要变量之间的关系等优点。同时,它能够为企业提供短期的预计资产负债表,以适应外部筹资的需要,并且易于使用。但是根据这种百分比计算出来的结果可能会因比例不当而得出错误的结论,因此企业在有关因素发生变动时,必须认真进行分析,做出相应的比例调整,以保证预测结果的准确性。

2. 销售百分比法的前提假设

经济学中的任何一个计量模型都有前提假设,以规定其存在空间和应用范围。根据销售百分比法的理论原理和应用实践来看,其假设前提如下:

(1)除外部融资项目外,假设企业营运资金中的各种资产、负债项目金额与销售收入存在稳定的正比例关系,且销售增长的百分比是一个不变的确定数。这项假设规定了预测模型中的营运资金增量的基本框架,同时使预测期的销售收入估计成为可能。

(2)假设企业销售盈利能力和股利分配政策保持不变,即基期的销售净利率和股利支付率在预测期保持不变。这项假设为构建预测模型中的留存收益关系式奠定了基础。

(3)假设企业不愿意或者不打算发行新股,短期借款和长期负债是企业全部的外部资金来源。这项假设规定了外部追加资金的内容和来源渠道。

(4)假设企业内部融资的内容包括自然融资和留存收益,并且自然融资量随销售收入同比例变化,留存收益在不变的盈利能力和股利分配政策下增减变化。

3. 销售百分比法的步骤

销售百分比法的基本公式为:

$$\Delta F = K \times (A - L) - D - R + M$$

式中　ΔF——未来预计需要追加的资金数额;

　　　K——未来销售收入增长率;

　　　A——随销售额变动的资产项目基期数额;

　　　L——随销售额变动的负债项目基期数额;

　　　D——计划期提取的折旧摊销额与同期用于更新改造的资金差额;

　　　R——按计划期销售收入及基期销售净利润率计算的净利润与预计发放的股利的差额;

M——计划期新增的零星资金开支数额。

销售百分比法的步骤为：

(1)分析资产负债表的各个项目同销售总额之间的比例关系

①资产项目中的库存现金、应收账款和存货等项目，一般都会随销售额的增长而相应增长。

②固定资产项目是否要增加，需视固定资产是否已被充分利用的情况而定。如果生产设备尚未充分使用，增加销售额不会引起设备投资的增加；如果生产设备已经被充分利用，要想增加销售额，就必须增加对设备方面的投资，从而引起资金需要量的相应增加。

③长期投资、无形资产等项目，一般与销售额之间的关系不大，基本上不随销售额的增加而增加，因此可以忽略。

以上三个步骤可以计算上述公式中的 A。

④负债项目中的应付账款、其他应付款等项目，通常会因销售额的增长而相应增加，而长期负债及股东权益等项目，则一般不随销售额的增长而增加。这一步骤可计算 L。

(2)计算基期的销售百分比

根据基期的资产负债表，分析与销售额有比例关系的项目，计算计划期与基期销售收入金额的百分比，以确定公式中的 K。

(3)确定公式中的 D

按折旧计划和更新改造计划确定可作为内部周转资金来源的折旧摊销额与同期将用于更新改造的资金数额，进而确定公式中的 D。

(4)确定企业提取的内部留存收益

企业除了利用折旧外，还可以利用企业的内部留存收益，企业在筹措资金时应将内部留存收益考虑进去，从而优化资金的使用率。要确定企业的内部留存收益就必须先准确地预测出企业的年度利润和股利分配率。进而确定公式中的 R。

(5)估计企业零星资金的需要量 M

在考虑了上述因素后还要考虑到企业零星资金的需要量，因为这部分资金可以保障企业在日常经营活动过程中零星支出的需要。这个因素若是不能准确地预测，很可能造成企业的资金供应不足，从而影响到企业的正常生产经营活动。

(6)计算追加资金量

将以上确定的指标值代入上面的公式，求得企业所需追加的资金量。

【例 5-14】 某公司 2020 年度实际销售额为 300 000 元，获得税后净利 25 000 元，并发放股利 6 000 元。2021 年计划销售额增至 450 000 元，假定其他条件都不变，仍按基期股利发放率发放股利，按折旧计划提取折旧 15 000 元，其中 50% 用于改造现有的厂房设备，厂房设备能力已经饱和，有关零星资金的需要量为 6 000 元，该企业简略的资产负债表见表 5-6。

表 5-6　　　　　　　　　资产负债表简表　　　　　　　单位:元

资　产	金　额	负债及所有者权益	金　额
库存现金	10 000	负债:	
应收账款	35 000	应付账款	52 500
存货	60 000	长期负债	63 500
固定资产	100 000	所有者权益:	
无形资产	50 000	股本	120 000
		留存收益	19 000
合　计	255 000	合　计	255 000

要求:采用销售百分比法预测公司2021年需要追加的资金。

解　计算各指标值。

$K = (450\,000 - 300\,000)/300\,000 \times 100\% = 50\%$

$A = 10\,000 + 35\,000 + 60\,000 + 100\,000 = 205\,000(元)$

$L = 52\,500(元)$

$D = 15\,000 \times (1 - 50\%) = 7\,500(元)$

$R = 450\,000 \times 25\,000/300\,000 \times (1 - 6\,000/25\,000) = 28\,500(元)$

$M = 6\,000(元)$

$\Delta F = K \times (A - L) - D - R + M$

$\quad = (205\,000 - 52\,500) \times 50\% - 7\,500 - 28\,500 + 6\,000 = 46\,250(元)$

本章小结

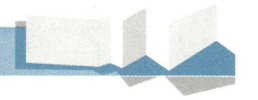

本章讲述了预测分析,具体内容包括:

1.预测分析的含义。预测分析是指企业根据现有的客观条件和掌握的有关财务会计的历史资料以及事物发展的内在联系,对企业生产经营活动的未来发展趋势与状况进行预测的过程和手段。预测分析具有预测依据的客观性、预测时间的相对性、预测结论的可检验性、预测方法的灵活多样性等特征。

2.预测分析的内容。主要有:销售预测、成本预测、利润预测、资金预测。

3.预测分析的程序包括:确定预测目标;收集和整理资料;选择预测方法;进行预测分析;检查验证;修正预测值;报告预测结论。

4.预测分析的方法:定量预测方法;定性预测方法。

5.销售预测的基本原理和方法。主要掌握定量预测方法中的趋势预测分析法和回归预测分析法,重点掌握销售预测的移动平均法、平滑系数法、时间序列回归预测法。

自测题

一、问答题

1.什么是预测分析?预测分析的程序包括哪些内容?

2.预测分析的基本方法有哪些?

3.预测分析应遵循的基本原则有哪些?

4.什么是销售预测?企业进行销售预测时需要考虑的因素有哪些?

5.销售预测的方法有哪些?企业进行销售预测时应注意哪些问题?

6.什么是利润预测?什么是目标利润?企业确定目标利润有什么积极意义?

7.简述目标利润的预测分析过程。

8.利润敏感性分析的意义是什么?如何进行利润敏感性分析?

9.什么是成本预测?成本预测的步骤有哪些?成本预测的方法有哪些?

10.什么是资金需要量预测?如何进行资金需要量预测?

二、选择题

1.经营杠杆系数通过以下公式计算( )。

A.利润变动率÷业务量变动率
B.业务量变动率÷利润变动率
C.基期边际贡献÷基期利润
D.基期利润÷基期边际贡献

2.下列适用于销售业务略有波动的产品的预测方法是( )。

A.加权平均法
B.移动平均法
C.趋势平均法
D.平滑系数法

3.按照各个观察值与预测值不同的相关程度分别规定适当的权数,是运用( )进行预测销售的关键。

A.算术平均法
B.加权平均法
C.回归直线法
D.对数直线法

4.已知上年利润为 500 000 元,下年的经营杠杆系数为 1.36,销售量变动率为 10%,则下一年的利润预测额为( )元。

A.440 000
B.560 000
C.367 647
D.568 000

5.当满足( )条件时,产品达到最佳销售量,取得最优售价。

A.成本最低
B.利润最高
C.边际收入最高
D.销售收入最高
E.边际收入=边际成本

三、计算分析题

1.某企业生产一种产品,2020 年 1—12 月销售资料见表 5-7。

表 5-7　　　　　　　　　2020 年销售资料

月份	1	2	3	4	5	6	7	8	9	10	11	12
销售量(吨)	25	23	26	29	24	28	30	27	25	29	32	33

要求:测算 2021 年 1 月的销售量,分别采用:

(1)算术平均法;

(2)移动平均法(利用最后五个月的销售资料);

(3)回归预测分析法。

2. 某公司近五年的甲产品的产量与成本数据见表5-8。

表5-8　　　　　　　　　　甲产品的产量与成本数据

年　　份	2016年	2017年	2018年	2019年	2020年
产量(吨)	250	200	300	360	400
总成本(吨)	275 000	240 000	315 000	350 000	388 000
其中:固定成本总额(元)	86 000	88 000	90 000	89 999	92 000
单位变动成本(元)	756	760	750	725	740

若计划年度(2021年)的预计产量为450吨。
要求:采用不同的专门方法预测2021年甲产品的总成本和单位成本。
(1)加权移动平均法;
(2)回归预测分析法。

3. 某企业连续两年的有关资料见表5-9:

表5-9

项　　目	2019年	2020年
单位边际贡献(元)	60	60
销售量(件)	12 000	14 000
固定成本(元)	400 000	400 000

要求:计算经营杠杆系数。

4. 已知某企业只生产一种产品,按0.6的平滑系数预测的2021年8月产销量为1 850件,2021年5—8月的实际产销量和总成本资料见表5-10:

表5-10

月　　份	5	6	7	8
总成本(元)	20 000	19 800	31 000	30 000
产销量(件)	1 000	1 200	1 800	2 000

要求:
(1)用高低点法进行成本性态分析。
(2)用平滑系数法预测2021年9月的产销量。
(3)利用成本性态模型和2021年9月的预测产销量,预测2021年9月的总成本。

四、案例分析题

以金星中国公司为例,运用运筹学及计算机辅助管理原理,对其生产的产品——大屏幕彩色显示器(简称彩显)在市场上的营销历史和现状进行深入研究和分析,建立数学模型并运用计算机进行科学预测,制定未来的经营战略。

(1)产品的销售概况

金星公司在世界范围内的销售形势是乐观的,但是近几年由于各国显示器生产厂家纷纷在中国办厂或大批向中国放货,行业中的竞争日趋激烈,该公司中国分公司的销售量增长不大,除去竞争因素外,另一个重要因素是企业内部未充分挖掘潜力,尤其是缺乏科学的战略性的市场预测,缺乏一套行之有效的经营管理信息系统,致使该公司销售形势处于一种"由市场摆布"的局面。因此,当该公司面临不利的宏观经济环境时,便不能做出灵敏的反应,不能制定有力的对策,以取得营销的主动权。

(2) 产品市场分析和营销计划系统总框架

在世界范围内,金星公司是有一定的优势的,但中国市场销售情况表明,该公司产品在中国市场的销路已经潜伏着危机。为此,金星中国公司提出开发一个"市场营销管理信息决策系统",其主要功能是为该公司管理人员提供可靠及时的市场信息。

为了实现目标功能,系统包括四个功能模块:①市场预测和分析;②计划和市场研究;③订货和用户服务;④调运和分配。

(3) 市场营销管理信息系统的数据流程

市场营销管理信息系统的主要数据来源有两个方面:第一个来源是市场的调研人员,他们收集有关市场的情况资料,供市场预测和研究分析之用;第二个来源是用户,就是指所有要购买产品的单位和个人,他们向企业提出订货要求,以及对产品质量、性能等方面的要求等。这些原始数据输入到系统后,经过适当的处理,产生各种市场信息,有的存入相应的数据库中,有的输出给有关的部门或其他子系统。

(4) 市场预测模型

一个企业要做出正确的经营决策,预测和分析起着重要的作用。通过预测和分析,将市场中的未知状态转变为科学预测的期望值状态,使企业在一定程度上规避市场风险。在认真总结以往经验的基础上,不仅要加强定性预测和分析的主导作用,而且更要重视定量预测和分析的研究工作,特别是充分发挥计算机的作用,使定性预测分析和定量预测分析密切结合起来,创造一种崭新的、更符合产品市场和公司实际的科学预测和分析方法。

一方面,随着中国宏观经济的发展,大屏幕显示器市场需求量的发展具有一定的延续性。另一方面,显示器为通用产品,各种品牌竞争激烈。显示器的固定配套用户比较少,所以大屏幕显示器的研制和销售也具有某种不确定因素,即较难考虑它发展的因果关系。此外,显示器的市场需求量,受兼容 PC 机销售的支撑,有一定的季节波动性,如一、二月像冬眠期一样销售迟缓,三月形势转为明朗,随后是缓慢下滑,八月销售突然转旺,是受暑期购买兼容 PC 机高潮的影响。根据这一情况,预测宜采用两种方法,即时间序列分析法中的平滑系数法和季节性变动法。前者主要对短期的销售趋势进行预测,后者则着重预测季节性变化及长期的销售变化状态,弥补了短期预测的不足。将两种预测方法相结合就可以获得较好的预测效果。

①用改进的平滑系数法预测短期销售趋势。这种方法的基本原则是强调近期数据对预测值的作用,可以任意选择近期数据的权值,但是并未完全忽视远期数据的作用。

②用季节性变动法预测季节性需求变化。平滑系数法虽能较好地反映短期的销售趋势,但不适用于长期预测。作为对短期预测方法的补充,我们采用季节性变动法预测大屏幕显示器季节性需求变化及长期的销售变化状态。大屏幕显示器容易受兼容 PC 机销售量及其他诸因素的影响,其市场需求量呈季节性或周期性变动。为搞好均衡生产和适时供应,很有必要掌握其变动规律。大屏幕显示器需求的季节性变动有时候较为复杂,它既包括趋势性变化(如需求量逐年增长),也可能包括季节性变化,或者还有其他偶然性的变化(如国家政治、经济形势的突然变化)。因此,对这种变化状态的分析和预测,需要应用多种可行的方法进行综合分析。

以上论述的是平滑系数法和季节变动法两种预测方法的数学模型及其应用实例。需要指出的是,运用计算机进行预测主要在于数学模型的使用和改善预测的精度。使用计算机进行预测的优点在于它能准确地处理大量数据,能及时根据变化的条件经常修改模型,同时它还可以和其他系统相连,强化信息交流。

(5) 市场研究和营销计划

市场研究和营销计划的目的是进行充分的市场调查,制订合理的销售计划,从而最大限度地减少企业所承担的风险。

市场研究和营销计划模块要完成以下三项工作:

①市场调查资料的分析,一般根据大屏幕显示器的竞争状况以及采用统计分析的方法来研究市场问题;

②利用销售预测的结果来制订销售计划;

③广告分析,以便于制订广告策略。

要求:

(1) 评价金星中国公司的预测分析和营销计划。

(2) 根据预测分析和营销计划分析金星中国公司在系统设计中竞争战略原则的体现。

第六章 短期经营决策分析

学习目标

通过本章的教学,学生可以了解相关成本、相关收入、相关业务量、生产决策的含义;熟悉经营决策的主要内容;理解和掌握经营决策分析方法并能够熟练运用于企业经营管理实际中。

案例导入

1992年,当康师傅上碗面生产线时,并非自己生产面碗,而是向当时全国仅有的北京一家方便面专用碗生产公司订购。不料,在既定送货日,却没有等到面碗,等来的是该公司将面碗送给了康师傅的头号竞争对手的消息。尽管如此,康师傅还是不得不继续向该公司订货,结果在供货日期和供货数量上没有保障,导致康师傅的生产时断时续。为了摆脱受制于供应商的困境,康师傅索性成立了自己的面碗工厂。1994年,康师傅开始上袋装方便面的时候,遇到的问题则是:供应商制作周期长、产能有限,无法满足康师傅产品更新快、产量大对包装材料的要求。结果,康师傅也选择成立自己的包装材料印刷公司。在方便面调味包——菜包的供应方面,康师傅经过千挑万选,并对供应商提供辅导,最终才在国内选到七八家还算合格的脱水蔬菜供应商。但是,质量不稳定的状况一直没有得到解决。最后,为了保证质量,康师傅成立了自己的脱水蔬菜生产制造基地。

1998年以前,康师傅的物流实行外包,一年招标一次。但是,承运商为节省运费,超量摆放货物,导致消费者买到的方便面破碎。此外,第三方在配送的准时性和仓储的先进先出方面都很难达到康师傅的要求,最终康师傅又成立了自己的物流公司。尽管在有的省份,这样做的成本甚至比外包还要高,但是由于产品的新鲜度、完整度得到保证,服务品质有了很大的提高。

不过,这些都是20世纪90年代初的情况。当时,国内市场的专业化服务如运输、原材料、技术等还不是很发达,质量不高,市场交易成本大。康师傅自己完成配套服务,实现一体化经营,从战略层面上解决了原材料配套供应的数量、质量和稳定性,并降低了总体的成本,增强了顾客的满意度,取得了极大的成功。

进入21世纪后,市场已今非昔比。国内包装行业迅速发展,而且出现了国际知名包装企业。此时,康师傅自己的包装公司和外部包装商相比在质量、技术、实效方面的优势已经不太明显。首先是质量控制方面。由于自己生产,当出现质量问题时,不能像对待外部供应商那样严格地执行退货标准。其次,1998年,康师傅因资金问题转让了部分股权,主业开始萎缩。配套厂也因产能过剩而接受外部订单。配套事业部的贡献额较小,影响了康师傅的总体投资报酬率。此时,康师傅又面临着原材料、辅助材料和物流是否外包的问题。显然,这一问题的决策和康师傅20世纪90年代初选择自制的决策一样将影响到整个公司未来的发展规划。

收入和成本是正相关的关系,企业经营的目的是营利,均需要获得收入,而收入的获得往往又伴随着成本的发生。通过学习收入和成本的关系,进而理解付出和收获的关系。一分耕耘一分收获,成功都是累积的结果。没有不劳而获的事情,也没有坐享其成的收获,朝着一个目标努力,哪怕是从零开始,未来也是值得期待的。

第一节 决策概述

一、决策的含义

决策(Decision Making)是指在充分考虑各种可能的前提下,人们为了实现一定目标,提出两个或两个以上的备选方案,借助于科学的理论和方法,通过必要的计算、分析和判断,从备选方案中选取最优方案的过程。

管理当局在经营管理过程中,采取任何行动之前都将面临决策问题。例如,在企业中,如何安排各种产品的生产以实现产品生产的最优组合,企业所需的零部件是自制还是外购等,都要求对不同的方案进行比较分析、权衡利弊,从中选取最优的方案。所以决策是经营管理的核心内容,是关系企业未来发展兴衰成败的关键所在,贯穿于生产经营活动的始终。对管理当局来说,科学合理的决策能帮助企业在激烈的竞争环境中生存和发展。

二、决策的程序

决策的程序实际上是一个提出问题、分析问题、解决问题的分析与判断过程。具体可概括为以下几个步骤:

1. 提出决策问题,确定决策目标

决策的首先要确定解决什么问题,达到什么目的,即要确定决策的目标。决策目标是决策的出发点和归属点。它一般应具有以下特点:具体明确;可以计量;具有可实现性。

2. 广泛搜集与决策相关的信息,并设计各种备选方案

信息是决定决策成败的关键问题,广泛搜集信息是决策过程中的重要环节。搜集的信息必须符合决策所需的质量要求,也要注意定性信息与定量信息相结合,财务信息和非财务信息相结合的原则。对于搜集的信息,要进行科学的筛选,必要时还要运用科学方法进行加工,保证信息具有决策的相关性和可靠性。在信息搜集充分、有用的基础上,设计出各种可行的方案。

3. 运用科学方法评价方案的可行性,确定最优方案

对拟定的各个备选方案应采用定性、定量的方法进行可行性研究,从不同侧面分析评价各方案在技术、经济方面的先进性、合理性与可能性,然后选择最优方案。这是整个决策过程中最关键的环节。决策层需要进行定性和定量、财务与非财务的综合分析,且把能否增加价值作为新投资项目决策的主要评判标准,全面权衡相关因素的影响,选出最优

方案。

4. 组织并监督方案的实施，跟踪反馈

决策方案选定后，就应该将其纳入计划，具体组织实施。在组织实施决策方案的过程中，如果发现问题，应及时反馈，随时调整目标或修改方案。

三、决策的分类

决策标志着经营管理由定性管理向定量管理转变。下面按照不同的标准将决策分成若干不同的种类：

1. 按决策规划时期的长短分

（1）短期决策，一般是指在一个经营年度或一个经营周期内能够实现其目标的决策，主要包括生产决策和定价决策等。它的主要特点是充分利用现有资源进行战术决策，一般不涉及大量资金的投入，见效快。因此，短期决策又称为短期经营决策。

（2）长期决策，是指为改变或扩大企业的生产能力或服务能力，需要超过一年或一个经营周期才能实现的决策。它的主要特点是投资支出的金额大，方案一旦决定执行，事后很难改变，并将长期在企业生产经营中起作用。由于投资涉及的时间长、金额大，这类决策必须考虑货币的时间价值和风险价值。因此，长期决策又称为长期投资决策。

2. 按决策所依据的环境、条件和状况分

（1）确定型决策，是指与决策相关的那些客观条件或自然状态是肯定的、明确的，并且可以用具体的数字表示出来，决策者可以直接根据完全确定的情况，从中选择最有利的方案。

（2）风险型决策，是指与决策相关的因素的未来状况不能完全肯定，只能预计大概情况，无论选择哪一种方案都带有一定的风险。这类决策的分析一般是用概率表示其可能性大小，尽可能做到符合实际情况。

（3）不确定型决策，是指影响这类决策的因素不仅不能肯定，而且连出现各种可能结果的概率也无法确切地进行预计。做出这种决策的难度很大，需要决策人具有较高的理论知识水平和丰富的实践经验。

3. 按决策项目本身的从属关系分

（1）独立方案决策，是指对各自独立存在、不受其他任何方案影响的不同方案的决策。对独立方案只需判断方案本身的可行性，不必择优。例如，在企业中亏损产品是否停产的决策，是否接受加工订货的决策等。

（2）互斥方案决策，是指在一定的决策条件下，存在几个相互排斥的备选方案，通过计算、分析对比，最终选出最优方案而排斥其他方案的决策。例如，零部件是自制还是外购的决策，联产品是否进一步加工的决策，开发哪种商品最优的决策等。

（3）最优组合决策，是指有几个不同方案可以同时存在，但是在其资源总量受到限制的情况下，如何将这些方案进行优化组合，使其综合效益达到最优的决策。例如，在几种约束条件下生产不同产品的最优组合决策等。

决策除了按上述标准进行分类外,还有其他的分类方法。比如,按决策的重要程度分类可分为战略决策和战术决策;按决策的层次分类可分为高层决策、中层决策和基层决策;根据相同决策出现的重复程度,可分为程序性决策与非程序性决策等。

四、决策分析中的成本概念

1. 相关成本

从成本的发生是否与所决策问题相关的角度来看,成本有相关成本和无关成本之分。相关成本是指与特定决策相关,决策时必须加以考虑的未来成本。例如,当决定是否接受一批订货时,生产该批订货所发生的各种成本即为相关成本。相关成本通常随决策的产生而产生,随决策的改变而改变,从根本上影响着方案的取舍。差量成本、边际成本、机会成本、重置成本、付现成本、专属成本和可分成本等都属于相关成本。

（1）差量成本

差量成本有广义和狭义之分。广义的差量成本是指可供选择的不同备选方案之间预计成本的差额。狭义的差量成本,通常是指因业务量(产量)增减变化而形成的成本差别。差量成本包括增量成本和减量成本,在"相关范围"内,差量成本表现为变动成本。但是,当生产能力发生变化时,差量成本也可能表现为固定成本。

【例 6-1】 某企业生产甲产品需要 1 000 件零件,该零件可以自制也可以外购。如果自制,则单位变动成本为 4 元/件,固定成本为 1 000 元;如果外购,单价为 6 元/件。外购或自制决策的成本计算见表 6-1。

表 6-1　　　外购或自制决策的成本计算表　　　　单位:元

项目＼方案	外　购	自　制	差量成本
采购成本	1 000×6	—	—
固定成本	—	1 000	—
变动成本	—	1 000×4	—
总成本	6 000	5 000	1 000

比较自制与外购这两个方案的成本总额,形成差量成本 1 000 元。因外购方案的成本总额比自制方案成本总额多出 1 000 元,所以在其他条件相同时,应选择自制方案。

管理当局进行短期经营决策时,常用到的相关成本就是差量成本。如某产品是转产还是增产的决策、是否接受特殊价格追加订货以及机器设备是出租还是出售的决策等。

（2）边际成本

边际成本反映了当业务量无限小变动时所造成的成本差量与业务量变动的单位差量之比的极限关系,或者说是成本对业务量无限小变动的部分,其数学含义是成本对业务量的一阶导数。在现实生活中,所谓业务量无限小,最小只能小到 1 个单位。业务量的单位小到 1 个单位以下,就没有什么实际的意义了。所以短期经营决策中边际成本的计算,就是业务量增加或减少 1 个单位所引起的成本变动。

【例 6-2】 某企业每增加 1 个单位业务量的生产引起总成本的变化及边际成本的变化,见表 6-2。

表 6-2　　　　　　　某企业业务量变动引起总成本及边际成本变化表

业务量(台)	总成本(元)	边际成本(元)
100	10 000	—
101	10 025	25
102	10 050	25
103	10 075	25
104	10 100	25
105	10 200	100
106	10 225	25
107	10 250	25

通过对表 6-2 的分析得出如下结论:业务量每增加 1 个单位,边际成本并非总是呈现出一个固定数值。当业务量从 100 台递增至 104 台时,每增加 1 个单位业务量的边际成本为 25 元;但从 104 台增加到 105 台时,增加 1 个单位业务量的边际成本就上升为 100 元;接着,从 105 台增加到 107 台时,每增加 1 个单位业务量的边际成本为 25 元。其原因是:在相关范围内,业务量从 100 台增加到 104 台,固定成本不随业务量变化,而只有变动成本随业务量发生变化,所以边际成本保持 25 元不变;当业务量从 104 台增加到 105 台时,业务量超过了相关范围,所以边际成本发生变化,上升到 100 元;当业务量在 105 台至 107 台之间时,又形成了新的相关范围,所以边际成本又恢复到了 25 元。

边际成本在经营决策中有许多重要作用。例如在研究成本与产量的关系时,要掌握边际成本和平均成本之间的关系,当平均成本与边际成本相等时,平均成本为最低;在研究成本、收入与利润的关系时,要掌握边际成本与边际收入的关系,当边际收入和边际成本相等,边际利润等于零时,企业能实现最多的利润。这对促进企业提高生产经营的经济效益有着重要的指导意义。

(3)机会成本

机会成本是指在进行经营决策时,从多种可供选择的方案中选取某个最优方案而放弃次优方案的可计量价值。它是决策中使用的一个较特殊的成本概念,是以经济资源的稀缺性为前提的。机会成本并不需要用现金支付,不构成企业实际支出,也不会在会计账簿中记录,但在决策中必须将其作为一项重要的成本加以考虑,因为它会影响到最后的决策选择。

【例 6-3】 某企业现有一条空置的生产线,既可以用于甲产品的生产,也可以用于出租。如果用于生产甲产品,收入 40 000 元,成本费用为 20 000 元,可获得净利润 20 000 元;用于出租则可获得租金收入 15 000 元。管理当局做出经营决策,选择将该条生产线用于生产甲产品,放弃出租方案。那么,放弃出租方案可获得的租金收入 15 000 元则应作为生产甲产品的机会成本,由甲产品负担。这可以帮助我们做出正确的决策:用于生产甲产品比将生产线出租多获利 5 000 元。

在短期经营决策中,机会成本常用于进行亏损产品决策、是否转产或增产某种产品的决策、是否接受特殊价格追加订货的决策以及有关产品是否深加工的决策等。

(4) 重置成本

重置成本是指按照现在的市场价格购买目前所持有的某项资产所需支付的成本。它对正确计算实际损益和进行经营决策具有重要意义。例如,某企业2个月前购进甲产品,当时的购入单价为1 000元,假设今天甲产品的市场价格由于通货膨胀的因素,发生了较大的变化,现在购入甲产品的单价为1 200元。这里,重置成本就是甲产品的现行市场价格1 200元。

我们知道,财务会计是以历史成本作为入账基础的,在价格变动的情况下,财务会计账簿上的成本对于面向未来的决策往往作用不大,而这时候,就必须把重置成本作为考虑的对象。在短期经营决策中的定价决策以及长期投资决策中以新设备替换旧设备的决策,都需要对重置成本加以考虑。

(5) 付现成本

付现成本也称为现金支出成本,是指未来需要以现金支付的成本。当企业资金紧张时,特别需要把现金支出成本作为选择方案的重要影响因素,在某些情况下,管理当局用现金支出最少的方案来取代总成本最低的方案。

【例6-4】 某企业由于包装生产线损坏,不能按时包装产品出售,每天要损失30 000元,这时适逢企业资金极为紧张,银行又不同意提供更多的贷款,现金余额已降低到20 000元,预计在两周内也不可能从债务人那收到现金。有关人员通过洽谈,从许多供应者中发现有两家供应者提出的条件较为优惠,但具体的要求又不尽相同。一家供应者提供新的包装线,只要价45 000元,但必须立即全额支付现金;另一家供应者提供同样的机器要价56 000元,但允许先付现金20 000元,余额以后分期付款。基于这种情况,管理部门选用总成本较高但现金支出成本较低的方案,显然是合理的。因为这样企业既可以省去向银行借款需要支付的高额利息,还可以尽快恢复生产,多支出的成本可从早恢复生产所取得的收入中得到补偿。

(6) 专属成本

专属成本是指那些能够明确归属于特定决策方案的固定成本或混合成本。它往往是为了弥补生产能力不足的缺陷,增加有关装置、设备、工具等长期资产而发生的。如在生产何种产品的决策中,专门用于生产某种产品的专用设备的折旧就属于生产该产品的专属成本。

(7) 可分成本

可分成本是指在联产品是否深加工决策中必须考虑的、由于对已经分离的联产品进行深加工而追加发生的变动成本。

2. 无关成本

无关成本是指与特定决策不相关的成本,因此决策时可不予考虑。例如,接受特殊订货时,原有的固定成本就属于无关成本,因为即使不接受这批特殊订货,这些固定成本也照样发生。无关成本不随决策的产生而产生,也不随决策的改变而改变,对决策没有影响力。历史成本、沉没成本、共同成本和联合成本都属于无关成本。

(1) 历史成本

历史成本是指根据实际已经发生的支出而计算的成本。例如,购买原材料,购买时的买价加上运费和其他采购费用作为其原始成本;自制的设备,按生产该设备所消耗的料、工、费的价值作为该设备的原始成本。因为历史成本是已经发生的成本,因此对未来的决策不存在影响力。

(2) 沉没成本

沉没成本是指因过去决策所发生的、无法由现在或将来的任何决策所改变的成本。如企业生产能力过剩,是否接受利用多余生产能力的订货,不论采用哪一种方案,原设备投资额及折旧费均不改变,它们就属于沉没成本,与面向未来的决策没有关联,可不予考虑,只需计量差别成本和现金支出成本即可。

例如 A 公司投资某项目,2006 年曾聘请财务咨询机构进行决策分析,支付咨询费 10 万元,该财务咨询机构认为该项目没有投资价值,所以该项目被搁置。2008 年经济状况发生了变化,需要对该投资项目重新评估,预计未来现金流量的时候,2006 年支付的 10 万元咨询费是无关成本,因为不管是不是投资该项目,这 10 万元的支出已经发生了,不影响以后的现金流量,所以这 10 万元咨询费就是沉没成本。

(3) 共同成本

共同成本是与专属成本相对立的成本,是指应当由多个方案共同负担的注定要发生的固定成本或混合成本。由于它的发生与特定方案的选择无关,因此,在决策中可以不予考虑。

(4) 联合成本

联合成本是与可分成本相对立的成本,是指在未分离前的联产品生产过程中发生的、应由所有联产品共同负担的成本。例如,在企业生产过程中,几种产品共同的设备折旧费、辅助生产车间的成本等,都是联合成本。

五、经营决策的主要内容

经营决策主要包括生产决策和定价决策两大类,具体内容将在接下来的章节进行详细阐述。

生产决策是指短期(如一年或一个经营周期)内,在生产领域中,围绕是否生产、生产什么、怎样生产以及生产多少等问题进行的决策。典型的生产决策包括新产品开发决策、亏损产品是否停产或转产的决策、半成品是否进一步加工的决策、联产品是否进一步加工的决策、零部件是自制还是外购的决策以及选择加工设备的决策等。

定价决策是指短期(如一年或一个经营周期)内,在流通领域中,围绕如何确定销售产品价格水平问题而进行的决策。典型的定价决策主要包括以成本为导向的定价方法、以需求为导向的定价方法,以及以特殊情况为导向的定价方法等。

第二节 短期经营决策的主要方法

微课 37
差量分析法

本节介绍三种短期经营决策最常采用的方法:差量分析法、边际贡献法以及成本无差别点分析法。

一、差量分析法

差量分析法是指当两个备选方案具有不同的预期收入和预期成本时,根据两个备选方案间的差量收入和差量成本计算的差量损益进行最优方案选择的一种方法,所以此方法又称为差量损益分析法。这样,在差量分析中,起作用的只是那些引起收入总额和成本总额变动的因素,即最终以选用的方案所引起的总收入和总成本的增减差额作为判断方案优劣的标准。差量分析法主要是针对两个方案需要进行比较时所采用的方法,其目的是要确定两个方案中哪一个方案对企业总体更为有利。这种方法实质上是一种"短中取长"的方法,即它只能回答哪一个方案更好,如果这两种方案都不是最好的,则从中选择的方案也不可能是最好的。

差量分析法的具体分析方法有两种:一种是差别损益分析法;另一种是相关损益分析法。备选方案如果只有两个,可以采用差别损益分析法;备选方案如果是两个以上,则需要采用相关损益分析法。

1. 差别损益分析法

差别损益分析法是指在进行两个相互排斥方案的决策时,以差别损益指标作为评价方案取舍标准的一种决策方法。相关计算公式为:

$$差别损益 = 差别收入 - 差别成本$$

公式中:差别收入等于两个方案的相关收入之差;

差别成本等于两个方案的相关成本之差。

差别损益分析法的具体应用见表 6-3。

表 6-3　　　　　　差别损益分析表

项目	方案一	方案二	差额
相关收入	A_1	A_2	A_3
相关成本	B_1	B_2	B_3
差别损益			P_3

注:$A_3 = A_1 - A_2$;$B_3 = B_1 - B_2$;$P_3 = A_3 - B_3$。

在进行决策时,若差别损益数额大于零,方案一优于方案二;若差别损益数额等于零,方案一和方案二收益相同;若差别损益数额小于零,方案二优于方案一。

【例 6-5】　某企业计划将剩余生产能力用于生产 A 产品或 B 产品。经过市场调研,得出这两种产品的相关资料见表 6-4。

表 6-4　　　　　A、B 产品相关资料

项目	A 产品	B 产品
预期销售数量(件)	200	100
预期销售单价(元/件)	32	50
单位变动成本(元/件)	15	24

要求:根据以上资料,做出应该生产哪种产品的决策。

解　编制差别损益分析(表 6-5)。

表 6-5　　　　　　差别损益分析表

项目	A 产品	B 产品	差额
相关收入(元)	200×32=6 400	100×50=5 000	1 400
相关成本(元)	200×15=3 000	100×24=2 400	600
差别损益(元)			800

经过差别损益分析法分析,得出如下结论:生产 A 产品要比生产 B 产品多产生收益 800 元,所以该企业应选择生产 A 产品。

2. 相关损益分析法

相关损益分析法是指在进行短期经营决策时,以相关损益指标作为评价方案取舍标准的一种决策方法。相关计算公式为:

$$相关损益 = 相关收入 - 相关成本$$

相关损益分析法的具体应用见表 6-6。

表 6-6　　　　　相关损益分析法计算表

项目	方案一	方案二	…	方案 n
相关收入	A_1	A_2	…	A_n
相关成本	B_1	B_2	…	B_n
相关损益	C_1	C_2	…	C_n

注:$C_n = A_n - B_n$

采用相关损益分析法,只要选取相关损益一栏中数额最高的方案,即为最优方案。通过相关损益的计算,可以对两个以上的方案按照优劣次序进行排序。

差量分析法被广泛应用于企业经营决策中,例如,不需用的机器设备是出售还是出租,亏损或不盈利的产品是否继续生产以及出售半成品还是完工产品等。

二、边际贡献法

边际贡献法是建立在成本性态分类的基础上,通过比较各备选方案边际贡献的大小来确定最优方案的分析方法。

边际贡献法又可分为边际贡献总额分析法和单位资源边际贡献分析法。

1. 边际贡献总额分析法

边际贡献总额分析法是指以备选方案的边际贡献总额指标作为决策评价指标的一种决策方法。当有关决策方案的相关收入均不为零,相关成本全部为变动成本时,可以用边际贡献总额作为决策评价依据。边际贡献总额等于相关的销售收入与相关的变动成本之差。该指标是正向指标。该项指标最大的方案就是最优方案。该决策分析方法常用于生产经营决策中不涉及专属成本和机会成本的单一方案决策或多方案决策中的互斥方案决策,例如亏损产品决策等。

2. 单位资源边际贡献分析法

单位资源边际贡献分析法是指以备选方案的单位资源边际贡献指标作为决策评价指标的一种决策方法。在企业资源只受到某一项资源(如某种原材料、人工工时或机器台数等)的约束,并已知备选方案中各种产品的单位边际贡献和单位产品资源消耗定额(如材料消耗定额、工时定额)的条件下,可考虑采用单位资源边际贡献分析法进行短期经营决策。

$$单位资源边际贡献 = \frac{单位边际贡献}{单位产品资源消耗定额}$$

单位资源边际贡献也是正向指标。该决策分析方法的判断标准为:该项指标最大的方案就是最优方案。

【例 6-6】 某企业现有设备的生产能力是 40 000 个机器工时,现有的生产能力的利用率为 80%。现准备用剩余生产能力开发新产品甲、乙或丙。新产品的有关资料见表 6-7。

表 6-7　　　　　　　　　　新产品资料表

产品 项目	甲	乙	丙
单位产品定额工时(小时)	2	3	4
销售单价(元/件)	30	40	50
单位变动成本(元/件)	20	26	30

由于现有设备加工精度不足,在生产丙产品时,需要增加专属设备 5 000 元。同时该企业现有剩余机器工时 8 000 小时。在甲、乙、丙产品市场销售不受限制的情况下,进行方案选择可以采用单位资源边际贡献分析法。

根据已知数据编制单位资源边际贡献分析表见表 6-8。

表 6-8　　　　　　　　单位资源边际贡献分析表

产品 项目	甲	乙	丙
最大产量(件)	$\frac{8\,000}{2}=4\,000$	$\frac{8\,000}{3}=2\,666$	$\frac{8\,000}{4}=2\,000$
单位销售价格(元/件)	30	40	50
单位变动成本(元/件)	20	26	30
单位边际贡献(元/件)	10	14	20
专属成本(元)	—	—	5 000
边际贡献总额(元)	40 000	37 324	40 000
剩余边际贡献总额(元)	—	—	35 000
单位产品定额工时(小时/件)	2	3	4
单位资源边际贡献(元/小时)	5	4.67	4.375

从上述计算结果看,开发甲产品最为有利。甲产品除了边际贡献总额最大外,单位资源边际贡献为 5 元/小时,比乙产品多 0.33 元/小时,比丙产品多 0.625 元/小时,可见无论从哪方面考察,甲产品都是企业生产的首选。

单位资源边际贡献分析法较常用于生产经营决策中的互斥方案决策,例如新产品开发品种的决策。

三、成本无差别点分析法

成本无差别点分析法是指当各备选方案的相关收入均为零、相关的业务量为不确定因素时,通过判断处于不同水平上的业务量与成本无差别点业务量之间的关系,最终选择出最优方案的一种决策方法。例如,零部件自制还是外购的决策、不同工艺进行加工的决策等。

在成本按性态进行分类的基础上,任何方案的总成本都可以用 $y=a+bx$ 表示。所谓成本无差别点分析法是指在该业务量水平上,两个不同方案的总成本相等,但当低于或高于该业务量水平时,不同方案就具有了不同的业务量优势区域。成本无差别点分析法就是依据不同方案的不同业务量优势区域来选择最优方案的方法。需要注意的是各方案的业务量单位必须相同,方案之间的相关固定成本与单位变动成本均不同,否则无法使用该方法。

成本无差别点业务量又称为成本分解点,是指能使两方案总成本相等的业务量。

$$\text{成本无差别点业务量} = \frac{\text{两方案相关固定成本之差}}{\text{两方案单位变动成本之差}}$$

设成本无差别点业务量为 x;a_1、a_2 分别是方案 A 和方案 B 的固定成本总额;b_1、b_2 分别是方案 A 和方案 B 的单位变动成本($a_1 > a_2$,$b_1 < b_2$),则有

$$x = \frac{a_1 - a_2}{b_2 - b_1}$$

判断标准:
(1)当业务量大于成本无差别点 x 时,固定成本较高的方案 A 优于方案 B;
(2)当业务量小于成本无差别点 x 时,固定成本较低的方案 B 优于方案 A;
(3)当业务量等于成本无差别点 x 时,两方案的成本相等,效益无差别。

【例 6-7】某厂生产 A 产品,有新旧两种工艺可供选择。有关成本数据见表 6-9。

表 6-9　　两种工艺方案成本资料

工艺方案	固定成本总额(元)	单位变动成本(元/件)
新方案	450 000	300
旧方案	300 000	400

要求:根据上述资料确定企业工艺方案决策。

解　依据成本资料,计算成本无差别点业务量。

$$\text{成本无差别点业务量} = \frac{\text{两方案相关固定成本之差}}{\text{两方案单位变动成本之差}} = \frac{a_1 - a_2}{b_2 - b_1}$$

$$= \frac{450\ 000 - 300\ 000}{400 - 300} = 1\ 500(\text{件})$$

两种方案的成本和业务量关系图,如图 6-1 所示。

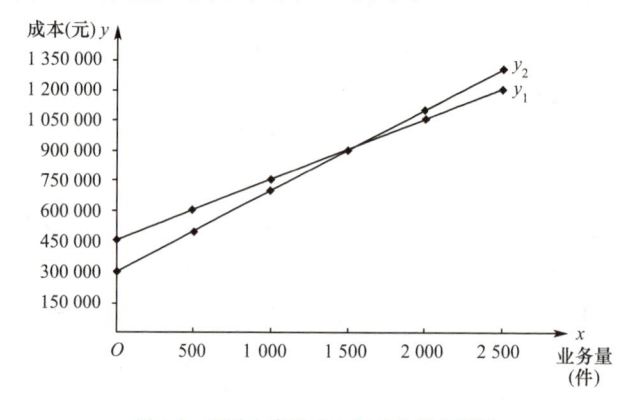

图 6-1　两种方案的成本与业务量关系图

从图 6-1 中可以看出,当企业的业务量为 1 500 件时,两种方案的成本相等,选择哪一种方案都是可以的;当企业的业务量大于 1 500 件时,旧方案的成本高于新方案的成本,因此企业应该选择新方案;当企业的业务量小于 1 500 件时,旧方案的成本低于新方案的成本,则企业应选旧方案。

第三节　生产决策分析

企业短期经营决策中最为重要的内容是进行生产决策分析。生产决策主要是指围绕企业生产领域中的是否生产、生产什么、怎样生产以及生产多少等方面问题而展开的决策分析。生产决策分析的具体内容包括:新产品开发决策、亏损产品应否停产或转产决策、半成品是否进一步加工的决策、联产品是否进一步加工的决策、零部件是自制还是外购的决策以及选择加工设备的决策分析等。

一、新产品开发决策

新产品开发决策属于典型的互斥方案决策类型,它是指企业在利用现有的剩余生产能力开发新产品的过程中,在两个或两个以上备选的新产品中选择最优产品的决策。

在新产品开发决策中,根据是否涉及追加专属成本,可以分为两种情况讨论。

1. 不追加专属成本情况下的新产品开发决策

在新产品开发决策过程中,如果没有涉及追加专属成本,可采用单位资源边际贡献分析法或边际贡献总额分析法进行决策分析。

【例 6-8】　某企业具备利用某种数量有限的 A 材料开发一种新产品的生产能力,现有甲、乙两个品种可供选择。甲品种的单价为 200 元/件,单位变动成本为 160 元/件,消耗 A 材料的单位定额为 10 千克/件;乙品种的单价为 100 元/件,单位变动成本为 70 元/件,消耗 A 材料的单位定额为 6 千克/件。开发新品种不需要追加专属成本。

要求:做出是否开发新产品的决策。

解　决策分析如下:

甲品种的单位边际贡献=200－160=40(元/件)

乙品种的单位边际贡献=100－70=30(元/件)

开发甲品种每单位资源所创造的边际贡献=40÷10=4(元/千克)

开发乙品种每单位资源所创造的边际贡献=30÷6=5(元/千克)

由此可知,开发乙品种对企业比较有利。

2. 追加专属成本情况下的新产品开发决策

在新产品开发决策过程中,如果涉及追加专属成本,可采用相关损益分析法或差别损益分析法进行决策分析。

【例 6-9】　沿用【例 6-8】的资料,假设甲、乙两个新品种需要装备不同的专用模具,需追加专属成本分别为 10 000 元和 5 000 元。如果现有 A 材料 120 000 千克,那么,该企业应如何决策?

解 决策分析如下：

甲品种的销售量 $=\dfrac{120\,000}{10}=12\,000$（件）

乙品种的销售量 $=\dfrac{120\,000}{6}=20\,000$（件）

选择相关损益分析法进行分析，分析见表6-10。

表6-10　　　　　　　　　相关损益分析表

		甲品种	乙品种
相关收入（元）		200×12 000＝2 400 000	100×20 000＝2 000 000
相关成本（元）	变动成本	160×12 000＝1 920 000	70×20 000＝1 400 000
	专属成本	10 000	5 000
相关损益（元）		470 000	595 000

经过相关损益分析法分析后，得出如下结论：乙品种的相关损益高于甲品种，所以应开发乙品种，开发乙品种比开发甲品种可多获利125 000（595 000－470 000）元。

采用差别损益分析法对此例进行决策分析，也可得到相同结论。

二、亏损产品应否停产或转产决策

亏损产品应否停产或转产决策是指在企业生产多种产品时，如果某一种产品的收入不够抵减生产成本，出现了亏损，是否应该停止生产该产品，或者停止生产该产品后，将其生产能力用于开发其他的产品或增加企业原有其他老产品产量的决策。

1. 亏损产品是否停产的决策

假设亏损产品停产后，闲置下来的生产能力无法转移、不能转产，只要亏损产品的单价大于其单位变动成本，即亏损产品的单位边际贡献大于零就不应选择停产。

做出该种决策的原因如下：因为继续生产该亏损产品至少可以补偿企业一部分固定成本。如果停产，发生的固定成本不会减少，并需转由其他产品负担，这样将会造成整个企业减少与该亏损产品所能提供的边际贡献相当的利润。

【例6-10】 某企业生产甲、乙、丙三种产品，假设丙产品为亏损产品，现停产丙产品，其生产能力无法转移。有关利润分析资料见表6-11。

表6-11　　　　　　丙产品停产前的利润分析表　　　　　　单位：万元

项目	甲产品	乙产品	丙产品	合计
营业收入	2 000	1 200	800	4 000
变动成本	1 300	900	700	2 900
边际贡献	700	300	100	1 100
固定成本	400	240	160	800
利润	300	60	－60	300

现假定丙产品停产，该企业的利润会发生怎样的变化？

丙产品停产后利润分析资料见表 6-12。

表 6-12　　　　丙产品停产后的利润分析表　　　　单位：万元

项　目	甲产品	乙产品	合　计
营业收入	2 000	1 200	3 200
变动成本	1 300	900	2 200
边际贡献	700	300	1 000
固定成本	500	300	800
利　润	200	0	200

丙产品停产,但是固定成本(800 万元)没有减少,全部固定成本将由甲产品和乙产品来分担,所以企业的利润由 300 万元降低至 200 万元,因此,管理当局不应做出停产丙产品的决策。

2.亏损产品是否转产的决策

某种产品是否转产的决策具体包括:"不转产,继续生产原产品"和"转产,生产其他产品",其中,"转产,生产其他产品"又可分为"转产某种新产品"和"增产某种老产品"两种具体方案。亏损产品是否转产的决策一般采用边际贡献总额分析法进行分析判断。

【例 6-11】 某企业生产甲、乙、丙三种产品,2017 年销售收入分别为 20 000 万元、30 000 万元和 40 000 万元,其变动成本率分别为 80%、60%和 50%。该企业管理当局需要做出甲产品是否转产的决策。转产后,甲产品的生产能力可用于:①增产乙产品,可使其年收入达到 45 000 万元;②增产丙产品,可使其年收入增加 14 000 万元;③开发变动成本率为 40%的丁产品,每年可实现销售收入 13 500 万元。

要求:用边际贡献总额分析法做出是否转产、转产哪种产品的决策,并列出各备选方案的优劣顺序。

解　编制边际贡献总额分析表,见表 6-13。

表 6-13　　　　　　　边际贡献总额分析表　　　　　　　单位：万元

项目 \ 方案	继续生产甲产品	转　产		
		增产乙产品	增产丙产品	开发丁产品
相关收入	20 000	45 000－30 000＝15 000	14 000	13 500
变动成本	20 000×80%＝16 000	15 000×60%＝9 000	14 000×50%＝7 000	13 500×40%＝5 400
边际贡献总额	4 000	6 000	7 000	8 100

采用边际贡献总额分析法分析后,得出如下结论:该企业应该做出甲产品转产、开发丁产品的决策。根据各备选方案的边际贡献总额的大小排列出备选方案的优劣:开发丁产品＞增产丙产品＞增产乙产品＞继续生产甲产品。

三、半成品是否进一步加工的决策

半成品是否进一步加工的决策属于互斥方案决策类型,它是指企业在直接出售半成品和进一步加工后出售之间进行选择的决策。该决策主要包括"直接出售半成品"和"将半成品进一步加工成产成品"两个备选方案。半成品是否进一步加工的决策常采用差别损益分析法来完成。

【例 6-12】 某企业生产的半成品 A,若经过进一步加工可制成 B 产品,年产量 500 台。半成品 A 的售价为 4 000 元/台,单位变动成本为 2 400 元/台;B 产品售价为 5 000 元/台,进一步加工的单位变动成本为 800 元/台。

要求:替企业管理当局做出半成品 A 是直接出售还是进一步加工成 B 产品后出售的决策分析。

现分为以下四种情况进行决策分析。

(1)假设进一步加工不需要追加专属成本,半成品和产成品的投入产出比例为 1∶1。根据上述资料编制差别损益分析表见表 6-14。

表 6-14　　　　　　　　　　　　差别损益分析表　　　　　　　　　　　　单位:元

项目	进一步加工	直接出售	差异额
相关收入	500×5 000=2 500 000	500×4 000=2 000 000	500 000
相关成本	500×800=400 000	0	400 000
差别损益			100 000

经过编制差别损益分析表,可得出如下结论:企业应选择将 A 半成品进一步加工成 B 产成品后出售的决策,这样企业可多获利 100 000 元。

在没有追加专属成本,并且半成品和产成品的投入产出比例为 1∶1 的情况下,可直接通过下列公式计算出差别损益:

差别损益=(产成品的售价-半成品的售价-产成品的单位变动成本)×半成品加工量
　　　　=(5 000-4 000-800)×500=100 000(元)

(2)如果进一步加工需要追加专属成本,如需要租入一台专用设备,年租金为 80 000 元。编制差别损益分析表见表 6-15。

表 6-15　　　　　　　　　　　　差别损益分析表　　　　　　　　　　　　单位:元

项目		进一步加工	直接出售	差异额
相关收入		500×5 000=2 500 000	500×4 000=2 000 000	500 000
相关成本	加工成本	500×800=400 000	0	480 000
	专属成本	80 000		
差别损益				20 000

经过编制差别损益分析表,可得出如下结论:企业应选择将 A 半成品进一步加工成 B 产成品后出售的决策,这样企业可多获利 20 000 元。

(3)假设企业进一步加工的生产能力仅为 300 台,且该能力也可用于对外承揽加工业务,预计一年可获得边际贡献总额为 100 000 元。编制差别损益分析表见表 6-16。

表 6-16　　　　　　　　　　　　差别损益分析表　　　　　　　　　　　　单位:元

项目		进一步加工	直接出售	差异额
相关收入		300×5 000=1 500 000	300×4 000=1 200 000	300 000
相关成本	加工成本	300×800=240 000	0	340 000
	机会成本	100 000		
差别损益				-40 000

分析结果表明:企业应选择将 A 半成品直接出售的决策,这样企业可多获利 40 000 元。

(4)半成品与产成品投入产出比例为1∶0.9。相关差别损益分析表见表6-17。

表6-17　　　　　　　　　　差别损益分析表　　　　　　　　　　单位:元

项　目	进一步加工	直接出售	差异额
相关收入	500×0.9×5 000＝2 250 000	500×4 000＝2 000 000	250 000
相关成本	500×0.9×800＝360 000	0	360 000
差别损益			－110 000

分析结果表明:企业应选择将A半成品直接出售的决策,这样企业可多获利110 000元。

四、联产品是否进一步加工的决策

联产品是指通过对同一种原料按照同一工艺过程加工,所产出的性质相近、价值相差不多的多种产品的统称。例如石化企业对原油进行加工,生产出的汽油、柴油、重油等产品,就属于联产品。

联产品是否进一步加工的决策是属于互斥方案的决策类型,它是围绕着选择"直接出售联产品"还是选择"进一步加工联产品"而展开的决策。对该决策较常采用差量分析法进行决策分析。需要注意的是,联合成本是联产品自身产生的成本,属于无关成本,可分成本是联产品进一步加工时产生的变动加工成本,属于相关成本。

【例6-13】 某企业对同一原料进行加工,可同时生产出甲、乙、丙三种联产品。年产量分别为2 500千克、1 500千克和1 000千克。全年发生联合成本共计450 000元,分配到每种联产品中的成本分别为225 000元、135 000元以及90 000元。其中丙联产品可直接出售。企业已经具备将80%的丙联产品进一步加工成丁产品的能力,且无法转移。每进一步加工1千克丙联产品需额外追加可分成本20元。丙联产品和丁产品的投入产出比例为1∶0.7。如果企业每年额外支付22 000元租金租用一台专用生产设备,可以进一步使加工能力达到100%。甲、乙、丙三种联产品的单价分别是200元、210元和135元,丁产品的单价是240元。计划年度企业可以在以下三个方案中做出选择,即将全部丙联产品进一步加工为丁产品,将80%的丙联产品进一步加工为丁产品和直接出售全部丙联产品。

要求:采用差量分析法做出丙联产品是否进一步加工的决策。

依据题意编制相关损益分析表见表6-18。

表6-18　　　　　　　　　　相关损益分析表　　　　　　　　　　单位:元

项目 \ 方案		将丙联产品进一步加工成丁产品		直接出售丙联产品
		进一步加工(100%)	进一步加工(80%)	
相关收入		1 000×0.7×240＝168 000	1 000×80%×0.7×240 ＋1 000×20%×135＝161 400	1 000×135＝135 000
相关成本	可分成本	1 000×20＝20 000	1 000×80%×20＝16 000	0
	专属成本	22 000	0	0
相关损益		126 000	145 400	135 000

由于有多个备选方案,所以采用差量分析法中的相关损益分析法来进行决策分析,决策结论:将80%的丙联产品进一步加工成丁产品后再出售的方案为最优方案。

五、零部件是自制还是外购的决策

零部件是自制还是外购的决策属于互斥方案的决策类型,它是指企业围绕既可自制又可外购的零部件取得方式而开展的决策。该决策是要求管理当局从"自制零部件"和"外购零部件"两个备选方案中进行决策分析。在进行决策分析时,仅需考虑相关成本因素,不需要考虑相关收入。零部件是自制还是外购的决策根据零部件年需用量确定与否分为成本无差别点法和相关成本分析法。

1. 零部件全年需用量不确定的情况

在零部件全年需用量不确定的情况下,管理当局可采用成本无差别点法进行决策分析。

【例6-14】 某企业生产需要A零件,外购的市场价为20元/件,若自制每年会发生专属固定成本30 000元。生产该零件的单位变动生产成本为14元/件,请做出企业是外购还是自制该零件的决策。

解 因为A零件需求量不确定,因而可以用成本无差别点法来进行决策。

自制A零件方案的固定成本a_1=30 000元,单位变动成本b_1=14元/件;

外购A零件方案的固定成本a_2=0元,单位变动成本b_2=20元/件。

利用成本无差别点公式进行计算分析:

$$成本无差别点业务量=\frac{两方案相关固定成本之差}{两方案单位变动成本之差}=\frac{a_1-a_2}{b_2-b_1}$$

$$=\frac{30\ 000-0}{20-14}=5\ 000(件)$$

由此可知,若企业每年需要的A零件大于5 000件,则外购成本较高,企业可自制A零件;若企业每年需要的A零件小于5 000件,则自制成本较高,企业应选择外购A零件。

2. 零部件全年需用量确定的情况

在零部件全年需用量确定的情况下,管理当局在进行零部件是自制还是外购的决策分析时,可以看作两个方案的预期收益相同,因此仅需比较两个方案的成本。

【例6-15】 某企业每年需零部件100 000个。该零部件单位制造成本为:材料20元/件,直接人工4元/件,变动性制造费用1元/件。该零部件外购单价为27元/件。

要求:针对以下三种不同情况,做出自制还是外购的决策分析。

(1)若自制能力无法转移。

(2)若不自制,生产能力可用于对外加工,每年预计收益300 000元。

(3)若自制,需追加固定成本50 000元。

解 (1)自制成本=100 000×(20+4+1)=2 500 000(元)

外购成本=100 000×27=2 700 000(元)

因为外购成本2 700 000元大于自制成本2 500 000元,因此企业应自制零部件。

(2)该方案中"若不自制,生产能力可用于对外加工,每年预计收益300 000元",是自制方案的潜在收益,属于机会成本,机会成本是相关成本,所以应将"300 000元预期收益"计入自制方案的成本中。

自制成本＝(20＋4＋1)×100 000＋300 000＝2 800 000(元)
外购成本＝100 000×27＝2 700 000(元)

因为外购成本小于自制成本,所以应外购。

(3) 该方案中"若自制,需追加固定成本50 000元",属于自制方案的专属成本,所以应计入自制方案的成本中。

自制成本＝(20＋4＋1)×100 000＋50 000＝2 550 000(元)
外购成本＝100 000×27＝2 700 000(元)

因为外购成本大于自制成本,所以应自制。

六、选择加工设备的决策

选择加工设备的决策属于互斥方案的决策,它是指企业生产某种产品时所面临的选择"工艺先进的设备"还是选择"普通设备"的决策。该决策仅涉及相关成本,不涉及相关收入。选择加工设备的决策分析通常采用成本无差别点分析法。

【例 6-16】 某公司生产甲产品,可选用两种生产设备进行生产加工。采用自动化生产设备进行生产时,单位变动成本为20元/件,年固定成本为40 000元;采用机械化生产设备进行生产时,单位变动成本为25元/件,年固定成本为30 000元。

要求:做出采用哪种设备生产甲产品的决策。

解 根据题目所给出的条件,采用成本无差别点分析法进行决策,分析过程如下:

选择自动化生产设备方案的固定成本 $a_1＝40\,000$ 元,单位变动成本 $b_1＝20$ 元/件
选择机械化生产设备方案的固定成本 $a_2＝30\,000$ 元,单位变动成本 $b_2＝25$ 元/件

利用成本无差别点公式进行计算分析:

$$成本无差别点业务量 = \frac{两方案相关固定成本之差}{两方案单位变动成本之差} = \frac{a_1-a_2}{b_2-b_1}$$

$$= \frac{40\,000-30\,000}{25-20} = 2\,000(件)$$

经过成本无差别点法分析,得出结论:当企业的产销量小于2 000件时,应该采用机械化生产设备方案;当产销量大于2 000件时,应采用自动化生产设备方案;当产销量等于2 000件时,两方案可任选其一。

在实务上,管理当局在进行选择加工设备的决策时,除了要考虑上述相关成本因素外,还要结合企业对未来经营规模的预测,对选择不同生产设备可能带来的产品质量、加工速度以及是否达到环保要求等方面进行综合考虑。

第四节　定价决策分析

市场经济下,企业需要给其生产的产品或服务制定适当的价格。因为价格是影响市场需求的重要因素之一。合理的产品价格通常会给企业带来较高的销售量,增加盈利,甚至扩大产品的市场占有率。因此企业只有在充分考虑价格制定的影响因素的基础上,才

能制定出合理的产品价格,促进企业实现短期的营运目标。由此,企业管理部门做出合理的定价决策是其重要的职责,可促使企业实现长远利益,直接影响企业的生存和发展。

一、影响定价决策的基本因素

1. 产品价值因素

产品价值是产品价格的基础,产品价格是产品价值的货币表现,二者关系密切。一般来说,产品价值包含产品的正常生产成本、流通费用、应获得的合理利润和应缴纳的有关税款。产品价值的大小,在很大程度上决定了产品价格的高低,是影响产品价格变动的最主要的因素,而其中产品的成本在定价中又起到了决定性的作用,产品价格首先要能补偿产品的成本,然后才能考虑其他的因素。

2. 市场供求关系因素

供求关系是指一定时期内市场上产品供应和产品需求之间的关系。市场供求关系的变动直接影响产品的定价。一般来说,产品的市场需求超过供应时,则产品的价格可定得较高;而产品的需求低于供应时,则可将产品的价格定得较低。但同时需要注意的是,产品价格的上升或者下降可能会引起市场需求和供给的变动,两者互为影响,这需要企业在进行定价决策时要考虑得较为周全。

3. 政策法规因素

价格政策是国家管理价格的有关措施和法规,它是国家经济政策的组成部分。企业应在国家的价格政策允许的定价范围内制定产品的价格。

4. 竞争因素

在市场经济条件下,企业之间必然存在竞争。但竞争的程度不同,企业的定价自由度也会不同。市场经济下,存在完全竞争、垄断竞争、寡头垄断竞争和纯粹垄断竞争四种市场类型,企业产品所处的市场类型不同,定价决策也不一样。

(1)在完全竞争条件下,市场上产品的卖方和买方众多,产品同质,产品的价格都不能由某一厂商来决定,企业只能按照市场供求关系所决定的市场价格来出售产品,擅自提价或降价必然会导致损失。因此在该市场类型下,企业只是价格的接受者,而不是价格的制定者。

(2)垄断竞争是一种介于完全竞争和纯粹垄断竞争之间的市场类型。在此类市场中,产品的买方和卖方很多,企业所生产的产品存在一定差异。因此各个企业对自己的产品具有一定的垄断性,能控制自己产品的价格。此时企业是强有力的价格决定者。

(3)寡头垄断竞争是竞争和垄断的混合物。此种类型的市场中,少数几家大公司控制市场的价格,而且它们相互依存、相互影响。

(4)纯粹垄断竞争是指在一个行业中,某种产品的生产和销售完全由一个卖家独家经营和控制。在纯粹垄断的市场条件下,垄断企业可以在国家允许的范围内随意定价。

由此可见,除完全竞争市场条件外,处于其他三种市场类型中的产品,其生产企业均对自己的产品具有较大的价格制定权力。

5. 科学技术因素

科学发展和技术进步在生产中的推广与应用,必将导致新产品、新工艺、新材料代替老产品、旧工艺和老材料,从而形成新的产业结构、消费结构和竞争结构。例如,电脑技术的飞速发展必将对使用旧技术生产的电脑价格造成影响,化纤工业的发展对传统棉纺织工业造成了冲击。这些科学技术因素对价格的影响必须予以考虑。

6. 商品的市场生命周期因素

商品的市场生命周期包括四个阶段:投入期、成长期、成熟期和衰退期。在不同的阶段,结合企业对该产品投放市场的战略规划以及该产品的产品属性,定价策略应有所不同。比如,投入期的价格,主要考虑让市场接受产品;成长期和成熟期主要考虑扩大市场占有率,产品价格应该以稳定为主;当产品进入衰退期后,应采取降价措施,以回收资金为主要目的。

7. 相关产品因素

有些产品的销售量取决于相关产品的销售,它们之间会存在替代或互补的关系。如照相机和胶卷、轮胎业和汽车业、电脑和软件等。这样的关系会直接影响彼此间的价格博弈。

二、定价决策常用的方法

定价决策常用的方法有以下三种:

1. 以市场为导向的定价决策

以市场为导向的定价决策又称为按需定价的决策,它会优先考虑消费者对价格的接受程度,企业通过该定价决策制定的价格要尽量使企业的产销量不仅符合社会需要,而且能为企业带来可观的效益。

根据经济学的观点,在市场经济中由于供需规律的作用,企业要想扩大销售量,就要降低价格,增加品种;要想提高价格,就只能减少销售量,提高质量。在这种情况下,随着产品销售量的增加,最初销售总收入可能会增加得很快,继而增长速度就会变慢,最终还可能出现下降的现象。与此同时,产品的销售总成本开始比较高,随着产品销售量的增加,资源利用效率逐渐提高,使总成本逐渐下降;但当销售量增加到一定程度时,资源利用效率开始下降,导致总成本重新上升。因此销售总收入和销售总成本在坐标图中都表现为曲线,也就是说,它们的函数至少是二次方程。如图 6-2 所示。

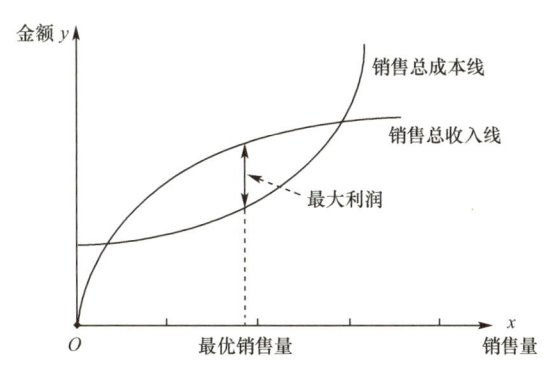

图 6-2 销售总收入和销售总成本发展趋势图

从图 6-2 中可以看出,理论上的最优销售价格,既不是水平最高的价格,又不应为水平最低的价格,而是能使销售总收入和总成本的差额达到最大时的价格,也就是使企业获得最大利润的价格。

为了计算最优销售价格,就要涉及边际收入和边际成本概念。根据经济学的有关知识可知,边际收入和边际成本相等时,企业的总利润最大,此时的销售价格和销售量就分别是最优的销售价格和销售量。

由于收入和成本函数有连续型和离散型之分,其最优价格的确定就有公式法和列表法两种。

(1) 公式法

公式法是指当收入与成本函数均为可微函数时,可直接通过对利润函数求一阶导数,进而求得最优售价的方法。

公式法的原理如下:

假设售价和需求量之间存在函数关系:$p = \varphi(x)$

所以可设销售总收入函数 $TR = g[\varphi(x)]$,销售总成本函数 $TC = f(x)$。

因此利润函数

$$P = TR - TC = g[\varphi(x)] - f(x)$$

对利润函数 P 求导:

$$P' = TR' - TC'$$

式中:$P' = MP$(边际利润),$TR' = MR$(边际收入),$TC' = MC$(边际成本)

实际中,$P'' < 0$,当 $MP = MR - MC = 0$ 时,利润 P 有最大值。

当 $MR - MC = 0$ 时,可以求得极值点销售量 x_0,将 x_0 代入价格和利润模型得:

极值点售价 $p_0 = \varphi(x_0)$

极值点利润 $P_0 = g[\varphi(x_0)] - f(x_0)$

所以 x_0 和 $\varphi(x_0)$ 被称作极值点"销售量-售价"的优化组合。

如果极值点是唯一的,则 x_0 和 $\varphi(x_0)$ 被称作极值点"销售量—售价"的优化组合;若极值点不是唯一的,则通过比较极值利润,最终确定最优的"销售量—售价"组合。

【例 6-17】 假定已知某企业 A 产品的售价与销售量之间存在以下关系:$p = 400 - 20x$;总成本方程为:$TC = 500 + 20x^2$。

要求:制定出该产品的最优价格。

决策分析如下:

由于总收入为产品价格和销售量的乘积,故总收入的方程为:

$$TR = px = (400 - 20x)x = 400x - 20x^2$$

边际收入方程是总收入方程对产量 x 的导数,边际成本方程是总成本方程对产量 x 的导数,即

$$MR = \frac{dTR}{dx} = 400 - 40x$$

$$MC = \frac{dTC}{dx} = 40x$$

令 MR＝MC,则
$$400-40x=40x$$
得
$$x=5$$
即销售量为 5 个单位时,企业的总利润会达到最大。

把 $x=5$ 代入售价公式,可得售价为
$$p=400-20\times 5=300(元)$$
也就是说,企业产品价格定为 300 元时,企业可实现利润最大化,此时的利润额为:
$$P=(400x-20x^2)-(500+20x^2)=500(元)$$

公式法的优点:以微分极值原理为理论基础,可直接对收入与成本函数求导,计算结果较为精确。此方法的缺点:售价和销售量的函数关系、总成本函数关系不容易确定;该方法只能对可微函数才能求导数,对于非连续函数无法使用,只能借助列表法才能求出最优售价。

(2)列表法

当收入与成本函数均为离散型函数时,可通过列表法判断边际收入与边际成本的关系或考察边际利润的值来确定最优售价。

【例 6-18】 根据【例 6-17】的方程式计算边际收入和边际成本,见表 6-19。

表 6-19　　　　　　　　边际收入和边际成本计算表　　　　　　　金额单位:元

销售单价(p)	销售量(x)	销售收入(TR)	边际收入(MR)	总成本(TC)	边际成本(MC)	边际利润(MP)	总利润(P)
380	1	380	—	520	—	—	−140
360	2	720	340	580	60	280	140
340	3	1 020	300	680	100	200	340
320	4	1 280	260	820	140	120	460
300	5	1 500	220	1 000	180	40	500
280	6	1 680	180	1 220	220	−40	460
260	7	1 820	140	1 480	260	−120	340
240	8	1 920	100	1 780	300	−200	140
220	9	1 980	60	2 120	340	−280	−140
200	10	2 000	20	2 500	380	−360	−500
180	11	1 980	−20	2 920	420	−440	−940

从表 6-19 可知,当销售量的变动以 1 个单位递增时,最大利润所对应的销售量为 5 个单位,最优售价为 300 元。从边际利润 MP 一栏看,最优售价刚好在边际利润为不小于零的最小值的地方。在离散条件下,除了当边际收入等于边际成本时可找到最优售价外,最优售价的位置应该在边际利润为不小于零的最小值的地方。

公式法和列表法从理论上看比较科学,它以微分极值原理为理论依据,计算结果比较精确。但在实际中,销售单价和销售量的函数关系以及总成本函数关系很难准确地估计,另外影响售价的因素,不仅有消费者,还有中间商、供应商、竞争对手以及政府的政策法律和法规等,销售量的影响因素也包括除价格外的产品质量、售后服务、品牌等诸多因素,因此,上述定价方法并不能满足实际需要,仅可作为实际定价决策的理论依据。

2. 以成本为导向的定价决策

在现实工作中,多数企业管理人员是以会计上所计算的产品成本为基础制定价格。原因有两方面:一是会计资料容易获得,可满足定价的时效性原则;二是对企业来说售价补偿所耗费的成本是企业生存的底线,因而以成本为基础的定价方法是常见和重要的定价方法。

成本加成定价法是以成本为导向的定价决策中最为常见的方法。其理论基础是产品的价格必须首先补偿成本,然后再考虑为投资者提供合理的利润,它是在单位成本的基础上,按预定的加成率计算相应的加成额,进而确定产品的目标售价。

其计算公式为:

$$价格 = 单位产品成本 + 单位产品成本 \times 加成率$$

在实务操作中,有的在完全成本法提供的成本资料的基础上进行成本加成定价,有的在变动成本法提供的成本资料的基础上进行成本加成定价。

(1) 完全成本法下的成本加成定价法

完全成本法下的成本加成定价法是指以完全成本为基础的定价方法。完全成本法的产品成本是指产品生产过程中发生的制造成本,包括直接材料、直接人工、变动性制造费用和固定性制造费用。

完全成本法下的成本加成定价法的相关计算公式如下:

$$产品价格 = 单位产品生产成本 \times (1 + 加成率)$$

其中

$$单位产品生产成本 = 直接材料 + 直接人工 + 变动性制造费用 + 固定性制造费用$$

$$加成率 = \frac{目标利润 + 非制造成本}{产量 \times 单位制造成本}$$

完全成本法下的成本加成定价法的优点主要有以下几点:①从长远的观点看,产品或劳务的价格必须要补偿全部的成本并应获得正常的利润。如果单位总成本或单位制造成本计算正确的话,那么在一般情况下,以单位总成本或单位制造成本为基础制定的产品或劳务的价格,能够保证企业获得一定的利润。②完全成本可以证明产品或劳务价格的正确性。消费者一般理解企业为了维持经营,必须要在其销售的产品或劳务中赚取一定的利润,因而这样的定价方法既可以得到消费者的理解,也是相对公平的。③完全成本信息可以从会计部门获取。因此,应有的估计一旦做出,总成本或制造成本及相应价格的计算就比较简单。

完全成本法下的成本加成定价法的缺点在于:单位总成本或单位制造成本中的间接固定性制造费用是按照计划产量分配的。如果实际产量和计划产量出入较大,那么实际单位总成本或单位制造成本就会与定价基础的预计成本相差很大。很显然,这会使按计划产量基础确定的价格不合理,企业实际确定的加成率也会相应发生变化。因此,企业管理当局采用此方法定价时,必须对未来产量做出最确切的预测。此外,以完全成本为基础的成本未能区分变动成本和固定成本,不便于进行本量利分析,不能预计价格和销售量的变动对利润的影响,因此,完全成本法不适宜用于短期定价决策。

(2)变动成本法下的成本加成定价法

变动成本法下的成本加成定价法是指以变动成本为基础的定价方法。变动成本法的产品成本是指产品生产过程中发生的变动生产成本,包括直接材料、直接人工、变动性制造费用。

变动成本法下的成本加成定价法的相关计算公式如下:

$$产品价格 = 单位产品变动成本 \times (1 + 加成率)$$

其中

$$单位产品变动成本 = 直接材料 + 直接人工 + 变动性制造费用$$

$$加成率 = \frac{目标利润 + 固定成本}{产量 \times 单位变动成本}$$

我们可以列出加成率的通用公式:

$$加成率 = \frac{实现预计投资报酬率的目标利润 + 不包括在成本基数中的总成本}{产量 \times 单位成本(成本基数)}$$

变动成本法下的成本加成定价法的优点:①变动成本注重的是与产品或劳务相关的成本,它不要求将共同性固定成本分配于各个产品或劳务上,所以它特别适用于短期定价决策;②由于变动成本法区分了变动成本和固定成本,因此可以利用本量利分析来考察价格和销售量的变动对利润的影响,从而就可以制定出使企业利润最大化的价格。

该方法的缺点:如果以产品或劳务的变动成本为定价的最低限额,而固定成本又在企业成本中占较大的比重,那么就可能定出较低的价格而使企业的收入不能弥补固定成本,造成企业亏损。因此,若以变动成本作为定价的基础,管理当局应该确定较高的加成率,以确保价格能够弥补成本。

【例 6-19】 假定某公司正在研究制定新产品 A 的定价。公司下一年度计划生产 A 产品 10 000 台。有关的试制成本如下:

直接材料	250 000 元
直接人工	50 000 元
变动性制造费用	20 000 元
固定性制造费用	30 000 元
变动性销售及管理费用	100 000 元
固定性销售及管理费用	50 000 元
成本总额	500 000 元

已知要求的加成率为:在总成本的基础上加成 50%;在变动成本的基础上加成 64.07%。

要求:根据以上资料计算 A 产品的定价。

解 (1)按照完全成本法下的成本加成定价法进行定价决策分析

先确定完全成本法下 A 产品的单位生产成本

单位产品生产成本 = (直接材料 + 直接人工 + 变动性制造费用 + 固定性制造费用) ÷ 产量
= (250 000 + 50 000 + 20 000 + 30 000) ÷ 10 000 = 35(元)

再按照加成率给 A 产品定价

产品价格＝单位产品生产成本×(1＋加成率)
      ＝35×(1＋50％)＝52.50(元)

(2)按照变动成本法下的成本加成定价法进行定价决策分析

先确定变动成本法下 A 产品的单位变动成本

单位产品变动成本＝(直接材料＋直接人工＋变动性制造费用)÷产量
              ＝(250 000＋50 000＋20 000)÷10 000＝32(元)

再按照加成率给 A 产品定价

产品价格＝单位产品变动成本×(1＋加成率)
      ＝32×(1＋64.07％)＝52.50(元)

经决策分析发现,两种成本定价法计算出的产品价格是一致的。

【例 6-20】 承【例 6-19】的资料,假定该公司的平均投资总额为 300 000 元,目标投资报酬率为 20％。

要求:分别计算各种成本基础下的加成率。

解 (1)确定年目标利润

年目标利润＝300 000×20％＝60 000(元)

(2)完全成本法下的加成率

$$加成率 = \frac{目标利润＋非制造成本}{产量×单位制造成本} = \frac{60\,000＋(100\,000＋50\,000)}{10\,000×35} = 60\%$$

(3)变动成本法下的加成率

$$加成率 = \frac{目标利润＋固定成本}{产量×单位变动成本} = \frac{60\,000＋(30\,000＋50\,000)}{10\,000×32} = 43.75\%$$

3. 以特殊要求为导向的定价决策

以特殊要求为导向的定价决策具体包括保利定价法、保本定价法以及极限定价法等。

(1)保利定价法

保利定价法是指在目标利润、预计销售量以及相关成本指标明确的基础上,计算出以保利为目的的保利价格的一种定价方法。

计算公式如下:

$$保利价格 = 单位变动成本 + \frac{固定成本＋目标利润}{预计销售量}$$

$$= 单位变动成本 + \frac{目标边际贡献}{预计销售量}$$

(2)保本定价法

保本定价法是指在成本指标和预计销售量既定的基础上,计算出以保本为目的的保本价格的一种定价方法。

计算公式如下:

$$保本价格 = 单位变动成本 + \frac{专属固定成本}{预计销售量}$$

在竞争形势下,个别产品价格在一定条件下可能定得比较低,只有微利甚至仅仅保本,如企业为了打开产品销路,挤占市场,从而提高企业产品的市场占有率时,可按照保本价格组织销售。只要价格略大于或等于保本价格，企业就不会亏损。

此方法除了适用于竞争产品保守价格的制定外，还可应用于计算确定那些需要追加专属成本的特殊订货的最低可行价格，但必须以相关的绝对剩余生产能力无法转移为前提。

(3) 极限定价法

极限定价法是指企业把事先确定的一定单位成本标准作为定价决策的最低价格极限的一种定价方法。

在企业生产能力剩余且无法转移时，追加订货的最低极限价格就是单位变动成本；对于那些实在难以找到销路的积压产品，甚至可以规定它们在一定时期内平均负担的仓储保管成本和损耗费以及有关的资金占用成本的合计数作为确定极限价格的依据。

只要出售价格不低于这种极限价格，对企业而言就是有利可图的。

三、定价决策的策略

企业在进行定价决策分析时，既要合理运用定价决策方法，也要讲究定价决策策略。以下介绍企业在进行定价决策时常采用的几种定价策略：

企业在进行产品定价时，应该首先考虑在一种产品或服务生命周期的三个主要阶段——成长期、成熟期和衰退期，并根据不同阶段的特点采取不同的定价策略。

- 成长期

为一种产品或服务正确地制定上市价格，可以重新设定市场价格预期值，以及提高产品生命周期其余阶段的利润曲线。在成长阶段，专注于三种要求至关重要：制定能长期获取最大价值的上市价格；避免由老产品造成的"锚定效应"；运用产品组合打造企业的优势。

为了制定能使长期价值最大化的上市价格，一个先决条件是进行基于情景的分析，这种分析应包括不同的定价模式、客户和竞争对手的潜在反应，以及对企业盈利的影响。这种方法可以帮助企业避免犯一些常见的错误，如制定的上市价格过低，或产品上市后不久就降价。仔细调整现有产品的价格，也可以减轻它们拖累新产品价格的程度。企业应该更广泛地在其现有产品组合的范围内评估新产品的定价水平。

看一下一家医疗设备制造商的情况：这家企业每隔 6～18 个月，就要推出其所有主要产品的新版本。每一种新版本——无论是一种重大创新，还只是一种细微改进——的价格都只比现有版本的价格高几个百分点，这是一种鼓励更新和减轻潜在客户反弹的努力。然后，该公司会大幅度(20%～40%)降低老产品的价格，同时，在相当长的一段时期内继续销售它们，因为一些客户对其仍有需求，而且该公司希望为新产品提供一种成本较低的替代品。

这种定价方法拖累了新产品的价格，因为它们相对于老产品的增量价值大致保持不变。正如许多企业那样，尽管该公司每年的研发投资高达数亿美元，但每种产品线的平均价格却每年都在下降。换句话说，该公司的创新正迅速使自己从一家市场领军企业变成一家表现平庸的企业。当该公司认识到事情的后果时，它取消了对老产品的"降价销售"，改变了销售队伍的激励机制，以支持新的生命周期定价策略，并以更高的溢价精心推出后续产品。

• 成熟期

一种产品一旦上市，并被市场稳定地接受，它就进入了成熟期。在这个阶段，机遇与风险并存：风险通常出现在企业已经赚到了一种产品的大多数经营利润时，而且往往发生在可能出现"类似"产品时，以及价格被挤压到极致时。企业很少会重新审视其产品价格与销量之间的平衡关系，或位于平衡点的价值图，它们也很少进行必不可少的、基于市场的客户调查。如果它们做了这些工作，它们就能更有效地对价格与销量的平衡进行精确调整，预测内部和外部的定价触发事件，并确定和采纳能获取更多价值的定价新模式。在这个阶段，企业应该着手进行精确调价、预测触发事件、监测市场状况，并仔细考虑可能会改变游戏规则的定价新模式。

在产品的成熟期，企业改变产品价格时应当小心谨慎。管理者必须仔细分析这种价格变动是否恰当（例如，降低产品价格是否会提高其生命周期利润），如果恰当，是否处于最有效的调价时机。例如，一家个人电脑公司每周都要进行市场价格测试，只有当电脑销量下降，且测试结果显示，较低的价格将会显著增加销量时，才会实施降价。在产品成熟期阶段，以这种方式（而不是通过不断降价的方式）来管理价格，使该公司大部分型号的电脑在其生命周期中能够产生数千万美元的额外经营利润。

在产品的成熟期，存在许多定价触发事件，包括内部事件（如新的产品型号上市，或成本定位发生变化）和外部事件（如价格波动、竞争对手推出新产品，或客户需求发生变化）。企业必须监测市场，使自己可以提前预见此类事件，否则，它们将会面临无法利用其竞争对手行为变化的后果。以一家医疗设备企业为例，在享有一段时期的产品专利权以后，它决定降低产品价格，仅仅因为这是它的标准惯例。然后，当该公司的两个主要竞争对手推出了与它自己的产品类似，但价格却高得多的产品时，它并没有对此做出回应。该公司没有提高产品价格，以获取更大利润——或至少保持原价——而是继续打折销售，最终损害了每个企业的价格和利润，也没有获得更大的市场份额。

最后，表现优异的企业总是在寻求获取价值的各种方法，而且，一种新的成熟期定价模型可以使一种产品重振雄风。例如，喷气发动机的维修服务过去一直是由发动机制造商提供，他们通常采用一种与每次前往维修车间提供服务相关的"时间与材料"标准定价模式。随着第三方服务提供商以较低的价格进入该市场，并开始崭露头角，有一家发动机制造商推出了一种基于飞行小时数——它与发动机的磨损和损坏程度大致相关——的长期服务协议。航空公司很喜欢这种新的定价模式，因为它大大提高了它们服务成本的可预测性。这家发动机制造商的销量与利润都大幅增长，而且行业价格的挤压节奏也有所减缓。

• 衰退期

与人们的直觉相反，一种产品的衰退期可能是提价而不是降价的大好时机。其原因在于，它的"总计"成本可能已经增大，或者对于剩余的客户而言，该产品内在价值的下降可能并不像对那些已换用其他产品的客户那样大。事实上，对于某些用户来说，它的价值甚至可能有所增大。所有这些因素都可能转化为为该产品支付更高价格的意愿。无论一家企业做何抉择，它都必须对服务于一个市场的真实成本，以及仍在购买该产品的客户群体具有深刻的洞察力。企业组织应该遵循产品衰退期的三个定价原则：充分利用那些具有很高支付意愿的客户的钱袋;尽量减小与下一代产品的相互竞争;积极努力,减少不利产品的扩散。

某些客户可能对一种老产品的价格不太敏感,因为他们对它更满意,了解它的更多价值,或者认为转换成本过高。一家半导体制造商对从传统产品向新产品的过渡进行了有益的管理,它希望客户采用新产品,但是也承认,对某些用户而言,老产品仍然具有很大的价值。实际上,该公司在新产品上市后,提高了处于衰退期的传统产品的价格。通过以非常高的利润率继续又销售了几个季度的老产品,该公司获得了至少 2.5 亿美元的额外利润。如果它按照其常规做法,在新产品上市后就降低传统产品的价格,它就会放弃这些收入。

即便在一种新产品上市之前或刚刚上市后,对老产品打折降价是企业的第一个本能反应,但如果降价幅度过大,可能会使老产品看起来价值更高,从而影响到新产品的销路。促使老产品更快退出市场,并在其剩余产品销售中实现更高利润的一种方法是,遵循上述半导体制造商的做法,提高老产品的价格,尽管一些企业必须防范提价将造成库存老产品过时或过期的风险。另一种方法——简单地取消老产品——可以在供应链、服务业务和客户服务中减少不必要的复杂性。

最后,许多企业,尤其是面向企业客户销售产品的企业,都没有很好地管理产品扩散问题。如宣称"我们从不砍掉一种产品"的情况并不鲜见。此外,很少有企业仔细评估其产品随着时间推移——尤其是在衰退期阶段——经济因素的变化。虽然对所有企业来说,这样做都比较麻烦,但对于采用成本加价会计方法的企业而言,这样做尤其困难,因为在这些企业中,是通过将标准利润率应用于标准产品成本来制定价格的。

例如,一家工业设备制造商忽视了生命周期各阶段的差异,将其成本定价推广应用于所有的产品——使其看起来似乎仍在老产品上赚取合理的利润。但是,对该公司产品在生命周期每个阶段的成本进行更仔细的考察后,管理层发现,老产品的生产成本已经大大超过了预期,有很多产品实际上无利可图。一旦弄清真相后,该公司就取消了一些老产品和无利可图的产品,并提高了其他产品的价格,从而使这些产品的生产和库存获得合适的回报。

1. 需求心理定价策略

需求心理定价策略是指运用心理学原理,根据消费者的需求心理制定产品价格的一种定价方法。主要有以下几种:

(1)尾数定价。尾数定价是指在定价时使产品价格的末尾数为非整数,如 399 元、59 元等。这种方法多用于中低档商品。

(2)觉察价值定价。觉察价值定价是指卖方根据顾客对价值的感受,而不是按照企业产品的成本费用水平来确定价格。企业利用市场营销组合中的非价格变数来影响消费者,使他们的脑子里先形成觉察价值,然后据此来制定价格。觉察价值的关键是:企业要正确估计"购买者所承认的价格"。

(3)声望定价。声望定价是指根据消费者对某些产品的信任,以及消费者对名牌、高档产品的追求形成的"价高质优"的心理,把某些实际价值不是很大的产品定出很高的价格以吸引消费者购买。

(4)促销定价。促销定价是指利用消费者求廉心理,有意将某些产品减价,以接近甚至低于成本的价格出售,目的在于扩大其他产品的出售。这种模式的定价旨在吸引顾客购买减价品的同时,购买其他正常的商品。

(5)产品组合定价。产品组合定价是指根据产品组合中各种产品之间的价格关系来确定价格。产品组合是指一个企业所生产或经营的全部产品大类和产品项目的组合。主要有以下几种:①产品线定价,也称产品大类定价。企业通常都是开发产品大类,而不是单个产品。产品大类中每一个产品都有不同的外观和特色。企业必须适当安排好产品大类中各个相互关联的产品之间的"价格差额"。②连带产品定价,也称互补定价。所谓连带产品,是指必须和主要产品一起使用的产品。例如剃须刀的刀片、照相机的胶卷等。一般把主要产品的价格定得较低,而把连带产品的价格定得较高。③成套产品定价,也称产品束定价,是把一组产品装成一包,以低于单个产品价格之和的价格一起出售。这样的定价策略可促使产品的销售。

2. 需求价格弹性定价策略

所谓需求价格弹性,是指产品的需求量对价格变动做出反应的程度。一般来说,价格下降,需求量上升;价格上升,需求量下降。需求的价格弹性通常用需求量变化的百分比与价格变动的百分比之比,即需求价格弹性系数来表示。其计算公式为:

$$需求价格弹性系数(E)=需求量变化的百分比/价格变化的百分比$$

上式表明,价格每增加或减少1%,需求量所降低或增加的百分比,因此,需求价格弹性恒为负值,其绝对值可以反映出需求和价格变动水平的关系。

(1)当$|E|>1$时,产品需求富有弹性,表明价格以较小的幅度变动时,需求量会产生较大幅度的变动;

(2)当$|E|<1$时,产品需求缺乏弹性,表明价格以较大的幅度变动时,需求量变动幅度小于价格的变动幅度;

(3)当$|E|=1$时,产品需求弹性单一,表明需求量的变动和价格变动的幅度完全一致。

需求价格弹性系数的大小,说明了产品价格和需求之间反方向变动水平的大小。对于需求弹性大的产品,降低价格会使需求量大大增加,因此,应适当降低价格,刺激需求,薄利多销。对于需求弹性小的产品,当价格变动时,需求量的变动幅度很小,对此类产品,不仅不应降低价格,相反,在条件允许的范围内,应适当调高价格,从而增加利润。而对于需求弹性单一的产品,前两者的价格策略都不适用,应该采取其他的价格决策。

3. 差别对待定价策略

差别对待定价,也称价格歧视,是指企业对同一种产品或者劳务根据消费者的不同需求而制定不同的价格。这种价格差异主要反映需求的不同,不反映成本费用上的差异。

差别对待定价策略主要有四种:

(1)依消费对象差别定价策略。即企业按照不同的价格把同一产品或劳务卖给不同的消费对象。由于消费者的收入水平、需求层次不同,造成对同一产品或劳务的需求状况不同。如铁路客运对学生实行优惠价等。

(2)依产品型号或形式差别定价策略。指对不同型号或形式的产品制定不同的价格,即使这些产品或劳务的成本费用没有任何的差异。例如剧院中的座位,成本费用都一样,但是却根据远近和偏斜程度制定不同的价格。

(3)依据时间的差别定价策略。企业在不同季节、不同日期甚至不同的时点对同一产品或劳务分别制定不同的价格。比如,旅馆房价在不同的季节和不同的时点根据需要制定出不同的价格。

企业实施差别定价必须具备以下条件:企业能够垄断所生产的产品;市场必须是可以细分的,而且各个市场表现出不同的需求强度;产品不能在各细分市场间转送,即低价市场的顾客不可能向高价市场的顾客转送产品或劳务;细分市场和控制市场所增加的成本费用,不得超过实行差别定价所得到的额外收入;不会因价格的差别而引起顾客的反感。

4. 竞争导向的定价策略

竞争导向的定价策略是以同行业竞争对手的价格作为制定企业同类产品价格的依据。竞争导向的定价策略主要有:

(1)随行就市定价策略。即企业按照行业的平均现行价格水平来定价。在高度竞争的市场,销售同类产品的各个企业在定价时实际没有多少选择余地,只能按照行业的现行价格来定价。企业若将价格定得高于市价,产品必然销售不佳;若定得低于市价,则会引起同行业的削价竞争。

(2)密封投标定价策略。即在招标竞标时,企业在对其竞争对手了解的情况下定价的一种方法。其目的是为了中标,所以报价必须具有竞争性。价格比对手高或者低,必须有充分的依据。

5. 新产品的定价策略

(1)撇油性定价策略

撇油性定价是指在新产品初上市场时,把产品的价格定得很高,以后随着市场扩大,竞争加剧,再把价格逐步降低。这种策略能保证初期获得高额利润,以补偿新产品在开发和研究方面所耗费的资金以及在产销方面无法预知的成本。但正因为上市初期的高额利润会迅速引来竞争,高价不能持久。因而这是一种短期的定价策略,一般适用于初期没有竞争对手,而且容易开辟市场的新产品。

(2)渗透性定价策略

渗透性定价是指在新产品初上市场时,把产品的价格定得较低,为新产品开拓市场,以吸引大量顾客,提高市场占有率,等赢得竞争优势后再逐步提价。这种策略虽说在初期获利不多,但它能有效地排除其他企业的竞争,便于在市场上建立长期的领先地位,能持久地给企业带来日益增长的经济效益,是一种长期的定价策略。

本章小结

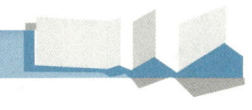

决策是指在充分考虑各种可能的前提下,人们为了实现一定目标,提出两个或两个以上的备选方案,借助于科学的理论和方法,通过必要的计算、分析和判断,从备选方案中选取最优方案的过程。

企业管理当局在进行短期经营决策分析时常用的分析方法有：差量分析法、成本无差别点分析法以及边际贡献法。这三种决策分析方法能广泛运用于企业的生产决策和定价决策中。

生产决策是指围绕生产什么、生产多少和如何生产来展开，旨在通过对企业生产过程中遇到的各种问题进行科学的归纳和分析，做出对企业有利的决策，促使企业经济效益的快速增长。

生产决策分析的具体内容包括：新产品开发决策、亏损产品应否停产或转产决策、半成品是否进一步加工的决策、联产品是否进一步加工的决策、零部件是自制还是外购的决策以及选择加工设备的决策分析等。

定价决策是企业销售环节的重要内容，直接影响企业的收益和发展。企业不同时期的战略规划影响产品定价的目标，不同的定价目标有着不同的定价策略和方法，企业应根据企业所处的竞争环境和产品不同的属性、寿命周期来确定适当的产品价格，实现企业价值的快速增长。

定价决策常采用的方法有：以成本为导向的定价决策、以市场为导向的定价决策以及以特殊要求为导向的定价决策。

自测题

一、单选题

1.在管理会计中，将决策分析划分为确定型决策、不确定型决策和风险型决策的划分标准是（　　）。

A.决策的重要程度　　　　　　　　B.决策条件的肯定程度
C.决策规划时期的长短　　　　　　D.决策解决问题的内容

2.某企业2017年生产某亏损产品的边际贡献总额为3 000元，固定成本是1 000元，假定2018年其他条件不变，但生产设备可以对外出租，一年增加出租收入（　　）元时，应做出停产的决策。

A.2 001　　　　B.3 000　　　　C.1 999　　　　D.2 900

3.在短期经营决策中，我们将放弃的次优方案潜在收益的那部分损失视为中选方案的（　　）。

A.增量成本　　　B.机会成本　　　C.专属成本　　　D.沉没成本

4.下列各选项中，半成品是否进一步加工的决策属于（　　）。

A.接受或拒绝方案决策　　　　　　B.互斥方案决策
C.排队方案决策　　　　　　　　　D.组合方案决策

5.假设某厂有剩余生产能力1 000个机器工时，有四种产品A、B、C、D，它们的单位边际贡献分别为4元、6元、8元和10元，生产每种产品所需要机器工时各为4小时、5小时、6小时和7小时，则该厂应增产（　　）产品。

A.A　　　　　　B.B　　　　　　C.C　　　　　　D.D

6.有一批可修复废品，存在两种处置方案，一个方案是降价后直接出售；另一个方案是修复后按正常价格出售，修复成本为3 000元，降价后出售收入为7 000元，修复后出售收入为11 000元，那么差量损益为（　　）元。

A.3 000　　　　B.4 000　　　　C.80 000　　　　D.1 000

7.如果相关成本中涉及专属成本,同时有三个以上备选方案,企业管理当局在进行生产决策分析时应使用下列( )方法比较恰当。
　　A.单位资源边际贡献分析法　　　B.边际贡献总额分析法
　　C.差别损益分析法　　　　　　　D.相关损益分析法
8.在定价决策中,( )是对同类竞争产品差异性较大、能满足较大市场需求、弹性小、不易被仿制的新产品采用的最佳策略。
　　A.撇油策略　　　　　　　　　　B.渗透策略
　　C.弹性定价策略　　　　　　　　D.先低后高策略
9.某企业生产 A 部件从市场上采购,单价为 8 元/件,预计明年单价将降低为 7 元/件。如果明年企业追加投入 12 000 元专属成本,就可以自制该部件,预计单位变动成本为 5 元/件,则外购与自制方案的成本无差别点业务量为( )件。
　　A.12 000　　　B.6 000　　　C.4 000　　　D.1 400
10.某企业同时生产三种产品 A、B、C,它们的边际贡献分别是 200 元、120 元和 130 元,现在这三种产品的年利润分别是 5 000 元、5 200 元和 −800 元,( )是最优方案。
　　A.将亏损 800 元 C 产品停产
　　B.C 产品停产,用其腾出的生产能力生产总边际贡献较大且超过 C 产品的产品
　　C.亏损 C 产品继续生产
　　D.C 产品停产,利用其腾出的生产能力生产利润最高的 B 产品

二、多选题

1.下列选项中,属于多方案决策的有( )。
　　A.接受或拒绝方案决策　　　　　B.互斥方案决策
　　C.排队方案决策　　　　　　　　D.组合方案决策
　　E.单一方案决策
2.( )属于以特殊目的为导向的定价方法。
　　A.保利定价法　　　　　　　　　B.保本定价法
　　C.极限定价法　　　　　　　　　D.边际分析法
　　E.成本无差别点法
3.心理定价策略常用的方法有( )。
　　A.尾数定价　　　　　　　　　　B.促销定价
　　C.声望定价　　　　　　　　　　D.觉察价值定价
　　E.产品组合定价
4.下列选项中,如果某种商品在特定时期内的价格弹性大,则意味着( )。
　　A.价格上升的幅度会低于需求下降的幅度
　　B.价格下降会促使需求大大提高
　　C.价格弹性的绝对值大于1
　　D.价格弹性的绝对值小于1
　　E.价格弹性的绝对值等于1
5.( )属于生产决策的相关成本。
　　A.增量成本　　B.机会成本　　C.专属成本　　D.沉没成本

三、判断题

1.差量分析法仅适用于两个方案之间的比较。　　　　　　　　　　　　( )

2.联合成本是由多个产品或部门共同负担的成本,因此属于相关成本,决策时予以考虑。   （   ）

3.在企业的某种资源(如原材料、人工工时等)受到限制的情况下,不通过计算、比较各备选方案的单位资源边际贡献额进行择优决策。   （   ）

4.只有在有关业务量不确定情况下,才可以利用成本无差别点法进行零部件自制或外购决策。   （   ）

5.决策是指从各种备选方案中做出选择,并一定要选择出未来活动绝对最优的方案。   （   ）

6.只要亏损产品能够提供边际贡献额,就一定继续生产;凡不能提供边际贡献额的亏损产品,都应该停产。   （   ）

7.由于外购零件而使得剩余生产能力出租获得的租金收入,应作为自制方案的机会成本考虑。   （   ）

8.尾数定价法适合耐用消费品等中高档商品,而整数定价法则适用于中低档日用消费品。   （   ）

9.测定产品销售价格时需要考虑成本、需求、竞争、科技、法规等方面因素的影响。   （   ）

10.为使企业获得更多利润,当需求价格弹性大于1时,应提价;当需求价格弹性小于1时,应降价。   （   ）

四、计算题

1.某企业生产A产品,有两种生产设备可供选择:

设备1:固定成本总额为600 000元,单位变动成本为500元/台;

设备2:固定成本总额为400 000元,单位变动成本为600元/台；

要求:

(1)计算成本无差别点业务量;

(2)若产量为4 000件,应该选择哪种设备?

2.某企业每年需要甲零件3 000件,可以通过自制取得,年总成本为26 000元,其中固定成本为10 000元。该零件也可以从市场上采购到,单价为11元/件,同时将剩余生产能力用来加工乙零件,可节约外购乙零件成本5 000元。

要求:为企业做出甲零件自制还是外购的决策。

3.某企业生产A、B、C三种产品,A产品盈利75 000元,B产品盈利19 000元,C产品亏损60 000元,利润表资料见表6-20(其中固定成本400 000元按照变动成本总额分配)。

表6-20

项　目	产品A	产品B	产品C	合　计
销售量(件)	1 000	1 200	1 800	—
单价(元/件)	900	700	500	—
单位变动成本(元/件)	700	580	450	—
单位边际贡献(元/件)	200	120	50	—
边际贡献总额(元)	200 000	144 000	90 000	434 000
固定成本(元)	125 000	125 000	150 000	400 000
利润(元)	75 000	19 000	−60 000	34 000

要求:做出产品C是否停产的决策。

4.某企业在生产过程中同时生产A、B、C、D四种新品,其中,B产品可以在分离后立即出售,也可继续加工后出售。B产品产量8吨,分离后销售单价为6 000元/吨,加工后销售单价为10 000元/吨,联合成本为2 000元,可分成本为单位变动成本5 000元/吨,固定成本20 000元。

要求:做出对B产品是否进一步加工的决策分析。

5.某企业预计年生产C产品10 000件,工厂总成本为450 000元,其中直接材料280 000元,直接人工80 000元,其他变动费用40 000元,固定费用50 000元,目标成本利润率为40%。

要求:按照成本加成法确定C产品的价格,并确定生产8 000件、12 000件时的价格。

五、案例分析题

甲公司是一家从事机床制造的大型国有企业,资金供应十分充足。2018年之前主要生产经营常规的通用机床。从2018年开始,甲公司引进国外先进技术,成功开发了具有国际先进水平的X型数控组合机床,并批量投入国内市场,逐渐成为甲公司的拳头产品。

由于在2018—2019年X型机床的产量不稳定,甲公司一直从国际市场上采购为X型机床配套的关键部件Y型装置,每套平均单价折合人民币7 000元(假设美元与人民币的比率为1∶7,并且价格在较长时期内保持不变,甲公司的外汇资金充裕)。

2019年年底,该公司决定于2020年投资设立一个专门生产Y型装置的乙车间。现有A和B两个方案可供选择:

A方案:乙车间的最大设计生产能力为每年生产800套Y型装置,全部供应甲公司用于生产X型机床,每年预算的固定生产成本为600 000元,单位变动生产成本为5 000元/件。

B方案:乙车间的最大设计生产能力为每年生产2 000套Y型装置,每年预算的固定生产成本为1 000 000元,单位变动成本为4 500元/件。

除按每套5 000元的固定价格向总公司无限量供货外,所有剩余产品均可以直接在国内市场上销售,预计市场售价为6 000元人民币。

甲公司最终选择了B方案,乙车间于2020年年末建成投产。

2021年乙车间实际生产了1 000套Y型装置,其中,甲公司使用了600套,其余均实现了对外销售。

假定国内市场上除进口商外没有其他厂商销售Y型装置,在不考虑增值税和外汇汇率波动的因素下,请思考下列问题:

(1)2020年甲公司使用的Y型装置是通过什么渠道取得?

(2)如果甲公司选择A方案,请按照成本无差别点法分析从2021年起甲公司每年至少要生产多少台X型机床才能有利可图?

(3)2021年乙车间生产Y型装置的盈亏状况如何?(需列出计算过程)

(4)假定2022年其他条件不变,请按照一定方法为乙车间在2022年是否停产、继续按原规模生产或者增产(按最大产量计算)这三个方案中做出选择。

(5)如果2022年甲公司X型机床的全年预计产量将达到1 200台。假定你是甲公司的决策者,你是否会同意乙车间提出的将其2022年生产的Y型装置直接对外销售的方案?为什么?

第七章 长期投资决策

学习目标

通过本章的教学,学生可以熟悉投资方案的分类和决策程序;理解货币时间价值的概念和计算;掌握现金流量的概念和估算;熟练掌握长期投资决策评价方法及其应用。

案例导入

H 酒厂的起起落落

2006年11月8日下午,中央电视台传出一个令全国震惊的新闻:名不见经传的H酒厂以3.2亿元人民币的"天价",买下了中央电视台黄金时间段广告,从而成为令人瞩目的连任二届"标王"。

H酒厂是一家生产白酒的企业。2005年厂长赴京参加第一届"标王"竞标,以6 666万元的价格夺得中央电视台黄金时间段广告"标王"后,引起大大出乎人们意料的轰动效应,H酒厂一夜成名,H酒厂的白酒也身价倍增。中标后的一个多月时间里,H酒厂就签订了销售合同4亿元;头两个月H酒厂销售收入就达2.18亿元,实现利税6 800万元,相当于H酒厂建厂以来前55年的总和。至2005年6月底,订货已排到了年底。2005年H酒厂的销售额也由2004年的只有7 500万元跃为9.5亿元。事实证明,巨额广告投入确实带来了"惊天动地"的效果。对此,时任厂长十分满意。他可能还意识不到,这将成为他的幸运和伤心地。一年之后,他成为当地最耀眼的人物,又过了三年,当他又一次进入那道玻璃旋转门的时候,却因为没有出入证而被拒之门外。

2007年年初的一则关于"H酒厂白酒用川酒勾兑"的系列新闻报道,把H酒厂推进了无法自辩的大泥潭。一个从未被公众知晓的事实终于尴尬地浮出水面:H酒厂每年的原酒生产能力只有3 000吨左右,他们从四川收购了大量的散酒,再加上本厂的原酒、酒精,勾兑成低度酒,然后以"H古酒""H特曲"等品牌销往全国市场。当年,H酒厂完成的销售额不是预期的15亿元,而是6.5亿元,接下来的一年,更下滑到3亿元,从此一蹶不振,最终从传媒的视野中消失。

了解H酒厂从辉煌到衰落甚至消亡的过程,我们不难发现,实施项目投资决策评价的重要性和作用,那种单纯靠拍脑袋的决策,有可能会迎来短期的辉煌,但绝对不是长久之计。

机会成本是指为了得到某种东西而所要放弃另一些东西的最大价值。这个概念能够帮助我们去正确认识每件事的代价,培养用机会成本的思维模式去做出选择。很多同学被毕业就业还是继续升学深造困扰,这件事本身没有正确答案,从自身情况出发,选择机会成本最小的选项。

第一节 长期投资决策概述

长期投资决策是指公司对长期投资项目进行规划、评价和取舍的过程。相对于短期投资而言,长期投资一般具有投资大、风险大、周期长、不可逆转等特征,因而长期投资决策的正确与否对企业的经营发展有重大的影响。企业投资管理机构应根据战略需要、长期投资规划编制年度投资计划。长期投资规划一般应明确指导思想、战略目标、投资规模、投资结构等。年度投资计划一般包括编制依据、年度投资任务、年度投资任务执行计划、投资项目的类别及名称、各项目投资额的估算及资金来源构成等,并纳入企业预算管理。

一、长期投资项目的分类

1. 按投资项目之间的关系分类

(1)独立项目

将一组相互分离、互不排斥的项目称为独立项目。独立项目之间互不影响,选择一个项目不会影响另一个项目的实施。比如企业有 A、B、C 三个投资项目,在资金充足的情况下,三个投资项目只要满足投资决策标准,均可接受,其中某个项目的取舍不会影响其他项目的接受与否。具体地说,独立项目存在以下前提条件:①无资本限制;②无资本优先使用顺序的排列;③项目投资所需的人力、物力均能得到满足;④不考虑地区、行业之间的相互关系及其影响;⑤每一项目投资是否可行,仅取决于本项目的经济效益,与其他项目无关。

(2)互斥项目

互斥项目是指在投资决策时涉及多个互相关联、互相排斥的项目,即一组项目中各项目彼此可以相互替代,采纳项目组中的某一项目,其他项目就要被淘汰。因此,互斥项目具有排他性。如某一块土地是建商品房还是写字楼项目的选择就属于互斥项目。对互斥项目进行投资决策分析,就是指在每一个项目已具备财务可行性的前提下,利用具体决策方法在两个或两个以上互相排斥的待选项目之间进行比较,区分其优劣,以选择出最优项目。比如企业购买机器设备的决策,有 A、B 两种型号可以选择,如果选择 A 型号,那么就必须放弃 B 型号。

2. 按投资项目的现金流动模式分类

(1)常规投资项目

常规投资项目的现金流量分布呈现出这样一种状态:项目投资初期均为现金流出量,以后各年均为现金流入量,见表 7-1,项目的现金净流量由负值向正值转换,其正负符号只变换一次。

表 7-1　　　　　　　　　　常规投资方案　　　　　　　　　　单位:万元

方案\年份	0	1	2	3	4	5
A 项目	−5 000	1 500	1 500	1 500	1 500	1 500
B 项目	−3 000	−2 000	1 000	2 000	3 000	4 000
C 项目	−5 000	2 000	2 000	2 000	2 000	2 000

(2)非常规投资项目

非常规投资项目的现金流量在项目期内,正、负值交错出现,且正、负符号的变换在一次以上,见表 7-2。

表 7-2　　　　　　　　　　　非常规投资方案　　　　　　　　　　　单位:万元

方案＼年份	0	1	2	3	4	5
A 项目	－5 000	1 000	－1 000	1 500	1 500	1 500
B 项目	－3 000	1 500	1 000	2 000	3 000	－2 000
C 项目	500	－5 000	2 000	2 000	2 000	2 000

二、长期投资决策的程序

企业项目投资的制定与实施,是一项复杂的系统工程,风险大、周期长、环节多、涉及面广,需要考虑各种因素,按照规范的程序进行。

1. 项目投资的提出

提出投资项目是项目投资程序的第一个实施环节。它主要是以自然资源和市场状况为基础,以国家产业政策为导向,以财政、金融、税收政策为依据,根据企业的发展战略、投资计划和投资环境的变化,在发展和把握良好投资机会的情况下提出的。它可以由企业管理当局或高层管理人员提出,也可以由企业的各级管理部门和相关部门领导提出。通常,企业管理当局和高层管理人员提出的项目,多为大规模的战略性投资项目,其方案一般由生产、市场、财务、战略等各方面专家组成的专门小组拟订。企业各级管理部门和相关部门领导提出的项目,主要是战术性投资项目,其方案由各级管理部门和相关部门领导组织人员拟订,并报直属领导批准。

2. 项目投资的评价

项目投资评价的重点是算经济账,主要是在分析和评价投资方案经济、技术可行性的基础上,进一步评价其财务可行性。包括:

(1)对提出的项目进行适当分类,为分析评价做准备;

(2)计算有关项目的建设周期,测算有关项目投产后的收入、费用和经济效益,预测有关项目的现金流入和现金流出;

(3)运用各种投资评价指标,将各项投资方案的可行程度进行排序;

(4)写成详细的评价报告,报直属领导批准。

3. 项目投资的决策

完成项目投资的评价后,企业领导要做出最后决策。一般情况下,投资额较小的项目,中层管理人员就可以做出决策;投资额较大的项目,由企业最高管理当局或企业高层管理人员做出决策;投资额特别重大的项目,则必须由企业董事会或股东大会通过后形成决策。

4. 项目投资的实施

项目一旦形成决策,当即应付诸实施,并积极筹措资金,进入投资预算的执行过程。在这一过程中,要建立一套预算执行情况的跟踪系统,对工程进度、工程质量、施工成本和预算执行情况等进行监督、控制和审核,防止工程建设中的舞弊行为,确保工程质量,保证如期完成。

5. 项目投资的再评价

在项目投资的执行过程中,应对已经实施的投资项目进行跟踪审计,并关注原来做出的投资决策是否合理、是否正确。如果发现新的情况,就要随时根据变化的情况做出新的评价和调整。如果是情况发生重大变化确实使原来的投资决策变得不合理,就要进行是否终止投资和怎样终止投资的决策,以避免更大损失。当然,终止项目投资本身的损失就可能很惨重,所以人们总是力求避免出现这种惨痛的决策,但事实上有时不可能完全避免。

第二节　货币时间价值

货币时间价值是指货币经历一定时间的投资和再投资所增加的价值。简单地说,就是今天的一元钱比将来的一元钱更具有价值,因为现在的一元钱,只要进行投资,就会获得一定数额的收益,其金额就会超过原投资额。货币时间价值通常按复利进行计算,复利俗称"利滚利",即在计息的时候将上期所产生的利息计入下期的本金,一起计算利息。货币时间价值可以用绝对数来表示,即时间价值额;也可以用相对数来表示,即时间价值率。通常情况下,采用相对数的形式更为普遍。从相对数看,货币时间价值可以看成是一种在不考虑通货膨胀和风险价值情况下的社会资金平均利润率。

一、复利终值

复利终值(F)是指某笔资金在一定期限以后按照复利计息方式下计算的本金和利息的本利和。其计算公式为:

$$F = P \times (1+i)^n$$

式中　F——复利终值;
　　　P——本金或复利现值;
　　　i——年利息率;
　　　n——计息期数。

$(1+i)^n$ 表示复利终值系数,亦记为$(F/P, i, n)$,可以直接查阅本书后的附表,其表示本金1元,在年利率为i的情况下,n期末的复利终值。所以复利终值公式也可以表述为:

$$F = P(F/P, i, n)$$

【例7-1】　假设甲在银行存款20 000元,银行存款年利率为5%,存期3年,每年复利一次,请计算3年后他能够获得多少本利和?

解　根据复利终值计算公式:

$$F = P(F/P, i, n)$$

3年后的本利和为:
$F = 20\ 000 \times (F/P, 5\%, 3) = 20\ 000 \times 1.157\ 6 = 23\ 152$(元)

其中$(F/P, 5\%, 3)$可以通过1元的复利终值系数表查得。

也就是说,3 年后甲能够从银行取得本利和 23 152 元。

复利终值与时间和利率表现为正相关关系,也就是在其他条件不变的情况下,复利终值与利率和时间呈同方向变动,时间间隔越长,利率越高,那么复利终值越大。

二、复利现值

复利现值(P)是指将未来预期产生的资金按照一定的折现率调整为现在价值,或者是将未来的本利和按折现率调整为现在的本金。计算现值的过程通常称为折现,现值和终值计算互为逆运算。

复利现值的计算公式为:

$$P=\frac{F}{(1+i)^n}=F\times(1+i)^{-n}$$

式中　P——本金或复利现值;

F——复利终值;

i——年利息率;

n——计息期数。

$(1+i)^{-n}$ 表示复利现值系数,亦记为 $(P/F,i,n)$,可以直接查阅本书后的附表,其表示若干期后的本利和 1 元在年利率为 i,期限为 n 时的现在价值。所以复利现值的公式也可以表述为:

$$P=F(P/F,i,n)$$

由于复利现值和复利终值互为逆运算,所以复利现值系数和复利终值系数互为倒数,也就是:

$$(P/F,i,n)\times(F/P,i,n)=1$$

【例 7-2】　假设某项投资项目预计 5 年后可以获得收益 100 万元,按照年折现率 10% 计算,请问这笔收益的现值是多少?

解　根据复利现值公式,该笔收益的现值计算过程如下:

$$P=F(P/F,i,n)=100\times(P/F,10\%,5)=100\times 0.620\ 9=62.09(万元)$$

上述计算表明,在折现率为 10% 的情况下,5 年后的收益 100 万元与现在的 62.09 万元是相等的。

复利现值与时间和折现率表现为负相关关系,也就是在其他条件不变的情况下,复利现值与折现率和时间呈反方向变动,时间间隔越长,折现率越高,那么复利现值越小。

三、年金终值

要了解年金终值的概念,首先得了解什么是年金。年金是指一定期间内每次等额收付的系列款项,一般用 A 表示。在现实生活中,年金随处可见,如退休金、租赁费、债券利息等。年金按收付的时间点不同,可以分为普通年金、预付年金、递延年金和永续年金。本章节只介绍普通年金,即收付时间点在每期期末的系列款项。普通年金终值的计算是一定期间内每期期末现金流量的复利终值之和,类似于等额零存整取的计算。普通年金是各种年金中最常见的形式,所以在实际工作中得到广泛应用。

假设 F_A 为年金终值,A 为每期年金,i 为年利率,n 为期数,则普通年金终值的计算公式为:

$$F_A = A(1+i)^0 + A(1+i)^1 + A(1+i)^2 + \cdots + A(1+i)^{n-1}$$
$$= A\sum_{t=1}^{n}(1+i)^{t-1} = A \times \frac{(1+i)^n - 1}{i} = A \times (F/A, i, n) \quad (1)$$

公式(1)可以推导如下:

由于 $A(1+i)^0 + A(1+i)^1 + A(1+i)^2 + \cdots + A(1+i)^{n-1}$ 是由一个等比数列构成,所以将 $F_A = A(1+i)^0 + A(1+i)^1 + A(1+i)^2 + \cdots + A(1+i)^{n-1}$ 这个等式两边同时乘以 $(1+i)$,就可以得到如下等式:

$$F_A(1+i) = A(1+i)^1 + A(1+i)^2 + A(1+i)^3 + \cdots + A(1+i)^{n-1} + A(1+i)^n \quad (2)$$

将式(2)减去式(1)得到:

$$F_A(1+i) - F_A = A(1+i)^n - A$$

即

$$iF_A = A(1+i)^n - A$$

所以

$$F_A = A \times \frac{(1+i)^n - 1}{i}$$

上式中,$\dfrac{(1+i)^n - 1}{i}$ 称为年金终值系数,记为 $(F/A, i, n)$,可以直接查阅本书所附的年金终值系数表求得。

【例 7-3】 假设某公司有一项目在 5 年建设期内每年年末向银行借款 200 万元,借款利率为 8%,请问该项目竣工时应该向银行支付的本利和总额是多少?

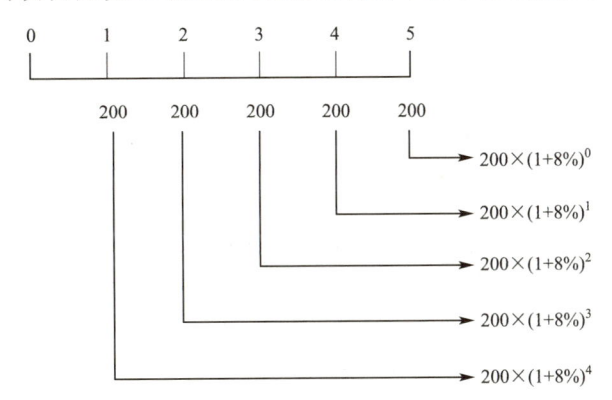

图 7-1 年金终值计算过程图

解 年金终值计算过程如图 7-1 所示。

$$F_A = 200 \times (1+8\%)^0 + 200 \times (1+8\%)^1 + 200 \times (1+8\%)^2 + 200 \times (1+8\%)^3 + 200 \times (1+8\%)^4$$

根据年金终值公式可知:

$$F_A = A \times \frac{(1+8\%)^5 - 1}{8\%} = A \times (F/A, 8\%, 5) = 200 \times 5.8666 = 1\,173.32 \text{(万元)}$$

所以项目竣工时,该公司应该向银行支付的本利和总额为 1 173.32 万元。

在普通年金系列中,根据普通年金终值公式:

$$F_A = A \times \frac{(1+i)^n - 1}{i}$$

求年金 A,可以得出:

$$A = F_A \times \frac{i}{(1+i)^n - 1}$$

该公式说明,为了取得或者偿还未来的某笔现金流量,必须从现在起在若干期期末支付或者收到金额相等的资金。比如在实际工作中,公司可以根据要求在贷款期限内建立偿债基金,以保证在期满时有足够的现金流量来偿还到期的贷款本金或兑现债券,这种在贷款期限内建立的偿债基金称为年金存款,可以得到复利计算的利息,因而到期贷款本金或兑现的债券可以视为年金终值。所以偿债基金的运算可以视为年金终值的逆运算。

在上述公式中,$\frac{i}{(1+i)^n - 1}$ 称为"偿债基金系数",记为 $(A/F, i, n)$,可通过普通年金终值系数求倒数来推算。

【例 7-4】 假设某公司有一笔 3 年期后到期的公司债券,公司债券的到期值为 220 万元,若年存款利率为 6%,那么为偿还这笔公司债券,从现在起要为这笔公司债券建立的偿债基金的额度为多少?

解 根据偿债基金公式:

$$A = F_A \times \frac{i}{(1+i)^n - 1}$$

可以知道偿债基金为:

$$A = 220 \times \frac{6\%}{(1+6\%)^3 - 1} = 220 \times \frac{1}{(F/A, i, n)} = \frac{220}{3.1836} = 69.10(万元)$$

所以应该建立的偿债基金的额度为 69.10 万元。

四、年金现值

年金现值,是指在一定时期内每期期末现金流量的现值之和,其计算过程与普通年金终值计算过程相反。普通年金现值计算在实际应用中常用于银行房屋按揭贷款中的等额本息还款法。

假设 P_A 为年金现值,A 为每期年金,i 为年利率,n 为期数,则普通年金现值的计算公式为:

$$P_A = A \frac{1}{(1+i)^1} + A \frac{1}{(1+i)^2} + A \frac{1}{(1+i)^3} + \cdots + A \frac{1}{(1+i)^{n-1}} + A \frac{1}{(1+i)^n}$$

$$= A \sum_{t=1}^{n} \frac{1}{(1+i)^t}$$

(1)上式两边同时乘以 $(1+i)$,可以得到:

$$P_A(1+i) = A + A \frac{1}{(1+i)^1} + A \frac{1}{(1+i)^2} + A \frac{1}{(1+i)^3} + \cdots A \frac{1}{(1+i)^{n-2}} + A \frac{1}{(1+i)^{n-1}}$$

(2) 上面两式相减,可以得到:

$$iP_A = A - A\frac{1}{(1+i)^n} = A \times \left[1 - \frac{1}{(1+i)^n}\right]$$

因此,普通年金现值可表示为:

$$P_A = A \times \frac{1-(1+i)^{-n}}{i}$$

上述公式中的 $\frac{1-(1+i)^{-n}}{i}$ 称为"年金现值系数",记为 $(P/A, i, n)$,可以直接查阅本书后所附的年金现值系数表得到。因此年金现值公式亦可以写为:

$$P_A = A \times (P/A, i, n)$$

【例 7-5】 某公司目前向银行借入一笔资金,双方约定在 5 年期限内每年年末由该公司向银行偿还固定金额的还款 100 000 元,约定银行借款年利率为 10%,那么请问目前能够向银行取得多少借款?

解 这是一个典型的计算普通年金现值的案例,根据年金现值公式:

$$P_A = A \times (P/A, i, n)$$

结合题目条件可以得出:

$P_A = 100\ 000 \times (P/A, 10\%, 5) = 100\ 000 \times 3.790\ 8 = 379\ 080(元)$

所以该公司目前可以向银行取得的借款金额为 379 080 元。

根据普通年金现值公式,可以求得:

$$A = P_A \times \frac{i}{1-(1+i)^{-n}} = \frac{P_A}{(P/A, i, n)}$$

该公式表明在给定的年限内等额回收或者清偿初始投入的资本或者初始债务。这里 A 也称为投资回收额,$\frac{i}{1-(1+i)^{-n}}$ 也称为"投资回收系数",记为 $(A/P, i, n)$,年金现值的计算与投资回收额的计算两者互为逆运算,因此年金现值系数和投资回收系数两者互为倒数。所以投资回收额公式亦可记为:

$$A = P_A(A/P, i, n)$$

【例 7-6】 假设某公司向银行借到 1 000 万元的贷款,要求按照年利率 10% 在 5 年内均匀偿还,那么该公司每年年末应该支付的金额为多少?

解 根据投资回收额公式:

$$A = P_A(A/P, i, n)$$

结合题目条件,可以求得:

$$A = \frac{1\ 000}{(P/A, 10\%, 5)} = \frac{1\ 000}{3.790\ 8} = 263.80(万元)$$

所以该公司每年年末应该向银行支付的金额为 263.80 万元。

第三节　投资项目现金流量估计

一、现金流量的概念

在项目投资决策中,现金流量,又称现金流动量,简称现金流,是指投资项目在其计算期内因资本循环而可能或应该发生的各种现金流入量与现金流出量的统称,是计算项目投资决策评价指标的主要依据和重要信息之一。需要特别注意的是,这里的"现金"是广义的现金,它不仅包括货币资金,同时也包含了与项目相关的非货币资源的变现价值。例如,一个投资项目需要使用原有的厂房、机器设备等,则相关的现金流出量就包括了该厂房、设备的变现价值。因为这些固定资产如果不用于此项目,而是将其变现,则可能获得现金收入,现在这些收益因这个项目的投资而丧失了,所以这个未能获得的潜在收益也要归入该项目的现金流量中。

现金流量可进一步细分为现金流出量、现金流入量和现金净流量。

现金流出量是指一项投资引起的企业现金支出的增加量,包括固定资产、无形资产的购置支出,以及投产后垫支在流动资产上的资金等。

现金流入量是指一项投资引起的企业现金收入的增加量,主要包括经营活动产生的现金流入量、项目终结时固定资产的变卖收入和垫支流动资金的回收。

现金净流量是指现金流入量和现金流出量之间的差额,当现金流入量大于流出量时为正值,反之则为负值。一般用 NCF(Net Cash Flows,简称 NCF)表示。

二、现金流量的估计

一个项目的寿命期包括从开始投资建设到最终清理结束的整个过程。项目寿命期以投产日为分界点可以分为建设期和生产经营期,如图 7-2 所示。按所处项目寿命期的时间段,投资项目现金流量可以分为初始现金流量、经营现金流量和终结现金流量三部分。

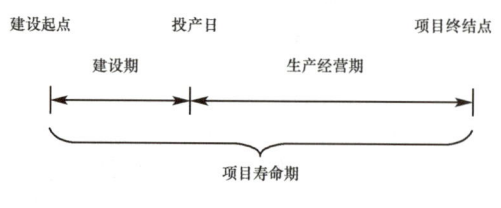

图 7-2　项目寿命期

1. 初始现金流量

初始现金流量是指开始投资时发生的现金流量,即建设期间现金流量。它主要包括:

(1)固定资产投资,主要包括房屋、建筑物、生产设备等的购入或建造成本、运输成本和安装成本。

(2)无形资产投资,主要包括土地使用权、专利权、商标权、专有技术、特许权等方面的投资。

(3) 流动资产投资，是指项目投产后为保证其生产经营活动得以正常进行所必须垫付的周转资金，如原材料、产成品、应收账款、现金等资产的投资。

(4) 其他费用，是指不属于以上各项的投资费用，如投资项目筹建期间发生的咨询调查费、人员培训费、员工工资等。

(5) 原有固定资产的变价收入，主要是指固定资产更新时原有固定资产变卖所得的现金收入。

2. 经营现金流量

经营现金流量是指投资项目建成投产后，在其寿命期间因正常经营活动所产生的现金流入量和流出量之差，即营业现金净流量。营业现金净流量一般按年度进行计算，主要包括项目投产后增加的现金收入和增加的与项目有关的各种付现的成本费用支出（不包括固定资产折旧费和无形资产摊销费），以及各种税金支出。其计算公式如下：

营业现金净流量＝销售收入－经营付现成本－所得税费用
　　　　　　　＝（销售收入－经营付现成本－折旧等非付现成本）×
　　　　　　　　（1－所得税税率）＋折旧等非付现成本
　　　　　　　＝税后利润＋折旧等非付现成本

3. 终结现金流量

终结现金流量是指项目终了时发生的现金流量，主要包括经营活动产生的现金流量和非经营活动产生的现金流量。经营活动产生的现金流量的计算与经营期的营业现金净流量的计算相同。非经营活动产生的现金流量主要是指固定资产的残值变价收入和垫支营运资本的收回，以及相关的税金。

三、现金流量估计应注意的问题

1. 增量现金流量

在项目投资的现金流量的估计中，我们关心的是增量现金流量，即由于接受或拒绝某个投资项目引起的企业总体现金收入的增加额和现金支出的增加额，而不是孤立地考察某一项目的现金流入和流出。当新投资项目生产的产品或提供的服务与企业现有的产品或服务可能存在某种相关性（如互斥或互补）时，我们在估计项目现金流量时要考虑到对现有其他项目的影响。如某公司准备推出一种新型的显示器，该显示器的投产估计能带来每年 100 万元的销售收入，但会使旧显示器的销售收入下降 20 万元，此时新型显示器所带来的增量现金流量应为 80 万元。

但如果新项目和原有项目是互补关系，那么产生的效应可能完全相反。如某企业准备投资 A 项目，由于该项目的投资扩大了产能，降低了企业的平均采购成本，使得原有产品的生产成本下降了 10%，在估计新项目现金流量的时候，这个原有产品的成本节约额也应作为新项目的收益考虑在内。

2. 沉没成本

沉没成本是指过去已经发生而无法由现在或将来的决策改变的成本。在投资决策中沉没成本属于无关成本，在现金流量的估计中不能计算在内。例如，某投资项目前期已经投资 50 万元，还需要追加投资 30 万元才能正常完工，此时在是否应该追加投资 30 万元的决策中，前期已经投资的 50 万元就属于决策无关成本。

3. 机会成本

机会成本是指在投资决策中,从多种方案中选取最优方案而放弃次优方案所丧失的收益。机会成本并非实际现金支出,但必须在决策中加以考虑。例如,某企业在自有土地上建设一新项目,该土地市场售价为 1 000 万元,在进行分析时,不能认为该土地是自己的,就不存在投资成本。因为假定将该土地出售而不是用于新投资项目,将给企业带来 1 000 万元的收入,现在这部分收入由于该项目的投资而无法得到,因此这 1 000 万元属于某企业选择在自有土地上新建一个新项目的机会成本。

4. 非付现成本对税金支出的影响

税金是强制性的现金支出,其计算是以利润为基础的。对于折旧等非付现的经营成本来说,尽管其本身不会导致现金的流出,但会影响利润的大小,从而影响税金支出的大小,事实上间接地影响了现金流量。因此对于非付现成本的估计也要相当慎重。

5. 不考虑项目借款的利息费用和其他融资的现金流量

在投资项目的评估时,我们只关注项目的投资效益,而不考虑项目资金的来源问题,这就是投资和融资决策的分离原则,即我们可以把全部投入资金都看成是自有资金。在这个假设下,因项目借款而发生的利息费用或偿还本金的现金流出,都不看成是该项目的现金流量。

6. 通货膨胀

当通货膨胀比较严重时,应估计其对项目现金流量的影响,比较简单实用的方法是对产品销售价格和每一成本项目估计通货膨胀率,从而修正现金流量。

四、现金流量的估计方法

现金流量的估计方法有两种:一是总量分析法,即独立计算投资项目所涉及的所有现金流量;二是差量分析法,即计算各项目现金流量的差额。举例说明如下。

【例 7-7】 某公司拟投资一项目,固定资产投资 850 万元,项目建设期为 2 年。固定资产投资分两次进行:第一年年初投入 550 万元,第二年年初投入 300 万元。项目建成投产前,还需垫支流动资金 200 万元。投产后每年可获得销售收入 500 万元,发生付现经营成本 200 万元,项目建成后可用 8 年,8 年后有残值 50 万元。企业所得税税率为 25%。

要求:按总量分析法计算该项目的现金流量。

解 固定资产年折旧额=(850-50)÷8=100(万元)

$NCF_0 = -550$(万元)

$NCF_1 = -300$(万元)

$NCF_2 = -200$(万元)

$NCF_{3\sim 9} = (500-200-100) \times (1-25\%) + 100 = 250$(万元)

$NCF_{10} = 250 + 50 + 200 = 500$(万元)

【例 7-8】 企业现有一台旧设备,目前账面净值为 50 000 元,变现价值为 20 000 元,尚可使用 4 年,预计 4 年后残值为 2 400 元。使用该设备每年获销售收入 60 000 元,发生付现经营成本 30 000 元。市场上有一新型号设备,价值 90 000 元,可使用 4 年,预计 4 年后残值为 6 000 元。使用新设备每年会增加收入 10 000 元,降低付现经营成本 11 000 元。企业所得税税率为 25%。

要求:用差量分析法估计该项目的现金流量。

解 新旧设备投资项目的原始投资差额＝90 000－20 000＝70 000(元)

旧设备变现所节约的所得税税额＝(50 000－20 000)×25％＝7 500(元)

新旧设备投资项目的每年折旧差额＝$\dfrac{90\,000-6\,000}{4}-\dfrac{50\,000-2\,400}{4}$

$$=21\,000-11\,900=9\,100(元)$$

新旧设备投资项目的年营业现金净流量差额＝[10 000－(9 100－11 000)]×

$$(1-25\%)+9\,100$$

$$=18\,025(元)$$

新旧设备投资项目的残值差额＝6 000－2 400＝3 600(元)

新旧设备投资项目的差量现金流量如下:

$\Delta NCF_0＝－70\,000＋7\,500＝－62\,500(元)$

$\Delta NCF_{1\sim 3}＝18\,025(元)$

$\Delta NCF_4＝18\,025＋3\,600＝21\,625(元)$

第四节 长期投资决策的评价方法

评价一个投资项目是否可行,既要考虑经济效益,也要考虑其他非经济因素,比如与企业战略是否相符,技术上是否先进等。本书只从经济效益角度对项目进行评判。

长期投资决策的评价方法按是否考虑货币时间价值分为静态评价方法和动态评价方法。静态评价方法主要有投资利润率法、投资回收期法;动态评价方法主要有净现值法、现值指数法、内部收益率法。

一、投资利润率法

1. 投资利润率法的基本原理

投资利润率法是指通过计算项目投产后正常生产年份的年利润总额与项目总投资额的比率来判断项目优劣的一种决策方法。注意对生产经营期内各年份的利润总额波动幅度较大的项目,应计算年平均利润总额。其计算公式为:

$$投资利润率(ROI)=\dfrac{年利润总额或年平均利润总额}{总投资额}\times 100\%$$

【例 7-9】 某企业购入一台设备,价值 140 000 元,可用 4 年,各年份的利润分别为 20 000 元、30 000 元、40 000 元、50 000 元,要求:计算投资利润率。

解 投资利润率$(ROI)=\dfrac{(20\,000+30\,000+40\,000+50\,000)\div 4}{140\,000}\times 100\%=25\%$

2. 投资利润率法的决策规则

(1)对于独立项目:当投资利润率大于或等于基准投资利润率时,项目可行;反之,项目不可行。

(2)对于互斥项目:首先将各项目所计算的投资利润率与预先确定的基准投资利润率进行比较,选出各可行项目,然后在各可行项目中,选择投资利润率最高者。

3.投资利润率法的评价

(1)优点:简单、易于理解和计算;以利润作为计算基础,因而所需资料容易收集。

(2)缺点:没有考虑资金的时间价值;以利润为计算基础,而不是以现金流量为计算基础,难以正确反映出投资项目的真实效益。

二、投资回收期法

1.投资回收期法的基本原理

投资回收期法是指通过计算一个项目收回全部投资所需要的时间来衡量项目优劣的决策方法。根据项目投资后每年产生的现金净流量是否相等,投资回收期(用 PP 表示)有两种计算方法:

(1)如果投资后每年的现金净流量相等,则投资回收期按下列公式计算:

$$投资回收期(PP) = \frac{初始投资总额}{每年现金净流量}$$

(2)如果投资后每年的现金净流量不相等,则投资回收期按下列公式计算:

$$投资回收期(PP) = T - 1 + \frac{第(T-1)年的累计现金净流量的绝对值}{第\,T\,年的现金净流量}$$

公式中,T 为累计现金净流量开始出现正值的年份。

2.投资回收期法的决策规则

(1)对于独立项目:当投资回收期小于或等于基准投资回收期时,项目可行;反之,项目不可行。

(2)对于互斥项目:首先将各项目所计算的投资回收期与预先确定的基准投资回收期进行比较,选出各可行项目。在各可行项目中,选择投资回收期最短的项目。

【例7-10】 某企业有A、B两个互斥投资项目,初始投资额均为12万元,两项目各年份的现金净流量见表7-3和表7-4。基准投资回收期为3年。

要求:用投资回收期法进行决策。

表7-3　　　　　　　　A项目现金净流量计算表

年份 项目	0	1	2	3	4
年现金净流量	-120 000	40 000	50 000	60 000	50 000
累计现金净流量	-120 000	-80 000	-30 000	30 000	80 000

表7-4　　　　　　　　B项目现金净流量计算表

年份 项目	0	1	2	3	4
年现金净流量	-120 000	50 000	50 000	50 000	50 000
累计现金净流量	-120 000	-70 000	-20 000	30 000	80 000

解 A项目投资回收期$(PP) = 3 - 1 + \dfrac{30\,000}{60\,000} = 2.5(年)$

B项目投资回收期$(PP) = 120\,000 \div 50\,000 = 2.4(年)$

B项目的投资回收期较短,且小于基准投资回收期,因此应选择B项目。

3. 投资回收期法的评价

(1)优点：计算简单，易于操作，可以直观反映总投资的返本期限。

(2)缺点：没有考虑货币时间价值；考虑的现金净流量只是小于或等于初始投资额的部分，对于回收期后的现金流量未考虑，不能完全反映投资的盈利程度。

三、净现值法

1.净现值法的基本原理

净现值法是指运用项目净现值进行评估的决策方法。净现值（用 NPV 表示）是指将项目各年的现金净流量按企业要求达到的折现率折现到第零年的现值之和。其计算公式为：

$$净现值(NPV) = \sum_{t=0}^{n} \frac{NCF_t}{(1+i)^t}$$

上述公式中，i 表示折现率；NCF_t 表示第 t 年的现金净流量。

2.净现值法的决策规则

(1)对于独立项目：若净现值大于等于零，项目可行；反之，项目不可行。

(2)对于互斥项目：首先选择净现值大于等于零的可行项目，然后在可行项目中选择净现值最大的那个项目。

【例 7-11】 根据【例 7-10】的资料，若贴现率为 10%，要求用净现值法进行决策。

解

$$NPV_A = -120\,000 + \frac{40\,000}{1+10\%} + \frac{50\,000}{(1+10\%)^2} + \frac{60\,000}{(1+10\%)^3} + \frac{50\,000}{(1+10\%)^4} = 36\,916(元)$$

$$NPV_B = 50\,000 \times (P/A, 10\%, 4) - 120\,000$$
$$= 50\,000 \times 3.169\,9 - 120\,000 = 38\,495(元)$$

A、B 项目净现值均大于 0，都为可行项目，但 B 项目净现值较大，应选择 B 项目。

3.净现值法的评价

(1)优点：考虑货币时间价值，使项目的现金流入量与流出量具有可比性，可以较好地反映各投资项目的经济效果。

(2)缺点：不能直接反映各项目的实际收益率水平；对于投资额不同的项目，净现值缺乏可比性。

四、现值指数法

1.现值指数法的基本原理

现值指数法是指运用项目现值指数进行评估的决策方法。现值指数（用 PI 表示）是指项目未来现金净流量的总现值与初始投资额之比。其计算公式为：

$$现值指数(PI) = \frac{\sum_{t=1}^{n} \frac{NCF_t}{(1+i)^t}}{A_0}$$

上述公式中，i 表示折现率；NCF_t 表示第 t 年的现金净流量；A_0 表示初始投资额。

2. 现值指数法的决策规则

(1)对于独立项目:现值指数≥1,项目可行;反之,项目不可行。

(2)对于互斥项目:首先选择现值指数≥1 的可行项目,然后在可行项目中选择现值指数最大的那个项目。

【例 7-12】 根据【例 7-10】的资料,若贴现率为 10%,用现值指数法进行决策。

解

$$PI_A = \left[\frac{40\,000}{1+10\%} + \frac{50\,000}{(1+10\%)^2} + \frac{60\,000}{(1+10\%)^3} + \frac{50\,000}{(1+10\%)^4}\right] \div 120\,000 = 1.31$$

$$PI_B = 50\,000 \times (P/A, 10\%, 4) \div 120\,000 = 50\,000 \times 3.169\,9 \div 120\,000 = 1.32$$

A、B 项目现值指数均大于 1,都为可行项目,但 B 项目现值指数较大,应选择 B 项目。

3. 现值指数法的评价

(1)优点:考虑货币时间价值;可用于投资额不同的项目的比较。

(2)缺点:不能直接反映各项目的实际收益率水平。

五、内部收益率法

1. 内部收益率法的基本原理

内部收益率法是指通过计算使项目投资的净现值等于零时的折现率来评价投资项目的一种决策方法。内部收益率(用 IRR 表示)即为净现值等于零时的折现率,其计算公式为:

$$净现值(NPV) = \sum_{t=0}^{n} \frac{NCF_t}{(1+IRR)^t} = 0$$

公式中,IRR 为内部收益率,NCF_t 为第 t 年的现金净流量。

根据项目投资后每年产生的现金净流量是否相等,内部收益率的计算有两种方法:

(1)投资后各年份的现金净流量相等

该情况下的计算步骤是:

①计算年金现值系数。

$$(P/A, IRR, n) = 初始投资额/年现金净流量$$

②查年金现值系数表,找出最接近内部收益率的上下两个折现率 r_1 和 r_2。

$$(P/A, r_1, n) = C_1 > C = (P/A, IRR, n)$$
$$(P/A, r_2, n) = C_2 < C = (P/A, IRR, n)$$

③用插值法求出内部收益率。

$$IRR = r_1 + \frac{C_1 - C}{C_1 - C_2} \times (r_2 - r_1)$$

(2)投资后各年份的现金净流量不等

在这种情况下,可采用逐次测试法来确定内部收益率。其计算方法是:

首先估计一个折现率,用它来计算方案的净现值。如果净现值为正数,说明方案本身内部收益率超过估计的折现率,应提高折现率后进一步测试;如果净现值为负数,说明方案本身的内部收益率低于估计的折现率,应降低折现率后进一步测试。经过多次测试,可依据净现值由正到负两个相邻的折现率,用插值法算出其近似的内部收益率。其计算公式为:

$$IRR = r_1 + \frac{|NPV_1|}{|NPV_1| + |NPV_2|} \times (r_2 - r_1)$$

公式中,r_1 表示净现值为正数时的折现率;r_2 表示净现值为负数时的折现率;$|NPV_1|$ 表示以 r_1 折现的净现值的绝对值;$|NPV_2|$ 表示以 r_2 折现的净现值的绝对值。

2. 内部收益率法的决策规则

(1)对于独立项目:IRR≥基准内部收益率,项目可行;反之,项目不可行。

(2)对于互斥项目:首先选择 IRR≥基准内部收益率的项目,然后在可行项目中选择 IRR 最大的那个项目。

【例 7-13】 根据【例 7-10】的资料,若基准内部收益率为 20%,用内部收益率法进行决策。

解 由于 A 项目的年现金净流量不等,所以用逐次测试法计算内部收益率。

$$NPV_A = -120\,000 + \frac{40\,000}{1+IRR} + \frac{50\,000}{(1+IRR)^2} + \frac{60\,000}{(1+IRR)^3} + \frac{50\,000}{(1+IRR)^4} = 0$$

A 项目内部收益率的计算见表 7-5。

表 7-5   A 项目内部收益率逐次测试表

测试次数 j	设定折现率 r_j	净现值 NPV_j
1	10%	+36 915.51
2	30%	−14 828.61
3	20%	+6 890.43
4	22%	+1 992.37
5	23%	−342.65

最接近于零的两个净现值临界值 $|NPV_1| = 1\,992.37$,$|NPV_2| = 342.65$,相应的折现率 $r_1 = 22\%$,$r_2 = 23\%$,应用插值法计算:

$$IRR = 22\% + \frac{1\,992.37}{1\,992.37 + 342.65} \times (23\% - 22\%) = 22.85\%$$

B 项目年现金净流量相等,先计算年金现值系数。

$(P/A, IRR, 4) = 120\,000 \div 50\,000 = 2.4$

查 4 年的年金现值系数表得:

$(P/A, 24\%, 4) = 2.404\,3$,$(P/A, 28\%, 4) = 2.241\,0$,

用插值法计算:

$$IRR = 24\% + \frac{2.404\,3 - 2.4}{2.404\,3 - 2.241\,0} \times (28\% - 24\%) = 24.11\%$$

A、B 项目内部收益率均大于基准内部收益率,均为可行项目,但 B 项目内部收益率较大,应选择 B 项目。

3. 内部收益率法的评价

(1)优点:考虑货币时间价值;能反映投资项目的实际收益率;可用于投资额不同的项目的比较。

(2)缺点:计算麻烦;内部收益率隐含了再投资的假设,以内部收益率作为再投资报酬率,具有较大的主观性,一般与实际情况不符;此外对于非常规方案,内部收益率可能出现多个 IRR,也可能无解。

第五节 长期投资决策方法的应用

一、独立项目的投资决策

独立项目投资决策只取决于本身的经济效益,可以不考虑其他项目的影响。因此对于独立项目决策,上述决策方法都可以运用,但由于静态评价方法没有考虑货币时间价值,一般只作为决策的辅助方法。

【例7-14】 某公司拟购置一台设备,需一次性投资100万元。经测算,该设备使用寿命为5年,无安装期,设备投入运营后每年可新增税后利润20万元。假定该设备按直线法计提折旧,预计无残值。公司要求最低投资报酬率为10%,所得税税率为25%。

要求:用净现值法、现值指数法和内部收益率法综合判断项目是否可行。

解 设备年折旧额=100÷5=20(万元)

各年份的现金净流量:

$NCF_0 = -100$(万元)

$NCF_{1\sim5} = 20 + 20 = 40$(万元)

$NPV = -100 + 40 \times (P/A, 10\%, 5) = -100 + 40 \times 3.7908 = 51.63$(万元)

$PI = 40 \times (P/A, 10\%, 5) \div 100 = 40 \times 3.7908 \div 100 = 1.52$

年金现值系数$(P/A, IRR, 5) = 100 \div 40 = 2.5$

查表得,$(P/A, 28\%, 5) = 2.5320$,$(P/A, 32\%, 5) = 2.3452$,

$$IRR = 28\% + \frac{2.5320 - 2.5}{2.5320 - 2.3452} \times (32\% - 28\%) = 28.69\%$$

因为NPV>0,PI>1,IRR>10%,所以该项目可行。

二、互斥项目的投资决策

互斥项目的评价有以下几种方法:

1. 排列顺序法

当互斥项目寿命期相同并且投资额相等时,可使用排列顺序法,将全部待选项目分别根据它们各自的 NPV 或 IRR 或 PI 按降级顺序排列,然后进行项目挑选,通常选其最高者为最优。一般而言,净现值法、现值指数法和内部收益法得出的结论是一致的,当发生不一致时,要以净现值法得出的结论为准。

2. 增量收益分析法

增量收益分析法是指对于投资规模不同但寿命期相同的项目,可以在计算两个项目差额现金净流量(ΔNCF)的基础之上,计算差额净现值(ΔNPV)或者差额内部收益率(ΔIRR)、差额现值指数(ΔPI),并据以判断方案优劣的方法。

在此方法下,如果差额净现值大于零,或差额内部收益率大于基准内部收益率,或差额现值指数大于1,则投资额大的项目较优;反之,则投资额小的项目较优。但要注意的是,除非是更新改造的投资项目,否则在用增量收益分析法进行决策时,要注意所选项目本身的财务可行性。

【例 7-15】 某企业有 A、B 两个互斥投资项目,投资期均为 5 年,固定资产投资额分别为 20 万元和 25 万元,无建设期,期满无残值。A 项目投入后,每年可实现销售收入 12 万元,发生付现经营成本 4 万元;B 项目投入后,每年可实现销售收入 17 万元,发生付现经营成本 6 万元。若折现率为 10%,所得税税率为 25%,要求:对项目实施决策。

解

A 项目固定资产年折旧额=20÷5=4(万元)

B 项目固定资产年折旧额=25÷5=5(万元)

A 项目营业现金净流量=(12−4−4)×(1−25%)+4=7(万元)

B 项目营业现金净流量=(17−6−5)×(1−25%)+5=9.5(万元)

A、B 两项目各年份的现金净流量差额(B−A):

ΔNCF_0=−25+20=−5(万元)

$\Delta NCF_{1\sim 5}$=9.5−7=2.5(万元)

计算差额净现值:ΔNPV=2.5×(P/A,10%,5)−5=2.5×3.790 8−5=4.477(万元)

差额净现值为正,所以 B 项目优于 A 项目。

3. 年回收额法

年回收额法是指通过比较所有投资项目的年回收额大小来选择最优方案的决策方法。该方法适用于项目寿命期不同的互斥项目决策。年回收额的计算公式为:

$$年回收额 = \frac{净现值}{年金现值系数}$$

该方法的实质是将净现值平均分摊到每一年,然后以年为单位进行比较,哪个项目的年均净现值大,则认为哪个项目较优。

【例 7-16】 某企业拟投资建设一条新生产线,现有两个方案可供选择:A 方案的投资为 1 200 万元,使用年限为 11 年,净现值为 960 万元;B 方案的投资为 1 000 万元,使用年限为 10 年,净现值为 920 万元;折现率为 10%。

要求:做出方案选择。

解

A、B 两方案净现值均大于 0,均为可行方案。

A 方案的年回收额=960÷(P/A,10%,11)=960÷6.495 1=147.80(万元)

B 方案的年回收额=920÷(P/A,10%,10)=920÷6.144 6=149.72(万元)

B 方案的年回收额高,应选择 B 方案。

在年回收额的比较中,如果两个项目的收入相同,则只要比较年均成本就可以了。

【例 7-17】 某企业流水线上有一旧设备,账面净值 21 000 元,已使用 3 年,预计还能使用 5 年,5 年后有残值 1 000 元,年付现成本为 12 000 元。现在市场上有同类型的新设备,价格为 32 000 元,可使用 8 年,期末有残值 2 000 元,该设备的投入可使年付现成本降至 9 000 元。如果购买新设备的话,该旧设备可作价 10 000 元,公司要求的最低投资报酬率为 14%。

要求:做出是否更新设备的决策(假设不考虑所得税因素)。

解 旧设备年均成本 $= \dfrac{10\,000+12\,000\times(P/A,14\%,5)-1\,000\times(P/F,14\%,5)}{(P/A,14\%,5)}$

$= \dfrac{10\,000+12\,000\times 3.433\,1-1\,000\times 0.519\,4}{3.433\,1} = 14\,761.53(元)$

新设备年均成本 $= \dfrac{32\,000+9\,000\times(P/A,14\%,8)-2\,000\times(P/F,14\%,8)}{(P/A,14\%,8)}$

$= \dfrac{32\,000+9\,000\times 4.638\,9-2\,000\times 0.350\,6}{4.638\,9} = 15\,747.03(元)$

旧设备年均成本低,所以不应该更新。

本章小结

本章主要阐述长期投资决策的分类、程序、方法和货币时间价值等内容。其中着重介绍了项目现金流量的分类和计算;长期投资决策的静态和动态两大类方法,具体包括投资利润率法、投资回收期法、净现值法、现值指数法和内部收益率法;最后介绍了各类决策方法的具体应用。

自测题

一、思考题

1. 什么是独立项目和互斥项目?
2. 什么是现金流量?投资项目的现金流量包括哪些内容?
3. 投资项目的现金流量如何计算?
4. 现金流量在估计中应注意哪些问题?
5. 投资决策评价的方法有哪些?各自的优缺点是什么?

二、单选题

1. 在确定投资方案的相关现金流量时,所应遵循的最基本原则是:只有(　　)才是与项目相关的现金流量。
   A. 增量现金流量　　B. 现金流入量　　C. 现金流出量　　D. 现金净流量

2. 下列各项中,不属于投资项目的现金流出量的是(　　)。
   A. 建设投资　　B. 垫支流动资金　　C. 固定资产折旧　　D. 经营成本

3. 一定时期内每期期初等额收付的系列款项是(　　)。
   A. 即付年金　　B. 永续年金　　C. 递延年金　　D. 普通年金

4. 已知甲方案投资收益率的期望值为15%,乙方案投资收益率的期望值为12%,两个方案都存在投资风险。比较甲、乙两方案风险大小应采用的指标是(　　)。
   A. 方差　　B. 净现值　　C. 标准离差　　D. 标准离差率

5. 某投资项目在建设期内投入全部原始投资,该项目的净现值率为10%,则该项目的获利指数为(　　)。
   A. 0.9　　B. 1.1　　C. 2　　D. 2.5

6. 如果企业每年提取折旧2 000元,所得税税率为40%,付现成本为3 000元,则由于计提折旧而减少的所得税额为( )元。

A. 1 200 B. 800 C. 2 000 D. 3 000

7. 如果投资项目有资本限额,且各个项目是独立的,则应选择的投资组合是( )。

A. 内部收益率最大 B. 净现值最大 C. 获利指数最大 D. 回收期最短

三、多选题

1. 计算营业现金净流量时,每年现金净流量可按( )来计算。

A. $NCF=$净利+折旧

B. $NCF=$(营业收入-付现成本-折旧)×(1-所得税税率)+折旧

C. $NCF=$(营业收入-付现成本)×(1-所得税税率)+折旧×所得税税率

D. $NCF=$营业收入-付现成本-所得税费用

2. 计算投资方案的增量现金流量时,一般需要考虑方案的( )。

A. 机会成本 B. 沉没成本 C. 关联成本 D. 付现成本

3. 下列各项中,属于普通年金形式的项目有( )。

A. 零存整取储蓄存款的整取额 B. 定期定额支付的养老金
C. 年资本回收额 D. 偿债基金

4. 未考虑资金时间价值的主要指标有( )。

A. 内含报酬率 B. 投资利润率 C. 现值指数 D. 净现值

5. 一项方案具有财务可行性的必要条件有( )。

A. $IRR \geqslant 1$ B. $NPV \geqslant 0$ C. $PI \geqslant 1$ D. $IRR \geqslant$必要报酬率

6. 公司拟投资一个20万元的项目,投产后年均现金流入量为16万元,经营付现成本为6万元,项目寿命周期为5年,按直线法折旧,无残值,所得税税率为40%,则对该项目相关计算正确的有( )。

A. 投资回收期为2.63年 B. 投资回收期为3.33年
C. 投资利润率为18% D. 投资利润率为30%

四、判断题

1. 现金净流量是现金流入量与现金流出量的差额,其数值一定大于0。 ( )

2. 折旧对投资决策产生影响,实际上是由于所得税存在引起的。 ( )

3. 对于多个投资方案而言,无论各方案的期望值是否相同,标准离差率最大的方案一定是风险大的方案。 ( )

4. 在通货膨胀率很低的情况下,公司债券的利率可视同为资金时间价值。 ( )

5. 投资回收期指标的优点是计算简单,易于操作,并且考虑了整个项目计算期的现金净流量信息。 ( )

五、计算分析题

1. 某公司计划年度拟投资A项目,经财务可行性分析,有关资料如下:

(1) A项目共需固定资产投资450 000元,其中第1年年初和第2年年初将分别投资250 000元和200 000元,第1年年末部分竣工并投入试生产,第2年年末全部竣工交付使用。

(2) A 项目投产时需垫付相应流动资金 320 000 元,用于购买材料、支付工资等,其中第 1 年年末垫付 200 000 元,第 2 年年末又增加垫付 120 000 元。

(3) A 项目经营期预计为 5 年,固定资产按直线法计提折旧。A 项目正常终结清理费用预计为 3 000 元,残余价值为 123 000 元。

(4) 根据市场预测,A 项目投产后第 1 年销售收入为 320 000 元,以后 4 年每年销售收入均为 450 000 元,第 1 年的付现成本 150 000 元,以后 4 年每年的付现成本为 210 000 元。

(5) A 项目需征用土地 10 亩,支付土地 10 年使用费共计 350 000 元。

(6) 该企业适用所得税税率为 25%。

要求:计算 A 项目预计 5 年的现金流量。

2. 有三个投资项目,其有关数据见表 7-6。

表 7-6　　　　　　　　　　投资项目有关数据表　　　　　　　金额单位:元

年份 项目	0	1	2	3	4
甲现金流量	-10 000	5 500	5 500		
乙现金流量	-10 000	3 500	3 500	3 500	3 500
丙现金流量	-20 000	7 000	7 000	6 500	6 500

要求:计算各项目的回收期。

3. 某企业计划用 A 设备替代 B 设备,B 设备现行变价净收入为 12 万元,尚可继续使用 5 年,报废时净残值为 2 万元,预计使用 B 设备年实现利润额为 3 万元,该设备的试用期预计为 8 年,预计净残值率为 10%。取得 A 设备后可立即投入运营,A 设备年创利额较 B 设备增加 1.5 万元。该企业的所得税税率为 25%,企业平均资本成本为 10%。

要求:比较 A、B 项目的优劣。

六、案例分析题

海南某企业有 A、B 两个互斥项目投资,设定贴现率为 10%,两个项目的现金净流量见表 7-7。

表 7-7　　　　　　　　　　项目现金流量表　　　　　　　　金额单位:元

年份	0	1	2	3	4	5	6
A 项目	-100	20	25	25	25	25	35
B 项目	-80	30	30	30	38	—	—

要求:计算年等额净回收额并评价各项目的优劣。

第八章 全面预算

学习目标

通过本章的教学,学生可以了解全面预算的含义,掌握全面预算在全面预算体系中的地位,了解全面预算的作用、编制程序及注意事项,熟悉全面预算的日常管理,掌握包括固定预算与弹性预算、增量预算与零基预算、定期预算与滚动预算的编制方法,熟悉销售预算、生产预算、直接材料预算、直接人工预算、制造费用预算、产品成本预算、销售及管理费用预算及现金预算的编制。

案例导入

二十世纪福克斯公司的《泰坦尼克号》"超载"了吗?

经典的灾难影片《泰坦尼克号》一经上映便引起轰动。然而,在《泰坦尼克号》上映前,业内人士却在怀疑该片收入是否能弥补投入的巨额制作成本。因为按照以往的经验,电影制作,尤其是大片制作的预算经常失去控制。这是由于电影行业不像其他行业那样考虑预算和盈利吗? 为了按照预算执行、避免财务困境,电影制造商应该如何去做呢?

按照二十世纪福克斯公司董事局主席梅卡尼克的话说,制作《泰坦尼克号》使他们在预算管理方面学到了很多。二十世纪福克斯公司在制作《泰坦尼克号》的过程中实施了更加严格的预算控制,并在片场派了很多代表。梅卡尼克指出按预算来制作电影就是一个计划执行的过程,二十世纪福克斯公司从中得到了许多收获。梅卡尼克强调,采用会计系统来跟踪钱花在什么地方以及为什么要这样花,有助于更有效地实现成本控制。

从这一案例可以看出,预算是企业对未来工作的一种计划安排,同时也是企业控制成本和费用的一种有效手段。好的预算有利于企业收入的提高、成本费用的降低及利润的实现,从而有助于企业股东价值最大化目标的实现。

面对突如其来的新冠肺炎疫情,出现了很多让人感慨的事情,有感动、有振奋,但也有踩着道德底线的肆意妄为,我们也会思考在这种环境下到底要做一个什么样的人,如何平衡自我与他人、个人家庭与社会大家庭的关系。我们选择出行佩戴口罩,选择居家隔离、保持适当的社交距离,既是为了保护自己不被感染,也是防止感染给他人,这本身就是为他人和为自己的统一,是合作共赢的典型例子。企业在编制全面预算时也常常会遇到财务部孤军奋战的情景,业务部门整体参与度不高,只有打破企业各部门之间的障碍,促进财务部门和其他业务部门的协作,才能提升企业整体运营管理水平,达到共赢。

第一节　全面预算的基本概念

一、预算管理制度的产生

"预算"（Budget）一词起源于法文 Bougette，意为用皮革制成的袋子或公文包。在 19 世纪中期，英国财政大臣常在英国议员们面前打开公文包，展示他所需要的下年度税收需求数，因此，财政大臣的"公文包"就指下年度的预算数。大约在 1870 年，Budget 一词正式出现在财政大臣公文包的文件上，这也就是预算制度最初的来源。近代预算制度首先应用于政府机构，后来逐渐应用到企业管理中。最早将预算作为企业管理手段的是美国。第一次世界大战后，美国工业生产急速发展，企业规模的扩大使管理人员增加，如何分权管理而又不会失控成为一个突出的问题。同时，企业的盲目扩张导致生产过剩、产品销路不畅。这些问题迫使企业管理者将预算引入企业管理，从而对市场进行预测，计划其生产能力与销售能力，协调部门间的经济活动。1922 年，麦金西出版的《预算控制》一书将预算管理理论及方法从控制角度进行了详细介绍，标志着企业预算管理理论的形成。之后，经过多年发展，预算制度逐渐从计划、协调，发展到兼具控制、激励、评价等功能为一体的综合贯彻企业经营战略的管理机制，处于内部控制的核心。2000 年 9 月，我国国家经贸委发布《国有大中型企业建立现代企业制度和加强管理的基本规范（试行）》，明确提出企业应建立全面预算管理制度，经过几年的努力，全面预算管理制度已经得到广泛认同，并进入到规范和实施阶段。

二、全面预算的概念与作用

1. 全面预算的概念

预算是用货币形式表示的，专门用于控制企业未来经济活动的详细计划，是企业经营决策所确定目标的货币表现和具体化。全面预算的内容主要包括经营预算、专门决策预算和财务预算。

经营预算（也称业务预算），是指与企业日常业务直接相关的一系列预算，包括销售预算、生产预算、采购预算、费用预算、人力资源预算等。

专门决策预算，是指企业重大的或不经常发生的、需要根据特定决策编制的预算，包括投融资决策预算等。

财务预算则是一系列专门控制企业未来一定期间内预计财务状况和经营成果，以及现金收支等价值指标的各种预算总称，具体包括控制现金收支的现金预算、控制企业财务状况的预计资产负债表、控制企业财务成果的预计利润表、控制企业现金流量的预计现金流量表等内容。财务预算既是控制支出的工具，又是使企业资源获得最佳运用的一种手段。

财务预算是全面预算的一个组成部分，并与其他预算联系在一起。全面预算实质上就是以企业的经营目标为基础，以销售预算为起点，进而扩展到采购、生产、成本、资金等领域的预算,从而形成一个体系,这个体系就称为全面预算体系。完整的全面预算管理包括经营预算、专门决策预算和财务预算三个部分,前两个预算统称为业务预算或经营预算,主要用于计划企业的日常经济业务,财务预算则关注资金的筹措和使用,包括短期的现金收支和信贷,以及长期的资本支出和长期资金筹措。

现代企业的全面预算是以市场为导向,依据企业的生产能力以及市场营销机构对企业的长期市场预测,确定预算年度的销售额,并按企业财力确定资本支出预算。销售预算是企业全面预算的起点,根据以销定产的原则,在考虑现有库存与期末库存的基础上,进行生产预算的编制;然后按照生产预算确定直接材料预算、直接人工预算、制造费用预算;继而编制销售及管理费用预算。产品成本预算和现金预算是有关预算的汇总,预计资产负债表、预计利润表、预计现金流量表是全部预算的综合。全面预算的构成如图8-1所示。

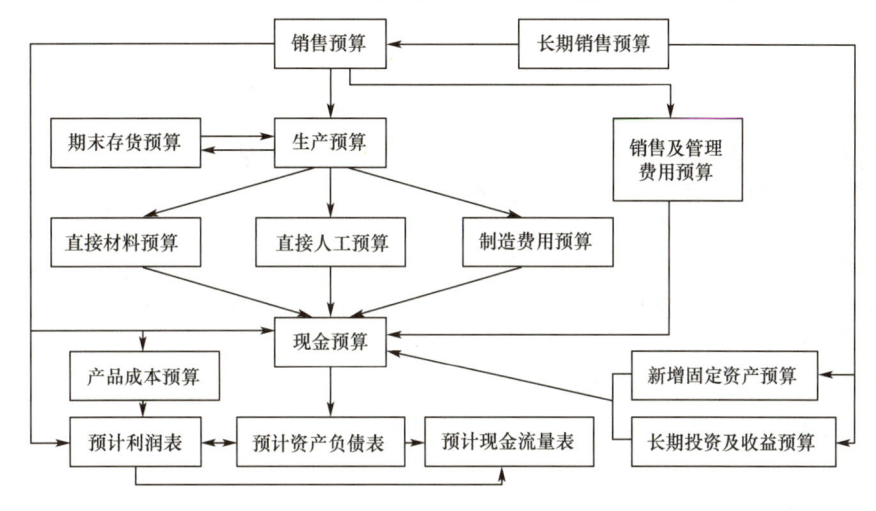

图8-1 全面预算构成图

2. 全面预算的作用

财务预算作为全面预算体系的重要组成部分,在全面预算体系中具有特别重要的作用,主要表现在以下几个方面。

(1)明确各职能部门的具体工作目标。财务预算作为一种以价值尺度编制的计划,规定了企业一定时期的总体目标和各级各部门的具体财务目标。这样便于企业各职能部门从价值上了解本单位的经济活动与整个企业经营目标之间的关系,明确各自的职责和努力方向,在企业总体和具体工作计划的指导下,从各自的角度,有计划、有步骤地进行生产经营活动,以完成企业总的战略目标。

(2)协调各职能部门的行动。财务预算是企业根据各职能部门在预测和决策的基础上制定的工作目标。要实现这一目标,必须做到使各职能部门密切配合,使生产经营活动相互衔接、均衡发展,使企业成为完成总体目标的有机整体。全面预算还可以正确处理企业内部各职能部门之间的关系,有利于区别和落实各职能部门的经济责任,有助于企业发现自身在生产经营活动中出现的薄弱环节,协调企业的各项生产经营活动和各职能部门的工作,为实现企业总体目标创造条件。

(3)控制各职能部门的日常活动。编制预算是企业经营管理的起点,也是控制日常经济活动的依据。在预算的执行过程中,通过对日常经济活动的检查,及时发现实际脱离预算的差异并分析其产生的原因,以方便采取措施,消除薄弱环节,保证企业整体目标的实现。

(4)调动职工实施目标的积极性。职工是全面预算的直接执行者,他们最了解企业的内部条件及潜在能力,对企业各项预算指标的完成和总体目标的实现具有决定性的影响。所以,要让职工参与有关预算的编制工作,以使各项预算指标更加科学合理,同时也使职工对企业的生产经营目标更加明确。企业应适当激发职工热情,充分调动职工实现生产经营目标的积极性,实现职工的具体工作标准与企业整体目标的有机结合和统一。

(5)提供部门业绩评价依据。企业根据预算的执行情况、完成情况,分析实际成果偏离预算的程度,找出偏离的原因,不仅有助于控制企业经营活动,而且有助于责任划分,评价业绩。不过考核时要注意不能单纯以预算是否执行作为唯一衡量标准,有时一些偏差对企业可能是有利的,需要预算管理人员及时辨别哪些是有利偏差,哪些是不利偏差。此外,企业应根据实际情况设置奖惩制度,有效的奖惩制度,可提高企业全体员工的工作积极性,挖掘企业潜力,提高企业的经济效益。

三、全面预算的编制程序及注意事项

编制财务预算应在充分预测的基础上进行,编制时可采用自下而上和自上而下的反复修订、平衡、协调,最后由财务部门进行综合平衡,并报请企业领导或公司董事会(包括专业委员会)批准后下达执行。在全员预算过程中,需要严格控制并考核预算执行情况,执行中的预算修订应严格按相关程序进行。

1.全面预算的编制程序

企业的预算编制流程如图 8-2 所示。

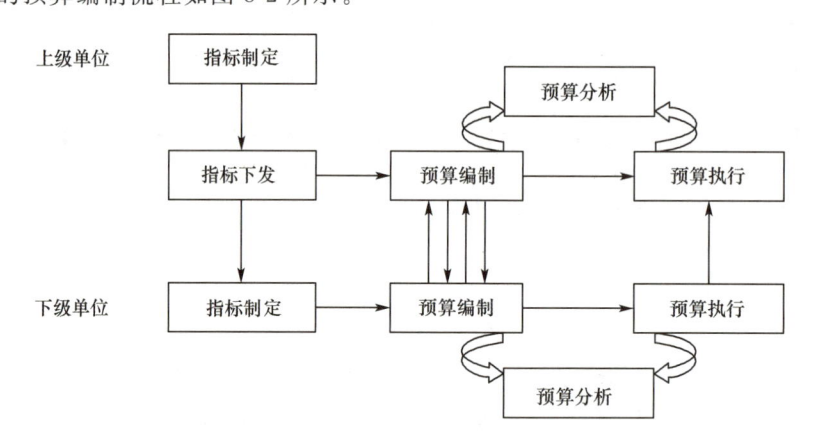

图 8-2 企业预算编制流程图

财务预算具体的编制程序如下:

(1)企业组建的预算委员会根据长期规划,利用本量利分析等工具,提出企业一定时期的总目标,如目标利润、成本、销售量等,并下达规划指标到各个有关的职能部门。

(2)各基层部门根据收到的指标自行编制预算草案。

(3)各部门汇总部门预算,通过在部门内部的汇总、分析、协调来调整各基层部门的预

算方案,继而编制出销售、生产、成本、财务等预算。

（4）预算委员会聚集在一起审核、平衡部门预算,汇总出企业的总预算。

（5）主要预算指标报告董事会或上级主管部门,讨论通过或者驳回修改。

（6）将批准后的预算下达给各个部门执行。

（7）企业应将预算目标层层分解至各预算责任中心。预算分解应按各责任中心权、责、利相匹配的原则进行,既公平合理,又有利于企业实现预算目标。

（8）年度预算经批准后,原则上不做调整。企业应在制度中严格明确预算调整的条件、主体、权限和程序等事宜,当内外战略环境发生重大变化或突发重大事件等,导致预算编制的基本假设发生重大变化时,可进行预算调整。

（9）企业应建立健全预算考核制度,并将预算考核结果纳入绩效考核体系,切实做到有奖有惩、奖惩分明。

（10）预算考核以预算完成情况为考核核心,通过预算执行情况与预算目标的比较,确定差异并查明产生差异的原因,进而据以评价各责任中心的工作业绩,并通过与相应的激励制度挂钩,促进其与预算目标相一致。

2. 全面财务预算的注意事项

（1）预算编制之前一定要广泛收集各种相关的信息资料,并对这些信息资料进行充分的分类、加工和整理。还要注意这些信息资料的及时性、准确性、完整性和系统性。

（2）预算的编制通常以销售预算为起点,而企业的未来销售状况是变化的,企业的其他相关要素及外部环境也是变化的,这些变化要求企业必须根据预计情况,对预算方案做出调整或者编制出多种版本的预算方案,并且在预算执行过程中强化对预算方案的跟踪和修订。

（3）企业编制预算,必须制定出一套诸如预算修订办法等保证预算执行的相关制度和措施,以便于实施监督、检查、分析及奖惩等。

四、全面预算管理的原则

企业进行预算管理,一般应遵循以下原则：

（1）战略导向原则。预算管理应围绕企业的战略目标和业务计划有序开展,引导各预算责任主体聚焦战略、专注执行、达成绩效。

（2）过程控制原则。预算管理应通过及时监控、分析等把握预算目标的实现进度并实施有效评价,对企业经营决策提供有效支撑。

（3）融合性原则。预算管理应以业务为先导、以财务为协同,将预算管理嵌入企业经营管理活动的各个领域、层次、环节。

（4）平衡管理原则。预算管理应平衡长期目标与短期目标、整体利益与局部利益、收入与支出、结果与动因等关系,促进企业可持续发展。

（5）权变性原则。预算管理应刚性与柔性相结合,强调预算对经营管理的刚性约束,又可根据内外环境的重大变化调整预算,并针对例外事项进行特殊处理。

第二节　全面预算的编制方法

不同的预算内容可以采用不同的编制方法,企业应该根据预算内容和实际需要选择合理、科学的编制方法,以提高预算的编制质量,更好地发挥预算的作用。下面介绍全面预算的编制方法,包括固定预算和弹性预算、增量预算和零基预算以及定期预算和滚动预算。

一、固定预算与弹性预算

预算的编制,根据业务量是否可以调整,即业务量基础的数量特征不同,可以分为固定预算和弹性预算两大类。其中:

1. 固定预算

固定预算,又称静态预算,是企业把预算期的业务量固定在某一预计水平上,以此为基础来确定其他项目预计数的预算方法。一般适用于经济业务比较稳定的预算项目,比如销售费用预算、管理费用预算和固定性制造费用预算等。

固定预算有两个显著的特点:

(1)不考虑预算期内业务活动水平可能发生的变动,只按照预算期内计划预定的某一共同的活动水平为基础确定相应的数据;

(2)将实际结果与按预算期内计划预定的某一共同的活动水平所确定的预算数据进行比较分析,据以进行业绩评价和考核。

固定预算存在的明显缺点是:对于业务量变化比较大的企业来说,采用固定预算,易导致相关成本、费用和利润的实际水平与预算结果相差较大,不利于控制的考核,达不到预算的效果,从而会失去预算的意义。

2. 弹性预算

弹性预算,又称变动预算或滑动预算,其关键在于把所有的成本按其性态分为变动成本与固定成本两大部分。变动成本通过单位业务量进行控制,固定成本通过总额进行控制。弹性预算是指企业在不能正确预测业务量的情况下,在按照成本(费用)习性分类的基础上,根据本量利之间的依存关系,依据一系列业务量水平编制的有伸缩性的预算。一般适用于与预算执行单位业务量有关的费用预算和利润预算。

弹性预算的基本特点是,按预算期内某一相关范围内可预见的多种业务活动水平确定不同的预算额,并按实际业务活动水平调整其数额;待实际业务发生后,将实际指标与实际业务量相对应的预算额进行对比,使预算执行情况的评价与考核建立在客观、可比的基础上,更好地发挥预算的控制作用。

弹性预算的编制程序分为以下三个步骤:

(1)选择和确定经营活动水平的计量单位(如产品产量、直接人工工时、机器小时和维修小时等)和数量界限。

(2)确定不同情况下经营活动水平的范围,通常以正常生产能力的70%～110%为宜(其中,间隔一般以5%或10%为好)。生产能力可以用数量、金额或百分比表示。

(3) 按照成本与产量之间的数学关系,分别确定变动成本、固定成本和混合成本及各具体费用项目在不同经营活动水平范围内的控制数额。

出于实用的目的考虑,编制弹性预算通常只编制弹性成本预算和弹性利润预算。

(1) 弹性成本预算的编制

弹性成本预算的编制,通常采用公式法和列表法进行。

①公式法,是指在成本性态分析的基础上,通过确定成本公式 $y=a+bx$ 中的 a 和 b 来编制弹性预算的方法。其中:a 表示固定成本,b 表示单位变动成本,x 表示业务量,y 表示总成本。在公式法下,倘若事先确定了业务量的变动范围,只要根据相关成本项目的 a 和 b 参数,就可以非常容易地推算出业务量在允许范围内任何水平上的各项预算成本。

【例 8-1】 华工紫龙公司按公式法编制的制造费用弹性预算见表 8-1,其中较大的混合成本项目已经被分解。

表 8-1　　　　华工紫龙公司预算期制造费用弹性预算表(公式法)

直接人工工时变动范围:3 500~6 000 小时　　　　　　　　金额单位:元

项目	a	b
管理人员工资	1 500	
保险费	500	
设备租赁费	800	
修理费	600	0.5
水电费	50	0.3
辅助材料	400	0.6
辅助人员工资		0.9
检验人员工资		0.7
合计	3 850	3.0

根据表 8-1,可用 $y=3\ 850+3.0x$ 计算直接人工工时在 3 500~6 000 小时范围内任一业务量基础上的制造费用预算总额。假设人工工时为 5 000 小时,则制造费用的预算数为:

$$y=3\ 850+3.0\times 5\ 000=18\ 850(元)$$

这种方法的优点是在一定范围内不受业务量波动影响,编制预算的工作量较小;缺点是在进行预算控制和考核时,不能直接查出特定业务量下的总成本预算额,而且按细目分解成本比较麻烦,同时还会有一定的误差。

②列表法,是指通过列表的方式,在相关范围内每隔一定业务量范围计算相关预算的数值,来编制弹性成本预算的方法。

【例 8-2】 接【例 8-1】,华工紫龙公司按列表法编制的制造费用弹性预算见表 8-2。

表 8-2　　　　华工紫龙公司预算期制造费用弹性预算表（列表法）　　　金额单位：元

直接人工工时（小时）	3 500	4 000	4 500	5 000	5 500	6 000
生产能力利用	70%	80%	90%	100%	110%	120%
1.变动成本项目	5 600	6 400	7 200	8 000	8 800	9 600
辅助人员工资	3 150	3 600	4 050	4 500	4 950	5 400
检验人员工资	2 450	2 800	3 150	3 500	3 850	4 200
2.混合成本项目	5 950	6 650	7 350	8 050	8 750	9 450
修理费	2 350	2 600	2 850	3 100	3 350	3 600
水电费	1 100	1 250	1 400	1 550	1 700	1 850
辅助材料	2 500	2 800	3 100	3 400	3 700	4 000
3.固定成本项目	2 800	2 800	2 800	2 800	2 800	2 800
管理人员工资	1 500	1 500	1 500	1 500	1 500	1 500
保险费	500	500	500	500	500	500
设备租赁费	800	800	800	800	800	800
制造费用预算	14 350	15 850	17 350	18 850	20 350	21 850

列表法的主要优点是可以直接从表中查到各种业务量下的成本预算，便于预算的控制和考核，可以在一定程度上弥补公式法的不足；缺点是工作量较大，且不能包括所有业务量条件下的费用预算，所以其适用面较窄。

（2）弹性利润预算的编制

该类预算是根据成本、业务量和利润之间的相互关系，为适应多种业务量变化而编制的利润预算。弹性利润预算是以弹性成本预算为基础而编制的，其主要内容包括销售量、单价、单位变动成本、边际贡献和固定成本。编制弹性利润预算，通常采用因素法和百分比法进行。

①因素法，是指根据受业务量变动影响的有关收入、成本等因素与利润之间的关系，列表反映在不同业务量条件下利润水平的预算方法。

【例 8-3】　假设华工紫龙公司预算期内甲产品的销售量在 16 000 件至 21 000 件之间变动，销售单价为 200 元，单位变动成本为 90 元，固定成本总额为 180 000 元。

要求：根据上述资料以 1 000 件为销售量的间隔单位编制该产品的弹性利润预算。

根据上述资料编制的弹性利润预算见表 8-3。

表 8-3　　　　华工紫龙公司弹性利润预算表（因素法）　　　金额单位：元

销售量（件）	16 000	17 000	18 000	19 000	20 000	21 000
单价	200	200	200	200	200	200
单位变动成本	90	90	90	90	90	90
销售收入	3 200 000	3 400 000	3 600 000	3 800 000	4 000 000	4 200 000
减：变动成本	1 440 000	1 530 000	1 620 000	1 710 000	1 800 000	1 890 000
边际贡献	1 760 000	1 870 000	1 980 000	2 090 000	2 200 000	2 310 000
减：固定成本	180 000	180 000	180 000	180 000	180 000	180 000
营业利润	1 580 000	1 690 000	1 800 000	1 910 000	2 020 000	2 130 000

这种方法适用于单一品种经营或采用分算法处理固定成本的多品种经营的企业。

②百分比法,也称销售额百分比法,是指按不同销售额的百分比编制弹性利润预算的一种方法。实务中,多数企业都是多品种经营,如果分别按品种逐一编制弹性利润预算,显然是不现实的,这就要求选取一种综合的方法——销售额百分比法对全部经营商品或商品大类编制弹性利润预算。

【例8-4】 华工紫龙公司预算期内的年销售业务量达到100%的销售额为8 000 000元,变动成本为5 440 000元,固定成本为620 000元。

要求:根据上述资料以10%的间隔为华工紫龙公司按百分比法编制弹性利润预算。

依题意编制的弹性利润预算见表8-4。

表8-4　　　　华工紫龙公司弹性利润预算表(百分比法)　　　金额单位:元

销售额百分比(1)	80%	90%	100%	110%	120%
销售额(2)=8 000 000×(1)	6 400 000	7 200 000	8 000 000	8 800 000	9 600 000
变动成本(3)=5 440 000×(1)	4 352 000	4 896 000	5 440 000	5 984 000	6 528 000
边际贡献(4)=(2)-(3)	2 048 000	2 304 000	2 560 000	2 816 000	3 072 000
固定成本(5)	620 000	620 000	620 000	620 000	620 000
营业利润(6)=(4)-(5)	1 428 000	1 684 000	1 940 000	2 196 000	2 452 000

应用百分比法的前提条件是销售额必须在相关范围内变动,即销售额的变化不会影响企业的成本水平(单位变动成本和固定成本总额)。这种方法主要适用于多品种经营的企业。

综上所述,固定预算与弹性预算的主要区别在于,固定预算是针对某一特定业务量编制的,弹性预算是针对一系列可能达到的预计业务量水平编制的。

二、增量预算和零基预算

预算的编制,按其出发点的特征不同,通常分为增量预算和零基预算两大类。

1. 增量预算

增量预算,又称调整预算,是指在基期成本费用水平的基础上,结合预算期业务量水平及有关降低成本的措施,通过调整原有的有关成本费用项目而编制预算的方法。

增量预算的方法源于以下三项基本假定:

(1)现有的业务活动是企业必需的,只有保留企业现有的每项业务活动,才能使企业的经营过程得到正常发展;

(2)原有的各项开支都是合理的;

(3)增加费用预算是值得的。

增量预算的特点:首先是资金被分配到各部门或单位,然后这些部门或单位再将资金分配给适当的活动或任务;其次,由于增量预算基本上都是从前一期的预算推导演化而来的,每一个预算期间开始时,都采用上一期的预算作为参考点,而且只有那些要求增加预算的申请才会被审查。

这种方法主要适用于在计划期内由于某些采购项目的实现而需要相应增加的支出项目。由于这种预算方法以过去的经验为基础，实际上是承认过去所发生的一切是合理的，主张不需要在预算内容上做较大改进，而是沿袭以前的预算项目。因此有以下几点不足：

(1)受原有费用项目限制，可能导致保护落后。按这种方法编制预算，往往不加分析地保留或接受原有的成本项目，会使原来不合理的费用开支继续存在下去，形成不必要开支的合理化，造成预算上的浪费。

(2)滋长预算中的"平均主义"和"简单化"。采用这种方法，容易鼓励预算编制人员凭主观臆断按成本项目削减预算或只增不减。不利于调动各部门降低费用的积极性。

(3)不利于企业未来的发展。这种方法编制的费用预算，容易引发未来实际需要开支的项目因没有考虑未来情况的变化而造成预算不足。

2. 零基预算

零基预算，又称零底预算，是指在编制预算时，不以历史期经济活动及其预算为基础，以零为起点，从实际需要与可能出发，研究分析各项预算费用开支是否必要合理，进行综合平衡，从而确定预算费用。零基预算方法是为克服增量预算方法的缺点而设计的，最初由美国德州仪器公司的彼得·派尔于二十世纪六十年代末提出，已作为管理间接费用的方法被西方国家广泛采用。

零基预算通常按下列程序实施：

(1)动员与讨论。动员与讨论就是指动员企业内部所有部门，在充分讨论的基础上提出本部门在预算期内应当发生的费用项目，确定其预算数额，且不考虑这些费用项目以往是否发生和发生额的多少。

(2)划分不可避免项目和可避免项目。不可避免项目是指在预算期内必须发生的费用项目；可避免项目是指在预算期内通过采取措施可以不发生的费用项目。在预算编制过程中，对不可避免项目必须保证资金供应；对可避免项目则需要逐项进行成本效益分析，按照各项目开支必要性的大小确定各项费用预算的优先程序。

(3)划分不可延缓项目和可延缓项目。不可延缓项目是指必须在预算期内足额支付的费用项目；可延缓项目是指可以在预算期内部分支付或延缓支付的费用项目。在预算编制过程中，必须根据预算期内可供支配的资金数额在各费用项目之间进行分配。应优先保证满足不可延缓项目的开支，然后再根据需要和可能，按照项目的轻重缓急确定可延缓项目的开支标准。

零基预算能弥补我国长期沿用的"基数加增长"预算编制方式的不足，不受既定事实的影响，一切都从合理性和可能性出发。实现零基预算是细化预算、提前编制预算的前提。零基预算不受已有费用项目和开支水平的限制，能够调动各方面降低费用的积极性，有助于企业的发展，这是零基预算的优点，但其也有工作量大、重点不突出、编制时间较长的缺点。

零基预算方法特别适用于产出较难辨认的服务性部门费用预算的编制。

综上所述，增量预算与零基预算的区别在于，增量预算是以基期成本费用水平为基础,零基预算是一切从零开始。相比之下,增量预算较易编制,但容易造成预算冗余,从而不能很好地控制一些不必要发生的费用。零基预算能对环境变化做出较快反应,能够紧密地复核成本状况,但耗时巨大,参加预算工作的人员先要进行培训,并且需要全员参与。

三、定期预算和滚动预算

预算编制按其预算期的时间特征不同,一般分为定期预算和滚动预算两大类,具体指:

1. 定期预算

定期预算就是以不变的会计期间(如日历年度)为预算期的一种预算编制方法。

定期预算的唯一优点就是能够使预算期间与会计年度相匹配,便于考核和评价预算的执行结果。除此之外,按照定期预算法编制的预算,还有以下几个缺点:

(1)盲目性。定期预算往往是在年初甚至提前两三个月编制的,对于整个预算年度的生产经营活动很难做出准确的预算,尤其是对后期的预算只能进行笼统的估算,数据含糊,缺乏远期指导性,给预算的执行带来很多困难,不利于对生产经营活动的考核和评价。

(2)滞后性。定期预算不能随情况的变化及时调整,当预算中所规划的各种经营活动在预算期内发生重大变化时(如预算期临时中途转产),就会造成预算滞后,使之成为虚假预算。

(3)间断性。受预算期间的限制,经营管理者们的决策视野局限于本期规划的经营活动,通常不考虑下期,以致按此种预算方法编制的预算不能适应连续不断的经营过程,从而不利于企业的长远发展。

为了克服定期预算的上述缺点,实践中可以采用滚动预算的方法编制预算。

2. 滚动预算

滚动预算又称连续预算或永续预算,就是不将预算期与会计年度挂钩,而是始终保持十二个月,每过去一个月,就根据新的情况进行调整和修订后几个月的预算,并在原预算基础上增补下一个月预算,从而逐期向后滚动,使预算期永远保持为十二个月,连续不断地以预算形式规划未来经营活动的一种预算编制方法。

滚动预算的主要特点就是预算期是连续不断的,即企业始终保持一个固定预算期限的预算,是一种动态预算。这种预算要求在相同的预算期间内,预算期逐期向前滚动时,近期的执行预算要详细完整,远期的则较为粗略。随着时间的推移,原来较粗略的预算逐期由粗略变为详细,后面随之又补充新的较为粗略的预算,以此类推,不断滚动。滚动预算通常按其预算编制和滚动的时间单位不同分为逐月滚动、逐季滚动和混合滚动三种形式,如某企业逐月滚动预算方式示意图如图 8-3 所示。

综上所述可见,定期预算与滚动预算的区别之处在于,定期预算一般以会计年度为单位定期编制,滚动预算不将预算期与会计年度挂钩,而是连续不断向后滚动,始终保持十二个月的相同预算期间。

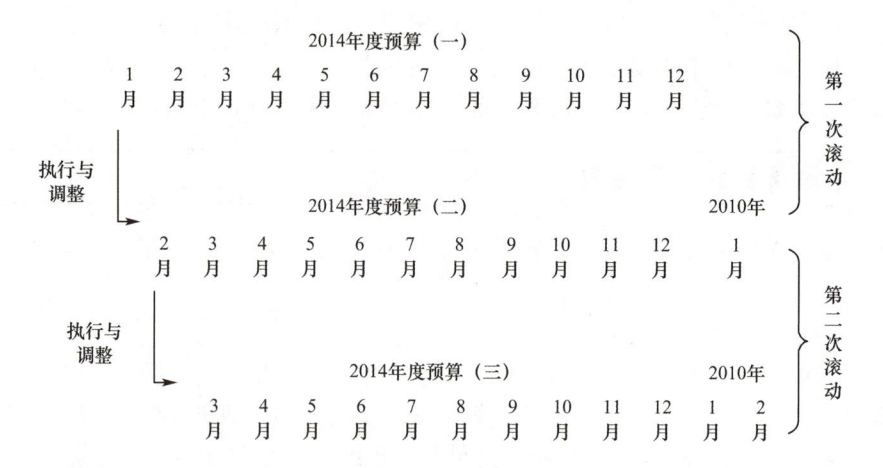

```
                    2014年度预算（一）
        1   2   3   4   5   6   7   8   9  10  11  12            第
        月   月   月   月   月   月   月   月   月   月   月   月            一
                                                                次
        执行与                                                    滚
        调整                                                     动
              ┐       2014年度预算（二）              2010年
              2   3   4   5   6   7   8   9  10  11  12  1        第
              月   月   月   月   月   月   月   月   月   月   月   月        二
                                                                次
              执行与                                              滚
              调整                                               动
                    ┐     2014年度预算（三）             2010年
                    3   4   5   6   7   8   9  10  11  12  1   2
                    月   月   月   月   月   月   月   月   月   月   月   月
```

图 8-3 滚动预算逐月滚动示意图

第三节　全面预算的编制

一、各项预算的编制

1. 销售预算

销售预算是企业生产经营全面预算的编制起点，其他预算的编制都以销售预算作为基础。销售预算的主要内容是销售量、单价和销售收入。销售量是根据市场预测或销货合同并结合企业生产能力确定的。单价是通过价格决策确定的。销售收入是两者的乘积，在销售预算中通过计算取得。销售预算一般按品种、月份、销售区域、推销员进行编制。销售预算编制时还通常包括预计现金收入的计算，其目的是为编制现金预算提供必要的资料。第一季度的现金收入包括两部分，即上年应收账款在本年第一季度收到的货款，以及本季度销售中可能收到的现款部分。

【例 8-5】　编制德惠公司 2021 年的销售预算见表 8-5。

表 8-5　　　　　德惠公司 2021 年季度销售预算表　　　　金额单位：元

项　目	一	二	三	四	全　年
预计甲产品销售量（件）	100	150	200	180	630
预计单价	100	100	100	100	
销售收入	10 000	15 000	20 000	18 000	63 000
预计现金收入					
上年应收账款	6 200				6 200
第一季度（销货 10 000）	6 000	4 000			10 000
第二季度（销货 15 000）		9 000	6 000		15 000
第三季度（销货 20 000）			12 000	8 000	20 000
第四季度（销货 18 000）				10 800	10 800
现金收入合计	12 200	13 000	18 000	18 800	62 000

注：2021 年年末应收账款＝四季度销售收入－四季度现款销售收入＝18 000－10 800＝7 200(元)。

2. 生产预算

生产预算就是为规划预算期生产规模而编制的一种业务预算。编制生产预算需要在销售预算的基础上进行,并还要为下一步编制成本和费用预算提供依据。其主要内容包括预计销售量、预计期初和期末存货量、预计生产量。计算公式为:

$$预计生产量 = 预计销售量 + 预计期末存货量 - 预计期初存货量$$

通常,企业的生产和销售不能做到同步同量,需要设置一定的存货,以保证能在发生意外需求时按时供货,并可均衡生产,节省赶工的额外支出。存货数量通常按下期销售量的一定百分比确定,年初存货是编制预算时预计的,年末存货根据长期销售趋势来确定。生产预算的"预计销售量"来自销售预算,其他数据在表中通过计算取得。生产预算在实际编制时是比较复杂的,产量受到生产能力的限制,存货受到仓库容量的限制,只能在此范围内来安排存货数量和各期生产量。此外,有的季度可能销售量很大,可以用赶工方法增产,为此要付出加班费。如果提前在淡季生产,会因增加存货而多付资金利息。因此,要权衡两者得失,选择成本最低的方案。

【例 8-6】 接【例 8-5】,假定德惠公司各季末的甲产品存货按下季度预计销售量的10%测算,预计2021年第四季度期末存货量为16件,已知2020年年末实际存货量为10件,试编制德惠公司2021年甲产品生产预算。

依题意编制的德惠公司2021年甲产品生产预算见表8-6。

表 8-6　　　　　　　　德惠公司 2021 年甲产品生产预算表

项　目	一	二	三	四	全　年
(1)本期销售量(件)	100	150	200	180	630
(2)期末存货量(件)	15	20	18	16	16
(3)期初存货量(件)	10	15	20	18	10
(4)本期生产量(件)	105	155	198	178	636

注:(4)=(1)+(2)-(3)。

3. 直接材料预算

直接材料预算是为规划预算期直接材料消耗情况及采购活动而编制的,用于反映预算期各种材料消耗量、采购量、材料消耗成本和采购成本等计划信息的一种业务预算。主要以生产预算为基础,同时考虑原材料存货水平。其编制程序主要包括:

(1)计算各季各种直接材料的消耗预算,公式为:

$$某期某产品所消耗某材料的数量 = 该产品当期生产量 \times 该产品耗用该材料消耗定额$$

【例 8-7】 接【例 8-6】,根据甲产品耗用各种直接材料的消耗定额(单耗)和甲产品预计生产量,可计算出德惠公司预算期内的各种材料耗用量的预算值,见表8-7。

表 8-7　　　　　　　　德惠公司 2021 年甲产品耗用材料预算表

项　目	一	二	三	四	全　年
甲产品生产量(件)	105	155	198	178	636
A种材料消耗定额(千克)	2	2	2	2	
A种材料消耗数量(千克)	210	310	396	356	1 272

(2) 计算每种直接材料的总耗用量,公式为:

某期某直接材料总耗用量＝∑当期各产品所消耗该材料的数量

(3) 计算每种直接材料的当期采购量及采购成本,公式为:

某期某种材料采购量＝该材料当期总耗用量＋该材料期末存货量－该材料期初存货量

某期某种材料采购成本＝该材料单价×该材料当期采购量(或某期某种材料采购量)

(4) 计算预算期材料采购总成本,公式为:

预算期直接材料采购总成本＝∑当期各种材料采购成本

【例 8-8】 接【例 8-7】,德惠公司 2021 年各季消耗的甲种材料总量、该材料期末期初存量及其单价见表 8-8。继而可计算各种材料的本期采购量及采购成本,最后计算出各种材料的采购成本总额。假定每季度材料采购总额的 60%用现金支付,其余 40%在下季度付清。2020 年年末应付账款余额为 2 200 元。

依题意计算的与材料采购业务有关的现金支出项目见表 8-8 的下半部分。

表 8-8　　　　　德惠公司 2021 年直接材料耗用及采购预算表

项目	一	二	三	四	全年
甲产品 A 种材料耗用量(千克)	210	310	396	356	1 272
加:期末材料存量(千克)	16	15	14	14	59
减:期初材料存量(千克)	15	16	15	17	63
本期采购量(千克)	211	309	395	353	1 268
A 种材料单价(元)	5	5	5	5	5
A 种材料采购成本(元)	1 055	1 545	1 975	1 765	6 340
其他材料采购成本(元)	2 560	3 150	3 890	3 765	13 365
各种材料采购成本总额(元)	3 615	4 695	5 865	5 530	19 705
当期现购材料成本(元)	2 169	2 817	3 519	3 318	11 823
偿付前期所欠材料款(元)	2 200	1 446	1 878	2 346	7 870
当期现金支出小计(元)	4 369	4 263	5 397	5 664	19 693

注:年末应付账款＝各种材料采购成本总额－当期现购材料成本＝5 530－3 318＝2 212(元)。

4. 直接人工预算

直接人工预算就是既反映预算期内人工工时消耗水平,又规划人工成本开支的业务预算。通常以生产预算为基础进行编制。其主要编制程序包括如下内容:

(1) 计算预算期各产品有关直接人工工时的预算值,公式为:

某种产品预计直接人工总工时＝生产该产品产量×该产品发生人工单耗定额

【例 8-9】 接【例 8-7】,德惠公司 2021 年甲产品直接人工工时预算见表 8-9。

表 8-9　　　　　德惠公司 2021 年甲产品耗用直接人工工时预算表

项目	一	二	三	四	全年
甲产品生产量(件)	105	155	198	178	636
车间定额工时(小时)	3	3	3	3	3
车间直接人工总工时(小时)	315	465	594	534	1 908

(2)计算各种产品的直接工资预算额,公式为:

某种产品直接工资预算额＝该产品预计直接人工总工时×单位工时工资率

(3)计算各种产品的其他直接支出预算额,公式为:

某种产品其他直接支出预算额＝该产品直接工资预算额×计提百分比

(4)计算企业直接工资及其他直接支出总预算,公式为:

企业直接工资及其他直接支出总预算＝∑(某种产品直接工资预算额＋
该产品其他直接支出预算额)

【例 8-10】 接【例 8-9】,假定其他直接支出已被归入直接人工成本统一核算,不分别反映直接工资与其他直接支出。单位产品定额工时为 3 小时。另外,直接人工成本假定均需用现金开支,故不必单独列示。见表 8-10。假如已知所有产品成本是甲产品成本总额的 3 倍。

表 8-10　　　　　　　　德惠公司 2021 年直接人工成本预算表

项目	一	二	三	四	全年
(1)甲产品直接人工总工时(小时)	315	465	594	534	1 908
(2)单位人工成本(元/小时)	3	3	3	3	3
(3)甲产品单位产品人工成本(元/件)	9	9	9	9	9
(4)甲产品直接人工成本总额(元)	945	1 395	1 782	1 602	5 724

注:(4)＝(1)×(2)。

5.制造费用预算

制造费用预算是指用于规划除直接材料和直接人工以外的其他一切生产费用的一种业务预算。通常分为变动性制造费用和固定性制造费用两部分,并确定变动性制造费用分配率标准,以便将其在各产品间分配;固定部分的预算总额作为期间成本,可以不必分配。

【例 8-11】 接【例 8-10】,假设所有产品的直接总工时为 1 908 小时(只生产甲产品一种产品),四个季度预计总工时分别为 460 小时、426 小时、470 小时和 552 小时,则德惠公司 2021 年制造费用预算见表 8-11。

表 8-11　　　　　　　　德惠公司 2021 年制造费用预算表

固定性制造费用	金额(元)	变动性制造费用	金额(元)
1.管理人员工资	870	1.间接材料	670
2.保险费	280	2.间接人工成本	1 480
3.设备租赁费	268	3.水电费	1 140
4.修理费	182	4.修理费	526
5.折旧费	1 200	合 计	3 816
合 计	2 800	直接人工总工时	1 908
其中:付现费用	1 600	预算分配率(元/小时)	2

项目	第一季度	第二季度	第三季度	第四季度	全年合计
变动性制造费用(元)	920	852	940	1 104	3 816
付现的固定性制造费用(元)	400	400	400	400	1 600
现金支出小计(元)	1 320	1 252	1 340	1 504	5 416

注:1.预算分配率＝变动性制造费用合计数÷直接人工总工时;
　　2.变动性制造费用＝预算分配率×各季度预计总工时;
　　3.付现的固定性制造费用＝全年付现费用÷4。

6. 产品成本预算

产品成本预算是反映预算期内各种产品生产成本水平的一种业务预算。这种预算，是生产预算、直接材料预算、直接人工预算、制造费用预算的汇总。其主要内容是产品的单位成本和总成本。单位产品成本的有关数据，来自前述三个预算，即直接材料预算、直接人工预算、制造费用预算。生产量、期末存货量来自生产预算。

【例 8-12】 承接【例 8-5】至【例 8-11】，德惠公司按变动成本法确定的产品成本预算见表 8-12。

表 8-12　　　　　　　　德惠公司 2021 年产品成本预算表

成本项目	甲产品全年产量 636 件				乙产品	…	总成本合计
	单耗	单价	单位成本	总成本			
A 种材料	2	5	10	6 360			6 360
其他材料			21	13 356			13 356
小　计			31	19 716			19 176
直接人工	3	3	9	5 724			5 724
变动性制造费用	3	2	6	3 816			3 816
变动生产成本合计			46	29 256			29 256
A 产成品存货	数量		单位成本	总成本			合　计
年初存货	10		47	470			470
年末存货	16		46	736			736

7. 销售及管理费用预算

该预算是以价值形式反映整个预算期内为推销商品和维持一般行政管理工作而发生的各项费用支出的计划行为。这类预算类似于制造费用预算，通常按项目反映全年预计水平。其原因是销售费用和管理费用多为固定成本，它们的发生是为了保证企业维持正常的经营活动，除折旧、销售人员工资和专设销售机构日常经费开支定期固定发生外，还有不少费用属于预付和应付性质，比如一次性支付的全年广告费就必须在年内分摊，而年终报表审计要发生的审计费用应在各期中预提，这些开支的时间与受益期不一致，只能按全年反映，进而在年内平均分配。有人主张将这些费用也划分为变动和固定两部分。对变动部分按分期销售业务量编制预算，固定部分全年均摊，认为这样有助于编制分期现金支出预算。实际上除非将所有费用项目逐一分期编制现金开支预算，否则对于那些跨期分配的项目来说，任何平均费用都不等于实际支出，因此，对后者必须具体逐项编制预算。

【例 8-13】 承德惠公司 2021 年的销售及管理费用预算，见表 8-13。

表 8-13　　　　　　德惠公司 2021 年销售及管理费用预算表

项　目	金额(元)
1.销售人员工资	4 500
2.专设销售机构办公费	2 000
3.代理销售佣金	1 200
4.销售运输费	600
5.其他销售费用	900
6.宣传广告费	4 000
7.业务招待费	1 800
8.折旧费	1 600
9.行政人员工资	3 500
10.差旅费	1 500
11.审计费	4 000
12.各项税费	500
13.行政办公费	300
14.财务费用	500
费用合计	26 900

每季度平均＝26 900÷4＝6 725

项　目	第一季度	第二季度	第三季度	第四季度	全年合计
现金支出小计(元)	5 750	6 500	7 150	5 900	25 300

8.现金预算

现金预算是指企业在预算期内对由于各种生产经营活动预计产生的现金收入、现金支出、现金余缺、现金的筹集和运用及期末现金余额等内容进行反映的预算行为。编制现金预算的目的是为了合理安排和调度资金,保证资金的正常流转,降低资金的使用成本,提高资金的使用效率。现金预算实际上是企业其他预算有关现金收支部分的汇总,以及收支差额平衡措施的具体计划。它的编制,要以其他各项预算为基础,或者说其他预算在编制时要为现金预算做好数据准备。现金预算由四个部分组成,包括:现金收入、现金支出、现金多余或不足、资金的筹措和运用。

(1)现金收入,包括期初现金余额和预算期现金收入,销货取得的现金收入是其主要来源。期初的现金余额是在编制预算时预计的,销货现金收入的数据来自销售预算,包括产品现销收入、应收账款回收额、应收票据兑现额、票据贴现收入、原材料出售收入、投资分红、资本利得等,而产品现销收入和应收账款回收金额是现金收入的主要来源。

(2)现金支出,是指预算期内预计发生的各项现金支出。直接材料、直接人工、制造费用、销售及管理费用的数据分别来自将在下面详细阐述的有关预算。此外,还包括所得税费用、购置设备、股利分配等现金支出,有关的数据分别来自另行编制的专门预算。

(3)现金多余或不足,主要列示现金收入合计与现金支出合计的差额。差额为正,说明收入大于支出,现金有多余。差额为负,说明支出大于收入,现金不足。

(4)资金的筹集和运用,是指企业按照预算期内现金收支的差额和企业有关资金管理的规定,确定筹措和运用的资金数量。如果在预算期内出现资金不足的状况,企业应当依据最低现金持有额的资金缺口,采取向银行取得新的借款、发行证券等措施筹集资金;如果企业资金有盈余,可用于偿还过去向银行取得的借款,或者用于短期投资等。

【例 8-14】 结合上述内容,假设期初现金余额为 2 100 元,预分股利已知,依据【例 8-5】至【例 8-13】的资料编制德惠公司 2021 年现金预算见表 8-14。

表 8-14　　　　　　　　德惠公司 2021 年现金预算表　　　　　　金额单位:元

项　目	一	二	三	四	全年合计
(1)期初现金余额	2 100	2 316	6 656	2 337	2 100
(2)经营现金收入	12 200	13 000	18 000	18 800	62 000
(3)经营性现金支出	13 984	15 410	18 069	16 910	64 373
直接材料采购	4 369	4 263	5 397	5 664	19 693
直接工资支出	945	1 395	1 782	1 602	5 724
制造费用支出	1 320	1 252	1 340	1 504	5 416
销售及管理费用	5 750	6 500	7 150	5 900	25 300
产品销售税金(全部收入的 6%)	600	900	1 200	1 080	3 780
预交所得税(全部收入的 2%)	200	300	400	360	1 260
预分股利	800	800	800	800	3 200
(4)资本性现金支出	8 000	13 000	3 000		24 000
(5)现金余缺	−7 684	−13 094	3 587	4 227	−24 273
(6)资金筹措及运用	10 000	19 750	−1 250	−2 250	26 250
流动资金借款	5 000				5 000
归还流动资金借款(减值)		5 000			5 000
发行公司股份	5 000				5 000
发行公司债券		25 000			25 000
支付各项利息(减值)		250	1 250	1 250	2 750
购买有价证券(减值)				1 000	1 000
(7)期末现金余额	2 316	6 656	2 337	1 977	1 977

注:1.(5)=(1)+(2)−(3)−(4);(7)=(5)+(6)。

2.假定借款在期初、还款在期末发生,利息率 5%。

二、预算财务报表的编制

1. 预计资产负债表

预计资产负债表是以货币单位反映预算期末财务状况的总括性预算,预算表中的项目除上年期末数(或本年期初数)事先已知外,其余项目均是在上述"各项预算的编制"所列的各项预算指标的基础上分析填列。

【例 8-15】 假设普通股、留存收益、材料存货、厂房设备和累计折旧的相关数据已知,德惠公司编制的 2021 年 12 月 31 日预计资产负债表见表 8-15。

表 8-15　　　　德惠公司 2021 年 12 月 31 日预计资产负债表　　　金额单位:元

资　产	期初数	期末数	负债与股东权益	期初数	期末数
库存现金	2 100	1 977	负债		
应收账款	6 200	7 200	应付账款	2 200	2 212
材料存货	2 800	3 329	应付公司债券		25 000
产成品存货	470	736	应交所得税		−1 260
土地			股东权益		
厂房设备	18 000	42 000	普通股	20 000	25 000
减:累计折旧	1 800	5 140	优先股		
有价证券投资		1 000	留存收益	5 570	150
资产总计	27 770	51 102	负债与股东权益总计	27 770	51 102

2. 预计利润表

预计利润表是以货币为单位、全面综合地表现预算期内经营成果的利润计划。该表可以分季或者按年编制。

【例 8-16】 德惠公司按变动成本法编制的 2021 年度预计利润表见表 8-16。

表 8-16　　　　德惠公司 2021 年度预计利润表

项　目	金额(元)
销售收入	63 000
减:销售税金及附加	3 780
减:销售成本(470+29 256−736)	28 990
边际贡献总额(63 000−3 780−28 990)	30 230
减:期间成本(2 800+26 900+2 750)	32 450
利润总额	−2 220
应交所得税(25%)	
净利润	−2 220

3. 预计现金流量表

预计现金流量表是以货币为单位、全面综合地反映预算期内现金流入、流出计划的预算。该表可以按年编制,编制时需要充分考虑上述现金编制和预算财务报表的编制的结果,并进行一些必要的计算。

本章小结

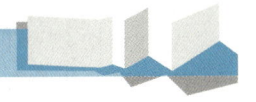

预算是用货币形式表示的,专门用于控制企业未来经济活动的详细计划,是企业经营决策所确定目标的货币表现和具体化。财务预算则是一系列专门控制企业未来一定期间内预计财务状况和经营成果,以及现金收支等价值指标的各种预算总称。财务预算是全面预算的一个组成部分,并与其他预算联系在一起。全面预算实质上就是以企业的经营目标为基础,以销售预算为起点,进而扩展到采购、生产、成本、资金等领域的预算,从而形成一个体系,这个体系就称为全面预算体系。全面预算的编制方法,主要包括固定预算和弹性预算、增量预算和零基预算,以及定期预算和滚动预算的编制方法。现金预算是指企业在预算期内由于各种生产经营活动预计产生的现金收入、现金支出、现金余缺、现金的筹集和运用及期末现金余额等内容进行反映的预算行为。它的编制,要以其他各项预算为基础,或者说其他预算在编制时要为现金预算做好数据准备。

自测题

一、思考题

1. 什么是全面预算?编制全面预算的意义和作用是什么?
2. 全面预算体系包括哪些内容?
3. 为什么编制全面预算要以销售预算为出发点?怎样编制销售预算?
4. 什么是弹性预算?弹性预算的优缺点是什么?
5. 什么是零基预算?零基预算的优缺点是什么?
6. 什么是滚动预算?滚动预算的优缺点是什么?

二、单选题

1. 生产预算的编制依据是( )。
   A. 现金预算　　　B. 资本预算　　　C. 成本预算　　　D. 销售预算
2. 相对于固定预算,弹性预算的主要优点是( )。
   A. 机动性强　　　B. 稳定性强　　　C. 连续性强　　　D. 远期指导性强
3. 可以保持预算的连续性和完整性,并能克服传统定期预算缺点的预算方法是( )。
   A. 弹性预算　　　B. 零基预算　　　C. 滚动预算　　　D. 固定预算
4. 下列各项中,不属于增量预算基本假定的是( )。
   A. 增加费用预算是值得的　　　B. 预算费用标准必须进行调整
   C. 原有的各项开支都是合理的　　　D. 现有的业务活动为企业必需
5. 全面预算管理中,不属于总预算内容的是( )。
   A. 现金预算　　　　　　　　　B. 生产预算
   C. 预计利润表　　　　　　　　D. 预计资产负债表

三、多选题

1. 预算的编制方法主要有( )。
   A. 弹性预算　　　B. 零基预算　　　C. 全面预算　　　D. 滚动预算
2. 在实际工作中,一般按( )编制弹性预算。
   A. 销售管理费用预算　　　　　B. 利润预算
   C. 制造费用预算　　　　　　　D. 现金预算
3. 下列预算中,既能反映经营业务又能反映现金收支内容的有( )。
   A. 销售预算　　　　　　　　　B. 直接材料预算
   C. 生产预算　　　　　　　　　D. 制造费用预算
4. 现金预算的组成部分包括( )。
   A. 现金收入　　　　　　　　　B. 现金收支差额
   C. 现金支出　　　　　　　　　D. 直接筹集与运用

5.财务预算中的预计财务报表包括( )。
A.预计收入表　　　　　　　　B.预计成本表
C.预计利润表　　　　　　　　D.预计资产负债表

四、判断题

1.总预算是企业所有以货币及其他数量形式反映的、有关企业未来一段时间内全部经营活动各项目目标的行动计划与相应措施的数量说明。( )

2.生产预算是规定预算期内有关产品生产数量、产值和品种结构的一种预算。( )

3.永续预算能够使预算期间与会计年度相配合,便于考核预算的执行结果。( )

4.为了克服定期预算的缺点,保持预算的连续性和完整性,可以采取滚动预算的方法。( )

5.财务预算是全面预算的一部分。( )

6.预计资产负债表是以本期期初实际资产负债表各项目的数字为基础,根据销售、生产、资本等预算的有关数据做必要的调整来进行编制的。( )

五、计算分析题

某企业现着手编制 2021 年 6 月的现金收支计划。预计 2021 年 6 月月初现金余额为 8 000 元;月初应收账款 4 000 元,预计月内可收回 80%;本月销货 50 000 元,预计月内收款比例为 50%;本月采购材料 8 000 元,预计月内付款 70%;月初应付账款余额 5 000 元,需在月内全部付清;月内以现金支付工资 8 400 元;本月制造费用等间接费用付现 16 000 元;其他经营性现金支出 900 元;购买设备支付现金 10 000 元。企业现金不足时,可向银行借款,借款金额为 1 000 元的倍数;现金多余时可购买有价证券。规定月末现金余额不低于 5 000 元。

要求:

(1)计算经营现金收入;

(2)计算经营现金支出;

(3)计算现金余缺;

(4)确定最佳资金筹措或运用数额;

(5)确定月末现金余额。

六、案例分析题

ATM 公司是一家高科技企业,生产大容量存储系统。该系统的设计独一无二,代表了业界的最新成果。ATM 公司的产品集软硬盘的优点于一身。该公司已创立 8 年,正着手编制 2021 年的全面预算。该预算将反映每一季度的业务以及全年的总体业务。全面预算将以下面的资料为依据。

(1)2020 年第四季度的销售量为 55 000 件。2021 年每季度的预计销售量见表 8-17。

表 8-17　　2021 年各季度的预计销售量　　单位:件

季　度	预计销售量
第一季度	65 000
第二季度	70 000
第三季度	75 000
第四季度	90 000

每单位销售价格为 370 元。所有销售均为赊销,该公司 85% 的销售款在当季收讫;其余的 15% 在下个季度收讫。无坏账损失。

(2)产成品无期初存货,公司计划季末保持的产成品存货数量见表 8-18。

表 8-18　　2021 年各季度的预计存货量　　单位:件

季　度	预计销售量
第一季度	13 000
第二季度	15 000
第三季度	20 000
第四季度	10 000

(3)每件产品需耗费直接人工 5 小时,直接材料 3 个单位。工人每小时工资 10 元,每单位原材料成本 80 元。

(4)2021 年 1 月 1 日,直接材料期初存货为 65 000 单位。第一季度末公司计划保持的存货将满足下一季度 30% 的销售量的需求。该公司年末原材料存货将与年初保持同样的水平。

(5)公司采用赊账方式购买原材料。一半购货款在当季支付,另一半在下个季度支付。工薪分别在每月的 15 日、30 日支付。

(6)每个季度的固定费用为 1 200 000 元。其中,550 000 元为折旧费,其他固定费用在发生当季用现金支付。固定性制造费用分配率等于全年固定性制造费用总额除以全年预计生产量。

(7)变动性制造费用预计每直接人工工时 6 元。所有变动性制造费用在发生当季以现金支付。

(8)固定性销售及管理费用每季度为 250 000 元,其中包括 50 000 元折旧费。

(9)变动性销售及管理费用预计为 10 元/件。当季均以现金支付。

(10)2020 年 12 月 31 日的资产负债表见表 8-19。

表 8-19　　　　　　ATM 公司资产负债表

2020 年 12 月 31 日　　　　　　单位:千元

流动资产		流动负债	
库存现金	250	应付账款	7 248
应收账款	3 300	流动负债合计	7 248
存货	5 256	股东权益	
流动资产合计	8 806	普通股	27 000
固定资产		留存收益	8 058
厂房设备	50 000	股东权益合计	35 058

(续表)

流动资产		流动负债	
减:累计折旧	16 500		
固定资产合计	33 500		
资产总额	42 306	负债及股东权益总计	42 306

(11)2021年的资本预算表明,公司计划在第一季度末购买价值为2 000 000元的设备。购买设备的资金来源将主要依靠营业现金,必要时将借入短期借款(借款金额必须是100元的整数倍)。假定借款发生在季初,还款发生在季末,年利率为6%。

(12)公司所得税按25%的比例计算缴纳,在第四季度末支付。

要求:请根据以上资料,编制ATM公司2021年的全面预算。

第九章 成本控制

学习目标

通过本章的教学,学生可以了解成本控制的意义和原则;在理解标准成本概念的基础上,熟悉标准成本的分类;能熟练掌握标准成本的应用和制定以及成本差异项目分析。

案例导入

新鑫厂是一家家具生产厂,该厂采用标准成本核算方法进行成本管理,为企业创造了良好的经济效益。该厂的具体做法如下:

一、标准成本的制定区别于传统成本计算方法

新鑫厂制定产品标准制造成本的方法区别于传统成本计算方法。该厂的产品标准制造成本是指各生产车间直接发生的制造费用和相关管理人员的间接费用,不包含采购、库管、包装、发运环节发生的成本,采购成本、库管成本、包装成本、发运成本直接计入工厂发票成本。

二、细化产品成本差异

(一)材料采购价格差异

首先,工厂要制定各种原材料的标准价格目录。规定原材料的分类,包括各种材料名称、规格、编码、计量单位和标准单价,标准单价在年度内一般不做调整。材料采购程序为:采购→申请批准→订货→材料到厂检验→入库。财务部门审核是控制采购成本的重要环节。审核是否按采购申请采购;是否是批准的供应商;采购价格、质量标准等都合格后方可进行账务处理。每月计算出所有采购材料的利差净额就是当月材料采购价格差异。

(二)制造成本差异

1. 材料耗用差异

材料价格差异已在采购环节核算,生产环节差异是材料耗用量差异。如果生产环节控制得好是不应该有差异的,如发生差异就是生产环节中的浪费。

2. 工费成本差异

在制造过程中,工资和制造费用的计划数和实际数是存在差异的。当实际低于计划时,就是有利差异,反之则为不利差异。当发生差异时就要从金额差异的价差(或工费率差异的率差)和工时差异的量差两方面进行对比分析。

(三)材料间接费用差异(采购和库管费用差异)

采购和库管发生的费用标准和实际也是有差异的。实际做法是,按照年度计划采购费用总额与年度采购成本的比求出标准分配率。每月实际发生的费用与标准费用的差异就是考核相关部门的依据。

(四)包装成本差异

包装成本差异是包装车间所发生的标准费用与实际费用的比较,同样也是按月进行差异计算与分析,来考核包装车间的成本管理。

(五)运输成本差异

运输成本差异是运输部门发生的标准费用与实际费用的比较,用以考核运输过程中由于不正常操作等原因造成的成本浪费现象。三、有效进行效能分析改革

新鑫厂对成本、效能分析的方法进行了适当的改进。例如,对材料成本的分析,从材料采购价格的审定、供应商的评估、部件国产化等方面把采购成本降低。另外,从库存周转率看,每个雇员都能在其岗位上帮助降低库存水平(材料定额、订购数量、生产管理)。库存量和库存周转率这两个方面表示工厂能够将原材料转化为产成品的速度。如果库存量提高,应分析库存定额是否准确,购买的数量、生产管理、发料控制、质量等是否合理,给库存周转率和成本消耗带来的差异影响等。

你一个月生活费多少?除了父母给的生活费还有其他收入来源吗?父母是一次性"拨款"还是"月付"?每个月不到二十号就月光还是小有结余?你知道你的生活费都花在哪吗?如果将每个大学生都看成是一个小型企业,那么要合理消费就需要尽量控制自己的生活成本,有计划地消费。

第一节 成本控制概述

一、成本控制的含义和意义

1. 成本控制的含义

企业生产经营活动的最终目标,是以最少的投入获得最大的产出,或者说以最少的耗费取得最大的经济利益。要达到这一目标,其主要途径就是必须尽最大的努力对日常发生的各项生产成本进行控制。

成本控制(Cost Control)有广义与狭义之分。狭义的成本控制,是指在产品生产过程中,以预先确定的成本目标为基础,对那些构成产品成本的生产费用进行约束,使之尽量不超过甚至低于成本目标的活动。如果成本的实际发生额与成本目标发生了偏差,应及时分析产生偏差的原因。如果这种偏差属于不利差异(实际成本高于成本目标),应采取有效措施迅速消除不利差异。如果这种偏差属于有利差异(实际成本低于成本目标),一方面要巩固成绩,另一方面应根据情况,及时修改成本目标,使之不断对职工产生激励作用。

狭义成本控制的核心在于按照已经确定的标准严格把关,并根据已经发生的偏差来调整和指导当前的实际行动。因此,狭义成本控制也被称为日常成本控制。

广义的成本控制在狭义成本控制的基础上,还包括事前成本控制。

事前成本控制,是指在成本实际发生之前就采取相应的措施来进行控制。事前成本控制又分为两种,一种是通过企业内部建立各种规章制度,约束成本开支,防止发生偏差和浪费。其具体内容是在产品的设计和试制阶段,就对影响成本的有关因素进行分析研究,然后制定出一套应对各种具体情况的成本控制制度。另一种是在产品设计过程中,开展价值工程活动,即通过对产品成本与产品功能的分析研究,选择既能满足产品的正常功能又能使成本达到最低点的最优方案。这种控制的目的,是从消除产品的多余功能上着手来解决成本过高的问题。它是把技术管理和经济效益进行有机结合的一种控制方法。

综上所述,成本控制就是在成本形成之前和成本形成的过程中,通过相应的手段来约束成本的发生,使之符合预定目标的管理活动。

2. 成本控制的意义

对企业进行成本控制具有重要的现实意义:

(1)成本控制是企业增加盈利的根本途径,直接服务于企业的目标。

无论在什么情况下,降低成本就可以增加利润。即使在不完全以营利为目的的国有企业,如果成本很高,不断亏损,其生存就会受到威胁,也难以在调控经济、扩大就业和改善公用事业等方面发挥作用,同时还会影响政府财政,加重纳税人负担,对国计民生不利,从而失去其存在的价值。

(2)成本控制是企业抵抗内外压力、求得生存的重要保障。

外有同业竞争、政府课税和经济环境逆转等不利因素的影响,内有职工要求改善待遇和股东要求分红的压力,企业用以抵抗内外压力的武器,主要是降低产品成本、提高产品质量、创新产品设计和增加产品销售量。企业如果单纯依靠提高售价来抵抗内外压力将会引发经销商和供应商的相应提价要求并会增加流转税的负担,而通过实施成本控制来降低成本可避免此类压力。

(3)成本控制是企业发展的基础。

成本低了,可降价扩销,经营基础巩固了,才有力量去提高产品质量,创新产品设计,寻求新的发展。许多企业陷入困境的重要原因之一,是在成本失控的情况下盲目发展,一味在促销和开发新产品上冒险,一旦市场萎缩或决策失误,企业没有抵抗能力,很快就会垮掉。

二、成本控制的原则

实施成本控制需要遵循以下原则:

1. 全面控制原则

按照这个原则要求企业实行以下三个方面的控制:第一,全员控制;第二,全过程控制;第三,全方位控制。

(1)全员控制是指企业必须充分调动每个部门和每个职工控制成本的积极性和主动性,做到上下结合,专业控制与群众控制相结合,加强职工成本意识,做到人人承担成本控制的义务,人人有控制指标,建立成本否决制。这是实现对成本进行全面控制的关键。

(2)全过程控制要求以产品生命周期中成本形成的全过程为控制领域,从产品投产前设计阶段开始(包括试制阶段、生产阶段、销售阶段)直至产品售后阶段的所有阶段都应当进行成本控制。

(3)全方位控制是指在实施成本控制的过程中,正确地处理好降低产品成本与增加花色品种及提高产品质量的关系,必须以市场需求为导向,坚决杜绝花色单调、品种单一的现象,更不允许通过以次充好、以假乱真、欺骗消费者和不正当竞争手段来达到降低成本的目的。

2. 讲求效益原则

总体来说,这个原则要求成本控制最终应能获取最大的经济效益。具体有以下三层含义:

(1)厉行节约。成本控制首先要尽可能地降低成本支出。

(2)广开财路。充分利用企业现有的资源,实现生产要素的最佳配置。

(3)核算信息成本。按照成本—效益原则将进行成本控制所必须支付的代价限制在最经济的额度内。因为进行成本控制必须依赖一定的信息,按照信息理论,任何信息的取得均须花费代价,只有当成本控制取得的效益大于其花费的代价时,成本控制才是必要的、可行的。

3. 目标管理及责任落实原则

进行成本控制必须与目标管理经济责任制的建立与健全配套衔接,事先将成本管理目标层层分解,明确规定有关方面或个人应承担的成本控制义务,并赋予其相应的权利,使成本控制的目标和相应的管理措施能够落到实处,成为考核的依据。

4. 经济原则

对于那些在成本控制方面卓有成效的部门或个人,企业应当在给予精神鼓励的同时,再给予适当的物质鼓励;对于那些主观努力不够、成本控制效果不好、措施不得力的部门或个人,企业应当在查明原因的基础上给予相应的经济处罚。

5. 例外管理原则

贯彻例外管理原则,是指在日常实施全面控制的同时,有选择地分配人力、物力和财力,抓住那些重要的、不正常的、不符合常规的关键性成本差异(例外)。采取例外管理原则的好处在于:一方面可以通过分析实际脱离标准的原因来达到日常成本控制的目的;另一方面可检验标准本身是否适宜。

第二节　标准成本及其制定

一、标准成本的概念

标准成本是指在正常的生产技术水平和有效的经营管理条件下,企业经过努力应达到的产品成本水平。它是通过精确的调查、分析与技术测定而制定的,用来评价实际成本和衡量工作效率的一种预计成本。

标准成本是根据对实际情况的调查,按正常条件用科学的方法制定的,而且一经制定,只要依据不变,就不必重新修订。设置标准成本的最终目的是将其作为对实际成本控制的目标及衡量实际成本的尺度。所以它是目标成本的一种,可作为控制成本开支、评价实际成本和衡量成本控制绩效的依据。

与实际成本相比,标准成本具有如下三个特点:

(1)目标性。作为企业在特定的生产经营环境下应该实现的成本目标,标准成本是衡量成本开支的尺度。

(2)科学性。作为衡量成本开支的尺度,标准成本并不是随意制定的,而是以详细的调查和分析为基础,运用科学的方法并考虑各种相关因素的实际情况而制定的,具有科学性。

(3)稳定性。如果制约标准成本的相关因素没有发生本质变化,则标准成本一经确定就不能随意改变,即标准成本应维持其相对稳定性。

标准成本法是指企业以预先制定的标准成本为基础,通过比较标准成本与实际成本,计算和分析成本差异,揭示成本差异动因,进而实施成本控制、评价经营业绩的一种成本管理方法。使用标准成本法计算产品成本与使用其他成本计算方法不同。使用其他成本计算方法计算出的产品成本,是产品的实际成本,即生产过程中实际耗费的各种生产费用。标准成本法下的产品成本,不是产品的实际成本,而是产品的标准成本。因此,尽管标准成本与成本计算结合在了一起,但它在本质上仍然是一种成本管理方法,这是标准成本法与其他成本计算方法的本质区别。标准成本不仅在成本控制系统中起着重要的作用,而且对企业的对外销售报价提供了有利的参考资料,因此标准成本管理的优劣,对企业的宏观经济调控起着至关重要的作用。

二、标准成本法的分类

根据制定标准成本所依据的生产技术和经营管理水平,可将标准成本分为现实标准成本、理想标准成本和正常标准成本。

1. 现实标准成本

现实标准成本是在现有的生产条件下应该达到的成本水平,它是根据现在所采用的价格水平、生产耗用量以及生产经营能力利用程度而制定的标准成本。这种标准成本最接近实际成本,最切实可行,通常认为它是能激励工人努力达到所制定的标准,也是为管理层提供衡量成本控制绩效的标准。

2. 理想标准成本

理想标准成本是以现有的技术、设备在最好的经营管理条件下所发生的成本水平作为标准成本。采用这种标准成本,意味着实际发生的成本应达到现有条件下成本的最低限度,不允许任何浪费存在。一般难以达到理想标准成本。

3. 正常标准成本

正常标准成本是根据企业的正常生产能力,以有效经营条件为基础而制定的标准成本。正常标准成本可以根据企业过去较长时期内的实际数据的平均值,并估计未来的变动趋势来制定。由于在制定正常标准成本时,把那些在现实条件下难以完全避免的超额耗费也计算在内,所以这种标准成本的实现,对管理人员和工人来说,既不是轻而易举的,也不是高不可攀的,而是经过努力可以达到的,因而在成本管理工作中能充分发挥其应有的作用,在实际工作中得到了广泛的应用。

三、标准成本的制定

1. 标准成本制定的程序

企业应成立由采购、生产、技术、营销、财务、人力资源、信息等有关部门组成的跨部门团队,负责标准成本的制定、分解、下达、分析等。在制定标准成本时,企业一般应结合经验数据、行业标杆或实地测算的结果,运用统计分析、工程试验等方法,按照以下程序进行:

(1)就不同的成本或费用项目,分别确定消耗量标准和价格标准;

(2)确定每一成本或费用项目的标准成本;

(3)汇总不同成本项目的标准成本,确定产品的标准成本。

2. 标准成本的制定原则

当标准成本制定后,就必须采取有效的措施,尽最大努力使实际成本不超过标准成本。因此,在制定标准成本时,应遵循以下原则:

(1)标准化原则

标准成本制度的有效实施需要企业内各个部门的默契配合,因此在企业内必须营造一个标准化的管理氛围。生产经营的各项活动都要建立科学合理的工作标准和完备的规章制度,在标准化管理的基础上开展相应的标准成本制度,两者是相辅相成的。

(2)适应性原则

推行标准成本制度的最终效果在很大程度上取决于制定的标准与实际情况的适应程度。如果两者存在相当大的差距,标准成本就失去了标准本身应有的作用,无法实现加强成本控制和提高工作效率的目的。

(3)根据过去、考虑未来的原则

根据过去,是指制定标准成本所依据的历史成本资料是在怎样的历史条件下形成的,各种条件对当时成本的实际影响程度有多大。但是,历史资料仅反映了企业过去的生产水平,标准成本作为一种预定的未来成本,它不是"曾经发生的成本",而是"应该发生的成本"。因此,在制定标准成本时,需要考虑产品生产要素市场的状况、技术改进、设备更新和工人熟练程度等因素的影响,在历史成本水平上加以适当调整,使制定的标准成本具有先进性。

(4)鼓励基层员工参与标准成本制定的原则

鼓励基层员工参与标准成本的制定主要有两方面原因:一是只有基层员工才最了解产品生产或服务的过程,也最清楚降低成本的潜力,他们的参与能使制定出的标准成本更具有科学性和可行性;二是如果基层员工亲身参与了标准成本的制定过程,就会在心理上感觉自己介入了该项工作,从而更愿意承担责任。

3. 标准成本制定的基本模式

产品的标准成本是由直接材料、直接人工和制造费用三个成本项目的标准成本汇总得到的。因此,制定单位产品的标准成本应分别根据直接材料和直接人工的用量标准、材料的价格标准、人工工资率标准和制造费用分配率标准进行计算,按成本构成要素逐项确定。

在制定标准成本时,对于每个成本项目,都需要分别确定用量标准和价格标准,然后将两者相乘得到标准成本,即

某一成本项目的标准成本=该成本项目的用量标准×该成本项目的价格标准

单位产品标准成本=$\sum$(某成本项目的用量标准×该成本项目的价格标准)

=直接材料标准成本+直接人工标准成本+制造费用标准成本

用量标准包括单位产品材料消耗量、单位产品必要损耗等,主要由生产技术部门主持制定,执行标准的部门和员工参与。价格标准包括原材料单价、小时工资率、小时制造费用分配率等,由会计部门和其他有关部门共同研究制定。采购部门是材料价格的责任部门,劳资部门和有关生产部门对小时工资率负有责任,各生产车间对小时制造费用分配率

承担责任,在制定有关价格标准时要与他们协商。

无论是价格标准还是用量标准,都可以是理想状态或者正常状态的,据此分别制定理想标准成本和正常标准成本。下面分别按照料、工、费介绍正常标准成本的制定。

(1)直接材料标准成本的制定

直接材料标准成本是由直接材料用量标准和直接材料价格标准两个因素所决定的。

直接材料的用量标准是指在现有的生产技术条件下,单位产品应当耗用的材料数量,一般由生产部门负责,会同技术、财务、信息等部门,按照以下程序进行:

①根据产品的图纸等技术文件进行产品研究,列出所需的各种材料以及可能的替代材料,并说明这些材料的种类、质量以及库存情况;

②在对过去用料经验记录进行分析的基础上,采用过去用料的平均值、最高与最低值的平均数、最节省数量、实际测定数据或技术分析数据等,科学地制定标准用量。

制定直接材料用量标准时需要考虑的主要因素有单位产品应耗用的直接材料数量、生产中的必要损耗以及不可避免的废品损失所耗用的直接材料数量等。

直接材料的价格标准是预计在下一个会计期间企业需要实际支付的进料单位成本,它包括材料的发票价格、运输和装卸费用、检验费用和正常损耗等项目,是取得材料的完全成本。

制定直接材料的价格标准时,应当充分研究市场环境及其变化趋势、供应商的报价和最佳采购批量等因素。一般由采购部门负责,会同财务、生产、信息等部门,在考虑市场环境及其变化趋势、订货价格以及最佳采购批量等因素的基础上综合确定。

对于需要耗用多种材料的产品,在确定了各种材料的用量标准和价格标准之后,可以根据下述公式计算得到单位产品直接材料标准成本:

$$单位产品直接材料标准成本 = \sum(单位产品第 i 种材料的用量标准 \times 单位产品第 i 种材料的价格标准)$$

【例 9-1】 某企业生产单一产品甲产品,需要使用直接材料 A 和直接材料 B,其相关会计信息资料及直接材料标准成本的计算过程见表 9-1。

表 9-1　　　　甲产品消耗的直接材料资料

标　　准	直接材料 A	直接材料 B
图纸用量(千克/件)	45	20
允许损耗量(千克/件)	3	2
用量标准(千克/件)	48	22
发票价格(元/千克)	30	40
装卸检验费(元/千克)	2	3
价格标准(元/千克)	32	43

要求:计算单位甲产品消耗直接材料的标准成本。

解　单位产品消耗 A 材料的标准成本 = 48×32 = 1 536(元/件)

单位产品消耗 B 材料的标准成本 = 22×43 = 946(元/件)

单位甲产品直接材料的标准成本 = 1 536 + 946 = 2 482(元/件)

(2) 直接人工标准成本的制定

直接人工标准成本由直接人工价格标准和人工工时耗用量标准两个因素决定。

直接人工价格标准又称为直接人工标准工资率,它是由人力资源部门、生产部门和技术部门共同制定的。制定直接人工标准工资率时应考虑的因素主要有企业采取的工资制度(计时工资或计件工资)、操作人员的技能水平等。

人工工时耗用量标准是指直接生产工人生产单位产品所需要的标准工时,又称为工时消耗定额。一般由生产部门负责,会同技术、财务、信息等部门,在对产品生产所需作业、工序、流程工时进行技术测定的基础上,考虑正常的工作间隙,并适当考虑生产条件的变化,生产工序、操作技术的改善,以及相关工作人员主观能动性的充分发挥等因素,合理确定单位产品的工时标准。制定人工工时耗用量标准时,通常应考虑直接加工工时、必要的休息和停工工时以及不可避免的废料、废品损耗的工时等因素。

在确定了直接人工价格标准和人工工时耗用量标准之后,可以按照下述公式计算得到单位产品直接人工标准成本:

单位产品直接人工标准成本＝直接人工价格标准×人工工时耗用量标准

式中

直接人工价格标准＝工资率标准×(1＋应付福利费提取率)

① 如果采用计件工资制,工资率标准是生产单位产品所支付的生产工人工资,即计件工资单价,计算公式如下:

工资率标准＝某一等级生产工人的标准工资×单位产品的工时定额

② 如果采用计时工资,工资率标准是生产工人每一工时所应分配的工资及应付福利费之和,即小时工资率,计算公式如下:

$$工资率标准 = \frac{标准工资总额}{标准总工时}$$

如果在产品的生产过程中涉及多道工序,而且不同工序的工资率不同,可以采用与计算单位产品直接材料标准成本类似的方法计算确定:

单位产品直接人工标准成本＝∑(单位产品第 i 道工序的直接人工价格标准×单位产品第 i 道工序的人工工时耗用量标准)

【例 9-2】 承【例 9-1】,甲产品的生产由两道工序完成,分别由第一车间和第二车间负责这两道工序的生产,甲产品消耗的直接人工资料见表 9-2。

表 9-2　　　　甲产品消耗的直接人工资料

标　准	部　门	
	第一车间	第二车间
生产工人人数(人)	90	80
每月总工时(小时)	5 000	4 000
每月工资总额(元)	1 000 000	1 000 000
工资率标准(元/小时)	200	250
应付福利费提取率(%)	14	14
直接人工价格标准(元/小时)	228	285
加工时间(小时/件)	45	35
休息时间(小时/件)	4	4
其他时间(小时/件)	2	3
人工工时耗用量标准(小时/件)	51	42

要求：确定单位甲产品消耗直接人工的标准成本。

解 第一车间直接人工标准成本＝228×51＝11 628(元)

第二车间直接人工标准成本＝285×42＝11 970(元)

单位甲产品消耗直接人工的标准成本＝11 628＋11 970＝23 598(元)

(3)制造费用标准成本的制定

制造费用的标准成本是按部门分别编制的，然后再将同一产品涉及的各个部门编制的单位制造费用汇总，得出整个产品的制造费用标准成本。制造费用属于间接费用，其标准成本的制定比直接费用要复杂一些，原因在于：①间接费用的控制责任分散于企业的各个部门；②构成间接费用的项目具有大量不同的特征，有的是固定性质的，有的是变动性质的，还有的是混合性质的；③间接费用的具体内容差别很大，有生产方面的、有管理方面的、有修理方面的，还有设备方面的，情况比较复杂。

尽管如此，制造费用标准成本制定的核心仍然是制造费用的用量标准和价格标准两个方面。具体来说，各部门的制造费用标准成本可以分为变动性制造费用标准成本和固定性制造费用标准成本两个部分。

①变动性制造费用标准成本的制定

变动性制造费用的标准成本一般由生产部门和技术部门共同制定。其用量标准通常采用单位产品的直接人工标准工时，在制定直接人工标准成本时已经确定，有的企业也根据实际情况采用单位产品标准机器工时作为变动性制造费用标准成本的用量标准。变动性制造费用的价格标准是变动性制造费用的标准分配率，是以变动性制造费用预算总额除以标准总工时计算得出的，即

$$变动性制造费用标准分配率 = \frac{变动性制造费用预算总额}{标准总工时}$$

在确定了变动性制造费用的用量标准和价格标准之后，可以使用下述公式计算得到单位产品变动性制造费用的标准成本：

单位产品变动性制造费用的标准成本＝单位产品标准工时×变动性制造费用标准分配率

【例 9-3】 承【例 9-2】，甲产品变动性制造费用预算见表 9-3。

表 9-3 甲产品变动性制造费用预算表

标 准	部 门	
	第一车间	第二车间
变动性制造费用预算(元)	5 000	8 000
加工时间(小时/件)	45	35
休息时间(小时/件)	4	4
其他时间(小时/件)	2	3
生产工人人数(人)	90	80
每月总工时(小时)	5 000	4 000

要求：确定单位甲产品消耗变动性制造费用的标准成本。

解 第一车间的变动性制造费用标准分配率＝$\frac{变动性制造费用预算总额}{标准总工时}$

$$= \frac{5\ 000}{5\ 000} = 1(元/小时)$$

第二车间的变动性制造费用标准分配率 = $\dfrac{\text{变动性制造费用预算总额}}{\text{标准总工时}} = \dfrac{8\,000}{4\,000} = 2(元/小时)$

第一车间标准工时 = 45+4+2 = 51(小时/件)

第二车间标准工时 = 35+4+3 = 42(小时/件)

单位甲产品变动性制造费用的标准成本 = 1×51+2×42 = 135(元/件)

②固定性制造费用标准成本的制定

在变动成本法中,由于固定性制造费用不计入产品成本,所以此时单位产品的标准成本中不包括固定性制造费用的标准成本。在这种情况下,不需要制定固定性制造费用的标准成本,固定性制造费用的控制是通过预算管理来进行的。如果企业采用完全成本法计算,则固定性制造费用要计入产品成本,这时就需要确定其标准成本。

固定制造费用一般按照费用的构成项目实行总量控制;也可以根据需要,通过计算标准分配率,将固定制造费用分配至单位产品,形成固定制造费用的标准成本。固定费用标准制定,一般由财务部门负责,会同采购、生产、技术、营销、财务、人事、信息等有关部门,按照以下程序进行:

第一步,依据固定制造费用的不同构成项目的特性,充分考虑产品的现有生产能力、管理部门的决策以及费用预算等,测算确定各固定制造费用构成项目的标准成本。

第二步,通过汇总各固定制造费用项目的标准成本,得到固定制造费用的标准总成本。

第三步,确定固定制造费用的标准分配率。标准分配率可根据产品的单位工时与预算总工时的比率确定。其中,预算总工时是指由预算产量和单位工时标准确定的总工时。单位工时标准可以依据相关性原则在直接人工工时或者机器工时之间做出选择。

固定性制造费用的用量标准与变动性制造费用的用量标准相同,可以用单位产品直接人工标准工时或单位产品标准机器工时,但是两者要保持一致,以便进行差异分析。固定性制造费用的价格标准就是固定性制造费用的标准分配率,它是根据固定性制造费用预算总额和标准总工时计算得出的,即

$$\text{固定性制造费用标准分配率} = \dfrac{\text{固定性制造费用预算总额}}{\text{标准总工时}}$$

在确定了固定性制造费用的用量标准和价格标准之后,两者相乘即可得到单位产品固定性制造费用的标准成本:

单位产品固定性制造费用标准成本 = 单位产品标准工时 × 固定性制造费用标准分配率

【例9-4】 承【例9-2】,甲产品固定性制造费用预算见表9-4。

表9-4　　　　　甲产品固定性制造费用预算表　　　　单位:元

标　准	部　门	
	第一车间	第二车间
固定性制造费用预算(元)	10 000	12 000
加工时间(小时/件)	45	35
休息时间(小时/件)	4	4
其他时间(小时/件)	2	3
生产工人人数(人)	90	80
每月总工时(小时)	5 000	4 000

要求：确定单位甲产品消耗固定性制造费用的标准成本。

解 第一车间的固定性制造费用标准分配率 $=\dfrac{\text{固定性制造费用预算总额}}{\text{标准总工时}}$

$$=\dfrac{10\,000}{5\,000}=2(\text{元}/\text{小时})$$

第二车间的固定性制造费用标准分配率 $=\dfrac{\text{固定性制造费用预算总额}}{\text{标准总工时}}$

$$=\dfrac{12\,000}{4\,000}=3(\text{元}/\text{小时})$$

第一车间标准工时＝45＋4＋2＝51（小时/件）

第二车间标准工时＝35＋4＋3＝42（小时/件）

单位甲产品固定性制造费用的标准成本＝2×51＋3×42＝228（元/件）

（4）单位产品标准成本的制定

将以上确定的直接材料、直接人工和制造费用的标准成本按产品加以汇总，就可以确定有关产品完整的标准成本。通常，企业编制"标准成本卡"来反映产品标准成本的具体构成。在每种产品生产之前，它的标准成本卡要送达有关人员，包括各级生产部门的负责人、会计部门、仓库等，作为领料、派工和支出费用的依据。

【例 9-5】 承【例 9-1】至【例 9-4】，计算甲产品的标准成本，编制甲产品的标准成本卡，见表 9-5。

表 9-5　　　　　　　　　　甲产品的标准成本卡

项　目		价格标准	用量标准	标准成本（元/件）
直接材料	A 材料	32 元/千克	48 千克/件	1 536
	B 材料	43 元/千克	22 千克/件	946
	小　计	—	—	2 482
直接人工	第一车间	228 元/小时	51 小时/件	11 628
	第二车间	285 元/小时	42 小时/件	11 970
	小　计	—	—	23 598
变动性制造费用	第一车间	1 元/小时	51 小时/件	51
	第二车间	2 元/小时	42 小时/件	84
	小　计	—	—	135
固定性制造费用	第一车间	2 元/小时	51 小时/件	102
	第二车间	3 元/小时	42 小时/件	126
	小　计	—	—	228
单位产品标准成本				26 443

第三节　标准成本的差异分析

一、成本差异类型

1. 成本差异的含义

成本差异是指在标准成本制度下,企业在一定时期生产一定数量的产品所发生的实际成本与相关标准成本之间的差额。

2. 成本差异的分类

成本差异按照不同分类标准可以分为以下几种类型:

(1)按成本差异形成过程分类,可分为价格差异和用量差异。

价格差异,是指由于直接材料、直接人工和变动性制造费用等各要素实际价格和标准价格不一致产生的成本差异。

用量差异,是指由于直接材料、直接人工和变动性制造费用等各要素实际用量消耗和标准用量消耗不一致而产生的成本差异。

(2)按成本差异构成的内容不同分类,可分为直接材料成本差异、直接人工成本差异、制造费用成本差异以及总差异。

直接材料成本差异,是指生产一定数量的某种产品实际耗用的直接材料成本与相关的标准成本之间的差异。

直接人工成本差异,是指生产一定数量的某种产品实际耗用的直接人工成本与相关的标准成本之间的差异。

制造费用成本差异,是指生产一定数量的某种产品实际发生的制造费用支出与标准制造费用支出之间的差异。

总差异,是指生产某种产品的实际总成本与其总的标准成本之间的差异。通过总差异可以概括反映企业成本管理工作的总体情况。

(3)按照成本差异与其他因素的关系分类,可分为纯差异与混合差异。

纯差异,是指假定其他因素在某一标准基础上不变,由于某个因素变动所形成的成本差异。例如,纯价格差异是指企业在采购材料时,不考虑采购份额和汇率变化,仅是由于各材料的实际采购价格与标准价格不同而产生的差异,等于价格差与标准用量之积。

混合差异,是指总差异扣除所有纯差异后的剩余差异,它等于价格差与用量差之积。

(4)按照成本差异是否可以控制分类,可分为可控差异和不可控差异。

可控差异,是指与主观努力程度相联系而形成的差异,又可称为主观差异。

不可控差异,是指与主观努力程度关系不大,主要受客观因素影响而形成的差异,又称为客观差异。

(5)按照成本差异性质的不同分类,可分为有利差异和不利差异。

有利差异,是指实际成本低于标准成本而形成的节约差,通常用"F"表示。

不利差异,是指实际成本高于标准成本而形成的超支差,通常用"U"表示。

二、变动成本差异的分析

变动成本差异分析包括对直接材料成本差异、直接人工成本差异和变动性制造费用成本差异分别进行差异分析。

1. 直接材料成本差异的分析

直接材料成本差异,是指一定产量产品的直接材料实际成本与直接材料标准成本之间的差额。其计算公式为:

$$直接材料成本差异 = 直接材料实际成本 - 直接材料标准成本$$

直接材料成本差异,由直接材料价格差异和直接材料用量差异两部分构成。这两种差异的形成,如图 9-1 所示。

```
①实际价格×实际用量 ┐
                    ├─ 直接材料价格差异 = ① - ② ┐
②标准价格×实际用量 ┤                              ├─ 直接材料成本差异 = ① - ③
                    ├─ 直接材料用量差异 = ② - ③ ┘
③标准价格×标准用量 ┘
```

图 9-1 直接材料成本差异构成

直接材料价格差异,是指由于直接材料实际价格脱离标准价格而形成的直接材料成本差异。其计算公式为:

直接材料价格差异 = 实际价格 × 实际用量 - 标准价格 × 实际用量
　　　　　　　　= (实际价格 - 标准价格) × 实际用量

直接材料用量差异,是指由于直接材料的实际耗用量脱离标准耗用量而形成的直接材料成本差异。其计算公式为:

直接材料用量差异 = 标准价格 × 实际用量 - 标准价格 × 标准用量
　　　　　　　　= (实际用量 - 标准用量) × 标准价格

所以直接材料成本差异也可表示为:

$$直接材料成本差异 = 直接材料价格差异 + 直接材料用量差异$$

下面举例说明直接材料成本差异的计算与分析方法。

【例 9-6】 H 公司制造甲产品需用 A、B 两种直接材料,标准价格分别为 5 元/千克、10 元/千克,单位产品的标准用量分别为 15 千克/件、10 千克/件;本期共生产甲产品 1 900 件,实际耗用 A 材料 28 000 千克、B 材料 20 000 千克,A、B 两种材料的实际价格分别为 4.50 元/千克、11 元/千克。

要求:计算甲产品的直接材料成本差异。

解 A 材料价格差异 = (4.50 - 5) × 28 000 = -14 000(元)(有利差异)

B 材料价格差异 = (11 - 10) × 20 000 = 20 000(元)(不利差异)

甲产品直接材料价格差异 = -14 000 + 20 000 = 6 000(元)(不利差异)

A 材料用量差异 = (28 000 - 15 × 1 900) × 5 = -2 500(元)(有利差异)

B 材料用量差异 = (20 000 - 10 × 1 900) × 10 = 10 000(元)(不利差异)

甲产品直接材料用量差异 = -2 500 + 10 000 = 7 500(元)(不利差异)

甲产品直接材料成本差异 = 6 000 + 7 500 = 13 500(元)(不利差异)

通过计算分析表明,甲产品直接材料成本形成了 13 500 元的不利差异。

直接材料成本差异算出以后,应进一步查明原因,找出引起直接材料成本差异增减变动的原因。

直接材料价格差异的产生主要有以下几个方面的因素:①供应单位供应价格的变化;②采购批量的变动;③运输方式和运输线路的变化;④替代材料的使用;⑤材料质量的变化;⑥紧急订货等。

直接材料用量差异的形成原因主要有以下几个方面:①产品设计和工艺的变更;②材料质量和规格的变化;③废、次品率的变动;④工人技术操作水平的高低和责任心强弱的变化;⑤加工设备完好程度的变化;⑥材料储存损失的变化等。

差异原因找出以后,要进一步落实责任归属。一般来说,直接材料价格差异应由采购部门负责,因为材料购买价格的高低,采购量的多少,采购部门大体上都是可以控制的。但是,决定材料价格的因素是多方面的,有些引起材料价格变动的因素会超出采购部门的控制范围。例如,因市场供求关系变化所引起的价格变动,就是采购部门所不能控制的。又如,因临时性需要进行紧急采购时,由于改变运输方式(如由陆运改为空运)而引起的价格差异,也不应由采购部门负责,而应由造成这种情况的有关部门负责。

直接材料的用量差异一般应由控制用料的生产部门负责。因为在正常情况下,产品耗用某种材料数量的多少、加工过程中必不可少的材料损耗的大小,生产部门大体上都是可以控制的。但是,影响材料耗用量的因素也是多方面的。除生产部门有关人员的原因(如是否注意合理用料、是否遵守操作规程、技术的熟练程度等)会对材料用量差异的形成产生影响外,其他部门的原因也可能对材料用量差异的形成产生影响。例如,因材料质量低劣而增加废品、因材料不符合要求而大材小用等原因引起的过量用料,就应该由采购部门负责。

总之,由于影响直接材料价格差异和用量差异因素的多样性,在进行直接材料成本差异分析时,应从实际出发,认真分析产生差异的具体原因,以便有针对性地提出改进措施。

2. 直接人工成本差异的分析

直接人工成本差异,是指一定产量产品的直接人工实际成本和直接人工标准成本之间的差额。其计算公式为:

$$直接人工成本差异＝直接人工实际成本－直接人工标准成本$$

直接人工成本差异,由直接人工工资率差异和直接人工效率差异两部分构成。这两种差异的形成,如图 9-2 所示。

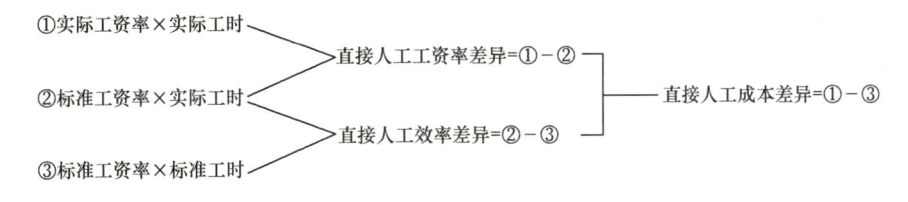

图 9-2 直接人工成本差异构成

直接人工工资率差异,是指由于直接人工的实际工资率脱离标准工资率而形成的直接人工成本差异。其计算公式为:

$$直接人工工资率差异＝实际工资率×实际工时－标准工资率×实际工时$$

$$=（实际工资率-标准工资率）\times 实际工时$$

直接人工效率差异，是指由于直接人工实际工时脱离标准工时而形成的直接人工成本差异。其计算公式为：

$$直接人工效率差异=标准工资率\times 实际工时-标准工资率\times 标准工时$$
$$=（实际工时-标准工时）\times 标准工资率$$
$$直接人工成本差异=直接人工工资率差异+直接人工效率差异$$

下面举例说明直接人工成本差异的计算分析方法。

【例 9-7】 H 公司本期生产甲产品 1 900 件，只需一个工种加工，实际耗用 11 500 小时，实际工资总额 86 250 元；标准工资率为每小时 8 元，单位产品的工时耗用标准为 6 小时。

要求：计算甲产品的直接人工成本差异。

解 标准工时 = 1 900 × 6 = 11 400（小时）

$$实际工资率 = \frac{86\ 250}{11\ 500} = 7.50（元/小时）$$

直接人工工资率差异 =（实际工资率-标准工资率）× 实际工时
$$=（7.50-8）\times 11\ 500 = -5\ 750（元）（有利差异）$$

直接人工效率差异 =（实际工时-标准工时）× 标准工资率
$$=（11\ 500-11\ 400）\times 8 = 800（元）（不利差异）$$

直接人工成本差异 = 直接人工工资率差异 + 直接人工效率差异
$$=-5\ 750+800=-4\ 950（元）（有利差异）$$

通过计算分析表明，甲产品直接人工成本形成了 4 950 元的有利差异。

计算出直接人工成本差异以后，就要进一步分析、查明形成差异的原因。影响直接人工工资率差异的因素有很多，主要有以下几个方面：①企业工资的调整，工资等级的变更；②奖金和津贴的变更；③对工人安排的变化；④工人的技术等级与工作要求的技术等级不符等。影响直接人工效率的因素也有很多，具体有下列几个方面：①企业劳动组织和人员配备情况；②工人的技术熟练程度和责任感；③材料的质量、规格和供应的及时性；④动力供应情况；⑤工具配备情况；⑥机器设备的运转情况等。

根据差异产生的具体原因，最后应落实差异的责任归属。直接人工工资率差异通常由负责安排工人工作的人事部门或生产部门负责。直接人工效率差异基本上应由生产部门负责，也可能有一部分应由其他部门负责。

3. 变动性制造费用成本差异的分析

变动性制造费用成本差异，是指一定产量产品的实际变动性制造费用与标准变动性制造费用之间的差额。其计算公式为：

$$变动性制造费用成本差异=实际产量下实际变动性制造费用-实际产量下标准变动性制造费用$$
$$=实际产量下实际变动性制造费用-实际产量标准工时\times 变动性制造费用标准分配率$$

式中

$$变动性制造费用标准分配率 = \frac{变动性制造费用预算总额}{标准总工时}$$

由于变动性制造费用等于变动性制造费用分配率与直接人工工时(或机器工时)之积,因此变动性制造费用成本差异包括变动性制造费用分配率差异和变动性制造费用效率差异两部分。变动性制造费用分配率差异也称变动性制造费用开支差异、变动性制造费用耗用差异或变动性制造费用预算差异,变动性制造费用分配率是指平均单位直接人工工时(或单位机器工时)应负担的变动性制造费用。在成本差异分析中,变动性制造费用分配率差异类似于直接材料价格差异和直接人工工资率差异;变动性制造费用效率差异类似于直接材料用量差异和直接人工效率差异。其计算如图9-3所示。

①实际分配率×实际工时
②标准分配率×实际工时
③标准分配率×标准工时

变动性制造费用分配率差异=①-②
变动性制造费用效率差异=②-③
变动性制造费用成本差异=①-③

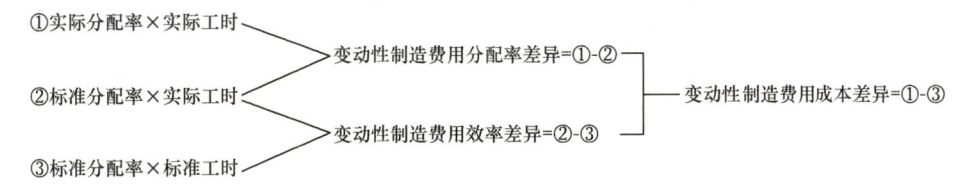

图 9-3　变动性制造费用成本差异构成

由图 9-3 可以推导出变动性制造费用成本差异分析的计算公式:

变动性制造费用分配率差异＝实际分配率×实际工时－标准分配率×实际工时
　　　　　　　　　　　　＝(实际分配率－标准分配率)×实际工时

变动性制造费用效率差异＝标准分配率×实际工时－标准分配率×标准工时
　　　　　　　　　　　＝(实际工时－标准工时)×标准分配率

变动性制造费用成本差异＝变动性制造费用分配率差异＋变动性制造费用效率差异

下面举例说明变动性制造费用成本差异的计算与分析方法。

【例 9-8】　H 公司本期生产甲产品 1 900 件,实际耗用人工工时 11 500 小时,实际发生了变动性制造费用 40 250 元,单位产品的工时耗用标准为 6 小时,变动性制造费用标准分配率为单位直接人工工时 4 元。

要求:计算出甲产品的变动性制造费用成本差异。

解　标准工时＝1 900×6＝11 400(小时)

$$变动性制造费用实际分配率 = \frac{40\ 250}{11\ 500} = 3.50(元/小时)$$

变动性制造费用分配率差异＝(实际分配率－标准分配率)×实际工时
　　　　　　　　　　　　＝(3.50－4)×11 500＝－5 750(元)(有利差异)

变动性制造费用效率差异＝(实际工时－标准工时)×标准分配率
　　　　　　　　　　　＝(11 500－11 400)×4＝400(元)(不利差异)

变动性制造费用成本差异＝变动性制造费用分配率差异＋变动性制造费用效率差异
　　　　　　　　　　　＝－5 750＋400＝－5 350(有利差异)

通过计算分析表明,甲产品变动性制造费用成本形成了 5 350 元的有利差异。

变动性制造费用分配率差异和变动性制造费用效率差异产生的原因,主要是间接材料、间接人工和其他影响变动性制造费用的因素的变动,及生产过程中实际工时(或机器工时)的利用情况发生了变化。所以应该在深入分析差异形成原因的基础上,将形成差异的责任具体落实到有关部门。

需要指出的是,变动性制造费用是一个综合性费用项目。对其差异的分析,应结合构成变动性制造费用的具体明细项目做进一步分析。在实际工作中,通常根据变动性制造费用弹性预算的明细项目,结合同类项目的实际发生数进行对比分析,从而找出形成差异的原因及责任归属。

三、固定性制造费用成本差异分析

固定性制造费用成本差异,是指一定期间的实际固定性制造费用与标准固定性制造费用之间的差额,其计算公式为:

固定性制造费用成本差异=实际产量下实际固定性制造费用—实际产量下标准固定性制造费用

=实际产量下实际固定性制造费用—实际产量标准工时×固定性制造费用标准分配率

固定性制造费用成本差异,我们通常将它分为三种,即开支差异、效率差异和能力利用差异。其中,能力利用差异是指实际工时与预算工时之间的差异造成的固定性制造费用成本差异,因为实际工时与预算工时之间的差异实质上反映了实际生产能力利用程度与预算规定的水平的差异。

由于固定性制造费用总额一般不受产量变动的影响,因此,产量变动会对单位产品所负担的固定性制造费用产生影响。这就是说,实际产量与设计生产能力规定的产量或预算规定的产量的差异会对单位产品负担的固定性制造费用产生影响。所以,固定性制造费用成本差异的分析方法与其他成本差异的分析方法有所不同。固定性制造费用成本差异的分析方法主要有两差异分析法和三差异分析法两种。

1. 两差异分析法

两差异分析法又称为二因素分析法,该分析法是将固定性制造费用成本差异分为耗费(预算)差异和能量差异两种成本差异。

固定性制造费用耗费(预算)差异是指实际固定性制造费用与计划(预算)固定性制造费用之间的差异。计划固定性制造费用是按计划产量和工时标准、标准费用分配率事前确定的固定性制造费用。这种方法的费用成本差异计算公式为:

固定性制造费用耗费差异=实际产量下实际固定性制造费用—计划产量下标准固定性制造费用

=实际产量下实际固定性制造费用—计划产量×标准工时×标准费用分配率

=实际产量下实际固定性制造费用—计划产量标准工时×标准费用分配率

固定性制造费用能量(除数)差异是指由于生产能力利用程度的差异而导致的成本差异,也就是实际产量标准工时脱离计划产量标准工时而产生的成本差异。其计算公式为:

固定性制造费用能量差异=(计划产量标准工时—实际产量标准工时)×标准费用分配率

固定性制造费用成本差异=固定性制造费用耗费差异+固定性制造费用能量差异

【例9-9】 H公司本月甲产品计划产量为2 000件,实际产量为1 900件;计划固定性制造费用为90 000元,实际发生的固定性制造费用为91 800元;计划总工时为12 000小时,实际耗用工时为11 500小时;标准工时6小时,固定性制造费用标准分配率为每小时7.50元。

要求:依据上述资料计算出甲产品的固定性制造费用成本差异。

解 甲产品固定性制造费用成本差异＝实际产量下实际固定性制造费用－
实际产量标准工时×固定性制造费用标准分配率
＝91 800－6×1 900×7.50
＝6 300(元)(不利差异)

采用两差异分析法将甲产品固定性制造费用形成的6 300元不利差异进一步分解为:

固定性制造费用耗费差异＝实际产量下实际固定性制造费用－计划产量下标准固定性制造费用
＝91 800－90 000＝1 800(元)(不利差异)

固定性制造费用能量差异＝(计划产量标准工时－实际产量标准工时)×标准费用分配率
＝(12 000－1 900×6)×7.50＝4 500(元)(不利差异)

2. 三差异分析法

三差异分析法又称为三因素分析法,该分析法是将固定性制造费用成本差异区分为耗费差异、能力差异和效率差异三种成本差异。其中固定性制造费用耗费差异与两差异分析法相同,其计算公式为:

固定性制造费用耗费差异＝实际产量下实际固定性制造费用－计划产量下标准固定性制造费用

固定性制造费用能力差异是指实际产量实际工时脱离计划产量标准工时引起生产能力利用程度差异而导致的成本差异。其计算公式为:

固定性制造费用能力差异＝(计划产量标准工时－实际产量实际工时)×标准费用分配率

固定性制造费用效率差异是指因生产效率差异导致的实际工时脱离标准工时而产生的成本差异。其计算公式为:

固定性制造费用效率差异＝(实际产量实际工时－实际产量标准工时)×标准费用分配率

固定性制造费用成本差异＝固定性制造费用耗费差异＋固定性制造费用能力差异＋
固定性制造费用效率差异

【例9-10】 承【例9-9】,要求采用三差异分析法分解甲产品固定性制造费用成本差异。

解 甲产品固定性制造费用成本差异＝实际产量下实际固定性制造费用－实际产量标准工时×固定性制造费用标准分配率
＝91 800－6×7.50×1 900＝6 300(元)(不利差异)

采用三差异分析法将甲产品固定性制造费用成本形成的6 300元不利差异进一步分解为:

固定性制造费用耗费差异＝实际产量下实际固定性制造费用－计划产量下标准固定性制造费用
＝91 800－90 000＝1 800（元）（不利差异）

固定性制造费用能力差异＝（计划产量标准工时－实际产量实际工时）×标准费用分配率
＝（12 000－11 500）×7.50＝3 750（元）（不利差异）

固定性制造费用效率差异＝（实际产量实际工时－实际产量标准工时）×标准费用分配率
＝（11 500－1 900×6）×7.50＝750（元）（不利差异）

由以上计算结果可以看出，三差异分析法的能力差异与效率差异之和，等于两差异分析法的能量差异。因此，采用三差异分析法，能够较清楚地说明生产能力利用程度和生产效益高低所导致的成本差异情况，从而便于分清责任。

固定性制造费用也是一个综合性的费用项目，因此，为了较为准确地查明差异产生的原因，必须将固定性制造费用各项目的预算数与其实际发生数进行对比，以便逐项分析产生差异的原因和应承担的责任。

固定性制造费用耗费差异的出现有一定的外部原因，但大多数情况是由内部原因引起的，如临时购置固定资产、超计划雇用管理人员及辅助生产人员、研究开发费和培训费的增加等。能力差异的出现主要是由产销量引起的，如经济萧条、产品定价过高造成销路不好和开工不足或原材料、能源供应不足造成生产能力利用不充分等。

形成固定性制造费用效率差异的原因与直接人工效率差异的形成原因相同，主要应由人事部门和管理部门负责。

注意：

（1）为保证标准成本的科学性、合理性与可行性，企业应定期或不定期对标准成本进行修订与改进。

（2）一般情况下，标准成本的修订工作由标准成本的制定机构负责。企业应至少每年对标准成本进行测试，通过编制成本差异分析表，确认是否存在因标准成本不准确而形成的成本差异。当该类差异较大时，企业应按照标准成本的制定程序，对标准成本进行调整。

除定期测试外，当外部市场、组织机构、技术水平、生产工艺、产品品种等内外部环境发生较大变化时，企业也应及时对标准成本进行调整。

四、标准成本法的优缺点

1. 标准成本法的优点

标准成本法的主要优点：一是能及时反馈各成本项目不同性质的差异，有利于考核相关部门及人员的业绩；二是标准成本的制定及其差异和动因的信息可以使企业预算的编制更为科学和可行，有助于企业的经营决策。

2. 标准成本法的缺点

标准成本法的主要缺点：一是要求企业产品的成本标准比较准确、稳定，在使用条件上存在一定的局限性;二是对标准管理水平较高,系统维护成本较高;三是标准成本需要根据市场价格波动频繁更新,导致成本差异可能缺乏可靠性,降低成本控制效果。

本章小结

成本控制有广义与狭义之分。狭义的成本控制,是指在产品生产过程中,以预先确定的成本目标为基础,对那些构成产品成本的生产费用进行约束,使之尽量不超过甚至低于成本目标的活动。广义的成本控制在狭义成本控制的基础上,还包括事前成本控制。

标准成本计算系统是指将实际成本与标准成本进行比较,寻找差异并进行分析和控制,以此来衡量生产效率高低的一种成本制度。它克服了实际成本计算系统的缺陷,能够提供有助于对成本进行控制管理的相关信息。

标准成本可分为现实标准成本、理想标准成本和正常标准成本,其中正常标准成本在实际工作中被广泛应用。

由于产品成本是由直接材料、直接人工和制造费用(包括变动性制造费用和固定性制造费用)三个成本项目构成的,因而也应根据这些项目的特点分别制定其标准成本。

成本差异是指在生产经营过程中发生的实际成本偏离预定的标准成本而形成的差额。实际成本低于标准成本而形成的节约差,通常称为有利差异;实际成本高于标准成本而形成的超支差,通常称为不利差异。

对企业产品成本进行成本差异分析,找出有利差异以及不利差异形成的原因,能有效帮助企业有的放矢地避免产生成本差异的不利因素,争取以最少的耗费获得最大的经济利益。

自测题

一、单选题

1. 在日常实施成本全面控制的同时,应有选择地分配人力、物力和财力,抓住那些重要的、不正常的、不符合常规的关键性成本差异作为控制重点,该项成本控制原则属于(　　)原则。

A. 责权利相结合　　　　　　　　B. 讲求效益
C. 例外管理　　　　　　　　　　D. 全面控制

2. 计算数量差异要以(　　)为计算基础。

A. 实际价格　　　　　　　　　　B. 标准价格
C. 标准成本　　　　　　　　　　D. 实际成本

3. (　　)经常作为制定标准成本的依据。

A. 实际价格　　　　　　　　　　B. 标准价格
C. 标准成本　　　　　　　　　　D. 实际成本

4. 在标准成本制度下,成本差异是指在一定时期内生产一定数量的产品所发生的(　　)。

A. 实际成本与标准成本之差　　　B. 预算成本与标准成本之差
C. 实际成本与计划成本之差　　　D. 预算成本与实际成本之差

5.某企业甲产品消耗直接材料,其中 A 材料的价格标准为 4 元/千克,用量标准为 6 千克/件,B 材料的价格标准为 2 元/千克,用量标准为 15 千克/件,则甲产品消耗的直接材料的标准成本为(　　)元。

A. 30　　　　B. 24　　　　C. 54　　　　D. 55

6.实际固定性制造费用脱离预算而形成的差异称为(　　)。

A.耗费差异　　　　　　　B.效率差异

C.能量差异　　　　　　　D.生产能力利用差异

7.成本差异按其性质不同可划分为(　　)。

A.用量差异和价格差异　　　B.可控差异和不可控差异

C.有利差异与不利差异　　　D.混合差异与纯差异

8.由于生产安排不当、计划错误、调度失误等原因造成的损失,应由(　　)负责。

A.财务部门　　B.生产部门　　C.劳动部门　　D.采购部门

9.直接人工效率差异是指直接人工(　　)工时脱离标准人工工时所产生的差异。

A.实际人工　　　　　　　B.预算人工

C.定额人工　　　　　　　D.正常人工

10.为了计算固定性制造费用标准分配率,必须设定一个(　　)。

A.标准工时　　　　　　　B.预算工时

C.定额工时　　　　　　　D.实际工时

二、多选题

1.实现成本全面控制原则,必须做到(　　)。

A.全员控制　　　　　　　B.全方位控制

C.全行业控制　　　　　　D.全过程控制

E.全社会控制

2.下列各选项中,(　　)属于成本控制原则。

A.全面控制原则　　　　　B.例外管理原则

C.责权利相结合原则　　　D.讲求效益原则

E.客观性原则

3.按照成本差异构成内容分类,成本差异可分为(　　)。

A.混合差异　　　　　　　B.直接材料成本差异

C.直接人工成本差异　　　D.总差异

E.制造费用成本差异

4.在制定标准成本时,可采用的成本为(　　)。

A.现实标准成本　　　　　B.理想标准成本

C.正常标准成本　　　　　D.定额成本

E.历史成本

5.分析固定性制造费用成本差异时,下列各项中计算公式正确的有( )。

A.固定性制造费用成本差异＝实际产量下实际固定性制造费用－实际产量下标准固定性制造费用

B.固定性制造费用能量差异＝(计划产量标准工时－实际产量标准工时)×标准费用分配率

C.固定性制造费用预算差异＝固定性制造费用耗费差异

D.固定性制造费用成本差异＝固定性制造费用耗费差异＋固定性制造费用能力差异＋固定性制造费用效率差异

E.固定性制造费用成本差异＝固定性制造费用耗费差异＋固定性制造费用能量差异

三、判断题

1.理想标准成本是指以现在生产经营条件处于最佳状态为基础确定的最低水平的成本,在实际工作中被广泛应用。 ( )

2.广义的成本控制是指对产品生产阶段全过程的控制。 ( )

3.标准成本法是一种成本核算和成本控制相结合的方法。 ( )

4.产品标准成本＝产品计划产量×单位产品标准成本。 ( )

5.制造费用成本差异按其形成原因可分为价格差异和用量差异。 ( )

6.影响直接人工效率的因素有很多,"工人的技术熟练程度和责任感"是其中一项。 ( )

7.固定性制造费用成本差异的分析方法主要有两差异分析法、三差异分析法以及混合差异分析法。 ( )

8.有利差异,是指实际成本低于标准成本而形成的节约差,通常用"F"表示。 ( )

9.在标准成本制度下,为简化计算,不单独计算混合差异,而是将其直接归于某项差异。 ( )

10.混合差异是指总差异扣除所有纯差异后的剩余差异,它等于价格差乘以用量差。 ( )

四、计算题

1.某企业生产甲产品使用直接材料A。本期生产甲产品2 000件,耗用材料18 000千克,A材料的实际价格为每千克150元。A材料的标准价格为每千克180元,单位甲产品的标准用量为11千克。

要求:计算甲产品直接材料成本差异。

2.某企业本期实际发生的固定性制造费用为8 500元,实际耗用工时为1 500小时,标准工时为2 000小时;假设预算固定性制造费用为8 000元,预算工时为1 600小时。

要求:计算固定性制造费用成本差异。

3.某公司生产甲产品,耗用直接材料A和B。其中A材料标准价格为15元/千克,B材料标准价格为30元/千克。单位产品耗用A材料的标准用量为6千克/件,耗用B材料的标准用量为10千克/件;单位产品工时耗费标准为12小时,直接人工标准工资率为7.50元/小时,标准总工时数为10 000小时;预算固定性制造费用为60 000元,变动性制造费用为40 000元。

要求:制定甲产品的标准成本。

4. 某企业本期有关预算资料及执行结果见表9-6。

表9-6

	预算费用	实际费用
固定性制造费用(元)	5 000	4 000
变动性制造费用(元)	600	500
总工时(小时)	2 800	2 500

变动性制造费用标准分配率为0.5元/小时,标准工时为2 000小时。

要求:分析变动性制造费用成本差异以及固定性制造费用成本差异,其中固定性制造费用成本差异采用二差异分析法。

5. 某厂生产甲产品,其标准成本资料见表9-7。

表9-7　　　　　　甲产品标准成本表

项　目	价格标准	用量标准	金额(元/件)
直接材料	9(元/千克)	60(千克/件)	540
直接人工	5(元/小时)	20(小时/件)	100
变动性制造费用	4(元/小时)	30(小时/件)	120
固定性制造费用	2(元/小时)	50(小时/件)	100
合　计			860

甲产品正常生产能力为1 000小时。本月实际生产量为50件,实际耗用材料1 000千克,实际人工工时900小时,实际成本分别为:直接材料10 000元;直接人工3 500元;变动性制造费用2 500元;固定性制造费用2 900元,总计为18 900元。

要求:分别计算各成本项目的成本差异和分差异,其中固定性制造费用采用三差异分析法。

五、案例分析题

华丰家具厂几年来一直采用标准成本制度来控制成本,并收到显著的效果,由于其生产成本较低,因而在市场竞争中处于有利地位,经济效益较好,加之其产品质量较高,售后服务好,所以已经成为知名品牌。该企业生产的某种家具产品的有关资料见表9-8。

表9-8　　　　　　标准成本卡

项　目	价格标准	用量标准	金额(元/件)
直接材料	10(元/千克)	38(千克/件)	380
直接人工	20(元/小时)	5(小时/件)	100
变动性制造费用	20(元/小时)	6(小时/件)	120
固定性制造费用	20(元/小时)	10(小时/件)	200
标准单位成本	—	—	800

该企业预算产量为1 000件,变动性制造费用预算为120 000元,固定性制造费用预算为200 000元。本期实际产量为1 100件,直接材料消耗量为13 200千克,单价33.50元/千克;实际生产总工时为21 000小时,实际支付工资为103 000元;实际发生的固定性制造费用为190 000元,变动性制造费用为110 000元。

根据上述资料,经过案例分析后,回答以下问题:

1. 计算出该企业各成本项目的总差异与分差异。
2. 分析各差异产生的原因。

第十章 责任会计

学习目标

通过本章的教学,学生可以了解责任会计的产生、发展和意义;熟悉内部转移价格的意义、类型和制定原则;掌握收入中心、利润中心、投资中心的考核方法以及对责任中心进行绩效考评。

案例导入

第二次世界大战以后,随着现代科学技术的迅猛发展,资本进一步集中,企业规模不断扩大,形成了多角化经营格局和跨国公司。企业规模的扩大,一方面有效地提高了企业的竞争能力,但另一方面也使企业内部的经营管理日趋复杂。为了有效地监控、管理庞大的经济组织,许多企业开始实行分权管理。其中,在分权化中表现突出的两家公司是IBM公司和强生公司,这两家公司从不同的角度走向分权管理模式。

强生公司是泰诺、邦迪牌创可贴、强生婴儿爽身粉和许多其他品牌的制造商。它的分权管理始于二十世纪三十年代,共有166个分别注册的公司被授权独立经营。尽管最终都需要向坐落在新泽西州的强生总部的总裁们报告,但是某些分部的总经理一年仅能见到老板四次。《商业周刊》上的一篇文章称强生公司为"使分权发挥有效作用的一个典范"。总裁拉尔夫·拉森说,"分权"提供了对企业的拥有感和责任感,这是你不能以其他任何方式得到的。拉森认为他的作用是提供指导并给经理们创新的自主权。

强生公司也曾因为各独立单位重复设置许多职能而发生了较高的成本。但是,拉森引入了在保持最基本分权的同时,协调各独立单位行为的方法。尽管这样做或许会降低分权程度,但拉森保证强生公司"将永远不会放弃分权原则,这将给予我们的经营执行官们所有权。他们最终是负责的。"

IBM公司则相反,它在二十世纪九十年代成为一个高度集权的企业。然而,它的发展已经受阻,1991—1993年损失超过150亿美元。主席约翰·阿克斯实行了大规模改组,赋予经理人较大的自主权,同时也给他们执行自主权施加一定压力,目的是使IBM公司成为一个"全体所有,但在营销、服务、产品开发和制造方面又有着或多或少自主权的企业,但同时他们必须在利润额上体现他们的经营成果"。IBM公司新的组织结构包括13种不同业务,其中9个为制造和开发,4个为营销和服务。13位经理中的每一位都将被按照收入增长率、利润、资产报酬率、现金流量、顾客满意程度、质量和员工士气这七个方面的目标计量业绩,实现业绩目标者将获得重奖。IBM公司希望改组能激发起IBM公司过去拥有的但近年已经缺乏的能量和创造性。1994年IBM公司扭亏为盈,这表明其分权管理已初见成效。

"担当起该担当的责任"就要求变求新。抓创新就是抓发展,谋创新就是谋未来。我们必须把发展基点放在创新上,通过创新培育发展新动力、塑造更多发挥先发优势的引领型发展,做到人有我有、人有我强、人强我优。"责任重于泰山",有多大担当才能干多大事业,我们只有始终把使命放在心上,把责任扛在肩上,做到问题面前不回避、压力面前不躲闪、困难面前不推脱、挑战面前不畏惧,才能肩负起民族复兴的历史重任,实现中华民族伟大复兴的"中国梦"。

第一节　责任会计概述

一、责任会计的含义

责任会计是专门为考核、评价经济组织内部各成员经济责任和工作业绩服务的一个会计分支。责任会计的雏形始见于"泰罗制"(科学管理理论),"泰罗制"主要通过分析生产过程中工时、材料消耗的合理性,制定用工标准和用料标准,将工人工资与其所完成的工作量挂钩,从而刺激工人的生产积极性,降低生产成本。"泰罗制"在实践中也曾起到过缓和劳资冲突、提高生产效率的积极作用,因而得到了广泛的应用。与"泰罗制"的推行相适应,会计逐步实现了与"泰罗制"的结合,责任会计也由此产生。

第二次世界大战以后,科学技术迅速发展,带动了主要资本主义国家经济的高速增长。科学技术的进步一方面为资本增值、经济发展提供了广阔的空间,另一方面也使企业经营充满了风险。这些新变化必然促使资本进一步趋于集中,企业规模进一步扩张,进而促进了跨国公司的不断涌现。由于公司规模庞大、管理层级复杂、组织机构遍及全球,相互协调越来越困难,导致公司反应迟缓、效率下降。因决策滞后或决策失误所造成的损失越来越大,企业不得不进行一系列的内部改革,将原来直线职能式的集权管理模式改变成事业部式的分权管理模式。与集权管理模式相比,分权管理模式解决了决策权与信息占有程度之间的矛盾,由信息占有水平更高的基层经理进行日常决策,可能更加切合实际情况,更好地体现决策的及时性、有效性等要求。实施分权管理,实际上就是将一些日常经营管理的权力下放给下属单位,赋予各级管理人员以灵活处理问题、做出相应决策的权力。决策权配置的层次越低,表明企业分权程度越高。但无论分权程度如何,企业追求整体利益最大化的目标并未改变,因而要求企业必须从企业总体战略目标出发,协调和控制组织内各成员单位的行为,防止各分权单位片面追求局部利益而损害企业整体利益的行为发生。于是,需要会计部门提供一套据以评价、考核并协调组织内各成员行为的专门会计信息。这种信息不仅突破了生产管理环节的局限,覆盖了企业的全部经济活动,而且以行为科学理论为指导,运用专门的会计核算方法生成更加相关的管理信息,在企业内部管理中发挥出了传统财务会计不可比拟的作用。由此可见,责任会计是一种内部管理制度,是管理会计的一个子系统。它是在分权管理的条件下,为适应经济责任制的要求,根据授予基层单位的权力和责任以及对其业绩的计量、评价方式,将企业划分成不同形式的责任中心,并建立起以各个责任中心为主体,以责、权、利相统一的机制为基础,通过信息的积累、加工和反馈而形成的企业内部严密的控制系统。

综上所述,责任会计是在分权管理条件下,为适应经济责任制的要求,在企业内部建立若干责任中心,并对它们分工负责的经济活动进行规划、控制、考核与业绩评价的一整套会计制度。责任会计是在以往的各种会计管理制度的基础上发展起来的。这两者的共性是经济责任贯穿始终,所不同的是以前的经济责任制没有直接明确与会计的关系,没有和会计相结合,而责任会计则是把厂内经济责任制与会计结合起来,从实践和理论上都得出明确的概念,成为会计工作的一个领域——经济责任会计。具体来说,就是在企业内部除了要进行产品账务处理以外,还要按照企业内部经济责任制的原则,按照责任归属,确定责任单位(车间、技术、经营、管理部门),明确责任指标(包括资金、成本费用、利润),以各责任单位为主体(对象),按责任指标进行核算、控制、监督,实行统分结合、双层核算的会计管理制度。

二、责任会计的基本内容

责任会计是在企业实行分权管理体制下,以企业内部责任单位(或个人)为主体,以提高企业经济效益、保证企业计划顺利落实为目的,以各责任单位(或个人)的经济责任为对象,利用价值形式并采用专门的会计方法对各责任单位的行为及结果进行核算、考核与评价的一种会计。责任会计的主要内容包括以下四个方面。

1. 合理划分责任中心,明确权责范围

在分权管理体制下经营的企业,为了对企业内部进行有效的控制,日常经营管理和决策权被层层下放到企业的各个部门,同时对这些下属的各部门落实相应的责任。这种既承担一定的经济责任,又享有一定权力和利益的企业内部部门称为责任中心。责任中心的划分取决于企业的组织管理体制,明确权责范围则取决于企业的外部环境、企业的规模、企业的生产经营特点和企业的发展战略。实施责任会计,重要的不在于企业内部有哪些责任中心和如何划分这些责任中心,而在于如何确定责任中心的责任范围,以及如何将其责任用价值指标予以量化考评,规定它们各自应拥有的权力和承担的经济责任,减少各责任中心之间的相互推诿。

2. 编制责任预算,制定各责任中心的业绩考核标准

责任预算是利用货币形式对责任中心的生产经营活动做出的计划安排。责任预算的编制是以企业的财务预算为基础来进行的。如果将企业视为一个大的责任中心,则财务预算便是其责任预算。财务预算要从企业全局出发来编制,立足于实现企业的整体经济效益。所以,企业内部责任中心的责任预算必须保证企业财务预算的顺利实现。编制责任预算,可以明确责任中心在预算期内的具体奋斗目标,发挥目标的激励作用。为了落实责任预算,促使责任预算的顺利实施并保证企业财务预算的顺利完成,必须对责任预算的承担者进行考核。考核的标准要事先确定,使责任承担者知道企业是如何根据它来评价自己的业绩的,知道自己的工作以及努力程度将会带来什么样的报酬,并以此来规范自己的行为,激励责任承担者为实现自身的利益和企业的目标而努力。

3. 建立健全核算系统,定期编制责任报告

责任中心的业绩考评是责任会计的核心。在预算执行过程中,为实现对各责任中心的数量化、制度化管理,必须建立一套记录、计算、考核、评价责任预算执行情况的数据指标跟踪系统,组织责任结算工作,定期编制业绩报告和责任报告,将预算数和实际数加以比较、分析,计算差异,寻找原因,通过信息反馈调节和监控生产经营活动,确保企业各项经济活动围绕总体经营目标进行。

4. 根据业绩计酬,实施行为控制

行为科学理论认为,当行为主体的某种行为带来了有利于行为主体的结果时,行为主体就产生加强该种行为的趋向;反之,当某种行为带来了不利于行为主体的结果时,行为主体则会产生减弱甚至消除该种行为的趋向。如果某种行为既得不到有利报酬,又没有不利结果,则该种行为就会产生两种发展趋向,要么更加强化以引起管理层的重视,得到报酬;要么逐渐减弱,乃至消除。因此,根据责任承担者的业绩计酬,实际上是为了对责任承担者的行为实施控制,从而保证企业整体利益的实现。

三、责任会计的基本原则

责任会计是用于企业内部管理的会计,因而企业可以根据各自不同的特点来确定责任会计的具体形式。但是,无论建立或实施何种特定形式的责任会计,都应当考虑和遵循下述原则。

1. 责权利相结合原则

责任会计强调的是责任,其核算和控制的核心内容是经济责任。当企业内部根据管理需要划分责任层次后,首要任务便是明确各自的责任和权限。责是责、权、利相结合的核心,各责任层次必须对企业承担经济责任,最有效地使用资金、物资和人力,按照企业总目标进行生产经营活动。权是实现责任的条件,赋予各责任层次相应的产、供、销、人、财、物等方面的决策权有利于使其主动性、积极性得到充分发挥。利是目的,即各责任层次的生产经营活动必须有经济效益,这是实行责任会计的根本要求。但为充分调动各责任层次工作的积极性和主动性,还必须对其工作实情与成果进行考核和评价,也就是说其经济效益必须与其经营成果直接挂钩,以经济手段促使职工积极完成责任目标。在责任会计中,责任、权力和利益是统一的,缺一不可。责权利相结合原则要求我们必须做到以责定权、权责促效、以效分利。

2. 激励性原则

行为科学告诉我们,适当的目标可以成为行为的"诱因",激励人们为达到预定的目标而努力。因此,当责任中心确定了符合企业整体利益的目标之后,还必须运用多种灵活形式,向责任者注入物质动力和精神动力,激发员工的积极性。责任会计中的激励原则包括两个层面上的含义:一是在确定目标时应注意吸收责任目标的执行者参加,使企业全体成员了解整体目标的轮廓,了解本身工作在整体目标中的位置。各责任目标必须是经过努力方能达到的。目标定得太低,不能充分挖掘潜力;定得太高,难以达到,使人们失去信心,从而失去行为的"诱导"作用。二是达到目标后的奖励要适当,也就是在考核奖惩时,要根据完成任务的程度和人们的心理需要,既体现按劳分配原则,又不失时机地进行精神

奖励。

3. 可控性原则

会计信息与经济责任有机结合是责任会计的主要特点。根据可控性原则,每个责任中心只能对其责权范围内的可控制成本、收入、利润和资金承担责任;在责任报告和业绩报告中也只应包括责任者能够控制的经营活动,对于不可控的项目,应排除在外,或者只作为参考资料列示,以实现责权利的紧密结合。贯彻这一原则,就是在划分和确定责任中心的经济责任时,要根据责任中心对经济责任是否可控以及可控程度来决定,同时应尽可能消除责任中心之间不可控因素的相互影响,避免出现因职责不明、相互混淆而产生相互推诿的情况。应该指出,在企业内部所定义的可控和不可控都是相对而言的,要视具体情况和管理层级而定,不同责任层级,其可控范围也不一样。一般来说,责任层级越高,其可控范围就越大。同时还要看到,随着环境和条件的变化,可控范围也会发生相应改变。

4. 及时反馈原则

责任会计中的信息反馈既是信息生成和运用的过程,又是责任会计发挥作用的重要领域。贯彻及时反馈原则要求各责任中心在执行责任预算的过程中,基于各项经济活动所生成的相关信息,必须及时、准确地进行计量、记录、计算和反馈,以便发现问题,采取有效措施加以控制,达到强化管理和控制的目的。及时反馈原则的贯彻具体体现在两个方面:一方面要求企业最高管理当局应及时向各责任中心反馈预算执行情况,以帮助各责任中心掌握预算执行的进度、偏差等信息,促使责任中心采取必要的措施实现预算目标;另一方面要求各责任中心及时向上一级责任中心反馈信息,以利于协调和决策,并指导下属责任中心的工作。

5. 例外管理原则

例外管理是指企业各责任层次中主要管理人员应负责处理一些生产经营过程中的各种涉及全局性的重要问题,而将次要的工作或不涉及全局性的工作完全放手让下级管理人员去处理。贯彻例外管理原则,可使财会部门负责人避免陷入烦琐的日常工作处理中,有利于他们有充裕的时间、足够的精力,对责任会计中的关键性问题进行研究,不断更新知识,使自身的管理水平同社会经济发展水平相适应。同时,实行例外管理,还可以使各有关责任中心承担应负的经济责任,有利于调动下属各责任者的积极性,有利于发挥和培养优秀的经济管理人才。

四、责任会计的程序

责任会计的程序是指责任会计在实施过程中应遵循的基本环节和步骤,一般包括设立责任中心、设置考核指标、组织日常核算、进行责任结算和考评等几个方面。

1. 设立责任中心

在企业规模日益扩大、经营领域不断延伸的趋势下,集权管理模式面临严峻挑战。在这种情况下,实行分权管理模式有很多好处,主要体现在以下四个方面:

(1)便于及时、快速地收集、利用信息。

(2)有利于公司高层管理人员集中精力进行宏观的、战略性的管理。

(3)有利于培训、激励下属经理人员。

(4)将企业内部各单位推向市场,在内部引入竞争机制。

考虑企业内部组织机构和经营管理的特点,根据分权管理原则划分企业总部与下属部门之间的职责和管理权限,并设立不同层次的责任中心以实现内部协调和有效管理,这是责任会计的第一个程序。

2. 设置考核指标

为考核责任中心的业绩,必须设置科学、简明的考核指标。考核指标的设置,首先应考虑责任中心的类型,不同类型的责任中心应设置相应的能够反映其特点的指标并进行考核;其次应根据可控性原则确定相关指标的计算口径和核算办法;最后应考虑指标的激励和约束作用,将指标值确定在合理、可行的水平上。

3. 组织日常核算

在日常核算过程中,应对各责任中心及责任人的劳动数量、质量、财产物资和经济往来等进行计量、记录,形成原始记录。原始记录既是计量结果的客观载体,又是责任中心生产经营活动过程的客观反映,是全面、及时、准确地反映责任中心业绩的基础,也是正确考核、评价责任中心的工作并实施奖惩的基本依据。

4. 进行责任结算和考评

内部转移价格是各责任中心之间相互提供材料、零部件、半成品、产成品以及劳务的结算依据。制定内部转移价格就是利用价值尺度来衡量各责任中心的劳动量,以便于内部的等价交换。合理确定内部转移价格是分清责任、评价业绩的基本前提。以内部转移价格为基础,采用一定的内部结算方式,进行内部责任结算,以协调内部经济关系、维护各责任中心利益。根据结算结果进行考评也是责任会计的重要内容之一。

第二节　责任中心的设置

责任中心是指企业内部独立提供产品(或服务)、资金等的责任主体,其作为一个责权利相结合的内部单位,有责任完成自己的分目标,同时企业也具有相应的权力,为其完成任务的结果考评制定专门的奖惩制度。企业为保证预算的彻底落实和最终实现,必须把总预算中确定的目标和任务,按照责任中心逐层进行指标分解,形成责任预算,使各个责任中心据以明确各自的目标和任务。可见,建立责任中心是实行责任预算和责任会计的基础。作为一个责任中心,应具备以下四个条件:

(1)有承担经济责任的主体,即有一个明确的责任者。

(2)具有相对独立的资金运动,即存在一个承担经济责任的客观对象。

(3)可以合理确定经济绩效,即具有考核经济责任的基本标准。

(4)具有明确的职责和权限,即具有承担经济责任的基本条件。

不具备上述条件的单位或个人不能构成责任实体,因而就不是责任会计的基本单位。因此,每个责任中心都应该是责权一致、效利挂钩、奖惩分明的责权利结合的统一体。

在划分责任中心时,应体现以下几个方面的要求:

(1)每个责任中心应能够相对独立地进行和完成一定的业务活动。

(2)每个责任中心应能够相对独立地承担具有明确范围和程度的经济责任。
(3)每个责任中心能够掌握与其经济责任相适应的经济权力。
(4)责任中心的划分应充分考虑企业的组织机构、经营方式和管理要求。
(5)责任中心的划分应具有一定稳定性和连续性。
(6)责任中心的划分应具有层次性,重点突出。

按照企业内部责任中心的控制区域和责权范围以及企业的经营管理特点,责任中心一般可分为成本中心、利润中心和投资中心三大类。

一、成本中心

1. 成本中心的概念

成本中心是指那些不对外销售产品,无收入产生,只有成本或费用发生,只能控制成本或费用,因而只对成本或费用负责的责任中心。它不会形成可以用货币计量的收入,因而不对收入、利润或投资负责。成本中心是应用最广泛的一种责任中心形式,只要是对成本、费用负责,并能实施成本控制的单位甚至是个人都可以成为成本中心。如一家制造企业可以将工厂、车间、工段、班组、个人等都划为成本中心,只是各成本中心的规模大小不一,权限范围大小不一而已。成本中心具有以下特点:

(1)成本中心不考核收益,仅考核成本。因为一般情况下,成本中心没有经营销售权,不能形成真正意义上的收入,故只需用货币形式衡量投入,而不衡量产出,这是成本中心的首要特点。

(2)成本中心仅对可控成本负责,而不负责不可控成本。所谓可控成本是相对于不可控成本而言的。凡是责任中心无法控制的各项耗费称为不可控成本。就某一个成本中心而言,其可控成本应具备以下三个条件:①该成本的发生是成本中心可以预见的;②该成本是成本中心可以计量的;③该成本是成本中心可以调节和控制的。

凡同时具备以上三个条件的成本是可控成本,否则,即为不可控成本。必须指出的是,某项耗费是否属可控成本,不是由费用本身决定的,而是相对于成本中心而言的。例如,企业生产产品所消耗的原材料费用,由车间领用并耗费,即为本车间的可控成本,但对原材料采购部门而言,则是不可控成本。因此,在企业内部,某一责任中心的可控成本,可对于另一责任中心而言可能是不可控成本。上一层责任中心的可控成本,对其下属的责任中心而言,可能就是不可控成本;相反,对较低层次责任中心的可控成本,也一定是其上层责任中心的可控成本。就整个企业而言,几乎所有的成本都是可控成本,除非某些原材料价格是由政府决定的。

2. 成本中心的类型

企业的成本中心可以按照投入产出关系是否明确,进一步分为标准成本中心和费用中心。

(1)标准成本中心

标准成本中心又称技术性成本中心,是指生产产品或提供劳务的责任中心。其特点是这种成本的发生可以为企业提供一定的物质成果,在技术上投入量与产出量之间有着密切的联系。该中心在制造产品过程中投入的原材料、人工和其他费用都有标准数量和标准价格,而且投入产出关系明确。标准成本中心的主要形式是企业的生产车间。

(2) 费用中心

费用中心又称酌量性成本中心,是指投入与产出关系不密切的责任中心。酌量性成本是否发生以及发生数额的多少是由管理人员的决策所决定的,主要包括各种管理费用和某些间接成本项目,如研究开发费用、广告宣传费用、职工培训费用等。这种费用的发生主要是为企业提供一定的专业服务,一般不能产生可以用货币计量的成果。费用中心如企业的行政管理部门、研究开发部门和人力资源部门等,这些部门的产出量一般较难计量,投入量与产出量之间更没有密切的联系。对于费用中心的控制一般采用编制弹性预算的方法来控制其投入量的消耗情况。

3. 责任成本及产品成本

成本中心被赋予的责任是对成本负责,没有经营权和销售权,其生产活动不会产生收入。例如,企业生产车间生产的产品不能直接由车间对外销售,而是由销售部门负责销售,因此,生产车间不可能计量销售收入,只能对其投入的料、工、费进行货币计量。成本中心能计量的应该是可控成本,这也是其应该负责的成本。

成本中心控制、考核的内容是责任成本。由于责任会计是按责任中心进行核算的,反映的内容是责任中心经济活动的结果。所以,作为生产产品的成本中心,其责任成本核算与传统的产品成本核算有很大的差异,主要表现在:

(1) 归集费用的对象。产品成本是以产品为对象来归集各项费用的耗费;责任成本是以责任中心为对象来归集各项费用的耗费。

(2) 归集费用的原则。产品成本归集费用的原则是受益原则,即谁受益、谁承担;责任成本归集费用的原则是负责原则,即谁负责、谁承担。

(3) 归集费用的目的。产品成本归集费用的目的是为了正确计算产品成本,作为企业制定价格、计算利润的依据,不必将成本分为可控成本和不可控成本,只需分清产品成本和期间成本;责任成本归集费用的目的是为了责任中心的业绩考评,必须将全部成本划分为可控成本和不可控成本,只有可控成本才是业绩考核的对象,因此,责任中心的责任成本一定是该中心的可控成本。

责任成本与产品成本虽有上述区别,但两者也有密切的联系。责任成本和产品成本归集费用的资料来源相同,都是企业生产经营过程中的实际耗费。在标准成本中心,一定时期的责任成本总额等于产品成本总额。

【例 10-1】 某企业甲产品是由一车间和二车间加工完成的,两车间分别为企业的两个标准成本中心,甲产品的产品成本和责任中心的责任成本计算结果分别见表 10-1 和表 10-2。

表 10-1　　　　　　产品成本表　　　　　　单位:元

成本项目	金　额
直接材料	150 000
直接人工	65 000
制造费用	25 000
总成本	240 000

表 10-2　　　　　　　　　　　责任成本表　　　　　　　　　单位：元

成本项目	一车间(成本中心 A)	二车间(成本中心 B)	合　　计
直接材料	85 000	65 000	150 000
直接人工	40 000	25 000	65 000
制造费用	15 000	10 000	25 000
总成本	140 000	100 000	240 000

表 10-1 和表 10-2 中的计算结果表明，甲产品的总成本与 A、B 两成本中心的责任成本总额均为 240 000 元。

二、利润中心

利润中心是既能控制成本，又能控制收入、进而对利润进行考核的责任中心。它是责任中心中处于较高位置的一种责任中心形式，主要是指对于劳务、产品拥有生产经营决策权力，能够形成独立收入的分公司、分厂、事业部、经营部、封闭性生产车间等。一般情况下，利润中心，可以独立经营，自成体系。

从权力和责任的角度看，利润中心要远大于成本中心。利润中心按其产品或劳务是否直接对外销售分为自然的利润中心和人为的利润中心。自然的利润中心是指该中心的产品或劳务可以直接对外销售，取得实际的收入，为企业带来实际利润的中心。该中心虽然可能是企业内的一个部门，但其被赋予的权力和功能几乎与独立企业一样。人为的利润中心是指该中心的产品或劳务不能直接对外销售，只能对企业内部各责任中心销售，从而取得内部销售收入，形成内部的利润。人为的利润中心的设立应具备两个条件：一是该中心可以向企业内部的其他责任中心提供产品或劳务；二是能合理制定产品在各责任中心转移时的结算价格，即内部转移价格，作为计量内部收入和成本的依据，进而确定其内部的利润，评价经营业绩。

由此可见，在分权管理模式下，大部分成本中心都可转换为人为的利润中心。利润中心的利润指标是衡量利润中心业绩好坏的主要指标。利润中心的建立可进一步促进其下属的收入中心增加收入，成本中心降低成本，提高各自的业绩。但是，企业内的各利润中心也应互相协调、沟通，避免因短期行为而损害企业的长远利益。

三、投资中心

投资中心是指既对当期的成本、收入和利润负责，又对全部投资的效果负责的责任中心。它本质上也是一种利润中心，但其控制的区域和职权范围要大得多。由于它不仅要对当期的收益进行控制，而且要对长期的收益负责，所以它在生产经营和投资决策方面享有充分的权力。投资中心属于企业中最高层次的责任中心，是分权管理的典型形式，拥有最大限度的决策权，也承担最大的经济责任，故通常仅在大规模企业内部进行设置，如集团公司下的分公司、子公司一般都是投资中心。从组织形式上看，投资中心一般具有独立法人资格，而利润中心、成本中心往往是内部组织，不具有法人资格。

第三节　业绩考核

一、成本中心的业绩考核

成本中心考核的主要内容是责任成本，即通过成本中心实际发生的责任成本与预算成本进行比较，确定两者差异的性质、数额及形成的原因，并根据差异分析的结果，对各成本中心进行一定的奖惩。成本中心的考核指标主要采用比较指标和相对指标，包括成本降低额和成本降低率，其计算公式如下：

$$成本降低额 = 成本预算额 - 实际责任成本$$

$$成本降低率 = 成本降低额 / 成本预算额 \times 100\%$$

【例 10-2】　若在【例 10-1】中，一车间的预算责任成本为 145 000 元，二车间的预算责任成本为 96 000 元，计算一车间和二车间两个成本中心的成本降低额和成本降低率。

解　一车间的成本降低额 = 145 000 - 140 000 = 5 000（元）（有利差异）

一车间的成本降低率 = 5 000/145 000 × 100% = 3.45%

二车间的成本降低额 = 96 000 - 100 000 = -4 000（元）（不利差异）

二车间的成本降低率 = -4 000/96 000 × 100% = -4.17%

成本降低额和成本降低率指标是成本中心业绩考核的基本指标，但对标准成本中心来说，如果产品未达到规定的质量标准，或者未按时完成生产任务，将会对其他责任中心产生不利的影响。因此，标准成本中心还有必要确定质量标准和时间标准，作为考核实际生产产品的质量和按时完成生产任务的情况。对费用中心来说，由于投入和产出的关系不明确，通常使用费用预算来评价其业绩。一般来说，费用中心的实际成本低于预算水平，说明成本控制得较好；反之，说明成本控制得较差。业绩报告可以采用报表、数据分析和文字说明等形式反映责任预算的实际执行情况。对于业绩报告揭示的差异，各部门的负责人应做出分析说明，提出改进措施，提高业绩水平。

二、利润中心的业绩考核

利润中心的业绩考核主要是将其实际的利润与该中心的预算利润相比较，衡量利润的完成情况。但是，就一个利润中心而言，由于其相当于一个独立的企业，经营活动涉及供、产、销等诸多方面，单单用一个利润指标进行考核，并不能反映利润中心的所有经营效果。因此，在使用利润指标考核的同时，还应该考核利润中心的生产率、市场占有率、产品质量等辅助性指标。在使用利润指标考核利润中心业绩时，该指标可以有不同的表现形式。由于成本中心将其成本分为可控成本和不可控成本，当固定成本为不可控成本时，利润指标就表现为边际贡献的形式；如果再扣除可控固定成本，称为可控边际贡献；如果再扣除不可控固定成本，称为部门边际贡献；再扣除公司行政管理费用，即为税前部门利润。

因此,利润中心主要有如下业绩评价指标。

1. 边际贡献

边际贡献的计算公式为:

$$边际贡献 = 销售收入 - 变动成本$$

式中的变动成本是指该利润中心的负责人可以控制的成本。一般情况下,变动成本都是可控成本,但并不是说,固定成本一定是不可控成本。事实上,有一部分固定成本是属于负责人的可控成本,也应该作为考核内容;否则,会造成利润中心的负责人将某些变动成本划入固定成本,虚增边际贡献,歪曲经营业绩。

2. 可控边际贡献

可控边际贡献的计算公式为:

$$可控边际贡献 = 边际贡献 - 可控固定成本$$

式中的可控固定成本是指责任中心负责人可以控制的固定成本。可控边际贡献反映了利润中心负责人在其权限范围内有效使用资源的能力,遵循了可控性原则,能够合理评价部门负责人的经营业绩,是一个较理想的评价指标。

3. 部门边际贡献

部门边际贡献的计算公式为:

$$部门边际贡献 = 可控边际贡献 - 不可控固定成本$$

式中的不可控固定成本是指责任中心负责人不能控制的固定成本,反映的是部门的毛利,以此作为责任人的考评依据,显得不太合理。因为,如果将不可控的因素强加于责任人,会挫伤其工作积极性,影响责任会计制度激励作用的真正发挥。

4. 税前部门利润

税前部门利润的计算公式为:

$$税前部门利润 = 部门边际贡献 - 分配的公司行政管理费用$$

由于部门边际贡献评价指标存在一定的缺陷,如果在此基础上,再将责任中心负责人不能控制的公司行政管理费用等作为考核的内容,会使考核指标失去意义。另外,由于公司行政管理费用是一项共同费用,对此项费用的分配标准具有很大的主观随意性,它会使企业内部各部门之间为各自的利益产生不必要的摩擦,影响责任中心的工作效率和积极性。

【例 10-3】 某公司一车间为人为利润中心,有关数据如下:销售收入 550 000 元,已销售产品变动成本 280 000 元,车间可控固定成本 70 000 元,车间不可控固定成本 40 000 元,分配来的公司行政管理费用 25 000 元。要求计算该车间利润考核的有关指标。

解 该车间利润考核的有关指标计算如下:

边际贡献 = 550 000 - 280 000 = 270 000(元)

可控边际贡献 = 270 000 - 70 000 = 200 000(元)

车间边际贡献 = 200 000 - 40 000 = 160 000(元)

车间税前利润 = 160 000 - 25 000 = 135 000(元)

三、投资中心的业绩考核

由于投资中心控制范围极广,对其进行业绩评价时,不仅要使用利润指标,还需要计算、分析和研究利润与投资的关系,即使用投资报酬率、剩余收益等指标。

1. 投资报酬率

投资报酬率(ROI)也称投资的获利能力,是指投资中心获得的利润与投资额之间的比率,是全面评价投资中心各项经营活动的综合性指标。它既能揭示投资中心的销售利润水平,又能反映资产的使用效果。其计算公式为:

$$投资报酬率 = 营业利润 / 平均营业资产 \times 100\%$$

或

$$投资报酬率 = 经营净利润 / 经营资产 \times 100\%$$

式中的营业利润是指扣除利息费用和所得税之前的利润,即息税前利润。因为投资报酬率指标是反映企业如何有效地运用资产或投资的,而与利息、所得税及资产的使用无关,故不需要将这些因素扣除。平均营业资产是指用以产生收益的全部资产,包括流动资产、固定资产和其他长期资产。因为营业利润是在整个预算期内实现并累积形成的,属于期间指标,而营业资产占有水平是不断变化的时点指标,故常常按简单平均的资产占用额作为计算的分母。

若将投资报酬率分解为营业资产周转率和销售利润率,则能够揭示更多信息。因此,投资报酬率又可通过下列公式计算:

$$投资报酬率 = 营业资产周转率 \times 销售利润率$$
$$= (销售收入 / 平均营业资产) \times (营业利润 / 销售收入)$$

投资报酬率指标的主要优点:

(1)它是根据现有的会计资料计算的,比较客观,可用于不同部门及不同行业之间的比较。

(2)投资者通过这一指标可以了解自己可望获得的报酬有多少,经理人员通过这一指标可以了解自己的经营业绩水平。

(3)综合性强,可用于综合评价和考核投资中心的经营成果。

(4)这一指标不仅把投资和盈利结合起来,而且把营业资产周转率和销售利润率结合起来,便于使用杜邦财务分析法进行财务分析。杜邦财务分析法认为,该指标是一个综合性很强的指标,可以通过它来控制企业的综合业绩。因为在它背后,有一连串影响它的因素,所以,一旦它的绩效与目标有差异,就可以通过这些因素,比较容易地找出发生偏差的原因。

投资报酬率指标的主要缺点:

(1)平均营业资产很难确定。

(2)共同资产归属的判定困难较大。

(3)它同真正的报酬率往往不一致,所以,投资报酬率也称会计报酬率或账面报酬率。

(4)投资报酬率指标较注重局部利益,这会影响企业的整体利益。如果以投资报酬率作为业绩评价指标,投资中心的负责人可能会放弃对整个企业有利的投资机会,若某项投资方案的投资报酬率高于企业可接受的最低报酬率,但低于某投资中心的投资报酬率水平,该中心的负责人必定会放弃这样的方案,从而影响到整个企业的获利水平。例如,整个企业投资的资金成本为10%,某投资中心目前的投资报酬率为15%。现有一新投资方案,预计每年增加利润120万元,投资额为1 000万元,投资报酬率为12%,大于整个企业的资金成本10%,应该可以接受此方案。但就该投资中心而言,若实施该方案,其投资报酬率将下降(假定为14.4%),标志着该中心业绩的下降,虽然该项投资会使整个企业的收益水平上升,但单从投资报酬率方面考虑,投资中心的负责人一定不会接受该项方案。

【例10-4】 假设某部门的资产额为20 000元,税前净利润为4 000元,投资报酬率为20%,其资金成本为15%。现在部门经理面临一个投资报酬率为17%的投资机会,投资额为10 000元,每年税前净利润为1 700元。尽管对整个企业来说,由于投资报酬率高于资金成本,应当利用这个投资机会,但是它会使这个部门的投资报酬率由过去的20%下降到19%,其计算如下:

初始投资报酬率=4 000/20 000×100%=20%

利用投资机会后的投资报酬率=(4 000+1 700)/(20 000+10 000)×100%=19%

同理,当情况与此相反时,假设:该部门现有资产20 000元中有一项资产价值5 000元,该资产每年获利850元,投资报酬率为17%,超过了资金成本15%,部门经理却愿意放弃该项资产,以提高部门的投资报酬率。放弃该资产后的计算如下:

投资报酬率=(4 000−850)/(20 000−5 000)×100%=21%

当使用投资报酬率作为业绩评价标准时,部门经理可以通过加大公式的分子或减少公式的分母来提高这个比率。实际上,减少分母更容易实现,这样做会失去不是最有利但可以扩大企业净利润总额的项目。从引导部门经理采取与企业总体利益一致的决策来看,投资报酬率并不是一个理想指标。

2. 剩余收益

如上所述,投资报酬率指标会造成那些有利于公司整体利益而降低责任中心投资报酬率的投资项目被放弃。为了弥补该指标的缺陷,一些公司常常采用剩余收益,或同时采用投资报酬率与剩余收益指标来衡量责任中心的业绩。剩余收益(RI)是指投资中心获得的利润扣除其投资额按期望的最低报酬率计算的投资收益后的余额。其计算公式为:

剩余收益=经营净利润−(经营资产×规定的最低报酬率)
　　　　=经营净利润−最低的投资报酬额

式中规定的最低报酬率一般是指投资中心的资金成本,通常以整个企业平均利润率为标准。剩余收益作为评价投资中心业绩的指标相对投资报酬率指标而言,主要的优点是:

(1)避免了投资决策中,投资中心拒绝接受投资报酬率低于其目前的收益水平但高于企业整体收益水平的方案,保证了部门利益与企业整体利益的一致性。

(2)与企业经营目标——追求最大的利润相一致。

(3)对于不同的资产可采用不同的资金成本,如流动资产的资金成本可以低于固定资产的资金成本,因为两者的风险不同。

【例10-5】 某总公司有甲、乙两个分公司。设甲公司用投资报酬率评价;乙公司用剩余收益评价。两个分公司资产都是100万元,利润都是25万元,总公司对其规定的最低投资报酬率均为20%。现总公司有一个10万元的投资机会,可获净利润2.3万元。甲、乙两个分公司的经理应如何决策?

解 通过对不同指标的计算,分析两位经理在投资态度上的区别。

甲公司计算投资报酬率指标如下:

投资前投资报酬率=经营净利润/经营资产×100%=25/100×100%=25%

投资后投资报酬率=经营净利润/经营资产×100%
$$=(25+2.3)/(100+10)=24.82\%$$

乙公司计算剩余收益指标如下:

投资前剩余收益=经营净利润-(经营资产×规定的最低报酬率)
$$=25-(100\times20\%)$$
$$=5(万元)$$

投资后剩余收益=经营净利润-(经营资产×规定的最低报酬率)
$$=(25+2.3)-[(100+10)\times20\%]$$
$$=5.3(万元)$$

两个分公司经理根据各自的计算,会做出不同的决策。甲公司经理认为,投资后使本公司的综合投资报酬率由25%下降到24.82%,所以不应投资。这样,就将使总公司失去一次盈利机会,客观上只考虑本公司的利益。而乙公司经理认为,投资后使本公司的剩余收益由5万元增加到5.3万元,所以决定投资。这样,客观上既考虑了本公司的利益,也顾及总公司,对局部和整体都有利。

虽然剩余收益指标可以弥补投资报酬率指标的某些缺陷,但两者的共同问题仍是收益计量和资产计价,以及与净现值衡量指标之间的冲突。另外,由于剩余收益指标是一个绝对数,无法用于不同投资规模的部门之间业绩的比较。因为规模大的部门容易获得较大的剩余收益,而他们的投资报酬率并不一定很高,这充分表明了引导决策与评价业绩之间的矛盾。因此,许多企业在使用这一方法时事先建立与每个部门资产结构相适应的剩余收益预算,然后通过实际与预算的对比来评价部门业绩。

第四节 内部转移价格

内部转移价格是指企业内部分公司、分厂、车间、分部等责任中心之间相互提供产品(或服务)、资金等内部交易时所采用的计价标准。在分权管理的公司中,一个责任中心的最终产品往往是另一个责任中心的投入品,这就产生了一个采用何种价格作为这些产品的转移价格,以确定责任中心的收入和成本的问题。对于两个责任中心,出售一方依据转移价格计算的转移价值就是其收入,购入一方的转移价值则是其成本。内部转移价格是一个十分复杂的问题,直接关系到不同责任中心的获利水平,经理人员非常关心转移价格的制定,并经常引起内部争执。制定内部转移价格有三个基本目的:一是防止成本转移引起责任中心之间的责任转嫁,使每个责任中心都能够作为单独的组织单位进行业绩评价;二是作为一种价格信号引导下级部门采取正确的决策；三是目标一致性，即分部经理决策可使公司总体利益最大化。但在实践中，不同目的有时会发生较大的冲突，即能够满足业绩评价的转移价格，可能引导分部经理采取并非对企业整体最有利的决策；而能够引导分部经理做出正确决策的转移价格可能会使某个部门获得超额利润而另一部门发生亏损。因此，很难找到一个理想的转移价格同时兼顾业绩评价和正确决策，通常只能根据企业的具体情况选择一个相对满意的解决办法。

一、内部转移价格的作用

内部转移价格对于公司有关责任中心和公司整体都会产生重要的影响，主要表现在以下三个方面。

1. 对公司分部业绩评价的影响

内部转移产品或劳务的价格会影响到内部购销双方的利润水平，而利润是业绩评价指标（投资报酬率、剩余收益）的基础，因此在部门利益的分配中处于十分敏感的位置。

【例 10-6】 假设某公司下设有 A、B 两个分部。A 分部生产的半成品出售给 B 分部，转移价格为 30 元。对于 A 分部，这 30 元是分部的单位收入，当然希望越高越好；对 B 分部就是单位成本，因而希望价格再低一些。对两个分部的有关影响归纳见表 10-3。

表 10-3　　　　　　转移价格对分部的影响

A 分部	B 分部
生产半成品并出售给 B 分部	从 A 分部购入半成品用于生产
转移价格 30 元	转移价格 30 元
单位收入 30 元	单位成本 30 元
转移价格形成的收入－转移价格产生的成本＝0，所以对公司总体利润的影响为 0	

2. 对公司总体利润的影响

从公司总体利润的角度考虑转移价格的制定，虽然它对利润总额没有影响，但它可以从两个方面影响公司的净收益水平：一是影响分部的行为；二是所得税。分部在进行独立决策时，可能形成有利于分部而不利于公司整体利益的转移价格，如果转移价格比实际生产成本高出很多，购买方就会从公司外部采购价格低于转移价格的产品。

在【例 10-6】中，如果 A 分部制定的转移价格为 30 元，成本为 22 元；而 B 分部能够从外部按 28 元的价格采购该半成品，它就会放弃从 A 分部购买。这时，B 分部相对节约单位成本 2 元（30－28）。若 A 分部的半成品无法通过外部市场进行销售，那么公司整体利润将会在每件半成品上损失 6 元（28－22），公司总体利润就会相应下降。转移价格还通过所得税机制影响公司净收益水平，这在跨国公司中表现更为突出。通常情况下，公司会制定适当的内部转移价格使更多的收入转移到低税负的国家，并将更多的成本转移到高税负的国家。这时的转移价格就不单纯是业绩考核的需要，而是有了更加重要的作用，就是作为避税工具来使用。

3. 对分部经营自主权的影响

如上所述，因转移价格制定会影响公司整体利益，企业最高管理当局有时不得不介入转移价格制定过程。如果这种介入成为一种惯例，公司管理实际上就与分权管理的初衷相背离，因而就不能真正发挥分权管理的优势。一般而言，分权管理成为大多数公司的选择是因为分权管理带来的总体效益大于其总体成本，而总体成本的一部分就是分部经理偶尔会做出对公司而言的次优决策。因此，从长远发展角度看，这种介入常常是不可取的。

二、制定内部转移价格的原则

在制定内部转移价格时，应遵循如下原则：

(1) 合规性原则。内部转移价格的制定、执行及调整应符合相关会计、财务、税收等法律法规的规定。

(2) 效益性原则。企业应用内部转移定价工具方法，应以企业整体利益最大化为目标，避免为追求局部最优而损害企业整体利益的情况。同时，应兼顾各责任中心及员工利益，充分调动各方积极性。

(3) 适应性原则。内部转移定价体系应当与企业所处行业特征、企业战略、业务流程、产品（或服务）特点、业绩评价体系等相适应，使企业能够统筹各责任中心利益，对内部转移价格达成共识。

三、内部转移价格的类型

1. 市场价格

市场价格是指企业外部同类产品（服务）的市场交易价格。采用市场价格的理论基础是：第一，企业内部各责任中心都处于独立自主的状态，可以自由地决定是从外部购买还是向内部购销；第二，中间产品（服务）有完全竞争的市场，并有客观的市价可供参考。以市场价格作为内部转移价格，并不等于直接将市场价格用于内部结算。在具体进行内部结算时，要对市场价格进行一些必要调整。市场价格一般都包括了销售费、广告费、运输费，这些费用在产品（服务）内部转移时，一般可以避免。若各责任中心不是独立核算的分厂，而是车间或部门时，产品（服务）的内部转移不必支付销售税金，而这些税金一般也是市场价格的一部分。直接用市场价格作为内部转移价格时，这两方面的利益都将为制造方所拥有，使用方却一无所获。为使利益分配更公平合理，这些可避免的费用应从市场价格中扣除，即以市场价格扣除对外的销售费、广告费、运输费等后的价格作为内部转移价格。

一般认为，市场价格是制定内部转移价格的最好依据。因为市场价格比较客观，不偏袒买卖双方的任何一方，而且对卖方改善经营管理、降低成本起到激励和促进作用。同时，市场也最能体现利润中心的基本要求，在企业内部创造一种竞争的环境，有利于相互竞争。所以，凡企业内部产品（服务）的转移，有一方涉及利润中心或投资中心时，则采用市场价格作为计价基础。若制定的内部转移价格确能反映真正的市场情况，那么，利润中心的税前净利润就成为评价其经营成果高低的真正依据。

以市场价格为基础制定内部转移价格的前提是存在一个高度发达的外部竞争市场，但是完全竞争的市场条件是很难找到的，而且市场价格也受到一定的限制，有些中间产品（服务）没有现成的市价，因而无法以市场价格制定内部转移价格。

2. 协商价格

协商价格是指购销双方以正常的市场价格为基础,定期共同协商所确定的双方都愿意接受的内部转移价格。一般来讲,协商价格要比市场价格略低。这是由于产品(服务)在内部转移可以节约费用,降低风险。以协商价格作为内部转移价格,可以照顾双方利益,并得到双方的认可,使价格具有一定的弹性,有利于加强双方的协作。但制定价格的过程比较费时,且涉及许多方面的问题。如果需要进行协商的价格很多,则难度更大,而且协商的结果往往受参加者的主观影响,容易使双方争执不休,造成部门间的矛盾,有的责任中心因此而获利,有的责任中心因此而吃亏。

3. 以成本为基础的内部转移价格

以产品成本为基础制定内部转移价格是最简单的一种方法。由于产品成本的形式有多种,如实际成本、标准成本、变动成本等,因而以产品成本为基础的内部转移价格形式也有多种,它们分别是:

(1)以实际成本作为内部转移价格

以中间产品生产时发生的完全生产成本作为其内部转移价格,便于利用财务会计信息,制定过程简单。但这种价格作为一种内部价格不能发挥其在各责任中心之间划清经济责任和调节内部利润的作用。因为它会使提供中间产品或劳务的责任中心的工作成绩与缺陷全部转嫁给其他有关责任中心,从而使接受产品或劳务的责任中心承担不受其控制、由其他责任中心造成的低效率上的责任。因此,这种价格对产品或劳务的提供部门降低成本缺乏激励作用,不利于加强成本管理。一般来说,实际成本主要适用于各成本中心之间相互转移产品或劳务时价格的确定,一旦应用于利润中心的评价时则会产生问题,因为如果收入只能回收成本,则不能以利润高低考评利润中心的业绩。

(2)以标准成本作为内部转移价格

产品或劳务的转移只涉及成本中心时,以标准成本作为内部转移价格可以避免销售部门的缺陷转嫁,能调动双方降低成本的积极性,而且计算简便,克服了实际成本的不足,符合责任会计的基本原则。因为这种内部转移价格既不会转嫁不利的成本差异,又不会转移有利的成本差异,双方只有努力降低自己的实际成本,才能完成责任成本。但制定合理的标准成本,是保证这种内部转移价格不失优越性的先决条件。

(3)以变动成本作为内部转移价格

以变动成本作为内部转移价格,适用于采用变动成本法计算产品成本的成本中心之间的往来结算。这种方法的优点是符合成本习性,能够揭示出成本与产量的关系,便于考核各责任中心的经营业绩,有利于企业和责任中心进行生产经营决策。但是这种内部转移价格也有不足之处,由于产品成本中不含固定生产成本,不能反映劳动生产率的变动对单位固定生产成本的影响,从而不利于发挥各责任中心增加产量的积极性。

(4)以成本加成作为内部转移价格

以成本加成作为内部转移价格,主要适用于各成本中心相互转移产品或劳务时的核算。如果产品或劳务的转移涉及的是利润中心或投资中心,销售部门为了取得一定的利润,可以在成本(实际成本或标准成本)的基础上加上正常的利润作为内部转移价格,能够调动卖方的积极性,又便于分清双方的经济责任。但是,确定利润的高低仍会带有一定的主观随意性,需要慎重对待。

以各种成本作为内部转移价格一般只在成本中心之间使用比较合适,比较常见的科学的做法是以标准成本作为内部转移价格。在利润中心和投资中心之间则不宜用这种类型的内部转移价格,成本加成后形成的一系列内部转移价格,可在利润中心和投资中心之间使用。

4. 双重价格

双重价格是指对产品的购销双方分别采用不同的内部转移价格。由于内部转移价格主要是为了对企业内部各责任中心的业绩进行考核与评价,故买卖双方所采用的转移价格并不需要完全一致,可视具体情况分别选用对双方最有利的价格作为计价基础。

双重价格主要有两种表现形式:

(1)双重市场价格。即当某种产品或劳务在市场上出现不同价格时,买方采用最低的市价,卖方则采用最高的市价。

(2)双重内部价格。即卖方按市价或协议价作为计价基础,而买方则按卖方的单位变动成本作为计价基础。

这种双重价格制度可以较好地满足买卖双方不同的需要,避免因内部定价过高,导致接受方从外部购买,造成企业内部供应方部分生产能力闲置、无法充分利用的情况出现,同时也能调动双方生产经营的主动性和积极性。因此,双重价格是一种既不直接干预所属各责任中心的管理决策,又能消除职能失调行为的定价方法。但这种方法通常在中间产品有外界市场,供应部门有剩余生产能力,且单位变动成本低于市场价格的条件下才会行之有效。双重价格兼顾买卖双方的责任和利益,区别对待,可较好地满足买卖双方在不同方面的需要,同时也可激励双方在生产经营方面充分发挥其主动性和积极性。

5. 跨国转移定价

跨国转移定价是在跨国公司内部母公司与子公司、子公司与子公司之间相互销售商品和提供劳务时所制定的内部转移价格。跨国转移定价受多方面客观环境因素的影响,比单纯进行国内经营的公司更复杂,而且风险更大。跨国公司在制定转移价格时,主要考虑所得税、关税等因素的影响。

(1)所得税因素

跨国公司分布于世界各地的子公司所获得的利润必须按东道国的税法缴纳所得税,由于各东道国的所得税税率客观上存在差异,这就为跨国公司利用跨国转移定价转移利润提供了可能。例如,处于高税率国的子公司按低于市价甚至低于成本的价格销售产品或劳务给处于低税率国的子公司,增加处于低税率国子公司的利润;反之处于低税率国的子公司按高于市价的价格销售产品或劳务给处于高税率国的子公司,减少处于高税率国子公司的利润。总之其根本目的是最大限度地提高全球市场的利润。

(2)关税因素

利用跨国转移定价同样可以减少或逃避关税。跨国公司对处于高关税国的子公司,以压低的价格发货来降低子公司的进口金额,达到少缴关税增加总公司利润的目的。跨国转移定价是跨国公司的一项重要经营战略,其内容比一般企业内部转移定价要复杂,应当根据具体的目的做出合理的选择。

总之,内部转移价格应当适应特定的生产条件和环境条件的要求,能够促使各责任中心最大限度地为达到整个企业的目标而努力,一般不存在最优的内部转移价格。

四、内部转移定价的优缺点

1.优点

能够清晰反映企业内部供需各方的责任界限,为绩效评价和激励提供客观依据,有利于企业优化资源配置。

2.缺点

可能受到相关因素影响,内部转移定价体系产生的定价结果不合理,造成信息扭曲,误导相关方行为,从而损害企业局部或整体利益。

本章小结

责任会计是在分权管理条件下,为适应经济责任制的要求,在企业内部建立若干责任中心,并对它们分工负责的经济活动进行规划、控制、考核与业绩评价的一整套会计制度。责任中心通常可划分为成本中心、利润中心和投资中心。评价方法根据责任中心的不同,有不同的指标。内部转移价格是指企业内部各责任中心之间相互提供产品或劳务的结算价格。在制定内部转移价格时,应遵循如下原则:公平原则、激励原则、相对稳定原则、灵活性原则。

自测题

一、问答题

1. 简述成本中心及其评价方法。
2. 简述利润中心及其评价方法。
3. 简述投资中心及其评价方法。
4. 如何制定内部转移价格?

二、选择题

1. (　　)是责任会计中应用最广泛的一种责任中心形式。

    A. 成本中心　　　　B. 利润中心　　　　C. 投资中心　　　　D. 责任中心

2. 成本中心控制和考核的内容是(　　)。

    A. 责任成本　　　　　　　　　　B. 产品成本
    C. 目标成本　　　　　　　　　　D. 不可控成本

3. 在组织形式上,(　　)一般都是独立的法人。

    A. 成本中心　　　　　　　　　　B. 利润中心
    C. 投资中心　　　　　　　　　　D. 责任中心

4. 为了使部门经理在决策时与企业目标协调一致,应采用的评价指标为(　　)。

    A. 销售利润率　　　　　　　　　B. 剩余收益
    C. 投资报酬率　　　　　　　　　D. 现金回收率

三、计算分析题

1. 某公司有甲、乙两个分公司,均为自然的利润中心:

(1)甲分公司本期实现内部销售收入 1 000 000 元,变动成本率为 75%,该中心负责人可控固定成本为 50 000 元,中心负责人不可控但应由该中心负担的固定成本为 70 000 元;

(2)乙分公司部门边际贡献为 120 000 元;

(3)不能由甲、乙两分公司负担的公司管理费用 30 000 元,财务费用 20 000 元。

要求:

(1)计算甲利润中心边际贡献总额。

(2)计算甲利润中心可控边际贡献总额。

(3)计算甲利润中心部门边际贡献。

(4)计算该公司税前部门利润。

2.某公司下设 A、B 两个投资中心。A 投资中心的营业资产为 200 万元,投资报酬率为 15%;B 投资中心的投资报酬率为 17%,剩余收益为 20 万元;该公司的资本成本为 12%。公司决定追加营业资产投资 100 万元,若投向 A 投资中心,每年可增加息税前利润 20 万元;若投向 B 投资中心,每年可增加息税前利润 15 万元。

要求:

(1)计算追加投资前 A 投资中心的剩余收益。

(2)计算追加投资前 B 投资中心的营业资产额。

(3)计算追加投资前该公司的投资报酬率。

(4)若 A 投资中心接受追加投资,计算其剩余收益。

(5)若 B 投资中心接受追加投资,计算其投资报酬率。

3.公司某利润中心的有关数据资料如下:

部门销售收入	80 000 元
部门销售产品变动成本和变动性销售费用	30 000 元
部门可控固定成本	5 000 元
部门不可控固定成本	6 000 元

要求:计算该责任中心的各级利润考核指标。

4.某投资中心投资额为 100 000 元,年经营净利润为 20 000 元,公司为该投资中心规定的最低投资报酬率为 15%。请计算该投资中心的投资报酬率和剩余收益。

四、案例分析题

海尔的"SBU"管理革命始于 1998 年的企业内部的流程再造,SBU 是英语"Strategic Business Unit"的缩写,意思是战略事业单元。即在企业内部模拟市场交易原则,企业内的每个流程、每个工序、每个人之间是市场关系,次道流程、次道工序是上道流程、工序的"顾客"和市场,上道流程、工序通过服务自己的"顾客"和市场取得收入。服务有效,可以向自己的服务对象按合同索酬;服务无效或效果不好,被服务对象可以索赔。每个流程、每个工序、每个人之间的市场关系是通过"SST"的机制联系起来的——既可以索酬,也可以索赔,如果哪一环没有闸口,财务就会跳闸。海尔要求每个事业部、每个人都是"SBU",每个人都是"小海尔",海尔五万名员工就是五万个"SBU",就是五万名老板,每个人都是经营者,每个人都是创新的主体。这样一来,海尔集团的战略就会落实到每一位员工,而每一位员工的战略创新又会保证集团战略的实现。2005年8月,海尔电子事业部发货经理李某又一次被所在部门树为榜样。在一般的企业里,她的岗位就是发货员,发货经理不仅是名称的改变,更重要的是目标发生了本质的变化。发货员的工作目标是把仓库里的货发出去,发货经理则要经营"货物的直发率",直发就是产品从生产线直接发送给客户,李某经营的目标是100%。

李某第一次被树为榜样是在2001年9月,那时她还是"发货员",刚竞聘到这个岗位不久,便将该岗位的一个重要指标——货物(彩电)直发率从原来的20%提高到60%以上。于是,其人其事被所在部门海尔信息产品本部的"红头"内部刊物《海尔电子通讯》图文并茂地宣传。2005年8月,李某第二次被树为榜样,这次是她将直发率进一步提高到了96%,海尔集团用视频会议的形式将她的事迹向全国各地的海尔工厂推广。前者是靠李某本人的聪明才智,后者则是得益于海尔集团"SBU"(战略事业单元)体制的推动。

"发货员"李某把直发率从20%提高到60%已经相当不错了,据了解,现在很多家电企业根本谈不上直发,一般都是"倒短",也就是产品下线后先放在工厂里的周转库,再运到附近的成品库,最后再运到客户的仓库。影响直发率的因素有很多,过去因客观因素造成不能直发,"发货员"可以不承担责任,但海尔经营"SBU"后,不管什么原因,只要直发率达不到标准,就是"发货经理"的责任。李某告诉记者,自己在2001年第一次听到"SBU"的时候,第一个反应就是"那怎么可能呢?"但随着流程再造的推进,集团涌现出很多的"SBU"典型代表感染了李某。所以她一到岗就将提高直发率当成自己的奋斗目标。但时间一长,李某就发现,到了这个程度以后,自己就很难再有大的突破——从2001年9月到2002年12月,直发率一直在60%到70%这个幅度上波动。很多问题,光靠勤奋、感染力根本解决不了。她遇到了天花板。

"SBU"传到李某的耳朵里以后,她觉得理论上很好,但是真正让3万名员工成为3万个"小公司"却非常困难。而她并没有意识到,这个新鲜玩意最现实的作用就是可以提高她的直发率、突破她遇到的瓶颈。

在实践中,李某的思想发生了根本性的转变,把以前认为根本不可能做到的事变成现在的可能。李某和公司达成协议:将自己变成一个相对独立的经营实体,就是"SBU"。在这一协议框架之下,李某本人的业绩考核方式完全改变:公司将每台彩电达到直发所节省的成本定为2元人民币,并制定了一个阶段性的直发率目标(如95%),而李某这个"SBU"所完成的实际直发率(如96%或94%)减去直发率目标所得百分比乘以当日或者当月总发货量再乘以2元人民币,就是李某这个"SBU"的"营业收入(有可能是负数)"。

当然"营业收入"的分配要按照一定的比例进行。因为,李某作为一个小"老板",她这个"公司"的运行离不开流程的支持,李某和它们是市场关系,要向它们支付报酬的。为保证李某能够盈利,公司提供相关资源,如果掌握这些资源的部门没有提供到位的支持从而造成李某这个"SBU"的损失,李某可以向这个部门索赔,所得费用亦归入"营业收入"一项。

通过本案例的分析,你认为:

(1)海尔的"SBU"战略与责任会计的思想有什么结合点?

(2)本案例对你有何启发?

第十一章 战略管理会计

学习目标

通过本章的教学,学生可以了解战略管理会计的产生;熟悉战略管理会计的概念;掌握战略管理会计的内容。

案例导入

东方电瓷厂战略管理会计的实施

东方电瓷厂是一家中型电瓷产品制造企业,历史悠久,技术力量雄厚,产品质量过硬,生产管理严格,在国内同行业中一直处于领先地位,占有较大的市场份额。该厂刚成立时,国内生产电瓷产品的企业不到100家,该企业的毛利率可达到70%;而到了1997年,同类企业达到几百家,竞争日趋激烈,该企业产品的毛利率下降到35%。在激烈的竞争面前,该厂几年来实施战略管理会计,大力推行作业成本计算法,取得了显著效果,其具体做法如下:

(1)分析企业的内外部环境,制定竞争战略

我国经济持续发展,为企业创造了良好的市场环境。同类企业竞争日趋加剧,很多江浙一带的民营企业加入竞争,由于国有企业的灵活性不如民营企业,有些民营企业甚至采用不正当手段进行竞争,这对企业也是很不利的。从企业内部资源看,企业的技术力量雄厚,管理水平较高,是企业的优势;劣势是企业的历史包袱较重,本地的劳动力成本也较高。由于电瓷产品的技术比较成熟,产品的技术含量在各厂家大同小异。因此企业只能在价格上进行竞争。在进行了SWOT分析后,企业决定采取低成本战略。

(2)进行成本动因分析,有步骤地实施作业成本计算法

在战略定位后,企业开展了"深入了解业务过程"活动。该厂会计人员和制造部门人员进行了工艺分析,分析产品生产的作业和作业背后的成本动因。在分析的基础上该厂实行作业成本计算法计算产品成本并应用作业成本法进行管理。

该厂把作业分为四个层次:单位级作业层次、批量级作业层次、产品级作业层次和管理级作业层次。单位级作业项目为机器动力,其费用按机器工时进行分配。批量级作业以生产设备使用次数、材料移动次数和检验次数为分配费用的基础。产品级作业是产品的分类包装,以分类包装次数为分配费用的基础。管理级作业所分配的费用包括生产设备折旧和管理人员工资等,是按机器工时和产品的主要成本进行分配的。

在对按传统方法计算的产品成本和按作业成本计算法计算的成本进行比较后发现,传统方法计算的产品成本被严重扭曲了。该厂A部门生产高压电器产品H型和ZH型。H型产品为普通产品,ZH型产品是新型、复杂的产品。两种产品在同一生产线上制造。单独生产H型产品月产量可达10 000只;单独生产ZH型产品月产量可达1 000只。该厂2010年3月份的产品单位成本数据见表11-1。

表 11-1　　　　H 型产品和 ZH 型产品单位成本对照表　　　　　单位:元

产品成本计算方法	成本项目	H 型产品	ZH 型产品
传统方法	直接材料	19.35	22.15
	直接人工	12.76	21.24
	制造费用	56.87	94.68
	合　计	88.98	138.07
作业成本法	直接材料	19.35	22.15
	直接人工	12.76	21.24
	制造费用	45.09	271.40
	合　计	77.20	314.79

在没有按作业成本法进行成本核算前,H 型产品的售价是 150 元/台,ZH 型产品的售价是 250 元/台。在获得了按作业成本法计算的产品数据后,该厂对产品的售价做了及时的调整。H 型产品的售价降低到 135 元/台;ZH 型产品的售价提高到 288 元/台。

在实行了作业成本计算法后,不仅改变了企业成本数据不准确和售价不合理的情况,企业还深挖产品成本较高的背后原因,为降低 ZH 型产品成本奠定了基础。分析表明,ZH 型产品的单位机器动力成本和生产设备折旧成本明显偏高,进一步分析发现,这两个作业成本偏高的原因是由一个共同因素引起,即 ZH 型产品的单位机器工时较高,为 H 型产品的 12 倍,这就为降低成本指明了方向。在有关人员的攻关下,通过采用新材料和新工艺使 ZH 型产品的工艺耗时降低了 25%,每批产量由原来的 1 只增加到 3 只,其机器工时因此降低到了原来的四分之一,成本大大降低。

(3)运用价值链分析,与上下游企业实现双赢

企业对供应商和顾客进行分析后发现,企业与他们合作的机会很多。例如,该厂每月需 5 000 只不锈钢盖,如果从其上游企业——不锈钢餐具厂购入加工余下的边角料作为原材料,经测算可节约成本 0.80 万元。这样企业降低了成本,餐具厂以较高的价格出售了边角料,实现了双赢。

在销售阶段,该厂通过分析把原来的很多销售办事处换成了代理商,实行代理分销制。通过代理商使该厂的销售有了快速增长,销售费用比设销售办事处时降低了 35%。

我国的一些科技企业有防范风险的意识,也有应对和化解风险挑战的高招,打出了化险为夷、转危为机的战略主动战。面对不确定性,我们应该以实现中华伟大复兴为己任,努力学习,完善自我,不辜负党和国家的殷殷期望,要增强忧患意识,提高防范各种风险的意识和能力。

第一节　战略管理会计概述

一、战略管理会计的概念

1.战略管理会计的内涵

战略管理是指对企业全局的、长远的发展方向、目标、任务和政策,以及资源配置做出决策和管理的过程。

自西蒙德提出战略管理会计概念后,会计学界不断对其进行讨论。西蒙德被公认为"战略管理会计之父",他对战略管理会计的定义是:"提供并分析有关企业和其竞争者的管理会计数据,以发展和监督企业的战略。"他强调注重外部环境以及竞争者的位置和趋势,包括成本、价格、市场份额等。威尔森等学者则认为:"战略管理会计是明确强调战略问题和所关切重点的一种管理会计方法,它通过运用财务信息来发展卓越的战略,以取得持久的竞争优势。"Bromwich 和 Bhimani 在一份 CIMA 研究报告中将战略管理会计解释为:"提供并分析有关公司产品市场和竞争者成本及成本结构的财务信息,监控一定期间内企业及竞争对手的策略。"由此可见,人们对战略管理会计概念的理解还存在着分歧,综合以上观点,本书提出自己的定义:所谓战略管理会计是为企业战略管理服务的管理会计信息系统。它以实现企业价值最大化为目标,运用灵活多样的技术和方法,搜集、加工、整理企业内外与企业战略管理相关的各种财务与非财务信息,并据此来帮助管理当局进行战略制定、战略实施和战略评价,以维持和发展企业持久的竞争优势。

2. 战略管理会计的特征

与传统管理会计相比,战略管理会计具有以下主要特征:

(1)战略管理会计信息不再局限于某一个会计主体。传统管理会计常常着眼于企业本身,所进行的预测、决策、分析、评价等只局限于本会计主体。战略管理会计超越某一会计主体范围,延伸到企业以外的广泛领域,如整个产业的竞争状况、企业所处的宏观经济环境、社会文化背景、经济法律制度,尤其是竞争对手状况及其未来的变化趋势,特定企业与其竞争对手的相互影响、特定企业与其竞争对手相对状况等。

(2)战略管理会计更注重企业外部环境。战略管理会计跳出了单一企业这一狭小的空间范围,将视角更多地投向影响企业的外部环境,提供超越企业本身的更广泛、更有用的信息。如法律和制度的变更、整个经济市场、自然环境和竞争对手的变动,都会对企业战略目标产生一定的影响。其中,有关竞争对手的信息对企业保持竞争优势至关重要。因此,战略管理会计特别强调各类相对指标或比较指标的计算和分析,如相对价格、相对成本、相对现金流以及相对市场份额等,使企业管理者做到知己知彼,采取相应的措施,保持企业长久的竞争优势。

(3)战略管理会计更加注重长远目标和全局利益。传统的管理会计着眼于有限的会计期间,以利润最大化目标为驱动,注重单个企业价值最大化和短期利润最优,忽视了企业的长远发展,忽视了企业所面临的风险,容易导致企业的短期行为。战略管理会计超越单一的期间界限,着眼于企业长期发展和整体利益的最大化,着重从长期竞争地位的变化中把握企业未来的发展方向。它更注重企业持久优势的取得和保持,甚至不惜牺牲短期利益,以实现企业价值最大化的目标。

(4)战略管理会计提供更多的与战略有关的非财务信息。在目前激烈的竞争环境中,衡量竞争优势的指标除财务指标之外,还有大量的非财务指标。企业要想获得持久的竞争优势,还必须依靠众多的非财务指标。与企业战略目标密切相关的非财务指标有产品质量、生产的弹性、顾客的满意程度、从接受订单到交付使用的时间等。传统的管理会计所提供的信息更多的是财务信息,忽略了非财务信息对企业的影响,使企业的管理者忽视市场、管理战略等方面的许多重要因素。而战略管理会计则提供了大量极为重要的非财务信息,包括战略财务信息和经营业绩信息、竞争对手信息以及企业战略相关的背景信息,如市场占有率、与战略成本有关的数据、企业经营业务、企业资产的范围和内容、产业结构对企业的影响等。

(5)战略管理会计是一种全面性、综合性的风险管理。传统管理会计一般偏重于企业自身生产经营活动的管理,缺乏全面的、综合的风险管理。而战略管理会计既重视主要生产经营活动,也重视辅助生产经营活动;既重视生产制造活动,也重视其他价值链活动;既重视现有经营范围内的活动,也重视其他各种可能的活动。因此,战略管理会计从战略的高度,把握各种潜在的机会、回避可能的风险,如从事多种经营而导致的风险,流动性差而导致的风险等,从而最大限度地增加企业的盈利能力和价值创造能力。

(6)战略管理会计改进了业绩评价的尺度。战略管理会计与传统管理会计的显著区别还在于项目及业绩评价的标准。传统管理会计进行项目分析评价时,侧重于定量指标的计算。例如,净现值、内含报酬率、投资回收期等指标的计算,只要这些指标符合判断标准,就接受该方案。战略管理会计在对项目分析评价时,不仅考虑这些定量指标的计算结果,而且还考虑项目上马有可能对企业未来产生的深远影响,如企业的竞争地位、与供应商的依赖程度等。在这种情况下得出的结论有可能与传统的评价结论相悖。另外,由于传统管理会计研究范畴的拓宽,战略管理会计对经营者的业绩评价更加综合,常常以企业的整体竞争优势为标准,如市场份额、企业的发展潜力等,从而改进了对经营者的业绩评价方法与标准,如经济增加值的应用。

(7)战略管理会计不断创新内部管理和控制方法。企业战略目标确定后,为实现战略对企业未来的长期规划,符合战略目标的要求,企业常常适应内外环境的变化而采用更为先进的内部管理和控制方法。主要有:为扩大企业的市场份额,满足顾客需求多样化的要求,有些企业建立了适时生产系统,做到多样化、适时地生产产品并努力实现产品零库存;为真实地反映不同产品的产品成本,有些企业采用作业成本法核算产品成本,从而使产品成本更加真实;为将浪费和损失降到最低,有些企业实施全面质量管理,尽量做到产品零缺陷;为在竞争中立于不败之地,有些企业实施公司再造流程;为使企业成为同行业的佼佼者,有些企业实行标杆制度,在不同的方面以不同的目标为参照,与其对比并采取措施改进自身的不足。

由此可见,战略管理会计突破了传统管理会计的一些局限,视角从企业内部转向外部环境,重视对企业全方位的管理。需要指出的是,战略管理会计的立足点仍然是会计信息,它改变的只是传统管理会计的观念、内容和方法,并未改变其性质和职能。因此,它是传统管理会计的发展与完善,仍是会计信息系统的一个分支,仍需为企业管理者的决策提供信息支持,发挥战略决策参谋的作用。

二、战略管理会计的内容和程序

战略管理会计是伴随着社会生产力进步以及战略管理理论完善而产生与发展的。社会生产力的进步促使战略管理会计的产生与发展。20世纪70年代,电子技术开始被引入企业,高新技术蓬勃发展,企业制造环境从过去的劳动密集型向资本密集型和技术密集型转化,从而使企业的产品成本结构发生了重大变化,主要表现为:直接人工成本下降,而制造费用的比重明显上升;固定成本所占比重上升,变动成本所占比重却明显下降。在这种情况下,人们对传统的成本动因产生怀疑。另外,随着高新技术的普遍采用,企业间的竞争日趋国际化,企业要想在竞争中获胜,则不能只注重企业内部,还必须关注竞争对手。而传统管理会计属于内向型会计,因而,社会生产力的进步要求管理会计进行变革,催生了战略管理会计。

战略管理会计的产生与发展又与战略管理理论的发展和完善密不可分。"战略"一词起源于军事科学,是同"战术""战役"相对应的概念,是指对战争全局性的、长远性的谋划。战略概念被推广到经济、管理领域,是在20世纪50年代。起初,企业的战略管理行为只是在实务中将预算中的数字往前多推几年,因而,这一阶段的"战略"内涵较为狭隘,仍只着眼于企业内部。直到20世纪70年代,由于企业内部与外部环境的显著变化,导致人们开始关注企业外界的变化,企业开始研究竞争对手的动态,开始分析企业自身的优势和劣势,并在此基础上,明确企业的长期目标,在这种情况下,正式提出了"战略管理"一词。20世纪70年代中期,安索夫等人合编的《从战略计划到战略管理》一书出版,至此,战略计划成为战略管理的一个有机组成部分,现代战略管理理论体系正式形成。进入20世纪80年代以后,信息技术和生产技术的飞速发展更加促使人们热衷于战略管理的研究,行为科学、竞争对手分析、购并战略、全球化战略等的发展拓宽了战略管理的范畴,使其内容不断充实和完善。战略管理要求企业高层管理者在不断审视企业内外环境变化的前提下,制定能够利用优势,抓住机会,弱化劣势并避免与缓和威胁的企业战略。企业战略从其制定直至战略的实施客观上需要大量的内部和外部、定性和定量、历史和现实等多样化的管理会计信息,战略管理会计随之产生。1981年,著名的英国学者西蒙德首次提出"战略管理会计"一词,他认为战略管理会计应该侧重于本企业与竞争对手的对比,收集竞争对手关于市场份额、定价、成本、产量等方面的信息。20世纪90年代,侧重于实务的刊物,如英、美的《管理会计杂志》《成本管理杂志》以及《管理会计研究杂志》等,关于战略管理的文献迅速增加,教科书中也开始出现战略管理会计的内容,自此战略管理会计为人们所接受。

第二节　战略管理会计的内容和程序

一、战略管理会计的内容

1. 制定战略目标

战略管理会计首先要协助企业高层管理者制定企业战略目标。企业的战略可以分为公司战略、竞争战略和职能战略三个层次,相应地企业战略目标也可以分为总战略目标、竞争性战略目标和职能性战略目标三个层次。总战略目标是关系企业战略经营方向与经营业务范围的目标;竞争性战略目标主要研究产品和服务在市场上竞争的目标;职能性战略目标是保证性的目标,指在实施竞争战略过程中,各个职能部门应该起到的作用、相互之间的关系以及所要达到的目标是什么。战略管理会计就是要从企业的内外部搜集、归类、整理和分析各种信息,提供各种可行性战略目标,供高层管理者选择和决策。

2. 战略成本管理

正如成本管理是传统管理会计的重要内容之一一样,战略成本管理也是战略管理会计的重要内容。战略成本管理是指为了获得和保持企业持久竞争优势而进行的成本分析和成本管理,亦即根据企业所采取的战略建立相应的成本管理系统。战略成本管理要求从战略角度去研究、分析、评价和控制影响成本的每一个环节,其与传统成本管理的不同之处在于,它应用了价值链分析、战略定位分析、成本动因分析等新的分析和评价方法。价值链分析主要应用于分析从原材料供应商至最终产品的消费者相关作业的整合,包括与外部供应商和顾客的整合。而战略定位分析的基本观点是企业所采取的竞争战略将会影响其所实施的管理控制系统。那么企业应该如何进行战略定位,以及如何设计与其战略定位相适应的管理控制系统,是战略定位分析的主要内容。成本动因分析将影响成本的因素划分为两大类:一类是与企业生产作业有关的成本动因,如存货搬运次数、生产安排等;另一类是与企业战略有关的成本动因,如规模、技术、经营多元化、全面质量管理以及人力资本的投入等。因此,如何将企业的成本动因进行合理的划分,并分别对作业成本动因和战略成本动因进行有针对性的成本管理,是成本动因分析的主要内容。

3. 经营投资决策分析

传统的管理会计在传递与经营投资决策有关的信息过程中,存在短期性和简单化的缺点,而战略管理会计是为企业战略发展服务,应该提供与决策相关的具有战略眼光的长远性和全局性有用信息。因此,它在提供与经营投资决策有关的信息的过程中,应克服传统管理会计所存在的短期性和简单化的缺陷,以战略的眼光提供全局性和长远性的与决策相关的有用信息。具体表现在以下两个方面:

(1)在短期经营决策中,战略管理会计摒弃了将企业成本划分建立在与生产量线性相关的变动成本和与生产量无关的固定成本基础之上的短期盈亏平衡分析方法,建立了长期盈亏平衡分析模式。长期盈亏平衡分析是以企业的产品成本、收入与销售量间呈非线性关系,固定成本改变及产销量不平衡等为客观基础来研究成本、产销量与利润之间的关系。其核心是应用高等数学、逻辑学等方法建立一个成本、产销量和利润之间的关系图及其表达式,借此来确定保本点、安全边际等相关指标,进行利润敏感性分析。

(2)在长期投资决策方面,战略管理会计突破了传统的长期投资决策模型中的两个基本假定:一是资本性投资集中在建设期内,项目经营期间不再追加投资;二是流动资金在期初一次垫付,期末一次收回。战略管理会计把资本性投资与流动资金在项目经营期间随着产品销售量的变化而变动的部分也考虑在内,此时的现金流量与传统的现金流量有所不同,其计算公式为:

某年的现金流量＝上年销售收入×(1＋该年销售增长率)×该年销售利润率×(1－该年所得税税率)＋该年折旧额－(该年销售收入－上年销售收入)×(该年边际固定资产投资率＋该年流动资金投资率)

将上述现金流量进行折现就可以反映企业长期投资的预期净现值金额。因此,战略管理会计是以现实的现金流量为基础,更能反映企业投资的实际业绩,为企业持续发展提供有用的信息。

4. 战略绩效评价

战略绩效评价是将绩效评价指标与企业所实施的战略结合起来进行的分析和评价,针对企业不同的战略目标,应采用不同的业绩评价体系。如企业要采取低成本战略,则评价指标应着重于内部制造效率、品质改进、市场占有率及交货的效率等相关指标;若采取产品差别战略,则应注重新产品收入占全部收入的比率等相关指标。战略性绩效评价不仅改变了传统管理会计的只重"结果"不重"过程"的弊端,而且将绩效评价指标体系由财务指标系统扩展到了非财务指标系统。非财务性绩效评价内容一般包括:质量评价(如购进原材料质量、生产过程质量、产成品质量等的评价)、交货效率评价、企业应变与创新能力评价、雇员评价、产品市场份额评价、机器运转情况评价等。由此可见,战略绩效评价渗透到了企业的方方面面,能更好地为生产经营和战略管理提供有效决策信息。

5. 人力资源管理

人力资源管理,是在经济学与人本思想指导下,通过招聘、甄选、培训、报酬等管理形式对组织内外相关人力资源进行有效运用,以满足组织当前及未来发展的需要,保证组织目标实现与成员发展的最大化。具体讲,人力资源管理就是预测组织人力资源需求并做出人力需求计划、招聘选择人员并进行有效组织、考核绩效支付报酬并进行有效激励、结合组织与个人需要进行有效开发以便实现最优组织绩效的全过程。由此可见,人力资源管理是企业战略管理的重要组成部分,也是战略管理会计的重要内容,包括为提高企业和个人绩效而进行的人事战略规划、日常人事管理以及年度的员工绩效评价。战略管理会计的核心是以人为本,通过一定的方法和技能来激励员工以期获取最大的人力资源价值,并采用一定的方法来确认和计量有关人力资源的价值与成本,进行人力资源相关的投资分析。

6. 风险管理

企业的任何一项行为都带有一定的风险。企业可能因冒风险而获取超额利润,也可能会招致巨额损失。一般而言,报酬与风险是共存的,报酬越大,风险也越大。风险增加到一定程度,就会威胁企业的生存。由于战略管理会计着重研究全局的、长远的战略性问题,因此,它必须经常考虑风险因素。战略管理会计会针对企业在经营与投资管理中所面临的风险,采用一定的方法,如投资组合、资产重组、购并与联营等方式进行分散和管理风险。

二、战略管理会计的基本程序

1. 确定企业目前的宗旨和目标

企业的宗旨和目标解决"企业到底从事什么事业"的问题,它是企业的长期规划和长期奋斗目标,是战略管理的核心问题。明确企业目前的宗旨,要求管理会计人员协助企业高层领导研究当前的产品和服务范围,并以此作为修正的基础。

2. 分析环境

企业所处的特定环境往往会发生变化。这就要求管理会计人员不仅要分析企业目前的环境,而且更重要的是预测未来可能因素的变化及对企业所处环境的影响。如果企业能正确预测环境中可能发生的技术和社会变化,就能及早准备,取得先发制人的效果。分析环境的一个最重要的方面是对竞争对手的分析,管理会计人员必须确定竞争对手并搜集竞争对手公开的相关信息,研究竞争对手的活动,做到知己知彼,进而调整自己的战略。

3. 分析企业的资源

在分析企业外部环境的基础上,管理会计人员还应分析企业的内部资源,包括房屋、机器设备、现金等全部物质资源,也包括职工的技术、能力等人力资源。分析企业是否存在资源短缺现象以及短缺的程度,同时还应注重企业资源的利用状况。

4. 发现机会和威胁,识别优势和劣势

在分析企业外部环境及资源的基础上,管理会计人员还应发掘企业是否存在可利用的机会,洞察企业可能面临的威胁。抓住机会是企业制胜的关键,而机会与威胁又常常并存,企业抓不住机会,将危机四伏。管理会计人员还必须了解企业自身与众不同的能力,即找出可作为企业竞争武器的独特技能和资源,并看到企业自身的弱点。只有明确企业自身的优势和劣势,才能为企业制定出避弱就强的竞争战略。

5. 重新评估企业的宗旨和目标

明确了企业的优势、劣势、机会和威胁,企业就可在此基础上重新评价企业的宗旨和目标是否实事求是,是否需要修正。

6. 制定战略

企业的愿景、使命等确定之后,就需要根据环境分析情况,选择和设定战略目标。

企业可根据对整体目标的保障、对员工积极性的发挥以及企业各部门战略方案的协调等实际需要,选择自上而下、自下而上或上下结合的方法,制定战略目标。

企业设定战略目标后,各部门需要结合企业战略目标设定本部门战略目标,并将其具体化为一套关键财务及非财务指标的预测值。为各关键指标设定的目标(预测)值,应与本企业的可利用资源相匹配,并有利于执行人积极有效地实现既定目标。

7. 组织实施

为实现战略目标,企业应制定战略的具体行为规范和实施战略的具体方法,结合使用

战略地图、价值链管理等多种管理会计工具方法,将战略实施的关键业务流程化,并落实到企业现有的业务流程中,确保企业高效率和高效益地实现战略目标。

8. 评价和控制

企业在战略实施过程中,需要通过检测战略实施进展情况,评价战略执行效果,审视战略的科学性和有效性,并通过不断调整战略举措,以达到预期目标。企业进行战略评价主要从以下几方面进行:(1)战略是否适应企业的内外部环境;(2)战略是否达到有效的资源配置;(3)战略涉及的风险程度是否可以接受;(4)战略实施的时间和进度是否恰当。

9. 调整战略

当企业的实际发展方向、战略目标等发生变化的时候,企业就需要根据实际情况的发展变化和战略评价的结果,对所制定的战略及时进行调整,以保证战略有效指导企业经营管理活动。战略调整一般包括调整企业的愿景、长期发展方向、战略目标及其战略举措等。

第三节 战略管理会计的分析方法

传统管理会计从诞生以来一直担当为企业内部管理服务的角色,以有效地实施计划、决策和控制,在第二次世界大战后获得了长足发展,并在实现企业目标、加强内部管理方面发挥了重要作用。这是因为当时主要是实行大批量、标准化生产,市场提供给企业的几乎是固定的"蛋糕",企业经营的重心是在"蛋糕"中争取更大份额,其关键是降低内部经营成本。与此指导思想相呼应,传统管理会计通常以"利润最大化"为目标,功能主要在于预算和控制,而且预算以短期预算为主;同时,管理会计将眼光局限于企业内部,倾向于使用账簿中已有的财务数据来看问题,并依据已发生的事件来解决环境的变化,管理会计成了财务会计的"副产品"。但随着现代科学技术的高速发展,全球竞争加剧,传统的大批量、标准化生产向小批量、个性化生产发展,迫使企业站在全球高度,选择以战略管理为导向的管理模式,不断根据环境做出适当调整,以求企业与环境的协调与均衡,获取企业整体的竞争优势。

战略管理对传统管理会计提出了挑战,相对于传统管理会计来说,战略管理会计不仅在内容上有所创新,而且在处理和分析问题的方法上也有所突破。这种变革在战略管理会计中的投资决策分析和战略绩效评价体系中显得尤为突出。就前者来说,传统管理会计在进行投资决策时,主要是通过对投资项目在整个建设期和生产经营期内的现金流量的评价来进行,也就是通常所说的净现值法。而在战略管理会计的投资决策中,除了要进行传统的净现值分析以外,还要采用价值链分析、成本动因分析以及竞争优势分析等定性分析方法进行评价。而针对绩效评价体系来说,战略管理会计不仅采用传统的绩效评价指标,还创造了平衡计分卡等新方法。

一、价值链分析法

价值链的概念最早是由美国学者迈克尔·波特于1985年提出的,他认为每一个企业都是在设计、生产、销售、发送和辅助生产的过程中进行种种活动的集合体,所有这些活动都可以用一个价值链来将其联系起来表示。由此,波特将企业的行为划分为一般管理、人力资源管理、技术发展、采购、内勤、经营、外勤、营销和服务九种,并通过分析企业价值链上的所有活动,以了解自身的经营管理状况,也可以将其与竞争对手的价值链进行比较分析,以了解竞争对手的经营状况。此外,价值链分析法还可以针对企业所处的整个行业进行相应的分析,了解企业在整个行业价值链中所处的位置,判断企业是否有必要沿价值链向前、向后延伸或缩短来提高整体的盈利水平。企业通过战略的角度进行价值链分析,不仅可以从企业内部了解价值生产的过程,也可以从行业价值链分析中了解自己与上、下游价值链之间的关系,并通过竞争对手价值链分析了解自己与竞争对手之间的差异和相对的成本态势。价值链分析的基本方法是:首先,将企业的生产经营看作是为最终满足顾客需要而设定的一系列作业的集合体,并找出这一系列作业之间的关系,形成一个由此及彼、由内到外的作业链。然后,根据每一个作业的投入价值、所消耗的资源以及所产出的价值,将作业链转化为价值链,并由作业的产出,一个接一个地转移到下一个作业中去,最终把价值凝聚在产品或劳务中提供给顾客。最后,可以对企业的价值链进行分析和比较,得出相关信息,帮助企业进行经营管理。

二、成本动因分析法

成本动因是指引起成本变动的原因。在传统的管理会计中,把引起成本变动的主要原因归结为生产量、销售量等业务量的变化,并以此为基础引申出固定成本、变动成本的成本性态分析、变动成本法、盈亏平衡分析、弹性预算等一系列概念和分析方法。但现在,越来越多的研究表明,引起企业成本变动的原因绝不仅仅是生产量和销售量这两个因素,还受许多其他因素的影响。到目前为止,西方会计界比较公认的是把成本动因分为两大类:结构性成本动因和执行性成本动因。

1. 结构性成本动因

结构性成本动因是与企业的战略定位和经济结构密切相关的成本因素。结构性成本动因是由企业战略决定的,企业采取不同的战略选择会导致企业有不同的经营方式,进而导致不同的成本动因。通常企业战略层可选择的结构性成本动因主要包括五个:

(1)规模因素,是指一项投资将形成多大的生产、科研开发、市场营销等资源的组合。很显然,企业的经营规模越大,企业的成本也越大,引起成本发生变化的因素也越复杂。

(2)范围因素,这里的范围是指纵向整合的深度,即企业纵向一体化程度,或企业跨越整个价值链的长度。

（3）经验因素，是指企业过去从事该项产品或类似产品经营管理的经验。经验在某种程度上，也对企业的经营成本起着重要作用。如果企业进入一个自己以前从未涉及的、全新的领域，那么企业将冒很大的风险，经验不足导致的经营管理不善将有可能导致企业成本发生重要变化。

（4）技术因素，是指企业价值链中的生产、研发、营销等各个方面的技术，特别是生产技术将对产品成本起着决定性的作用。

（5）多样化因素，这里的多样化是指企业的横向经营范围，是企业经营多元化的程度。企业经营多样化程度越高，给企业带来的成本管理越复杂。

规模、范围、经验、技术、多样化这五个因素与企业自身的经营战略息息相关，是由企业战略因素决定的影响企业成本的宏观因素。就经营战略来说，如果企业采取低成本战略，那么达到一定的经济规模和技术水平就是企业成功的主要成本动因；如果企业采取高差异战略，那么经验和复杂程度就可能成为企业的主要成本动因。

2. 执行性成本动因

执行性成本动因是企业在按照所选择的战略定位和经营策略基础上，进行企业的日常经营管理过程中，要成功控制成本所应考虑的因素，是决定企业成本水平的重要因素。执行性成本动因，除了传统管理会计中所包含的生产量和业务量这两个业务量因素以外，还包括员工参与管理、员工承诺持续不断进步、坚持全面质量管理、全面使用有效的生产能力、保证生产流程的效率、充分利用价值链、与顾客和供应商加强联系和沟通等。与结构性成本动因不同，执行性成本动因考虑得越多、越详细，越有利于企业进行成本控制、加强成本管理。加大执行性成本动因的关键是不断地改进企业活动，领先于其他企业组织学习最新的产品技术、生产技术和工艺流程。通常，执行性成本动因的分析和管理是与价值链分析紧密联系在一起的。通过对价值链上每一个作业步骤的分析，以及作业与作业之间的关系分析来确定每一步骤的成本动因，加强企业的成本管理。

三、竞争优势分析法

1. 竞争对手分析

企业的生存和发展与周围的环境，特别是与激烈的市场竞争息息相关，企业管理者只有时刻保持危机感，关注竞争对手，关注市场动态，并以此调整企业的战略和长远的规划，才能适应外部环境的瞬息万变，在竞争中取胜。因此，与传统管理会计不同的是，战略管理会计特别重视竞争优势的分析。如前所述，战略管理会计的主要特点之一就是超越了会计主体的限制，可以在与竞争对手分析对比的基础上提供比较性的管理会计信息。竞争对手分析主要包括以下内容：

（1）竞争对手的认定分析。即企业在与谁竞争，这既包括与企业提供相同产品或服务的公司,又包括制造或提供不同产品,但可以提供相同的最终服务的公司。除此以外,潜在的竞争对手也是企业不可忽视的竞争对象。

(2)竞争对手的目标分析。不同的竞争对手以及同一竞争对手不同的发展阶段,在寻求良好的财务业绩、领先的技术、增长的市场份额及优良的质量等目标上不尽相同。通过竞争对手目标的分析,企业不但可以根据自身的特点和优势确定与调整其目标,而且可以了解竞争对手可能采取的竞争手段,并帮助企业确定应对措施。

(3)竞争对手的竞争策略分析。企业要想在激烈的竞争中与对手抗衡,对竞争对手所采取的竞争策略包括成本领先策略、差异化策略和集中化策略,必须做到心中有数,以便采取相应的竞争策略与之抗衡。

(4)竞争对手的优势及劣势如何。这是企业确定竞争分析、寻求抗衡点的关键所在,可以通过调查研究和发动广大职工,尤其是熟悉同类产品及市场的销售部门的职工,采用集思广益等多种方式获得这方面的情报与信息。

(5)竞争对手在遇到新的竞争挑战时,有何反应。这些分析,通常是由企业管理会计人员、市场营销部门以及企业高层管理人员共同完成。

2.行业竞争压力分析

美国学者迈克尔·波特教授以行业分析为基础提出,一个企业的竞争主要受新进入者的威胁、替代产品的威胁、行业内现存企业的竞争、消费者讨价还价的能力和供应商讨价还价的能力五个因素的影响。这五种竞争压力分别作用于价格、成本和投资,从而对行业的盈利水平产生巨大的影响。

(1)新进入者的威胁。一个行业的新进入者将新的生产能力和资源带进来,希望得到一定的市场份额,这将打破原有行业的竞争格局,对所有已处于该行业中的企业都是一种极大的威胁。新进入者威胁的大小通常取决于该行业进入障碍和门槛的高低,以及原有企业的反应。

(2)替代产品的威胁。通常替代产品以限制某种产品价格的方式来影响该行业的盈利能力。例如,即使铝合金门窗的供给严重不足,铝合金门窗的生产厂家也不能漫天要价,因为在市场上存在着钢门窗、木门窗等大量铝合金门窗的替代产品。

(3)行业内现存企业的竞争。通常在任何行业中,各个企业都是互相竞争和互相影响的,它们共同构成一个行业的均衡竞争。比如,一个企业如果采取某种竞争手段对竞争对手产生显著影响,那么该竞争对手也一定会采取相应的对策,进行反击,它们之间的竞争和影响是相互的。但是,一般情况下,在具有以下几个特征的竞争行业中,现存企业之间的竞争会非常激烈:竞争者较多且实力较为均衡;行业增长速度缓慢且进出行业门槛较高;产品质量差异不大,等等。

(4)消费者讨价还价的能力。消费者可以通过讨价还价或要求企业提高产品质量和售后服务,来降低企业的利润率。在下列情况下,消费者在与企业的博弈中占有较大的优势:该顾客的购买量占企业销售额的比重较大,是企业的主要顾客;顾客可能通过沿自身价值链向前扩展来自己生产该产品;该行业有很多家实力相当的企业,且产品质量差异不大;顾客改变供应渠道的成本,等等。

(5)供应商讨价还价的能力。供应商可以通过提高产品售价或降低产品质量来增加自身利润率,降低企业的利润。一般在以下情况下,供应商在与企业的竞争中占有优势地位:供应商的产品被少数企业垄断且供小于求;所供应的产品属于不可替代产品;供应商有可能通过其自身价值链的向后扩展,参与该行业的竞争,等等。

3.竞争战略

迈克尔·波特在提出以上影响企业竞争力的五个重要因素的基础上,又进一步对企业所采取的竞争战略进行了深入的分析和研究,提出了企业的三种竞争战略,分别是:低成本战略、高差异战略和集中型战略。

(1)低成本战略。采用这种战略要求企业首先达到一定的生产规模,并在此基础之上,抓紧成本与费用的控制,加强成本管理,以及最大限度地减少研究开发、服务、推销、广告等方面的成本费用。企业在采用这种战略时,产品质量、服务以及许多其他因素在企业的经营管理的过程中也不可忽视,但是贯穿企业整个经营战略的主体是降低成本,使成本低于竞争对手。低成本战略的好处可以表现在以下几个方面:在行业竞争中,低成本的企业可以获得高于行业平均利润的超额收益;低成本优势有利于企业在强大的买方威胁中保护自己,因为买方最多只能将价格压低到成本高于自己的竞争对手的水平;低成本还可以构成强大的供方防卫,在涨价中具有较高的灵活性;而且低成本优势和规模效应还可以对该行业的潜在进入者建立起进入壁垒和门槛。但是,低成本战略对企业的要求也非常高,要求企业具备较高的市场份额和较大的生产规模。而企业为了获得较高的市场份额和较大的生产规模,在前期需要进行大量的投资,扩大自己的生产规模,并且常常采取激进的定价策略,甚至是承受初始的亏损,以获取市场份额。这样做给企业带来的经营风险是相当大的。

(2)高差异战略。这种战略要求企业在全行业范围内,在产品设计、产品品牌、生产技术、顾客服务、销售渠道等一个或几个方面具有独特性,通过标新立异和创新性吸引顾客,形成竞争优势。如果高差异战略可以实现,那么企业可以利用顾客对品牌的忠诚度以及由此产生的对价格的敏感性下降使企业得以避开竞争。并且由于企业在某一个或几个经营方面的独特性和顾客的忠诚度,使得该行业有着较高的进入门槛,可以降低潜在进入者的威胁。同时,采取高差异战略赢得顾客忠诚的公司,在面对其替代品的威胁时,所处的地位比起其他竞争对手来说也要更为有利一些。但是,如果企业采取高差异战略,随之而来的矛盾就是企业不可能获取较大的市场份额。一般情况下,如果企业以高成本投入(如广泛的研究、深入的产品设计、高质量的材料或周密的客户服务等)建立高差异,那么也意味着企业以牺牲低成本为代价。然而,即便可以顺利地实现高差异战略,而且全产业范围内的顾客都了解企业的独特优点,也不是所有顾客都愿意也有能力为这种差异而支付较高的价格的。

(3)集中型战略。集中型战略是主攻某个特定的顾客群、某产品系列的一个细分段或某一个地区市场。前两种战略都是要在全行业范围内实现目标,而集中型战略却只是围绕某一特定的目标而建立。这一战略的前提是公司能够以更高的效率、更好的效果为某一狭窄的战略对象服务,从而超过为更广泛范围对象服务的竞争对手。而且,采取集中型战略的企业在获取标新立异和企业的独特特性的同时,由于其范围只是行业内的某一狭窄区域而不是全行业,因此,该战略可以将低成本战略和高差异战略结合起来。但是,集中型战略最大的缺陷在于其与较大的市场份额相矛盾,并且相比于高差异战略来说,它甚至是排斥高市场份额的。

【例 11-1】 美国西南航空公司在 1971 年开始营运时,仅仅是一个实力不强的小企业,但在所有的主要航空公司中,它是营运成本最低的公司之一,每英里座位成本大约 7 美分,这一优势使它能够承受低成本的票价。

要求:为美国西南航空公司进行竞争优势分析,使其能够在竞争中取得佳绩。

分析 首先,它可将市场定位于短途飞行。西南航空成立之前,大型航空公司都一直热衷于长途飞行,对短途飞行不屑一顾。而该公司则可以利用这个战略性机会窗口,并结合自己的内部条件,将公司的业务定位于短途飞行,其顾客群为商务旅客、家庭、学生等群体。

其次,它采用低成本竞争战略。西南航空公司的顾客对价格相对比较敏感,如果价格没有足够的吸引力,这些顾客就会以巴士或者汽车代步。因此,采取低成本竞争战略是明智的。

最后,在明确战略定位的前提下,该公司采取各种措施降低成本。具体采取的措施涉及机型选择、人员培训、维修保养、零部件购买与库存、顾客服务等各个方面,结果使其在短途飞行服务上达到了其他航空公司无法企及的低成本,从而获得巨大成功。

四、战略绩效评价分析法

绩效评价是管理、控制计划能够得以实施的一个重要方法,在现代企业管理中起着重要作用。在传统的管理会计中,绩效评价只注重有关财务指标的定量分析和计量,对非财务指标很少涉及。但是,在战略管理会计中,为了与企业战略管理相适应,满足企业战略管理的需要,对传统的绩效评价方法进行了改进,将市场占有率、革新、顾客满意度、服务质量、业务流程、产品质量、人力资源等大量的与企业经营管理息息相关的非财务计量指标纳入绩效评价体系,对企业进行整体性的绩效评价。在将非财务指标纳入企业绩效评价体系时,必须充分结合企业的经营目标和发展战略,根据企业自身不同的经营目标和发展战略设立不同的非财务绩效评价指标。

目前比较成熟,且被企业广泛采用的战略绩效评价方法主要是平衡计分卡。平衡计分卡是企业在由工业时代竞争转向信息时代竞争的过程中,为适应战略管理的需要所提出的一种新的绩效评价系统和控制方法。与传统的绩效评价系统相比,平衡计分卡在保留了传统的如净利润、净资产收益率等财务指标的同时,还增设了评价信息时代企业如何通过投资于客户、供应商、雇员、生产程序、技术和创新等方面来创造未来价值的能力的相关指标。作为测算企业绩效的最新形式,平衡计分卡克服了传统管理会计绩效评价仅满足于货币计量的不足,把除财务之外的顾客、内部经营过程、学习与成长这些对企业在现在和未来的竞争环境中取得成功的关键因素纳入绩效评价系统。其具体内容和体系构成包括以下四个完整且相互联系的方面。

1. 财务方面

平衡计分卡基本保留了传统评价方法中原有财务方面的内容,如净利润、营业收入、资本报酬率等。财务业绩指标能反映出公司的基本经营状况和经营成果。而且,在战略管理会计中,还对原有的财务指标进行了发展,创造了一些新的财务评价指标,如经济增加值等。但目前由于各方面的原因,还没有得到广泛的应用。

2. 客户方面

平衡计分卡在评价客户方面的指标主要是为了确定企业将要面对的竞争性客户和市场份额的基本情况,并在此基础之上计量企业在这个目标范围内的业绩情况。这些指标主要包括顾客满意度、市场份额、会计份额、客户保持及客户忠诚、客户获得、客户获利能力等。

3. 内部经营过程方面

在对内部经营过程方面进行评价的时候,首先必须确定影响企业运作效率的关键业务流程。这些业务流程通常是那些对客户的满意程度和达到企业的财务目标有最大反应的内部经营行为。针对这些关键业务流程的评价指标包括经营行为的时间、质量、成本和产品开发创新等指标。

4. 学习与成长方面

学习与成长方面的能力确立了企业必须建立长期的成长和进步的基础能力。其主要的评价指标包括反映雇员的能力、满意程度、稳定性以及生产效率等方面情况的指标。

以上方法并不是孤立的,而是相互联系的。因此,管理会计人员要能根据企业所处的环境,综合运用各种专门的方法,收集相关的资料,以对企业战略决策提供信息支持。

在我国,战略管理会计还是一个新生事物,但它已成为发展的趋势与方向所在。虽然我国企业还处于向现代企业制度的转轨时期,但市场经济体制的建立,已使大多数企业都树立了面向市场的经营意识,这就为实行注重市场环境的战略管理会计提供了可能性。随着市场经济的发展,优胜劣汰的竞争机制要求企业不能只考虑自身的成本和效益,还必须重视竞争者的经济信息和发展情况,因此从管理会计向战略管理会计过渡成为一种必然。目前管理会计在我国的发展无法达到预期的效果,理论与实践严重脱节,对企业的作用也不甚明显,这使战略管理会计成为一种迫切需要。

本章小结

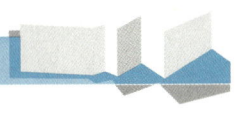

战略管理会计是以取得整体竞争优势为主要目标,以战略观念审视企业外部和内部信息,强调财务与非财务信息、数量与非数量信息并重,为企业战略及企业战术的制定、执行和考评提供有力支持,揭示企业在整个行业中的地位及其发展前景,建立预警分析系统,提供全面、相关和多元化信息而形成的现代管理会计与战略管理融为一体的新兴交叉领域。战略管理会计的内容应包含六个方面:制定战略目标、战略成本管理、经营投资决策分析、战略绩效评价、人力资源管理和风险管理。战略管理会计在其长期的理论研究和实践探索中,形成了许多有别于传统管理会计的全新的方法,主要有价值链分析法、成本动因分析法、竞争优势分析法和战略绩效评价分析法。

自测题

一、问答题

1. 如何理解战略管理会计?
2. 战略管理会计的特点是什么?
3. 战略管理会计的主要方法有哪些?
4. 竞争对手分析的内容包括哪些?
5. 简述战略绩效评价的主要方法。

二、案例分析

智道集团的战略变革

2007年5月2日智道集团举行了成立20周年的纪念庆典,智道集团董事长兼总裁袁国华不由得感慨万千。回想20年前,智道还只是一家员工总数不超过50人的液化气分销公司,经营状况也仅仅是维持温饱之后略有盈余。一次机会使公司发现了油田开采时放散的天然气中蕴含的巨大商机,大胆提出了为油田和经济开发区之间铺设天然气管网的设想,这个设想让智道抓住了好时机。1999年以来,随着改革开放的不断深化,特别是公用事业市场化的推进,智道集团不断将现有的业务模式迅速复制到其他城市,走上了全国化发展的道路。同时,智道还有效实现了向产业链上游的拓展,明确了立足能源开发与利用领域的发展战略。如今,智道已成为一家致力于清洁能源的生产与运营的企业。员工总数3万余人,总资产超过250亿元,拥有遍布全国及英国、美国、加拿大的120多家全资、控股公司和分支机构。

随着企业规模的不断发展，特别是资产超过百亿元以后，近几年智道的增长速度明显放缓了，以前看起来如同探囊取物一般容易实现的阶段性发展目标，现在却经常感觉实现起来非常吃力，似乎再怎么努力也无济于事。作为董事长兼总裁的袁国华经常深陷日常事务无法自拔，企业内部的日常事务和外界的应酬就已经基本用完他所有的时间了，哪里还有时间思考什么战略，更谈不上私人的时间了。

为解决集团的长期发展问题，袁国华决定聘请咨询机构来为企业制定战略规划。咨询专家启明从他的角度分析了智道现在存在的问题：

战略的制定过于依赖袁国华个人。智道大多数领导的战略管理意识不强，缺乏参与意识和能力，但是执行力都很卓越。所以，只要袁国华做出的决策能和大家有效沟通，最终项目完成得都很不错。在企业成长的初级阶段，这样的战略执行模式，为企业带来灵活和决策迅速的优势。但是，随着企业规模的扩大及管理层级的复杂化，原来那种仅靠沟通的方式已经很难奏效。每个高管管辖的都是几千人的庞大组织，信息经过层层传递和过滤，到了基层执行者那里往往已经偏离了初衷，即使能够被准确传递，也已经失去了时效性。这种战略管理方式，造成企业"头重、腰软、脚轻"（高层对企业发展高瞻远瞩，雄心勃勃；中层缺乏对战略的理解和认同，无所适从，有劲使不上；基层人员远离战略，根本找不到工作与战略的结合点）的局面。并且，随着集团涉足的业务领域和市场区域不断扩大，战略一致性越来越难把握。袁国华已经很难谙熟所有业务单位和区域企业的经营，而集团又缺乏有效的机制为他的战略决策提供支持。特别是资产超过百亿元之后，创业时机制灵活、决策迅速的优势也消耗殆尽。和所有快速成长的企业一样，智道也遇到了前所未有的"成长的烦恼"。近几年，企业的增长速度明显放缓。尽管每个阶段定的发展目标仍然能够实现，但感觉是集团总部使劲拽着大家勉强完成，增长有力的公司应该是各个子公司一同推动集团共同完成任务。因而，集团要对下属企业实施战略管理是迫在眉睫的问题。

启明建议，首先袁国华自己必须打破原来一把手独揽的状态。对一些管理基础好、市场相对成熟的下属企业试行放权管理。为了有效评估试行企业的成绩，可以实施战略执行工具——平衡计分卡。

两个月后，智道的战略管理委员会成立了，由袁国华和集团核心副总裁及核心企业的总经理组成，负责集团战略方向及重要决策的制定。如此，战略制定时就可以通盘考虑集团、核心企业及核心市场的状况。此外，将原来的经营管理部改组为战略管理部，除了保留原来的经营目标分解和组织绩效考核外，强化战略分析、战略规划等职责，为战略管理委员会提供决策支持。日后，各企业都要在集团战略管理委员会制定的战略方向的指导下，开展自己的经营活动，既有一定的自主权，又不能偏离集团的整体战略方向。

集团内部开始推行平衡计分卡,项目建设过程中,集团战略确实得到了有效分解,各单位非常关注如何更好地支持集团战略的实现。此外,各单位间基于战略实现的业务需求被纳入相关单位的平衡计分卡体系,一直存在于各单位之间的协同问题也得到一定程度的缓解。

以前智道的战略管理相对来说是静止的,对战略的跟踪与更新不及时,而平衡计分卡的动态管理流程可以季度乃至月度跟踪集团战略及各单位分战略的执行情况,如果既定战略的假设条件发生变化可以及时有效地采取修正措施。

过去,高层经常会产生一些非常好的想法,但是由于缺乏相应的跟踪机制,很多工作都是开始时轰轰烈烈,执行一段时间后不了了之。有了平衡计分卡体系之后,重点的战略举措都记录在计分卡的行动方案中(不会像过去那样容易被忽略或遗忘),同时指定了责任人,明确了里程碑,工作可以有效落实下去。

现在,战略既不是袁国华一个人的事,也不是集团几个高管的事了。每个单位都根据集团的整体战略制定了自己的分战略,它已经成为大家日常工作中需要积极思考的问题。从各层管理者及核心骨干来看,集团战略变得透明了,他们实实在在看到了部门工作对集团战略的支撑点在哪里。各个部门以及分公司的能动性明显高于以往。

但10个月之后,公司召开了平衡计分卡实施后的第一次回顾会议。按照既定的议程,首先进行集团层面的回顾,可投影中出现战略图的时候,映入大家眼帘的是一堆刺眼的红灯,这表明很多战略目标没有达成预期。

追究原因,大家一致辩解,虽然已经在行动方案模板中明确了这部分需求,但是集团并没有专人对其进行审核和资源安排,这样只能硬着头皮往下推,能做到什么程度就做到什么程度。此外里程碑设置时不够慎重,对可能产生的影响因素估计不足。

还有,碍于袁国华的威严,大家对于工作中存在的问题,不敢主动提出来以寻求解决方案,而是避重就轻,希望能够搪塞过去。大家已经把"红色并非世界末日,不要回避问题,要秉承解决问题的态度举行回顾会议"的宗旨抛到九霄云外了。推行平衡计分卡的文化氛围没有真正地深入人心。

虽然,体系本身还有需要完善之处,如指标的有效性和目标值的客观性仍有待斟酌、解决问题不回避问题的企业文化没有建立,等等。但这些不足以影响到整个体系发挥作用,在与大家的沟通中发现,现在急需解决的是一些深层次的问题:

首先,绩效与薪酬这个指挥棒在企业中的作用不明显。尽管以前智道集团的绩效管理是粗放式的,仅仅设定了一些简单的财务指标,但由于与薪酬联系比较紧密,还是能够比较有效地促进财务业绩的达成。现在平衡计分卡没有与绩效和激励体系链接起来,大家还看不到平衡计分卡实施结果的好坏对自己有什么具体影响,所以对平衡计分卡的实施只是敷衍了事。平衡计分卡体系拥有一整套基于战略的指标,突破了原有的绩效管理范畴，本来可以作为绩效管理的工具，但是这又与战略执行的初衷发生了冲突，如果用来考核是否会导致大家的抵触情绪？而且有些指标的达成远非一个部门能够控制，用来评价其工作是否恰当？但是不考核，大家就不会重视。考还是不考？左右为难！

其次，智道一直实行干部轮换制，管理者的经济责任状都是每年签订的，当年的工作效果直接与奖金挂钩，这样导致大家更关注自己任期内的经营结果，而忽略了那些将带来长期收益的工作。但平衡计分卡中的很多指标和行动方案都是侧重于长期业绩的，管理者会发现这些工作的完成对他们短期利益没有什么帮助，推行的积极性受到影响。是否可以把干部的聘期定为三年，这样可以均衡一下短期利益与平衡计分卡的矛盾，但是这是否会纵容那些不思进取的人？更为严重的是，这样甚至不能督促战略的真正落实。

第三，智道集团实行非常严格的预算管理，所有的预算都是年初定好的。平衡计分卡体系建立以来，对行动方案的重视程度明显不够，对其资源配置不到位，因为不在原来的预算计划之内。除了既定的行动方案需要资源配置外，发现红灯差距之后，按道理相关责任人要提报改善措施，而改善也是需要申请资源支持的，需要对原有的预算进行调整。虽然年初确定的预算也可以调整，但是这种调整要有规矩可循，否则灵活性太大就会造成资源的浪费和预算体系的失控，这也是战略执行中要重点防范的问题，智道的预算体系能支持这样的灵活性吗？

袁国华陷入了两难选择的困境。平衡计分卡是否还要推进？如果推进，没有有效解决三大问题，平衡计分卡的实施就会流于形式；如果不继续，难道改革就这样浅尝辄止吗？

要求：

1. 从战略管理会计的角度帮助袁国华做出选择——智道集团是否需要平衡计分卡？
2. 如果需要的话，平衡计分卡该如何改进实施？

参考文献

[1] 孙茂竹、文光伟、杨万贵.管理会计学[M].北京:中国人民大学出版社,2009
[2] 温素彬.管理会计——理论.模型.案例[M].北京:机械工业出版社,2010
[3] 杨义群.管理会计[M].北京:经济管理出版社,2005
[4] Charles T. Horngren,Gary L. Sundem,William O. Stratton.管理会计教程(潘飞等译)[M].北京:华夏出版社,1999
[5] 财政部.管理会计基本指引
[6] 财政部.管理会计应用指引

附 录

附表 1　　　　　复利终值系数表

期数	1%	2%	3%	4%	5%	6%	7%	8%	9%	10%
1	1.010 0	1.020 0	1.030 0	1.040 0	1.050 0	1.060 0	1.070 0	1.080 0	1.090 0	1.100 0
2	1.020 1	1.040 4	1.060 9	1.081 6	1.102 5	1.123 6	1.144 9	1.166 4	1.188 1	1.210 0
3	1.030 3	1.061 2	1.092 7	1.124 9	1.157 6	1.191 0	1.225 0	1.259 7	1.295 0	1.331 0
4	1.040 6	1.082 4	1.125 5	1.169 9	1.215 5	1.262 5	1.310 8	1.360 5	1.411 6	1.464 1
5	1.051 0	1.104 1	1.159 3	1.216 7	1.276 3	1.338 2	1.402 6	1.469 3	1.538 6	1.610 5
6	1.061 5	1.126 2	1.194 1	1.265 3	1.340 1	1.418 5	1.500 7	1.586 9	1.677 1	1.771 6
7	1.072 1	1.148 7	1.229 9	1.315 9	1.407 1	1.503 6	1.605 8	1.713 8	1.828 0	1.948 7
8	1.082 9	1.171 7	1.266 8	1.368 6	1.477 5	1.593 8	1.718 2	1.850 9	1.992 6	2.143 6
9	1.093 7	1.195 1	1.304 8	1.423 3	1.551 3	1.689 5	1.838 5	1.999 0	2.171 9	2.357 9
10	1.104 6	1.219 0	1.343 9	1.480 2	1.628 9	1.790 8	1.967 2	2.158 9	2.367 4	2.593 7
11	1.115 7	1.243 4	1.384 2	1.539 5	1.710 3	1.898 3	2.104 9	2.331 6	2.580 4	2.853 1
12	1.126 8	1.268 2	1.425 8	1.601 0	1.795 9	2.012 2	2.252 2	2.518 2	2.812 7	3.138 4
13	1.138 1	1.293 6	1.468 5	1.665 1	1.885 6	2.132 9	2.409 2	2.719 6	3.065 8	3.452 3
14	1.149 5	1.319 5	1.512 6	1.731 7	1.979 9	2.260 9	2.578 5	2.937 2	3.341 7	3.797 5
15	1.161 0	1.345 9	1.558 0	1.800 9	2.078 9	2.396 6	2.759 0	3.172 2	3.642 5	4.177 2
16	1.172 6	1.372 8	1.604 7	1.873 0	2.182 9	2.540 4	2.952 2	3.425 9	3.970 3	4.595 0
17	1.184 3	1.400 2	1.652 8	1.947 9	2.292 0	2.692 8	3.158 8	3.700 0	4.327 6	5.054 5
18	1.196 1	1.428 2	1.702 4	2.025 8	2.406 6	2.854 3	3.379 9	3.996 0	4.717 1	5.559 9
19	1.208 1	1.456 8	1.753 5	2.106 8	2.527 0	3.025 6	3.616 5	4.315 7	5.141 7	6.115 9
20	1.220 2	1.485 9	1.806 1	2.191 1	2.653 3	3.207 1	3.869 7	4.661 0	5.604 4	6.727 5
21	1.232 4	1.515 7	1.860 3	2.278 8	2.786 0	3.399 6	4.140 6	5.033 8	6.108 8	7.400 2
22	1.244 7	1.546 0	1.916 1	2.369 9	2.925 3	3.603 5	4.430 4	5.436 5	6.658 6	8.140 3
23	1.257 2	1.576 9	1.973 6	2.464 7	3.071 5	3.819 7	4.740 5	5.871 5	7.257 9	8.954 3
24	1.269 7	1.608 4	2.032 8	2.563 3	3.225 1	4.048 9	5.072 4	6.341 2	7.911 1	9.849 7
25	1.282 4	1.640 6	2.093 8	2.665 8	3.386 4	4.291 9	5.427 4	6.848 5	8.623 1	10.835
26	1.295 3	1.673 4	2.156 6	2.772 5	3.555 7	4.549 4	5.807 4	7.396 4	9.399 2	11.918
27	1.308 2	1.706 9	2.221 3	2.883 4	3.733 5	4.822 3	6.213 9	7.988 1	10.245	13.110
28	1.321 3	1.741 0	2.287 9	2.998 7	3.920 1	5.111 7	6.648 8	8.627 1	11.167	14.421
29	1.334 5	1.775 8	2.356 6	3.118 7	4.116 1	5.418 4	7.114 3	9.317 3	12.172	15.863
30	1.347 8	1.811 4	2.427 3	3.243 4	4.321 9	5.743 5	7.612 3	10.063	13.268	17.449
40	1.488 9	2.208 0	3.262 0	4.801 0	7.040 0	10.286	14.975	21.725	31.409	45.259
50	1.644 6	2.691 6	4.383 9	7.106 7	11.467	18.420	29.457	46.902	74.358	117.39
60	1.816 7	3.281 0	5.891 6	10.520	18.679	32.988	57.946	101.26	176.03	304.48

（续表）

期数	12%	14%	15%	16%	18%	20%	24%	28%	32%	36%
1	1.120 0	1.140 0	1.150 0	1.160 0	1.180 0	1.200 0	1.240 0	1.280 0	1.320 0	1.360 0
2	1.254 4	1.299 6	1.322 5	1.345 6	1.392 4	1.440 0	1.537 6	1.638 4	1.742 4	1.849 6
3	1.404 9	1.481 5	1.520 9	1.560 9	1.643 0	1.728 0	1.906 6	2.097 2	2.300 0	2.515 5
4	1.573 5	1.689 0	1.749 0	1.810 6	1.938 8	2.073 6	2.364 2	2.684 4	3.036 0	3.421 0
5	1.762 3	1.925 4	2.011 4	2.100 3	2.287 8	2.488 3	2.931 6	3.436 0	4.007 5	4.652 6
6	1.973 8	2.195 0	2.313 1	2.436 4	2.699 6	2.986 0	3.635 2	4.398 0	5.289 9	6.327 5
7	2.210 7	2.502 3	2.660 0	2.826 2	3.185 5	3.583 2	4.507 7	5.629 5	6.982 6	8.605 4
8	2.476 0	2.852 6	3.059 0	3.278 4	3.758 9	4.299 8	5.589 5	7.205 8	9.217 0	11.703
9	2.773 1	3.251 9	3.517 9	3.803 0	4.435 5	5.159 8	6.931 0	9.223 4	12.167	15.917
10	3.105 8	3.707 2	4.045 6	4.411 4	5.233 8	6.191 7	8.594 4	11.806	16.060	21.647
11	3.478 5	4.226 2	4.652 4	5.117 3	6.175 9	7.430 1	10.657	15.112	21.199	29.439
12	3.896 0	4.817 9	5.350 3	5.936 0	7.287 6	8.916 1	13.215	19.343	27.983	40.038
13	4.363 5	5.492 4	6.152 8	6.885 8	8.599 4	10.699	16.386	24.759	36.937	54.451
14	4.887 1	6.261 3	7.075 7	7.987 5	10.147	12.839	20.319	31.691	48.757	74.053
15	5.473 6	7.137 9	8.137 1	9.265 5	11.974	15.407	25.196	40.565	64.359	100.71
16	6.130 4	8.137 2	9.357 6	10.748	14.129	18.488	31.243	51.923	84.954	136.97
17	6.866 0	9.276 5	10.761	12.468	16.672	22.186	38.741	66.461	112.14	186.28
18	7.690 0	10.575	12.376	14.463	19.673	26.623	48.039	85.071	148.02	253.34
19	8.612 8	12.056	14.232	16.777	23.214	31.948	59.568	108.89	195.39	344.54
20	9.646 3	13.744	16.367	19.461	27.393	38.338	73.864	139.38	257.92	468.57
21	10.804	15.668	18.822	22.575	32.324	46.005	91.592	178.41	340.45	637.26
22	12.100	17.861	21.645	26.186	38.142	55.206	113.57	228.36	449.39	866.67
23	13.552	20.362	24.892	30.376	45.008	66.247	140.83	292.30	593.20	1 178.7
24	15.179	23.212	28.625	35.236	53.109	79.497	174.63	374.14	783.02	1 603.0
25	17.000	26.462	32.919	40.874	62.669	95.396	216.54	478.90	1 033.6	2 180.1
26	19.040	30.167	37.857	47.414	73.949	114.48	268.51	613.00	1 364.3	2 964.9
27	21.325	34.390	43.535	55.000	87.260	137.37	332.96	784.64	1 800.9	4 032.3
28	23.884	39.205	50.066	63.800	102.97	164.84	412.86	1 004.3	2 377.2	5 483.9
29	26.750	44.693	57.576	74.009	121.50	197.81	511.95	1 285.6	3 137.9	7 458.1
30	29.960	50.950	66.212	85.850	143.37	237.38	634.82	1 645.5	4 142.1	10 143
40	93.051	188.88	267.86	378.72	750.38	1 469.8	5 455.9	19 427	66 521	*
50	289.00	700.23	1 083.7	1 670.7	3 927.4	9 100.4	46 890	*	*	*
60	897.60	2 595.9	4 384.0	7 370.2	20 555	56 348	*	*	*	*

注：* > 99 999

附表 2　　　　　　　　　　　　　复利现值系数表

期数	1%	2%	3%	4%	5%	6%	7%	8%	9%	10%
1	0.990 1	0.980 4	0.970 9	0.961 5	0.952 4	0.943 4	0.934 6	0.925 9	0.917 4	0.909 1
2	0.980 3	0.961 2	0.942 6	0.924 6	0.907 0	0.890 0	0.873 4	0.857 3	0.841 7	0.826 4
3	0.970 6	0.942 3	0.915 1	0.889 0	0.863 8	0.839 6	0.816 3	0.793 8	0.772 2	0.751 3
4	0.961 0	0.923 8	0.888 5	0.854 8	0.822 7	0.792 1	0.762 9	0.735 0	0.708 4	0.683 0
5	0.951 5	0.905 7	0.862 6	0.821 9	0.783 5	0.747 3	0.713 0	0.680 6	0.649 9	0.620 9
6	0.942 0	0.888 0	0.837 5	0.790 3	0.746 2	0.705 0	0.666 3	0.630 2	0.596 3	0.564 5
7	0.932 7	0.870 6	0.813 1	0.759 9	0.710 7	0.665 1	0.622 7	0.583 5	0.547 0	0.513 2
8	0.923 5	0.853 5	0.789 4	0.730 7	0.676 8	0.627 4	0.582 0	0.540 3	0.501 9	0.466 5
9	0.914 3	0.836 8	0.766 4	0.702 6	0.644 6	0.591 9	0.543 9	0.500 2	0.460 4	0.424 1
10	0.905 3	0.820 3	0.744 1	0.675 6	0.613 9	0.558 4	0.508 3	0.463 2	0.422 4	0.385 5
11	0.896 3	0.804 3	0.722 4	0.649 6	0.584 7	0.526 8	0.475 1	0.428 9	0.387 5	0.350 5
12	0.887 4	0.788 5	0.701 4	0.624 6	0.556 8	0.497 0	0.444 0	0.397 1	0.355 5	0.318 6
13	0.878 7	0.773 0	0.681 0	0.600 6	0.530 3	0.468 8	0.415 0	0.367 7	0.326 2	0.289 7
14	0.870 0	0.757 9	0.661 1	0.577 5	0.505 1	0.442 3	0.387 8	0.340 5	0.299 2	0.263 3
15	0.861 3	0.743 0	0.641 9	0.555 3	0.481 0	0.417 3	0.362 4	0.315 2	0.274 5	0.239 4
16	0.852 8	0.728 4	0.623 2	0.533 9	0.458 1	0.393 6	0.338 7	0.291 9	0.251 9	0.217 6
17	0.844 4	0.714 2	0.605 0	0.513 4	0.436 3	0.371 4	0.316 6	0.270 3	0.231 1	0.197 8
18	0.836 0	0.700 2	0.587 4	0.493 6	0.415 5	0.350 3	0.295 9	0.250 2	0.212 0	0.179 9
19	0.827 7	0.686 4	0.570 3	0.474 6	0.395 7	0.330 5	0.276 5	0.231 7	0.194 5	0.163 5
20	0.819 5	0.673 0	0.553 7	0.456 4	0.376 9	0.311 8	0.258 4	0.214 5	0.178 4	0.148 6
21	0.811 4	0.659 8	0.537 5	0.438 8	0.358 9	0.294 2	0.241 5	0.198 7	0.163 7	0.135 1
22	0.803 4	0.646 8	0.521 9	0.422 0	0.341 8	0.277 5	0.225 7	0.183 9	0.150 2	0.122 8
23	0.795 4	0.634 2	0.506 7	0.405 7	0.325 6	0.261 8	0.210 9	0.170 3	0.137 8	0.111 7
24	0.787 6	0.621 7	0.491 9	0.390 1	0.310 1	0.247 0	0.197 1	0.157 7	0.126 4	0.101 5
25	0.779 8	0.609 5	0.477 6	0.375 1	0.295 3	0.233 0	0.184 2	0.146 0	0.116 0	0.092 3
26	0.772 0	0.597 6	0.463 7	0.360 7	0.281 2	0.219 8	0.172 2	0.135 2	0.106 4	0.083 9
27	0.764 4	0.585 9	0.450 2	0.346 8	0.267 8	0.207 4	0.160 9	0.125 2	0.097 6	0.076 3
28	0.756 8	0.574 4	0.437 1	0.333 5	0.255 1	0.195 6	0.150 4	0.115 9	0.089 5	0.069 3
29	0.749 3	0.563 1	0.424 3	0.320 7	0.242 9	0.184 6	0.140 6	0.107 3	0.082 2	0.063 0
30	0.741 9	0.552 1	0.412 0	0.308 3	0.231 4	0.174 1	0.131 4	0.099 4	0.075 4	0.057 3
35	0.705 9	0.500 0	0.355 4	0.253 4	0.181 3	0.130 1	0.093 7	0.067 6	0.049 0	0.035 6
40	0.671 7	0.452 9	0.306 6	0.208 3	0.142 0	0.097 2	0.066 8	0.046 0	0.031 8	0.022 1
45	0.639 1	0.410 2	0.264 4	0.171 2	0.111 3	0.072 7	0.047 6	0.031 3	0.020 7	0.013 7
50	0.608 0	0.371 5	0.228 1	0.140 7	0.087 2	0.054 3	0.033 9	0.021 3	0.013 4	0.008 5
55	0.578 5	0.336 5	0.196 8	0.115 7	0.068 3	0.040 6	0.024 2	0.014 5	0.008 7	0.005 3

附　录

（续表）

期数	12%	14%	15%	16%	18%	20%	24%	28%	32%	36%
1	0.892 9	0.877 2	0.869 6	0.862 1	0.847 5	0.833 3	0.806 5	0.781 3	0.757 6	0.735 3
2	0.797 2	0.769 5	0.756 1	0.743 2	0.718 2	0.694 4	0.650 4	0.610 4	0.573 9	0.540 7
3	0.711 8	0.675 0	0.657 5	0.640 7	0.608 6	0.578 7	0.524 5	0.476 8	0.434 8	0.397 5
4	0.635 5	0.592 1	0.571 8	0.552 3	0.515 8	0.482 3	0.423 0	0.372 5	0.329 4	0.292 3
5	0.567 4	0.519 4	0.497 2	0.476 1	0.437 1	0.401 9	0.341 1	0.291 0	0.249 5	0.214 9
6	0.506 6	0.455 6	0.432 3	0.410 4	0.370 4	0.334 9	0.275 1	0.227 4	0.189 0	0.158 0
7	0.452 3	0.399 6	0.375 9	0.353 8	0.313 9	0.279 1	0.221 8	0.177 6	0.143 2	0.116 2
8	0.403 9	0.350 6	0.326 9	0.305 0	0.266 0	0.232 6	0.178 9	0.138 8	0.108 5	0.085 4
9	0.360 6	0.307 5	0.284 3	0.263 0	0.225 5	0.193 8	0.144 3	0.108 4	0.082 2	0.062 8
10	0.322 0	0.269 7	0.247 2	0.226 7	0.191 1	0.161 5	0.116 4	0.084 7	0.062 3	0.046 2
11	0.287 5	0.236 6	0.214 9	0.195 4	0.161 9	0.134 6	0.093 8	0.066 2	0.047 2	0.034 0
12	0.256 7	0.207 6	0.186 9	0.168 5	0.137 2	0.112 2	0.075 7	0.051 7	0.035 7	0.025 0
13	0.229 2	0.182 1	0.162 5	0.145 2	0.116 3	0.093 5	0.061 0	0.040 4	0.027 1	0.018 4
14	0.204 6	0.159 7	0.141 3	0.125 2	0.098 5	0.077 9	0.049 2	0.031 6	0.020 5	0.013 5
15	0.182 7	0.140 1	0.122 9	0.107 9	0.083 5	0.064 9	0.039 7	0.024 7	0.015 5	0.009 9
16	0.163 1	0.122 9	0.106 9	0.093 0	0.070 8	0.054 1	0.032 0	0.019 3	0.011 8	0.007 3
17	0.145 6	0.107 8	0.092 9	0.080 2	0.060 0	0.045 1	0.025 8	0.015 0	0.008 9	0.005 4
18	0.130 0	0.094 6	0.080 8	0.069 1	0.050 8	0.037 6	0.020 8	0.011 8	0.006 8	0.003 9
19	0.116 1	0.082 9	0.070 3	0.059 6	0.043 1	0.031 3	0.016 8	0.009 2	0.005 1	0.002 9
20	0.103 7	0.072 8	0.061 1	0.051 4	0.036 5	0.026 1	0.013 5	0.007 2	0.003 9	0.002 1
21	0.092 6	0.063 8	0.053 1	0.044 3	0.030 9	0.021 7	0.010 9	0.005 6	0.002 9	0.001 6
22	0.082 6	0.056 0	0.046 2	0.038 2	0.026 2	0.018 1	0.008 8	0.004 4	0.002 2	0.001 2
23	0.073 8	0.049 1	0.040 2	0.032 9	0.022 2	0.015 1	0.007 1	0.003 4	0.001 7	0.000 8
24	0.065 9	0.043 1	0.034 9	0.028 4	0.018 8	0.012 6	0.005 7	0.002 7	0.001 3	0.000 6
25	0.058 8	0.037 8	0.030 4	0.024 5	0.016 0	0.010 5	0.004 6	0.002 1	0.001 0	0.000 5
26	0.052 5	0.033 1	0.026 4	0.021 1	0.013 5	0.008 7	0.003 7	0.001 6	0.000 7	0.000 3
27	0.046 9	0.029 1	0.023 0	0.018 2	0.011 5	0.007 3	0.003 0	0.001 3	0.000 6	0.000 2
28	0.041 9	0.025 5	0.020 0	0.015 7	0.009 7	0.006 1	0.002 4	0.001 0	0.000 4	0.000 2
29	0.037 4	0.022 4	0.017 4	0.013 5	0.008 2	0.005 1	0.002 0	0.000 8	0.000 3	0.000 1
30	0.033 4	0.019 6	0.015 1	0.011 6	0.007 0	0.004 2	0.001 6	0.000 6	0.000 2	0.000 1
35	0.018 9	0.010 2	0.007 5	0.005 5	0.003 0	0.001 7	0.000 5	0.000 2	0.000 1	*
40	0.010 7	0.005 3	0.003 7	0.002 6	0.001 3	0.000 7	0.000 2	0.000 1	*	*
45	0.006 1	0.002 7	0.001 9	0.001 3	0.000 6	0.000 3	0.000 1	*	*	*
50	0.003 5	0.001 4	0.000 9	0.000 6	0.000 3	0.000 1	*	*	*	*
55	0.002 0	0.000 7	0.000 5	0.000 3	0.000 1	*	*	*	*	*

注：＊＜0.000 1

273

附表 3　　　　　　　　　　　年金终值系数表

期数	1%	2%	3%	4%	5%	6%	7%	8%	9%	10%
1	1.000 0	1.000 0	1.000 0	1.000 0	1.000 0	1.000 0	1.000 0	1.000 0	1.000 0	1.000 0
2	2.010 0	2.020 0	2.030 0	2.040 0	2.050 0	2.060 0	2.070 0	2.080 0	2.090 0	2.100 0
3	3.030 1	3.060 4	3.090 9	3.121 6	3.152 5	3.183 6	3.214 9	3.246 4	3.278 1	3.310 0
4	4.060 4	4.121 6	4.183 6	4.246 5	4.310 1	4.374 6	4.439 9	4.506 1	4.573 1	4.641 0
5	5.101 0	5.204 0	5.309 1	5.416 3	5.525 6	5.637 1	5.750 7	5.866 6	5.984 7	6.105 1
6	6.152 0	6.308 1	6.468 4	6.633 0	6.801 9	6.975 3	7.153 3	7.335 9	7.523 3	7.715 6
7	7.213 5	7.434 3	7.662 5	7.898 3	8.142 0	8.393 8	8.654 0	8.922 8	9.200 4	9.487 2
8	8.285 7	8.583 0	8.892 3	9.214 2	9.549 1	9.897 5	10.260	10.637	11.029	11.436
9	9.368 5	9.754 6	10.159	10.583	11.027	11.491	11.978	12.488	13.021	13.580
10	10.462	10.950	11.464	12.006	12.578	13.181	13.816	14.487	15.193	15.937
11	11.567	12.169	12.808	13.486	14.207	14.972	15.784	16.646	17.560	18.531
12	12.683	13.412	14.192	15.026	15.917	16.870	17.889	18.977	20.141	21.384
13	13.809	14.680	15.618	16.627	17.713	18.882	20.141	21.495	22.953	24.523
14	14.947	15.974	17.086	18.292	19.599	21.015	22.551	24.215	26.019	27.975
15	16.097	17.293	18.599	20.024	21.579	23.276	25.129	27.152	29.361	31.773
16	17.258	18.639	20.157	21.825	23.658	25.673	27.888	30.324	33.003	35.950
17	18.430	20.012	21.762	23.698	25.840	28.213	30.840	33.750	36.974	40.545
18	19.615	21.412	23.414	25.645	28.132	30.906	33.999	37.450	41.301	45.599
19	20.811	22.841	25.117	27.671	30.539	33.760	37.379	41.446	46.019	51.159
20	22.019	24.297	26.870	29.778	33.066	36.786	40.996	45.762	51.160	57.275
21	23.239	25.783	28.677	31.969	35.719	39.993	44.865	50.423	56.765	64.003
22	24.472	27.299	30.537	34.248	38.505	43.392	49.006	55.457	62.873	71.403
23	25.716	28.845	32.453	36.618	41.431	46.996	53.436	60.893	69.532	79.543
24	26.974	30.422	34.427	39.083	44.502	50.816	58.177	66.765	76.790	88.497
25	28.243	32.030	36.459	41.646	47.727	54.865	63.249	73.106	84.701	98.347
26	29.526	33.671	38.553	44.312	51.114	59.156	68.677	79.954	93.324	109.18
27	30.821	35.344	40.710	47.084	54.669	63.706	74.484	87.351	102.72	121.10
28	32.129	37.051	42.931	49.968	58.403	68.528	80.698	95.339	112.97	134.21
29	33.450	38.792	45.219	52.966	62.323	73.640	87.347	103.97	124.14	148.63
30	34.785	40.568	47.575	56.085	66.439	79.058	94.461	113.28	136.31	164.49
40	48.886	60.402	75.401	95.026	120.80	154.76	199.64	259.06	337.88	442.59
50	64.463	84.579	112.80	152.67	209.35	290.34	406.53	573.77	815.08	1 163.9
60	81.670	114.05	163.05	237.99	353.58	533.13	813.52	1 253.2	1 944.8	3 034.8

（续表）

期数	12%	14%	15%	16%	18%	20%	24%	28%	32%	36%
1	1.000 0	1.000 0	1.000 0	1.000 0	1.000 0	1.000 0	1.000 0	1.000 0	1.000 0	1.000 0
2	2.120 0	2.140 0	2.150 0	2.160 0	2.180 0	2.200 0	2.240 0	2.280 0	2.320 0	2.360 0
3	3.374 4	3.439 6	3.472 5	3.505 6	3.572 4	3.640 0	3.777 6	3.918 4	4.062 4	4.209 6
4	4.779 3	4.921 1	4.993 4	5.066 5	5.215 4	5.368 0	5.684 2	6.015 6	6.362 4	6.725 1
5	6.352 8	6.610 1	6.742 4	6.877 1	7.154 2	7.441 6	8.048 4	8.699 9	9.398 3	10.146
6	8.115 2	8.535 5	8.753 7	8.977 5	9.442 0	9.929 9	10.980	12.136	13.406	14.799
7	10.089	10.731	11.067	11.414	12.142	12.916	14.615	16.534	18.696	21.126
8	12.300	13.233	13.727	14.240	15.327	16.499	19.123	22.163	25.678	29.732
9	14.776	16.085	16.786	17.519	19.086	20.799	24.713	29.369	34.895	41.435
10	17.549	19.337	20.304	21.322	23.521	25.959	31.643	38.593	47.062	57.352
11	20.655	23.045	24.349	25.733	28.755	32.150	40.238	50.399	63.122	78.998
12	24.133	27.271	29.002	30.850	34.931	39.581	50.895	65.510	84.320	108.44
13	28.029	32.089	34.352	36.786	42.219	48.497	64.110	84.853	112.30	148.48
14	32.393	37.581	40.505	43.672	50.818	59.196	80.496	109.61	149.24	202.93
15	37.280	43.842	47.580	51.660	60.965	72.035	100.82	141.30	198.00	276.98
16	42.753	50.980	55.718	60.925	72.939	87.442	126.01	181.87	262.36	377.69
17	48.884	59.118	65.075	71.673	87.068	105.93	157.25	233.79	347.31	514.66
18	55.750	68.394	75.836	84.141	103.74	128.12	195.99	300.25	459.45	700.94
19	63.440	78.969	88.212	98.603	123.41	154.74	244.03	385.32	607.47	954.28
20	72.052	91.025	102.44	115.38	146.63	186.69	303.60	494.21	802.86	1 298.8
21	81.699	104.77	118.81	134.84	174.02	225.03	377.46	633.59	1 060.8	1 767.4
22	92.503	120.44	137.63	157.42	206.34	271.03	469.06	812.00	1 401.2	2 404.7
23	104.60	138.30	159.28	183.60	244.49	326.24	582.63	1 040.4	1 850.6	3 271.3
24	118.16	158.66	184.17	213.98	289.49	392.48	723.46	1 332.7	2 443.8	4 450.0
25	133.33	181.87	212.79	249.21	342.60	471.98	898.09	1 706.8	3 226.8	6 053.0
26	150.33	208.33	245.71	290.09	405.27	567.38	1 114.6	2 185.7	4 260.4	8 233.1
27	169.37	238.50	283.57	337.50	479.22	681.85	1 383.1	2 798.7	5 624.8	11 198
28	190.70	272.89	327.10	392.50	566.48	819.22	1 716.1	3 583.3	7 425.7	15 230
29	214.58	312.09	377.17	456.30	669.45	984.07	2 129.0	4 587.7	9 802.9	20 714
30	241.33	356.79	434.75	530.31	790.95	1 181.9	2 640.9	5 873.2	12 941	28 172
40	767.09	1 342.0	1 779.1	2 360.8	4 163.2	7 343.9	22 729	69 377	207 874	609 890
50	2 400.0	4 994.5	7 217.7	10 436	21 813	45 497	195 373	819 103	*	*
60	7 471.6	18 535	29 220	46 058	114 190	281 733	*	*	*	*

注：* >999 999.99

附表 4　　　　　　　　　　　年金现值系数表

期数	1%	2%	3%	4%	5%	6%	7%	8%	9%	10%
1	0.990 1	0.980 4	0.970 9	0.961 5	0.952 4	0.943 4	0.934 6	0.925 9	0.917 4	0.909 1
2	1.970 4	1.941 6	1.913 5	1.886 1	1.859 4	1.833 4	1.808 0	1.783 3	1.759 1	1.735 5
3	2.941 0	2.883 9	2.828 6	2.775 1	2.723 2	2.673 0	2.624 3	2.577 1	2.531 3	2.486 9
4	3.902 0	3.807 7	3.717 1	3.629 9	3.546 0	3.465 1	3.387 2	3.312 1	3.239 7	3.169 9
5	4.853 4	4.713 5	4.579 7	4.451 8	4.329 5	4.212 4	4.100 2	3.992 7	3.889 7	3.790 8
6	5.795 5	5.601 4	5.417 2	5.242 1	5.075 7	4.917 3	4.766 5	4.622 9	4.485 9	4.355 3
7	6.728 2	6.472 0	6.230 3	6.002 1	5.786 4	5.582 4	5.389 3	5.206 4	5.033 0	4.868 4
8	7.651 7	7.325 5	7.019 7	6.732 7	6.463 2	6.209 8	5.971 3	5.746 6	5.534 8	5.334 9
9	8.566 0	8.162 2	7.786 1	7.435 3	7.107 8	6.801 7	6.515 2	6.246 9	5.995 2	5.759 0
10	9.471 3	8.982 6	8.530 2	8.110 9	7.721 7	7.360 1	7.023 6	6.710 1	6.417 7	6.144 6
11	10.367 6	9.786 8	9.252 6	8.760 5	8.306 4	7.886 9	7.498 7	7.139 0	6.805 2	6.495 1
12	11.255 1	10.575 3	9.954 0	9.385 1	8.863 3	8.383 8	7.942 7	7.536 1	7.160 7	6.813 7
13	12.133 7	11.348 4	10.635 0	9.985 6	9.393 6	8.852 7	8.357 7	7.903 8	7.486 9	7.103 4
14	13.003 7	12.106 2	11.296 1	10.563 1	9.898 6	9.295 0	8.745 5	8.244 2	7.786 2	7.366 7
15	13.865 1	12.849 3	11.937 9	11.118 4	10.379 7	9.712 2	9.107 9	8.559 5	8.060 7	7.606 1
16	14.717 9	13.577 7	12.561 1	11.652 3	10.837 8	10.105 9	9.446 6	8.851 4	8.312 6	7.823 7
17	15.562 3	14.291 9	13.166 1	12.165 7	11.274 1	10.477 3	9.763 2	9.121 6	8.543 6	8.021 6
18	16.398 3	14.992 0	13.753 5	12.659 3	11.689 6	10.827 6	10.059 1	9.371 9	8.755 6	8.201 4
19	17.226 0	15.678 5	14.323 8	13.133 9	12.085 3	11.158 1	10.335 6	9.603 6	8.950 1	8.364 9
20	18.045 6	16.351 4	14.877 5	13.590 3	12.462 2	11.469 9	10.594 0	9.818 1	9.128 5	8.513 6
21	18.857 0	17.011 2	15.415 0	14.029 2	12.821 2	11.764 1	10.835 5	10.016 8	9.292 2	8.648 7
22	19.660 4	17.658 0	15.936 9	14.451 1	13.163 0	12.041 6	11.061 2	10.200 7	9.442 4	8.771 5
23	20.455 8	18.292 2	16.443 6	14.856 8	13.488 6	12.303 4	11.272 2	10.371 1	9.580 2	8.883 2
24	21.243 4	18.913 9	16.935 5	15.247 0	13.798 6	12.550 4	11.469 3	10.528 8	9.706 6	8.984 7
25	22.023 2	19.523 5	17.413 1	15.622 1	14.093 9	12.783 4	11.653 6	10.674 8	9.822 6	9.077 0
26	22.795 2	20.121 0	17.876 8	15.982 8	14.375 2	13.003 2	11.825 8	10.810 0	9.929 0	9.160 9
27	23.559 6	20.706 9	18.327 0	16.329 6	14.643 0	13.210 5	11.986 7	10.935 2	10.026 6	9.237 2
28	24.316 4	21.281 3	18.764 1	16.663 1	14.898 1	13.406 2	12.137 1	11.051 1	10.116 1	9.306 6
29	25.065 8	21.844 4	19.188 5	16.983 7	15.141 1	13.590 7	12.277 7	11.158 4	10.198 3	9.369 6
30	25.807 7	22.396 5	19.600 4	17.292 0	15.372 5	13.764 8	12.409 0	11.257 8	10.273 7	9.426 9
35	29.408 6	24.998 6	21.487 2	18.664 6	16.374 2	14.498 2	12.947 7	11.654 6	10.566 8	9.644 2
40	32.834 7	27.355 5	23.114 8	19.792 8	17.159 1	15.046 3	13.331 7	11.924 6	10.757 4	9.779 1
45	36.094 5	29.490 2	24.518 7	20.720 0	17.774 1	15.455 8	13.605 5	12.108 4	10.881 2	9.862 8
50	39.196 1	31.423 6	25.729 8	21.482 2	18.255 9	15.761 9	13.800 7	12.233 5	10.961 7	9.914 8
55	42.147 2	33.174 8	26.774 4	22.108 6	18.633 5	15.990 5	13.939 9	12.318 6	11.014 0	9.947 1

(续表)

期数	12%	14%	15%	16%	18%	20%	24%	28%	32%	36%
1	0.892 9	0.877 2	0.869 6	0.862 1	0.847 5	0.833 3	0.806 5	0.781 3	0.757 6	0.735 3
2	1.690 1	1.646 7	1.625 7	1.605 2	1.565 6	1.527 8	1.456 8	1.391 6	1.331 5	1.276 0
3	2.401 8	2.321 6	2.283 2	2.245 9	2.174 3	2.106 5	1.981 3	1.868 4	1.766 3	1.673 5
4	3.037 3	2.913 7	2.855 0	2.798 2	2.690 1	2.588 7	2.404 3	2.241 0	2.095 7	1.965 8
5	3.604 8	3.433 1	3.352 2	3.274 3	3.127 2	2.990 6	2.745 4	2.532 0	2.345 2	2.180 7
6	4.111 4	3.888 7	3.784 5	3.684 7	3.497 6	3.325 5	3.020 5	2.759 4	2.534 2	2.338 8
7	4.563 8	4.288 3	4.160 4	4.038 6	3.811 5	3.604 6	3.242 3	2.937 0	2.677 5	2.455 0
8	4.967 6	4.638 9	4.487 3	4.343 6	4.077 6	3.837 2	3.421 2	3.075 8	2.786 0	2.540 4
9	5.328 2	4.946 4	4.771 6	4.606 5	4.303 0	4.031 0	3.565 5	3.184 2	2.868 1	2.603 3
10	5.650 2	5.216 1	5.018 8	4.833 2	4.494 1	4.192 5	3.681 9	3.268 9	2.930 4	2.649 5
11	5.937 7	5.452 7	5.233 7	5.028 6	4.656 0	4.327 1	3.775 7	3.335 1	2.977 6	2.683 4
12	6.194 4	5.660 3	5.420 6	5.197 1	4.793 2	4.439 2	3.851 4	3.386 8	3.013 3	2.708 4
13	6.423 5	5.842 4	5.583 1	5.342 3	4.909 5	4.532 7	3.912 4	3.427 2	3.040 4	2.726 8
14	6.628 2	6.002 1	5.724 5	5.467 5	5.008 1	4.610 6	3.961 6	3.458 7	3.060 9	2.740 3
15	6.810 9	6.142 2	5.847 4	5.575 5	5.091 6	4.675 5	4.001 3	3.483 4	3.076 4	2.750 2
16	6.974 0	6.265 1	5.954 2	5.668 5	5.162 4	4.729 6	4.033 3	3.502 6	3.088 2	2.757 5
17	7.119 6	6.372 9	6.047 2	5.748 7	5.222 3	4.774 6	4.059 1	3.517 7	3.097 1	2.762 9
18	7.249 7	6.467 4	6.128 0	5.817 8	5.273 2	4.812 2	4.079 9	3.529 4	3.103 9	2.766 8
19	7.365 8	6.550 4	6.198 2	5.877 5	5.316 2	4.843 5	4.096 7	3.538 6	3.109 0	2.769 7
20	7.469 4	6.623 1	6.259 3	5.928 8	5.352 7	4.869 6	4.110 3	3.545 8	3.112 9	2.771 8
21	7.562 0	6.687 0	6.312 5	5.973 1	5.383 7	4.891 3	4.121 2	3.551 4	3.115 8	2.773 4
22	7.644 6	6.742 9	6.358 7	6.011 3	5.409 9	4.909 4	4.130 0	3.555 8	3.118 0	2.774 6
23	7.718 4	6.792 1	6.398 8	6.044 2	5.432 1	4.924 5	4.137 1	3.559 2	3.119 7	2.775 4
24	7.784 3	6.835 1	6.433 8	6.072 6	5.450 9	4.937 1	4.142 8	3.561 9	3.121 0	2.776 0
25	7.843 1	6.872 9	6.464 1	6.097 1	5.466 9	4.947 6	4.147 4	3.564 0	3.122 0	2.776 5
26	7.895 7	6.906 1	6.490 6	6.118 2	5.480 4	4.956 3	4.151 1	3.565 6	3.122 7	2.776 8
27	7.942 6	6.935 2	6.513 5	6.136 4	5.491 9	4.963 6	4.154 2	3.566 9	3.123 3	2.777 1
28	7.984 4	6.960 7	6.533 5	6.152 0	5.501 6	4.969 7	4.156 6	3.567 9	3.123 7	2.777 3
29	8.021 8	6.983 0	6.550 9	6.165 6	5.509 8	4.974 7	4.158 5	3.568 7	3.124 0	2.777 4
30	8.055 2	7.002 7	6.566 0	6.177 2	5.516 8	4.978 9	4.160 1	3.569 3	3.124 2	2.777 5
35	8.175 5	7.070 0	6.616 6	6.215 3	5.538 6	4.991 5	4.164 4	3.570 8	3.124 8	2.777 7
40	8.243 8	7.105 0	6.641 8	6.233 5	5.548 2	4.996 6	4.165 9	3.571 2	3.125 0	2.777 8
45	8.282 5	7.123 2	6.654 3	6.242 1	5.552 3	4.998 6	4.166 4	3.571 4	3.125 0	2.777 8
50	8.304 5	7.132 7	6.660 5	6.246 3	5.554 1	4.999 5	4.166 6	3.571 4	3.125 0	2.777 8
55	8.317 0	7.137 6	6.663 6	6.248 2	5.554 9	4.999 8	4.166 6	3.571 4	3.125 0	2.777 8